임원경제지
권88-90

향
례
지

鄕禮志 1

임원경제지
권88-90

향례지

鄕禮志 1

향촌의례 백과사전

권1 · 통례(通禮, 향음주례)
권2 · 통례(通禮, 향사례)
권3 · 통례(通禮, 향약)

풍석 서유구 지음 추담 서우보 교정 도올 김용옥 서문
임원경제연구소 신승훈, 정명현, 최시남 옮김

풍석문화재단

이 책은 ㈜DYB교육 송오현 대표 외 수많은 개인의 기부 및 문화체육관광부의 지원으로
완역 출판되었습니다.

임원경제지 향례지1

지은이   풍석 서유구
교 정   추담 서우보
옮기고 쓴 이   🌿**임원경제연구소** [신승훈, 정명현, 최시남]
               교감·교열 : 민철기, 정정기, 김현진,
               김수연, 강민우, 김광명, 김용미
               서문 : 도올 김용옥
               자료정리 : 고윤주
               감수 : 이봉규(인하대학교 교수)
펴낸 곳   🏛️**풍석문화재단**
               펴낸 이 : 신정수
               진행 : 박시현, 박소해
               전화 : 02)6959-9921 E-mail : pungseok@naver.com
일러스트   노금희
편집디자인   아트퍼블리케이션 디자인 고흐
인 쇄   상지사피앤비
펴낸 날   초판 1쇄 2021년 5월 28일
ISBN   979-11-89801-37-3

* 표지그림 : 권대운과 기로들을 위한 잔치(국립중앙박물관 소장)
* 사진 사용을 허락해주신 국립고궁박물관, 국립민속박물관, 국립중앙박물관, 국립중앙도서관
  여러분께 감사드립니다.

《임원경제지·향례지》를 출간하며

《임원경제지(林園經濟志)》 16지(志) 중 〈섬용지(贍用志)〉(3권), 〈유예지(遊藝志)〉(3권), 〈상택지(相宅志)〉(1권), 〈예규지(倪圭志)〉(2권), 〈이운지(怡雲志)〉(4권), 〈정조지(鼎俎志)〉(4권), 〈보양지(葆養志)〉(3권)에 이어 〈향례지(鄕禮志)〉를 총 2권으로 펴냅니다. 이제 《임원경제지》 총 16지 중 절반인 8지가 출간되었습니다.

〈향례지〉는 풍석 서유구 선생이 정조의 명에 따라 편찬하였던 《향례합편(鄕禮合編)》을 토대로 하되, 일부 내용을 간추리고(복잡한 중국식 의례 삭제), 또 추가하여(상례(喪禮)와 제례(祭禮)) 임원(林園)에서 생활하는 데 꼭 필요한 예(禮)를 정리한 책입니다. 〈향례지〉는 1권 향음주례(鄕飮酒禮), 2권 향사례(鄕射禮), 3권 향약(鄕約), 4권 관례(冠禮)와 혼례(婚禮), 5권 상례(喪禮)와 제례(祭禮)의 총 5권으로 구성되어 있습니다.

'예(禮)'는 우리나라를 포함한 중화 문명권에서는 사상과 학문과 생활의 척추와 같은 역할을 해왔습니다. 《설문해자(說文解字)》에 보면 예(禮) 자의 '시(示)' 변은 '신(神)' 자에서, '풍(豊)'은 그릇에 곡식을 담은 모양에서 나왔다고 풀이하고 있습니다. 이와 같은 내용을 종합해 보았을 때 '예'는 고대 사회에서 하늘과 소통하기 위한 인간의 노력에서 비롯된 것으로 보는 것입니다.

주희(朱熹)는 '예'에 대하여 '하늘 이치의 마디와 무늬를 그대로 본떠다가 사람 살아가는 일의 거동과 법칙으로 삼은 것이다[天理之節文, 人事之儀則]'라고 말하였습니다. 또한, 유교 문화권에서 '예'는 사람이 지켜야 할 기본적 덕목인 인(仁)·의(義)·예(禮)·지(智)·신(信)의 오상(五常) 중 하나에 포함하기도 하였으며, 조선 시대 예송논쟁(禮訟論爭)은 바로 이 예를 둘러싼 당쟁의 극단적 표현이었습니다.

풍석 서유구 선생은 조선 후기 최고의 대학자였습니다. 다만, 스스로 말한 바처럼 풍석 서유구 선생은 학문적 목적을 "이미 옛사람들이 말할 만한 것은 다 말해버린 경학(經學)도 아니오, 실현 가능성이 희박하여 토갱지병(土羹紙餠)으로 전락한 경세학(經世學)"도 아닌 오직 "실용(實用)"에 두어 《임원경제지》를 편찬하셨습니다. 선생은 《임원경제지》 속에서 예를 다루는 〈향례지〉 어떤 목적과 관점에서 편찬하였을까요? 〈향례지〉 서문에서 "향촌에 사는 사람이 일을 당하였을 때 그들에게 뽑아서 열람하게 한다면, 한동안은 살펴 실행하기 편할 것이니, 향(鄕)이란 글자로 묶어내는 것 또한 변통의 좋은 방도가 아니겠는가!"라고 밝히셨습니다.

사람은 살면서 인생에서 중요한 사건들을 경험하고 그 사건 속에서 성장하게 됩니다. 오늘날에도 사람들은 졸업식, 혼인, 부모나 가까운 이의 죽음 등을 경험합니다. 또한, 사람은 살아가면서 다양한 관계를 맺게 됩니다. 가족과 친지, 친구, 이웃, 학교나 군대나 회사 등을 경험하면서 맺게 되는 인간관계 등이 대표적입니다. 사건과 관계에는 항상 일정한 절차와 형식을 갖춘 예가 필요합니다. 허례허식이라는 말처럼 절차와 형식을 과도하게 강조하거나 지나치게 복잡하게 만들어 막상 실제 진행 과정에서 본래의 뜻이나 정신을 잃어버리고 불필요한 피로감이나 비용을 발생토록 하는 경우도 종종 있습니다. 아마 예를 중요하게 여긴 조선 시대에는 이런 불필요한 피로감이나 비용의 발생 등의 문제가 더 심했을 것입니다. 에둘러 표현하긴 하였으나 〈향례지〉의 서문에서 서유구 선생이 "진실로 경학의 스승[經師]은 돌아가시고 학문이 끊어진 지 이미 오래되었다. 그리하여 단지 책에 실린 내용에만 근거하여 옛사람의 뜻을 밝히려 한다면 그 마음은 참으로 또한 고달플 것이다."라고 서술하신 것도 이런 측면을 밝힌 것으로 생각합니다.

우리 시대 〈향례지〉는 어떤 의미가 있을까 생각해봅니다. 〈향례지〉는 그 자체로 조선 후기 우리 전통문화 중 예와 관련된 내용을 집대성한 자료로 소중한 학술 가치가 있습니다. 학술적 가치 외에도 〈향례지〉는 아마도 우리 일상생활에 필요한 예의 현대적 복원에도 소중한 자료로 활용될 수 있습니다. 사람의 인생에서 가장 중요한 사건인 혼례는 이미 서양식으로 바

뀐 지 오래되었고 상례나 제례에서도 일제강점기를 거치면서 우리 고유의
전통보다는 일본식으로 많이 변형되었을 것입니다.

우리 선현들이 다양한 예식을 통해 담고자 했던 정신을 이 책 〈향례지〉
를 통해 확인하고, 또 절차와 방법은 조사하고 연구하여 현대에 맞는 방법
으로 복원하고 현대화할 수 있다면 현대 사회의 많은 병폐를 해결할 수 있
을 것으로 생각합니다.

《임원경제지》의 출간과 함께 서유구 선생의 학문에 관한 연구도 활발하
게 진행되고 있습니다. 작년(2020년) 가을에는 파주시에서 주최하고 사단
법인 임원경제연구소에서 주관한 "조선 최대의 실용백과사전 임원경제지
학술대회"가 열렸습니다. 이 대회에서 전북대학교의 전종욱 교수는 '호사
가(好事家)'와 '삼매(三昧)'를 키워드로 《임원경제지》의 정신이 무엇인가를 밝
힌 글을 발표하기도 하였습니다. '일을 좋아한다는 사람[好事家]'과 무언가
에 '깊이 빠진다는 삼매[三昧]'는 서유구 선생의 대표적인 특질이자 오늘 우
리 시대의 정신이기도 하고, 우리 풍석문화재단의 모든 구성원이 추구하
는 정신이기도 합니다.

번역에 최선을 다해주고 계시는 임원경제연구소의 정명현 소장 이하 연구
원 여러분들, 송오현 DYB최선어학원 원장님을 포함한 후원자 여러분들에게
도 깊이 감사드립니다. 또한 《임원경제지》라는 소중한 전통문화자원의 완역
완간 및 기타 우리 전통문화의 복원 및 현대화에 관심과 큰 힘을 보태주고
계신 문화체육관광부의 장관님과 유관 공무원 여러분들께도 감사드립니다.

아무쪼록 이 책이 많은 독자분에게 전달되어 풍석 서유구 선생이 꿈꾸
었던 민생 민본의 정신이 현대적으로 계승 발전되는 한편, 우리의 전통문
화가 현대적으로 복원되어 개인과 공동체 전체가 좀 더 행복해지는 데 도
움이 될 수 있기를 기대하며 독자 여러분께 깊은 감사의 말씀을 전합니다

2021년 5월
풍석문화재단 이사장 신정수

차례

향례지 권제1 鄕禮志 卷第一　임원십육지 88 林園十六志 八十八

통례 通禮

향례지 권제2 鄕禮志 卷第二　임원십육지 89 林園十六志 八十九

통례 通禮

향례지 권제3 鄕禮志 卷第三　임원십육지 90 林園十六志 九十

통례 通禮

1. 향약 鄕約

일러두기

- 이 책은 풍석 서유구의 《임원경제지》를 표점, 교감, 번역, 주석, 도해한 것이다.

- 저본은 정사(正寫) 상태, 내용의 완성도, 전질의 구성 등을 고려하여 고려대학교 도서관 소장본으로 했다.

- 현재 남아 있는 이본 가운데 서울대학교 규장각한국학연구원, 일본 오사카 나카노시마부립도서관본을
교감하고, 교감 사항은 각주로 처리했으며, 각각 규장각본, 오사카본으로 약칭했다.

- 교감은 본교(本校) 및 대교(對校)와 타교(他校)를 중심으로 하고, 필요에 따라서는 이교(理校)를
반영했으며 교감 사항은 각주로 밝혔다.

- 번역주석의 번호는 일반 숫자(9)로, 교감주석의 번호는 네모 숫자(⑨)로 구별했다.

- 원문에 네모 칸이 쳐진 注, 法 등과 서유구의 의견을 나타내는 案, 又案 등은 원문의 표기와 유사하게
네모를 둘렀다.

- 원문의 주석은 【 】로 표기했고, 주석 안의 주석은 〔 〕로 표기했다.

- 서명과 편명은 번역문에만 각각 《 》및 〈 〉로 표시했다.

- 표점 부호는 마침표(.), 쉼표(,), 물음표(?), 느낌표(!), 쌍점(:), 쌍반점(;), 인용부호(" ", ' '), 가운뎃점(·),
모점(、), 괄호(( )), 서명 부호《 》를 사용했고 인명, 지명 등 고유명사에는 밑줄을 그었다.

- 字, 號, 諡號 등으로 표기된 인명은 성명으로 바꿔서 옮겼다.

서문

1) 예(禮)란 무엇인가?

조선왕조를 부정적으로 보는 사람들이 그 황당함과 후진성을 드러내는 가장 대표적인 사례로 '예송논쟁' 같은 것을 들어 왔다. 왕의 상에 그 어머니가 몇 년 상복을 입어야 하느냐 하는 시시콜콜한 문제로 온 나라가 들썩거리고 피를 부르는 쟁투가 벌어지는 사태가 과연 제 정신 가진 자들이 하는 일인가 하는 비판이다.

실제로 인조의 차남인 효종이 죽었을 때 인조의 계비 자의대비(慈懿大妃)의 복제를 1년으로 하느냐, 3년으로 하느냐로 벌어진 기해예송(己亥禮訟, 1659년)이 꼭 그랬다. 또 15년 뒤 효종의 비 인선왕후(仁宣王后)가 죽었을 때 시어머니인 조대비(趙大妃)가 1년복으로 하느냐 9개월복(대공복)으로 하느냐의 문제로 또 한 번 피바람이 불었다. 갑인예송(甲寅禮訟, 1674년)이다. 앞에서는 1년 복제를 주장했던 송시열 등의 서인 정권이 이겼고, 뒤에는 현종의 지지를 받은 남인들이 서인 정권을 축출하는 계기가 되었다. 예로 인하여 죽고 사는 조선조의 극단적 모습이다.

과연 인간사회의 예란 무엇일까?

그런데 여기 풍석 서유구의 《임원경제지 향례지》는 소박한 향촌의 일상 의례를 다루고 있을 뿐이다. 그가 조선조의 일대 피란을 일으킨 예송논쟁을 어떻게 평가하고 있는지 구체적으로 드러내는 곳은 없으나, 《향례지》 서문에 밝힌 문장으로 그의 생각을 대강 짚어볼 수 있을 것이다.

서유구는 "예는 곧 법이다(禮卽是法也)"라는 입장을 대전제로 깔고 있다. 이때 "법"은 법조문이 아니라 사회질서의 근간 일반을 가리킨다. 성왕들의 가르침, 그 문물전장이 예법에 가장 성대하게 표현되어 있는 것이다. "선왕 지설교, 예위최대(先王之設敎, 禮爲最大)." 《의례》, 《주례》, 《예기》, 《대대례》 … 이런 고전들은 예법에 대해 정교하고 광대한 내용을 잘 정비해놓고 있다는 것이다. 그런데, 이런 예법을 전문으로 하는 기라성 같은 유자들이 평생을 두고 골몰해도, 그 요령(要領)을 파악하기 어렵다는 고충을 서유구는 드러낸다. 그는 말한다.

"진실로 경학의 스승은 돌아가시고 학문이 끊어진 지 이미 오래되었다(誠以經師云沒, 絶學已久)."

지금 사람이 아무리 골몰한다고 해도 현재 남아 있는 '책에 실린 내용'으로 '옛사람의 뜻'을 밝히기란 고달픈 작업이라고 했다(但据方冊之載, 欲明古人之義, 其心良亦苦矣). 서유구는 사실상 조선 예학에 대해 사망선고를 내린 것이다. 《유예지》에서 육예(六藝)를 가감하고 재편했듯이, 그는 조선조 예학에 대해 새롭게 재구성하고자 했다. 그 배경에는 지금의 학문 방법으로는 고인들의 예학의 정수를 얻기 불가능하다는 학문적 판단이 전제되어 있다. 서유구의 이런 판단은 십삼경 전체 주석서를 새로 편찬하려 했던 결의와 함께 가는 것이다.

서유구는 중부(仲父) 서형수(徐瀅修, 1749~1824)와 함께 13경의 주해서를 새롭게 정리하고자 하는 뜻을 품었다. 《임원경제지》는 《보양지(葆養志)》,

《정조지(鼎俎志)》, 《본리지(本利志)》, 《섬용지(贍用志)》, 《상택지(相宅志)》, 《예규지
(倪圭志)》, 《유예지(遊藝志)》, 《이운지(怡雲志)》, 《향례지(鄕禮志)》 등 16지 모든 분
야가 하나같이 그 분야 지식들을 집대성하여 정리한 기념비적 저작임이 속
속 밝혀지고 있다. 서유구의 강한 지적 욕구는 어떤 한 분야 지식을 넘어
조선으로 대표되는 동아시아 유교 문명의 새로운 도약에까지 뻗쳐 있다.[1]

《임원경제지》가 소극적으로 향촌으로 물러난 향반(鄕班)들의 소극적이
고 안온한 생활을 위한 지침서나, 세파에서 벗어난 자의 자기 위안을 위한
지식처럼 여겨지는 것은 이제 극복되어야 할 낡고 안일한 생각이다. 그와
반대로 《임원경제지》는 경국(經國)과 제민(濟民)이라는 유가의 이상을 더욱
적극적이고 새로운 방식으로 구현하려고 하는 의지를 드러내고 있다.

실제로 서유구는 《섬용지》에서 "내가 주장하는 일들이 어찌 한갓 한 고
을이나 한 마을만을 이끄는 것이 되겠는가? 비록 치도(治道)를 논하고 나라
를 경영하는 데 만에 하나만을 도울 수 있더라도 다행스러운 일이 될 것이
다(豈徒爲一鄕一閭之倡率? 雖以仰裨論道經邦之萬一, 亦可矣.)"라고 하였다. 논도경방
(論道經邦)은 정확히 왕업(王業)의 주제이다. 서유구의 《임원경제지》가 조선
을 새롭게 재건하기 위한 "논도경방"의 서(書)임을 우리는 《향례지》에서도
명확히 확인할 수 있다.

당나라 때 성립된 유학의 최고경전 13경주소에 대하여, 송원(宋元)대와
명청(明淸)대의 학자들, 그리고 조선의 학자들의 성취를 반영하는 새로운 13
경 주해서 편찬을 기획했던 서유구의 대담한 국량과 포부 위에서 그의 '예

---

1 《전어지(佃漁志)》를 비롯한 다른 지(志) 역시 이와 같은 지식에 대한 포괄적 정리의 차원에서 다시
   한 번 평가해 볼 수도 있을 것이다.

(禮)'에 대한 생각들이 이해되어야 할 것이다.

이런 배경을 가진 그가 최종적으로 《향례지》를 저술한 목적은 의외로 소박한 것이었다.

"향촌에 사는 사람이 일을 당하였을 때 그들에게 뽑아서 열람하게 한다면, 한동안은 살펴 실행하기 편할 것이다(使夫鄕居者, 遇事抽閱, 便於一時之按行)."

서유구는 사마광(司馬光)의 《서의(書儀)》, 주희(朱熹)의 《가례(家禮)》 등 주요 예학서에서 골자가 되는 내용 중 간소하고 쉽게 행할 수 있는 것만 뽑아서 《향례지》를 지었다. 향촌에 사는 사람들이 행사가 있을 때 편리하게 쓸 수 있게 하려는 것이었고, 그것이 '향(鄕, 곧 시골)'이라는 제목을 붙인 까닭이라고 했다. 그는 이런 방식이야말로 시세에 맞게 변화하는 '변통의 좋은 방도[通變之道]'일 것이라고 스스로 의미를 부여했다. 서유구가 결론을 내린 예의 마지막 존재 이유였다.

서유구의 결론은 예의 근본정신이 무엇인지를 되묻는 일이었다. 《예기》〈악기〉에 "대악은 쉬워야만 하고 대례는 간소해야만 한다(大樂必易, 大禮必簡)"고 했다. 물은 아래로만 흐르고 불은 위로만 타오르듯이 자연의 움직임은 간략한 지향성을 그 근본으로 하고 있다. 예(禮) 역시 시간이 갈수록 자체 속성에 의해 복잡하고 번거로워지기 마련이기 때문에, 예의 본래의 뜻을 지키며 간소화하는 일은 어느 시대이건 중대한 과업이 아닐 수 없다.

이와 관련하여 공자가 그의 애제자 자공(子貢)과 예에 관해 문답하는 장면이 흥미를 끈다. 자공이 자기 삶을 빗대, "가난하면서도 아첨하지 아니하고, 부유하면서도 교만하지 아니하면 어떻겠습니까?"라고 묻자, 공자는

"괜찮지. 그러나 가난하면서도 즐길 줄 알고, 부유하면서도 예를 좋아하는 것만 같지는 못하니라."라고 대답한다.[2] 부유하면서도 예를 좋아하는 것, 그러한 예의 궁극적 의미는 무엇일까?

공자는 또 자공이 초하루를 알리는 제식에 바치는 희생양 제도를 없애려 하자, 이렇게 말한다.

"사야! 너는 그 양을 아끼는구나, 나는 그 예를 아끼노라."[3]

공자는 양(羊)이라는 물질적 재화가 아니라, 공동체가 행하는 무형의 의식의 의미를 소중히 여겼다. 그 의식은 결국 인간을 사회 속 존재로 결속시키고 삶의 의미를 발견케 하는 장치로서 작동할 것이다. 공자가 생각하는 인간사회 속에 축적되는 문명의 자산은 이런 것이리라 짐작된다. 그것은 하늘과 땅의 기운으로 생명을 부여받은 인간이 천지의 주체로서 목적과 의미를 추구하기 위하여서는 필연적으로 설정할 수밖에 없는 소통의 양식이다.

다시 말하면 예는 하늘과 땅의 조화로서의 인간이 천지의 구성원으로서 적절한 자기 역할을 발견하면서, 자기 의미를 끊임없이 발현할 수 있게 하는 과정적 양식이다. 인간은 자기 역할을 찾지 못할 때 공허하고 무기력해진다. 인간의 존재 양식에서 물질적 풍요는 역할의 부여보다 그 본질에 접근하지 못한다. 인간은 존재환경 속에서 역할을 받고 자기 실천을 하는 데서 보람을 느낀다. 무의미한 물질적 존재라는 사태를 벗어나, 시공 속 천지화육에 참여하는 존재라는 의미를 확인하는 자리다. 사시와 절기, 삶의 도정에 맞추어 끊임없이 시험하고 확인하고 참여한다. 그래서 예는 천리지절

2   子貢曰: "貧而無諂, 富而無驕, 何如?" 子曰: "可也, 未若貧而樂, 富而好禮者也." 《論語》〈學而〉.
3   子貢欲去告朔之餼羊. 子曰: "賜也!, 爾愛其羊, 我愛其禮." 《論語》〈八佾〉.

문(天理之節文)이라고 했다.

서유구는《정조지》서문에서 "임원(林園)에 살면서 어느 틈에 그런 방법을 연구하겠는가?(林園之居何暇講究乎?)"라 했고, 여기《향례지》서문에서 "시골에 사는 사람으로서 그것을 해낼 겨를이 있겠는가?(林下之居有能暇及乎)"라 했다. 사대부들이 전적으로 매달려도 할 수 없는 연구를, 겨를이 없는 시골 사람들이 할 수 있는 수준의 간략하고 손쉬운 방법으로 전환시켜 새로운 해석체계를 창출하려는 것이다. 현시점 대한민국에서 눈코 뜰 새 없이 하루하루의 일상을 살아내는 도시의 군상들이야말로 서유구가 대상으로 한 조선의 겨를 없는 촌놈들이다. 서유구의 구상이 지금 와서 더욱 빛을 발하는 이유는 바로 이러한 대례필간의 간략성에 있다. 이《임원경제지》를 한글로 번역해서 출간하는 작업도 예에 관한 새로운 인식을 오늘의 평균적 한국인들에게 전하는 작업이다. 현대적인 요령을 갖춰 다각도로 다가가는 임원경제연구소의 세심한 작업이야말로 예라는 문명의 불가결한 요소를 현대인의 일상 속에 다시 심는 창조의 대업이다.

조선조의 예는 어떤 의미를 지니는 것이었을까? 다시 한 번 물어본다.

예가 어떤 의미를 지니고 있는 것이길래 그 예송에 온 나라가 휘말려들게 된 것일까? 여기서 우리는 유학의 이념을 극한에까지 밀어부친 조선조에서 예가 과연 어떤 의미를 지니는 것이었는지를 다시 한 번 살펴볼 필요가 있다. 그것은 천지지간의 존재로서 인간의 근원, 사회 유지의 근간을 묻는 파란만장한 역사적 과정이자 권력의 부침과 관련된 문명설계도의 충돌이었다. 예를 통해 천지화육의 참여자로서 인간의 존재가 규정되는 무대에서 천지가 바로 서느냐, 거꾸러지느냐, 그것은 실로 건곤일척의 승부였다. 그것은 동시에 인류사를 통틀어 가장 기묘하고 불가사의한, 그러나 정교하고 처절한 정쟁이었다. 그 이전도 그 이후도 경험하지 못할, 경험이 불가능한, 엄청나게 정교한 문명의 퇴행인 동시에 창발이었다. 그것은 실로 기적적인 신의 연출이었다.

인간은 산다. 산다는 행위는 필연적으로 좌절과 상실, 감정의 격랑을 초래한다. 그러나 이러한 비극을 초월하기 위하여 인간은 평화를 갈망한다. 비극을 통하여 편협한 자아를 확대할 때 인간은 평화로 나아간다. 인간의 삶이란 결국 비극과 평화의 리듬이다. 이 리듬을 지배하는 것은 조화의 감각이다. 조화는 정적인 죽은 것이 아니다. 조화는 죽음의 아름다움이 아니라 끊임없이 생동하는 생기가 어우러지는 신선함이다. 조화는 부조화의 요소를 내포한다. 이러한 조화의 다른 표현이 예라고 말할 수 있다. 예가 없이 인간은 살 수가 없다. 예가 없이는 조화가 불가능하고 삶이 재미가 없어진다. 삶은 예로 포장된 창조의 충동이다. 악樂이라는 것도 《예기》〈악기〉에서는 예와 대비적으로 논의되고 있지만, 결국 악도 예의 다른 표현이라 말할 수 있는 것이다.

나는 《예기》《의례》《주례》를 탐독하면서 우리 조선인 현존재의 삶을 되돌아보게 되었다. 그러면서 우리민족을 지배하고 있는 강인한 예의 질서를 발견하게 되었다. 우리민족처럼 유교사회로부터 내려오는 관·혼·상·제 의례의 전승을 고수하고 있는 민족도 찾아보기 어렵다는 사실을 발견했다. 그러나 동시에 그 의례들이 모두 의미없는 귀찮은, 의무감의 대상으로 전락하고 있는 안타까운 사실들을 발견하게 되었다. 나는 이러한 의례를 새로운 형식의 의미체로 부활시키게 되면 인민의 삶이 즐거워지고 생활공간이 예술화될 수 있다고 생각했다. 이러한 인식 속에서 대학원 학생들과 삼례三禮의 세미나를 진행하면서, 새로운 의례를 우리사회에 선보인 나의 첫 연출 작품이 1985년 11월 1일 서울롯데호텔에서 행한 나의 부모님 회혼례였다.

그 자세한 정황은 나의 첫 베스트셀러 저작인《여자란 무엇인가》의 앞머리에 실려있다. 고전적 예식의 의미를 살리면서도 한국 토속적 예식의 변화된 양식, 그리고 현재 우리사회의 예술적 역량을 결합하여 모든 사람들이 동귀일체(同歸一體)할 수 있는 새로운 양식을 창조하는 데 나는 성공했다고 자부한다. 결혼 후 60년이 지난 후에 자손들이 모두 참여하는 사회적 예식의 주인공이 되신 나의 부모님은 삶의 보람을 만끽하셨다고 생각한다. 그리고 그 예식을 바라보는 모든 사람들이 자기의 삶을 되돌아보면서 그 과정의 의미를 되묻고 즐거워했다. 나는 나의 부모 회혼례 이후로 나의 학생들의 혼례를 현대 예식장에서 올릴 수 있는 형태이면서도 아주 경건한 고전적 향기가 물씬 배인, 그러면서 간소하고 돈이 적게 드는 예식으로서 창조했다. 한 20회 정도의 예식을 연출했는데 모든 사람이 충격적으로 받아들였고, 또 상식적으로 만족해했다. 그리고 도올서원 유호례(由戶禮, 입학식), 그리고 장례절차에 관한 새로운 예식을 만들었다. 제문을 쓰는 방식까지 모두 혁신적으로 바꾸었다. 모든 예식이 대중의 삶 속으로 체화될 수 있었고, 고전의 책갈피 속의 문자로써 박제화되는 비극에서 벗어났다.

사람의 역할과 지위를 만들고 분배하는 것도 예라 말할 수 있다. 한 나라의 정책 모든 것이 예와 관련된다. 우리나라를 유지하고 국민 모두가 각각의 자기 역할을 할 수 있도록 돕는 데에도 예의 역할은 중요하다. 청년 일자리, 노년 일자리를 창출하는 정책에도 예의 역할은 불가결이다. 우리나라 농촌의 문화적 가능성을 부활시키는 작업, 그리고 농촌인구에게 자존과 지위를 부여하는 것도 국가가 예를 바르게 행사하는 당위성과 관련된다. 귀국해서 줄곧 나는 우리나라 농민의 역할을 국가가 적극적으로 인정하고 지원하는 정책을 시행토록 지속적으로 촉구해왔다. 농민이 모두 우리나라의 "국토지킴이 공무원"의 역할을 하도록 돕는 제도의 제안도 새로운 예학의 일면이라 할 수 있다.

대체적으로 예는 경제적으로 넉넉한 조건에서 훨씬 잘 작동될 것이라고 생각하지만, 예는 경제적으로 빈곤한 상태에서도 우리를 떠날 수 없다. 예는 인간의 조건이다. 인간이 도덕의 기쁨을 저버리지 않는 한 예는 우리를 떠날 수 없다. 그것은 인간이 삶의 노동에서 얻는 재화를 어디에 어떻게 활용할 것인가에 대한 실천적 대답이다. 이는 난해하고 학술적인 작업이 아니라 우리의 삶을 개혁하려는 끊임없는 의지와 관련되는 것이다. 우리는 살 뿐만 아니라 더 잘 살기 위하여 몸부림친다. "더 잘 삶"은 필연적으로 예를 떠나서 생각할 수 없는 것이다.

2) 《향례합편》, 《향례지》의 시작

《향례지》의 형성 과정에서 빼어놓을 수 없는 문헌이, 정조의 명에 의해 편찬된 《향례합편(鄕禮合編)》(1797년)이다. 서유구가 주도적으로 이 《향례합편》의 편찬에 참여했던 그 전말이 서유구 자신의 발문 등에 소상히 밝혀져 있고, 이 사실은 정명현의 〈향례지 해제〉에서 상세히 드러나고 있다. 이때 이미 나라에서 통용되는 '향례(곧 향음주례, 향사례)'에 대해 아쉬운 부분을 확인하고 풍석이 실제로 새롭게 보완하여 정리한 '신정의(新定儀)'를 《향례합편》에 함께 실어 국왕 정조에게 바쳤다. 《향례합편》 편찬에 참여한 신하로 이병모(李秉模, 1742~1806), 윤시동(尹蓍東, 1729~1797), 민종현(閔鍾顯, 1735~1798), 심환지(沈煥之, 1730~1802), 서용보(徐龍輔, 1757~1824), 이시원(李始源, 1753~1809), 서유구 등 당대 내로라하는 규장각의 각신(閣臣)이 기재되어 있지만, 실제로는 편찬에 주도적인 역할을 한 사람은 서유구였다.

풍석의 신정의(新定儀)를 처음에는 긍정적으로 보았던 정조가 태도를 바꾸어 '신정의'는 서유구 개인문집에 넣어서 남기고 후세 사람의 평가를 받도록 권유했다. 국왕의 입장에서는 국초부터 편찬되고 시행된 《국조오례의(國朝五禮儀)》(1474년)에 담긴 열성조의 뜻을 당대에 와서 바꾸기는 어렵다는 것이다. 정조가 어머니 혜경궁의 회갑연을 맞아 전국에 예풍(禮風)을 진흥하기 위해 편찬한《향례합편》은 실제로 한동안 조선 전역에 '향례' 열풍을 불러올 정도로 큰 영향을 끼쳤다고 한다. 이러한 분위기는 풍석의《향례지》저술과《임원경제지》중《향례지》를 하나의 지로 독립 배치한 이유에 대한 설명에 도움을 준다.

3)《임원경제지 향례지》번역 출간

《향례지》는 의례를 설명하고 있기 때문에, 특정 의례의 행위를 조목조목 따져나가는 데에 적지 않은 집중이 필요하다. 글자만을 따라가다 보면 행위의 주체와 행위 내용을 이해할 수 없는 대목이 빈번하다. 그러기에 이미 1500여 년 전에《의례주소(儀禮註疏)》나《주례주소(周禮註疏)》같은 해설서가 필요했던 것이다. 이런 난해한 상황을 타개하기 위해《향례지》번역자들은 최대한 원문의 뜻에 근접하기 위하여 다양한 노력을 했다. 생략된 주어나 목적어, 부사어 같은 문장 요소를 필요한 곳에 적절하게 추가했다. 또한 기존 의례 문헌들에 수록된 여러 그림들과 유물을 배치했고, 그것도 모자라 임원경제연구소에서 삽화를 그려 번역문에서 전달하기 힘든 모습들을 그림으로 보여주기도 했다. 특히 복잡한 상례(喪禮)에 필요한 복식이나 도구의 제작 방법 등, 글자의 나열만으로는 머릿속에 떠올리기조차 어려운 설명들을 시각적으로 전달함으로써 원문의 뜻에 한층 다가가려 했던 시도는 높게 평가되어야 한다. 우리나라 고전번역의 새로운 차원을 과시하는 것이다.

혼례에서 제일 많이 등장하는 '신랑'과 '신부'에 대한 번역어를 '사위'와 '며느리'로 옮겼다는 점도 눈여겨 볼 대목이다. 예서에서 지금의 신랑과 신부에 해당하는 단어는 각각 '서(壻)'와 '부(婦)'이다. 사위와 며느리라는 뜻이다. "신랑은 서쪽 계단으로 당에 올라 자기 자리의 서쪽에 서되, 남쪽을 향한다."거나 "신부는 당 아래에서 북쪽을 향하여 시아버지께 절한다."로 이해하는 설명을, "사위는 서쪽 계단으로 당에 올라 자기 자리의 서쪽에 서되, 남쪽을 향한다."거나 "며느리는 당 아래에서 북쪽을 향하여 시아버지께 절한다."는 식으로 번역어를 바꿨다. 지금의 인식과는 괴리가 커 보이는 이런 번역어를 선택한 이유를 〈향례지 해제〉와 '사위와 며느리'라는 단어가 처음으로 나오는 대목의 주석에서 상세히 밝혔다. 비록 어색해 보이더라도 조선 시대의 혼례에 대한 바른 인식을 위하여 필요한 시도라고 생각한다. 《임원경제지》 번역에 종사하는 나의 제자들의 건투를 빈다.

2021년 4월 28일
철학자 도올 김용옥

《향례지》 해제[1]

1) 제목 풀이

《향례지》는 향촌의례 백과사전으로, 5권 2책, 총 87,317자로 구성되어 있다. 선비로서 향촌에 살면서, 지역 공동체와 가문의 일원으로 꼭 알아두어야 할 예법인 향음주례와 향사례, 관혼상제에 관한 내용을 담고 있다. '향례(鄉禮)'는 향촌에서 시행 하는 의례라는 뜻이다. 이는 왕성에서의 의식 절차를 상세히 서술한 《의례(儀禮)》에 나오는 향음주례(鄉飮酒禮)나 향사례(鄉射禮)에서 따온 글자이다. 본래 '향(鄉)'은 왕성 안에 있는 백성들의 거주지라는 뜻이었는데, 후대에는 외진 고을을 뜻하게 되었다고 풍석은 말한다. 《향례지》는 후대에 와전된 뜻을 따라 왕성에서 떨어진 곳에서 시행하기에 편한 의례를 담았다고 했다.

《향례지》 내용은 서유구가 정조 통치기에 규장각에서 편찬 사업을 하던 이력과 밀접한 관련이 있다. 규장각 대교(待敎)로 검교(檢校) 직책을 맡고 있던 풍석이 《향례합편(鄉禮合編)》의 편찬에 관여했기 때문이다. 정조는 1795년 어머니 혜경궁(惠慶宮) 홍씨(洪氏, 1735~1815)의 회갑을 기념하여 잔치를 크게 열고, 옥책(玉冊)[2]을 올려 장수를 기원하면서 많은 노인들에게까지 잔치를 베풀고 효도를 흥기시켰다. 이때 열었던 잔치는 전국적 규모였다. 판소

---

1 이 글은 서유구 지음, 정명현·민철기·정정기·전종욱 외 옮기고 씀, 《임원경제지: 조선 최대의 실용 백과사전》, 정명현, 〈향례지 해제〉, 씨앗을 뿌리는 사람, 2012, 1237~1262쪽에 실린 내용을 토대로 증보, 보완한 것이다.
2 제왕이나 후비(后妃)의 존호를 올릴 때에 그 덕을 기리는 글을 새긴 옥 조각을 엮어서 만든 책.

리《심청가》에서 심청이가 아버지를 다시 만나게 되는 잔치가 바로 혜경궁 홍씨의 회갑연을 모티브로 했다는 사실은 잘 알려져 있다.

정조는 이 회갑연을 계기로 향례를 흥기시키고자 했다. 서울과 지방의 향음(鄕飮)의 예를 바로 세우게 하고, 또 규장각 각신에게 명하여 역대의 향음 의식을 책으로 만들어 서울과 지방에 배포하려 했다. 이때 우의정 윤시동(尹蓍東, 1729~1797)이 향약(鄕約)도 포함시켜야 한다고 건의하였고, 정조는 이를 받아들여 향약을 포함해 이 책을 서유구와 예조 당상 민종현(閔鍾顯, 1735~1798)에게 편찬하도록 명했다.[3]《향례합편》은 이렇게 편찬되었다. 정조는 이 책을 전국에 반포하고 각지에서 재인쇄하여 백성에게 나누어주도록 했다. 향례를 전국적으로 시행함으로써 그 결과로 얻게 될 풍속의 교화를 기대했기 때문이었다.

내가 즉위한 지 19년 되던 을묘년(1795)에 어머니의 보령(寶齡)이 회갑을 맞으셨다. 잔치를 열고 옥책을 올려 장수를 기원했는데, 당시 은혜가 아래에까지 미쳐 많은 노인들에게 잔치를 베풀고 백성들이 효도에 흥기하도록 했다. 이때에, 오랜 옛날의 가르침에 법은 있으나 책은 없었으니, 후세에 내려오면서 책과 법이 같이 필요하게 되었다. 이것이《향례합편》을 짓게 된 이유이다.[4]

《향례합편》의 책 끝에는 편찬에 참여한 신하들의 명단이 실려있다. 이병모·윤시동·민종현·심환지·서용보·이시원·서유구와, 옮겨 쓰기에 참여한 최광태·황기천 및 감인(監印, 서적에 이상이 없는지를 확인하고 이를 증명하는 도장)

---

3 《국역조선왕조실록》정조 21년 정사(1797) 6월 2일 기사 참조.
4 "予踐阼十九年乙卯, 慈宮寶齡, 光躋週甲. 瑤觴玉冊, 揚徽祈壽, 覃恩區域, 休寧羣老, 使民興孝. 此其時矣, 隆古之敎有法而無書, 降而後世, 書與法亦相須. 此《鄕禮合編》所以作也."《弘齋全書》제184권〈군서표기(羣書標記) 6〉"명찬(命撰) 2" '향례합편(鄕禮合編) 3권'. 한국고전번역원 고전번역DB자료를 참고하여 필자가 조금 수정했다. 이하 동일.

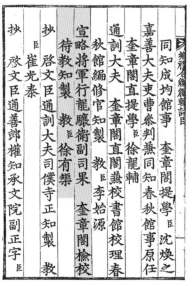

사진 1 《향례합편》 말미의 서유구 이름

을 맡은 이만수 등의 직함과 이름이 그것이다. 하지만 《향례합편》의 편찬
실무자는 서유구 1인이었을 것으로 추정된다. 이 점은 우선 풍석이 정조의
문집인 《홍재전서》에 기록해놓은 《향례합편》 편찬 과정에서 그 단서를 볼
수 있다. 풍석은 그때의 정황을 비교적 자세히 적어두었다.

신이 명을 받들어 《향례합편》을 편찬하게 되었다. 그런데 이를 위해 참조할
《의례》의 향음주례에 나오는 의례 절차는 복잡하고 심오했으며, 더구나 고금
의 상황이 달라졌다. 《국조오례의(國朝五禮儀)》는 또 너무 소략한 내용이 흠이
어서 옛사람이 깨끗이 하고 공경하며 읍揖하고 사양하던 뜻을 볼 수 없다고
여겼다. 그리하여 마침내 당나라와 명나라의 예(禮)를 절충한 다음, 응당 행
해야 할 의례와 주석을 따로 편찬하여 권 끝에 첨부하여 올렸다.[5]

---

5 "臣承命編纂《鄕禮合編》, 以《儀禮》鄕飮酒禮, 儀文繁賾. 古今異宜, 《國朝五禮儀》又患太簡, 無

여기서는 풍석 자신이 《향례합편》을 편찬했고, 그 과정에서 이전 자료들의 흠을 발견하고서 지금의 시대에 맞게 새로 의례를 만들어서 정조에게 바쳤다고 했다. 풍석이 보기에, 《의례》는 절차가 너무 복잡한 데다 절차 하나하나에 함축적인 의미가 들어 있었다. 반면 조선 초에 편찬된 《오례의》는 너무 소략했다. 그런 까닭에, 풍석은 이 둘의 장단점을 취사선택하여 새로운 의례를 만들었던 것이다. 그러나 서유구의 결과물을 훑어본 정조는 그의 이 같은 시도를 그다지 높게 평가하지 않았다.

주상께서 열람하고 나서 이렇게 하교하셨다. "고례(古禮)를 복원할 수 없을 바에는 차라리 조선에서 이미 행한 의례 제도를 준용하는 쪽이 낫다. 그러면 옛 법도를 따르는 뜻이라도 잃지 않을 것인데, 어찌 구태여 고치려 하겠는가."[6]

풍석의 시도는 보기 좋게 퇴짜를 맞았다. 정조는, 고례를 그대로 복원하는 게 가장 좋은 방책이지만, 그렇지 못하다면 국초에 마련한 제도를 따르더라도 무리가 없다는 입장이었다. 이어진 언급에서 정조는 사람들이 말단의 기술에만 집착해 옛날 사람의 본령에는 도달하지 못하는 병폐를 지적하고, 앞 사람들을 따르라고 했다.[7]

풍석은 그 뒤 20여 년이 지나고서 자신이 새로 썼던 의례를 원고 상자에서 발견하고는 20년 전의 일을 회고하는 글을 썼다. '새로 정한 향음 의례

以見古人絜敬揖遜之義. 遂折衷唐·明二禮, 別撰合行儀註, 附卷尾以進."《홍재전서》제165권 〈일득록(日得錄) 5〉 "문학(文學) 5".

6 "上覽而教日: '古禮如不可復, 毋寧遵國朝已行儀制. 猶不失率由之義, 何必改爲?'" 위의 책, 위와 같은 곳.

7 "내 생각에, 교만하게 잘난 체하면서 옛사람의 고루함을 비웃는 지금 사람들은 대부분 절문(節文)과 도수(度數)의 말단에 얽매여 있다. 그래서 본령(本領)을 아는 점에 있어서는 참으로 옛사람에게 미치기가 쉽지 않다. 설령 뒷사람이 낫다 해도 선배들을 따라야 옳을 텐데, 하물며 반드시 그렇지도 않은 데야 말할 나위가 있겠는가(予見今人之沾沾自喜, 嗤古人爲固陋者, 率區區於節文度數之末. 而其本領處見得, 則古人儘未易及. 設令後出者勝, 猶當先進之是從, 況未必然耶!)." 위의 책, 위와 같은 곳.

와 향사 의례[新定鄕飮鄕射儀]'라는 글의 제(題)에 정조와의 추억을 아울러 새겨 놓은 것이다. 풍석의 문집 《금화지비집》에 실린 이 글은 《향례합편》이 편찬된 경위에 대해 비교적 소상히 밝히고 있다. 거기 실린 정조의 발언이 위에서 언급한 《홍재전서》의 내용과 큰 차이가 없음을 확인할 수 있다. 자신이 향음주례와 향사례의 새로운 의례를 만들었다는 증언도 위의 글과 일치한다. 풍석의 증언에 따르면 1795년 회갑연을 계기로 이듬해부터 규장각에서 의례 편찬 작업을 시작했고 1797년에 《향례합편》 인쇄를 완료했다. 《향례지》의 기획 시점과 관련된 중요한 기사로 판단해, 긴 글이지만 전문을 싣는다.

정조 을묘년(1795)에 주상 어머니의 보령이 회갑을 맞으셨다. 주상께서 경하를 드리고 호(號)를 올리고 잔치를 베풀었다. 다시, 널리 어른을 공경하고 근본을 세울 뜻으로, 도성과 각 고을에 명하여 향음 의례와 향사 의례를 익히고 실행하라 하셨다. 이듬해 병진년에 내각(규장각)에 명하여, 의례 모범집을 편집하고 정한 뒤 팔도에 배포하라 하셨다.

내가 그때 외람되게 《향례합편》 편찬 일을 받들었다. 그런데 이를 위해 참조할 의례는 고금의 상황이 다른 데다 《국조오례의》는 또 너무 소략한 내용이 흠이라고 속으로 생각했다. 그리하여 이들의 장단점을 참작하여 향음 의례와 향사 의례 두 편을 편찬하여 정하고서 원편(즉 《향례합편》의 원편)에 추가하여 올렸다.

주상께서 처음으로 보시고는 괜찮게 했다고 하셨다가, 얼마 후에 이렇게 말씀하셨다.

"옛날은 옛날이고 지금은 지금이라지만 과인 때부터 의례를 새로 정한다면 좀 심하지 않겠는가."

경연에 참석했던 신하 중에 이렇게 말 한 이가 있었다.

"새로 정한 의례는 옛것을 참작하고 지금 상황에 알맞게 만든 것이니 폐기한다면 아깝겠습니다."

그러자 주상께서 웃으시며 신하들에게 말씀하셨다.

"지금의 임금은 훌륭한 솜씨 지닌 이가 홀로 고민한 마음을 알지 못하겠으니, 가져다가 너의 문집에나 실어 후세에 알아 줄 양웅(揚雄) 같은 사람을 기다리라."

경신년(1820)에 내가 난호에 있을 때, 옛 글상자를 정리하다 이 글을 얻게 되었다. 한참을 만지작거리다 보니 갑자기 성상의 아름다운 향기가 다시 들리지만 왕릉의 활과 칼은 아득하여 찾을 길이 없었다. 마침내 깨끗이 옮겨 적어 《금화집》에 넣으면서 글 앞에 성상의 말씀을 적어 영원히 사라지지 않을 애통한 마음을 기억하려 한다.[8]

풍석은 자신이 제안한 내용을 《향례합편》에 싣는 데 정조가 반대했던 정황을 자세히 이야기한다. 문집에 실으라는 정조의 말을 빌려 "새로 정한 향음 의례와 향사 의례"가 문집에 들어가게 된 경위를 밝히고 있는 것이다. 당시 가장 '끗발' 있었던 기관인 규장각의 각신으로서 정조의 총애를 받으며 한참 '잘 나가던' 시절을 회상하니, 장단의 귀농지에서 힘들게 살고 있는 현실과 중첩되어 애통한 마음이 들지 않을 수 없었을 것이다.

이상의 기사들은 풍석이 《향례합편》을 편찬했다고 믿을 수 있는 단서이다. 그런데 이보다 더 직접적인 증거가 《향례합편》에서 발견된다. 서유구는 《향례합편》에 수록된 기사 중 일부를 《향례지》에 수록한 뒤, 자신이 새로 정한 의례를 추가했다. 이 과정에서 《향례지》에다 자신의 안설(案說)을 몇 군데

---

8 "正宗乙卯, 慈宮寶齡光躋週甲. 上進賀進號進饌, 復以廣敬因本之義, 命中外講行鄕飮鄕射儀. 翌年丙辰, 命內閣撰定儀式, 頒之八方. 余時承乏猥膺編纂之役, 竊意《儀禮》古今異宜, 《國朝五禮儀》又患太簡. 參酌損益, 撰定鄕飮儀·鄕射儀兩篇, 繫之原編而進之. 上始覽而可之, 旣而敎曰: '古則古, 今則今, 自我新定, 無已太乎' 筵臣有言新定之儀酌古宜今, 棄之可惜者. 上笑謂臣曰: '時君世主不識良工獨苦之心, 可歸載汝私稿以俟後世之子雲也.' 歲庚辰, 余在蘭湖, 撥舊篋得此卷. 摩沙久之, 怳然天香之復聞, 而喬山之弓劒已邈焉, 不可追矣. 遂淨寫編入于《金華集》中, 而謹記聖語于篇端以識終天不泊之慟云." 《楓石全集》《金華知非集》卷第9〈雜著〉 "題新定鄕飮鄕射儀"(《韓國文集叢刊 289》, 482쪽). 마지막 단락은 김대중, 《풍석 서유구 산문 연구》, 돌베개, 2018, 46~47쪽 참고.

넣었다. 그 안설의 내용이 《향례합편》 중 두 군데에서 보인다. 《향례합편》 권 3의 〈사혼례(士昏禮)〉와 《향례지》 권4의 〈관례와 혼례[冠昏禮]〉 "혼례(昏禮)"에 나오는 내용이 그것이다. 두 글의 제목은 약간 차이가 있지만 실린 내용은 거의 99퍼센트가 일치한다. 이 두 제목 아래 사마광(司馬光, 1019~1086)의 《서의(書儀)》, 주희의 《가례(家禮)》, 그리고 《국조오례의》가 순서대로 인용되었다. 《향례지》에는 이 중 《서의》를 인용한 두 군데에 서유구의 '안설'이 있다.

그 중 하나는 혼례 중 '납채(納采)'라는 과정을 설명하는 곳에 있다. 납채는 며느리나 사위 될 사람을 고른 뒤 이를 받아들이는 예(禮)이다. 납채에는 사당에서 조상에게 며느리나 사위를 골랐다고 사당에 고하는 절차가 있다. 이때 고하는 말에 "아무개(신랑이나 신부의 할아버지)의 아들 아무개(신랑이나 신부의 아버지)는……감히 아뢰옵니다."라는 부분이 있다. 그런데 여기에 '……' 으로 된 부분의 내용이 빠져 있다. 이곳에 아뢰는 실제 내용이 나와야 할

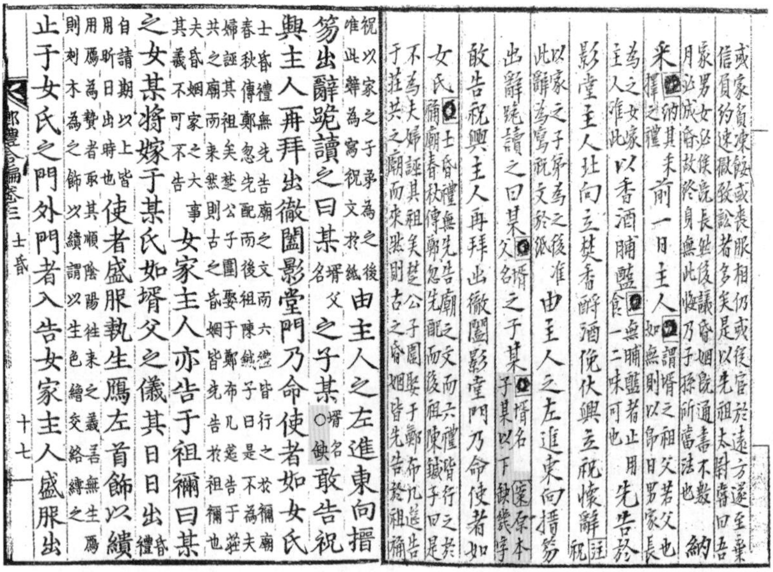

사진 2 《향례합편》 권3 '납채' 인용 부분(좌), 오사카본 《향례지》 안설(우)

텐데, 그게 없는 것이다. 《향례지》에는 이렇게 적혀 있다. "案 原本子某以下缺幾字(안 원본에는 '자모子某'라는 글자 아래에 몇 자가 없다)." 그리고 《향례합편》의 같은 곳에는 "缺(이곳에 글자가 없다)"이라고 적혀 있다.

또 다른 하나는 《서의》의 인용문이 거의 끝나는 곳의 '서현부지부모(壻見婦之父母, 사위가 혼례를 치른 뒤 며느리의 친정 부모를 뵙는 예)'를 해설하는 부분에 있다. 사위(신랑)가 며느리(신부)의 집에 가서 며느리의 친정 부모와 친척에게 인사를 드린 뒤, 잔치를 여는 대목으로, 이를 해설하는 곳의 글자가 빠져 있었다. 서유구는 이렇게 기록해놓았다. "며느리의 집안에서는 술과 음식을 마련한다. 사위를 대접하되 일상적인 의례와 같게 한다[婦家設酒饌, 壻如常儀]." 그리고 '찬(饌)'자와 '서(壻)'자 사이에, "案 疑有缺字(안 아마도 이 부분에는 빠진 글자가 있는 듯하다)."라고 하여 자신의 안설을 달았다. 《향례합편》의 같은 곳에는 "疑缺(빠진 글자가 있는 듯하다)"이라고 적혀 있다(〈사진3〉 참조).

이 두 곳의 주석이 거의 같다는 사실은 서유구가 《향례합편》을 정리했다고 결론 내릴 수 있는 결정적인 증거이다. 《향례지》의 안설은 서유구 자신의 견해이기 때문이다. 《향례합편》에 추가한 주석을, 자신이 쓰지 않았는데도 자신의 의견인 것처럼 《향례지》에 '안설'로 썼을 가능성은 희박하다. 풍석은 《임원경제지》 안설을 쓰면서 남의 글과 자신의 글을 철저히 분리하려 했다. 그렇기에 풍석이 써놓은 이상에서 소개한 기사들과 안설들을 통해 《향례합편》이 풍석의 작품이라 결론지어도 지나치지 않다.

《향례합편》은 총 3권이고, 《향례지》는 5권이다. 《향례합편》에서 다룬 내용은 《향례지》의 권1~4에 해당한다. 풍석은 이를 《향례지》로 옮기는 과정에서 일부(《기記》·《예기향음주의(禮記鄕飮酒儀)》·《대명회전(大明會典)》)는 빼고 《풍석집》의 두 기사와 《율곡전서》의 한 기사를 추가했다(아래 표1 참조). 《향례지》로 정리한 과정을 구체적으로 살펴보면, 권1의 "향음주례"에서는 《향례합편》에 매우 길게 수록된 중국의 의례 중 3개를 삭제하고 《풍석집》에 수록된, 정조에게 바쳤던 "새로 정한 향음주례" 내용을 맨 뒤에 추가했다. 권2의 "향사례"에서는 《향례합편》의 중국 의례 1개를 삭제하고 대신 자신의 "새로 정한 향사례"를 추가했다. 또 권3 "향약"에는 《향약합편》에 수록됐던 《남전여씨향약》의 내용에 이어 《율곡전서》에서 인용한 내용을 '사창계(社倉契)의 약속'이라는 표제어 아래 덧붙였다. 《향약합편》 권3 부록으로 수록된 〈사관례士冠禮〉와 〈사혼례〉는 모두 《향례지》 권4에 그대로 반영되었다. 하지만 《향례합편》에서는 관혼상제 중 '관례·혼례'만 다루었음에 비해 《향례지》에서는 '상례·제례'까지 보완하여 명실상부한 '향례'를 갖추었다.

〈표1〉 《향약합편》과 《향례지》의 내용과 인용문헌 비교

《향례합편》		
권수	내용	인용문헌
권1	향음주례	《의례》, 《기》, 《예기향음주의》, 《당개원례》, 《대명집례》, 《대명회전》, 《국조오례의》

권2	향사례	《의례》, 《기》, 《국조오례의》
	향약	《남전여씨향약》
권3	사관례	《사마씨서의》, 《주자가례》, 《국조오례의》
	사혼례	《사마씨서의》, 《주자가례》, 《국조오례의》

《향례지》		
권수	《향례지》	인용문헌
권1	향음주례	《의례》, 《당개원례》, 《송사예지》, 《대명집례》, 《국조오례의》, 《풍석집》
권2	향사례	《의례》, 《국조오례의》, 《풍석집》
권3	향약	《남전여씨향약》, 《율곡전서》
권4	관례	《사마씨서의》, 《주자가례》, 《국조오례의》
	혼례	《사마씨서의》, 《주자가례》, 《국조오례의》
권5	상례	총 20종
	제례	총 8종

한편 이 두 문헌은 내용이 일치하지만 표제어와 인용문헌 표기 방식은 다르다. 《향례합편》이 인용문헌을 표제어 자리에 그대로 제시했다면, 《향례지》 권1 "향음주례"의 경우는 다른 지와 마찬가지로 '주나라의 향음주례', '당나라의 향음주례', '송나라의 향음주례', '명나라의 향음주례', '우리나라의 향음주례', '새로 정한 향음주례'와 같이 주제어를 드러냈다. 그러니까 《향례합편》은 인용문헌을 표제어로 쓴 반면, 《향례지》는 주제어를 표제어로 제시하고 글의 말미에 인용문헌을 기재해놓은 형식이다.

이상을 통해 《임원경제지》의 일부인 《향례지》는 풍석 자신이 정조 대 사환 시절 편찬했던 《향례합편》을 대폭 반영하고, 시골 사대부에게 유용한 상례·제례 등의 내용을 추가함으로써 이루어졌음을 확인할 수 있다.

2) 목차 내용에 대한 설명

권1은 〈통례〉 상편으로 "향음주례(鄕飮酒禮)"를 다룬다. 총 6개의 표제어로 역대(주나라, 당나라, 송나라, 명나라, 조선)의 향음주례를 포괄했으며 마지막은 서유구가 옛 의례를 참조하여 '새로 정한 향음주례'로 마무리했다.

향음주례는 고을 수령이 주관하여 향촌의 선비나 유생들이 향교나 서원 등에 모여 술을 마시며 잔치를 하는 향촌 의례이다. 이 때 학덕과 연륜이 높은 이를 주빈(主賓)으로 모시고 그 다음 가는 사람을 개(介)로 삼고 그 다음 가는 유생들을 중빈(衆賓)으로 초대한다. 이는 본래 주나라 의례에서 출발했다. 이를 기록한《의례》의 첫머리에서는 "주인이 선생에게 찾아가서 빈(賓)과 개(介)를 누구로 모실지 의논한다."고 했다. 여기서 주인은 제후의 향대부(鄕大夫)[9]이고, 선생은 그 고을에 거주하는 퇴직 관료이며, 빈과 개는 벼슬을 하지 않은 선비 가운데 훌륭한 사람을 가리킨다.[10] 이들이 주인공이었고, 여러 유사(有司)들의 도움으로 진행되었던 향음주례에 대한《의례》제도는, 시대에 따라 조금씩 변형이 되었다. 변형은 조선에서도 마찬가지 과정을 겪었다.

'주나라의 향음주례'에서는《의례》를 인용했다.《십삼경주소(十三經註疏)》에 실린《의례주소(儀禮注疏)》에서《의례》원문과, 정현의 주(注), 가공언(賈公彦)의 소(疏)[11]를 발췌하여 실은 것이다.《의례》의 〈향음주례〉는 원문과 그 뒤에 이어지는 〈기(記)〉, 이렇게 두 부분으로 구성된다.《향례지》에서는 이 중 원문만 실었다.[12] 그리고 각 절차가 끝나는 곳에는 그 절차가 무슨 의례에 대한 설명인지 해설을 넣었다. 그러니까 풍석이《향례합편》을 편찬할 때

---

9 주나라 때 왕기(王畿, 왕성에서 사방 1,000리 되는 지역) 안에 있는 향의 정교(政敎)와 금령(禁令)을 맡았던 관리.
10 "主人就先生, 而謀賓介.【注 主人, 謂諸侯之鄕大夫也. 先生, 鄕中致仕者. 賓、介, 處士賢者】"《향례지》권1〈통례(상)〉 "향음주례" '주나라의 향음주례'.
11 주(注)'는《의례》원문에 대한 주석이고 '소(疏)'는 '주(注)'에 대한 주석이다.
12 《향례합편》에서는 〈기〉까지 모두 실었다.

이미 《의례주소》를 편집하면서 각 절차의 성격을 기록해두었던 것이다.

예를 들어 맨 첫 절차에 대해서는 "여기까지는 빈과 개를 누구로 모실지 의논한 절차이다[右議賓介]."라는 내용이 추가되었다. 이렇게 추가된 부분을 근거로 《의례》의 향음주례 절차를 보면 다음과 같이 총 25단계이다. 빈과 개에 대해 상의하기, 빈과 개에게 고하기, 자리와 기물 마련하기, 빈과 개를 초청하기, 빈을 맞이하기, 주인이 빈에게 술잔 올리기, 빈이 주인에게 보답으로 술잔 올리기, 주인이 빈에게 술 권하기, 주인이 개에게 술잔 올리기, 개가 주인에게 보답으로 술잔 올리기, 주인이 중빈에게 술잔 올리기, 주인을 돕는 사람[一相]이 술잔[觶]을 들어 여수(旅酬, 술을 권함)하는 예의 시작, 빈들을 위해 음악 연주하기[樂賓], 사정(司正) 세우기, 빈이 주인에게 보답으로 술 권하기, 주인이 개에게 보답으로 술 권하기, 여수의 의례를 두루 행하여 마치기, 주인을 돕는 2명이 술잔을 들어 올려 잔의 숫자를 세지 않고 마시기를 시작하기, 희생제기를 물리기, 당에 올라 자리에 앉기, 연주하고 부르는 악가의 횟수나 순서를 정하지 않고 즐기기, 빈이 나가기, 준자(遵者)[13]의 의례, 잔치를 베푼 주인과 찾아와준 빈에게 절하기, 사정을 위로하기.

향음주례의 취지가 좋다 해도 얼핏 보기에 참 복잡하고 지루할 듯하다. 이렇게 많은 절차는 조대(祖代)가 내려오면서 해당 조대의 제도에 따라 조금씩 변했다. 그리고 중국 조대의 의례를 참조하여 조선 초에 조선의 향음주례를 정했다. 《국조오례의》가 그것이다. 이 의례에 따르면 "매년 초겨울에 개성부(開城府)와 여러 도의 주(州)·부(府)·군(郡)·현(縣)에서 길일을 골라 향음주례를 행한다."[14]라고 했다.

그런데 조선의 의례는 《의례》에 비하면 매우 간소했다. 이를 의식한 풍석은 맨 마지막의 '새로 정한 향음주례'에서 "의례(儀禮)와 의식(儀式)은 옛날

---

13 준자(遵者) : 고을에 살고 있는 전직 고위관리로, 그의 덕망을 존경하여 따른다는 뜻.
14 "每年孟冬, 開城府, 諸道州, 府, 郡, 縣擇吉辰, 行其禮." 《향례지》 권1 〈통례(상)〉 "향음주례" '우리나라의 향음주례'.

과 지금 것의 마땅함이 다르고, 《국조오례의》는 또한 지나치게 간략한 단점이 있다. 지금 이들의 단점과 장점을 참작하여 아래와 같이 상고하여 정한다."[15]라고 밝히고, 자신이 정한 향음주례를 적어두었다. 이 말은 정조의 《홍재전서》에 자신이 기록했던 내용[16]과 《금화지비집》에 수록한 말[17]과 일치한다. 다음은 풍석이 정한 향음주례이다. 《의례》의 24단계에서 11단계로 줄었다.

빈과 개 세우기, 자리 마련하고 기물 진설하기, 빈 맞이하기, 주인이 빈에게 술 올리기, 빈이 주인에게 보답으로 술 올리기, 주인이 개에게 술 올리기, 주인이 중빈에게 술 올리기, 주인이 준(僎)[18]에게 술 올리기, 사정이 술잔을 들어 올리기, 연회 하기, 그릇을 치우고 빈이 나가기.

이전의 《국조오례의》는 술잔 올리기 절차를 간략하게 설명하고 넘어갔고, 잔치 베풀기에 대해 구체적으로 언급하지도 않았다. 또한 각 절차에 대한 해설도 간략하게 처리했다. 이런 문제를 보완하려 한 듯하다.

풍석이 제안한 향음주례 중 '사정이 술잔을 들어 올리다[司正揚觶]'라는 절차가 있다. 사정이 술잔을 높이 들고 몇 마디를 외치는데, 그 말이 향음주례의 목적을 보여준다. 이는 《주례》에 없었던 절차로, 당나라 향음주례에서부터 보인다. 사정이 자리를 정리하기 전에 앞에 나와 외치는 말은 다음과 같다.

---

15 "儀禮儀式, 古今異宜. 《國朝五禮儀》又患太簡, 今參酌損益, 玆定如左." 《향례지》 권1 〈통례(상)〉 "향음주례" '새로 정한 향음주례'.
16 주5를 참조 바람.
17 주8을 참조 바람.
18 준(遵)과 같은 뜻.

삼가 생각건대 조정에서 옛 법을 따라 예교(禮敎)를 두터이 숭상하고 향음주례를 거행하는 이유는 마시고 먹기 위함이 아닙니다. 모든 우리 어른들과 젊은이들이 각자 서로 권면하고 힘써서 신하 된 사람은 충(忠)을 다하고, 자식 된 사람은 효를 다하며 안으로는 집안에서 화목하고, 밖으로는 마을에서 도리에 따르도록 하기 위함입니다. 혹시라도 이를 실추시켜 낳아준 분에게 욕되지 않도록 해야 합니다.[19]

이는 자리에 참석한 모든 이들이 다시 한 번 향음주례의 취지를 되새기라는, 일종의 '맹세' 같은 말이다. 이 내용은 《향례지》에서 주나라와 송나라의 향음주례에만 없고 다른 향음주례에 모두 들어가는 문구였다. 이 '맹세'를 보면 향음주례가 단순히 노는 자리가 아니라 한 나라의 질서 유지를 염두에 두고 있음을 알 수 있다. 향음주례는 의례를 향촌 행정의 가장 기본 단위에서 공식화하여 가정 윤리를 마을 윤리로 연장시키고, 이를 다시 국가 윤리로 확대하는 거대한 '예치(禮治)'의 일환이었던 것이다. '우리나라의 향음주례'에서는 "향음주례를 거행하는 이유는 나이가 많은 사람을 존중하고, 덕이 있는 사람을 숭상하며, 예를 지키고 겸양하는 풍속을 일으키기 위함이다."[20]라고 하여 향촌 질서에 치중한 측면이 보이기도 하지만, 이 역시도 앞에서 언급한 맹세의 연장선에서 이해해야 할 것이다.

권2는 〈통례〉 중 "향사례"를 소개했다. 향사례는 봄·가을 두 계절에 백성을 모아 활쏘기를 하며 예와 악을 익히게 하는 행사이다. 주나라에는 두

---

19 "恭惟朝廷率由舊章, 敦崇禮敎, 擧行鄕飮, 非爲飮食. 凡我長幼, 各相勸勉, 爲臣竭忠, 爲子盡孝, 內穆於閨門, 外順於鄕黨, 毋或廢墜以忝所生." 《향례지》 권1 〈통례(상)〉 "향음주례" '새로 정한 향음주례'.
20 "鄕飮酒之設, 所以尊高年, 尙有德, 興禮讓." 《향례지》 권1 〈통례(상)〉 "향음주례" '우리나라의 향음주례'.

가지 향사례가 있었다. 하나는 《주
례》에 나온 예로, 향대부(鄕大夫)가
어질고 능력 있는 이를 천거하기 위
해 3년마다 행했던 행사이다. 또 다
른 하나는 《의례》에 나온 예로, 활
쏘기를 통해 예악을 익히는 데 주안
을 두었던 행사이다. 풍석이 권2에서
다룬 내용은 이 책의 취지에 맞는 두
번째의 행사이다. 향음주례에서와는
달리 향사례에서는 주나라 의례를
소개한 뒤, 중국의 사례는 생략하고
바로 《국조오례의》의 향사례와 풍석
이 새로 정한 향사례만 실었다.

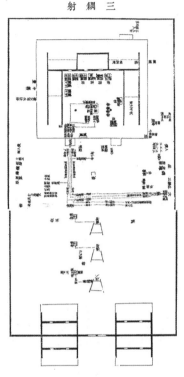

射耦三

'주나라 향사례' 절차의 제목만 뽑아
보면 다음과 같다. 총 42단계이다.[21]

〈향사례 삼우사(三耦射, 둘씩 짝지은 세 쌍이 번갈아
활쏘기) 그림(「의례도」 중)

빈에게 고하다[戒賓], 자리 마련하고 그릇을 늘어놓으며 음식을 장만하고 과
녁을 펼치다[設席, 陳器, 具饌, 張侯], 빈을 맞이하고 빈이 찾아와준 데 대해 절
하다[迎賓拜至], 주인이 빈에게 술잔 올리다[主人獻賓], 빈이 주인에게 보답으
로 술잔 올리다[賓酢主人], 주인이 빈에게 술을 권하다[主人酬賓], 주인이 중빈
에게 술잔을 올리다[主人獻衆賓], 주인을 돕는 사람(거치자)이 술잔을 들어 올
리다[一人擧觶], 준자가 들어오고 준자에게 술잔을 올리다[遵入獻酢之禮], 음악

---

21 원문에서 설명한 절차에는 몇 가지 절차를 동시에 말하기도 했다. 여기서는 이런 절차들을 하나씩
나누어 셈했다.

을 합악으로 연주하여 빈을 즐겁게 하고 당 위의 슬(瑟)과 생(笙)에게 술을 올리며 사정(司正)을 세우다[合樂樂賓、獻工與笙、立司正], 빈에게 활쏘기를 청하고 활쏘기 도구를 들여놓고 삼우(三耦)²²의 순서를 정하고 과녁을 펴고 악공(樂工)과 악기(樂器)의 자리를 옮기다[請射、納射器、比耦、張侯、遷樂], 삼우가 자기 자리에 나아가고, 사사가 활쏘기 시범을 보이다[三耦就位、司射誘射], 삼우가 처음으로 활을 쏘다[三耦初射], 화살통을 설치하고 화살을 가져오다[設楅取矢], 중우(衆耦)²³들의 짝을 짓고 이들이 삼우를 이어서 서다[比衆耦繼三耦而立], 삼우가 화살을 번갈아 집어들고 나아가거나 물러날 때 서로 상대를 왼쪽에 두고 비껴가다[三耦拾取矢進退相左], 중빈이 활과 화살을 받고 순서대로 서다[衆賓受弓矢序立], 삼우가 2번째로 활을 쏘고 과녁을 맞힌 화살의 개수를 계산하다[三耦再射釋獲], 빈과 주인이 활 쏘다[賓主人射], 대부가 그 짝과 더불어 활을 쏘다[大夫與耦射], 중빈이 이어서 활을 쏘고 석획(釋獲)²⁴자가 활쏘기가 끝났음을 고하다[衆賓繼射、釋獲告卒射], 사마가 화살들을 가져오라 명하고 화살묶음을 만들다[司馬命取矢乘矢], 산가지를 세다[數獲], 활쏘기에서 진 사람들에게 술을 마시게 하다[飮不勝者], 사마가 획자에게 술잔을 올리고 사사가 석획자에게 술잔을 올리다[司馬獻獲者、司射獻釋獲者], 삼우와 빈과 주인이 번갈아 화살을 집어든다[三耦、賓、主人拾取矢], 대부와 중빈이 번갈아 화살을 집어든다[大夫衆賓拾取矢], 사사가 악절에 맞춰 활쏘기를 청하다[司射請以樂節射], 삼우·빈·주인·대부·중빈이 음악에 맞춰 활을 쏘다[三耦、賓、主人、大夫、衆賓以樂射], 음악에 맞춰 활을 쏜 뒤 화살을 취하여 맞힌 화살을 세다[樂射取矢數矢], 음악에 맞춰 활을 쏜 뒤 산가지 세기를 살핀 다음 그 숫자를 고하다[樂射視算告獲], 음악에 맞춰 활을 쏜 뒤 진 사람에게 술을 마시게 하다[樂射飮不勝者], 번갈아 화살을 집어들

---

22 빈(賓)의 제자 중에서 덕행과 도예(道藝)가 높은 6인을 뽑아 둘씩 짝 지은 세 쌍.
23 삼우 이외의 나머지 시합 상대의 쌍들.
24 과녁을 맞힌 화살을 셈하는 일.

어 유사에게 주다[拾取矢授有司], 활쏘기가 끝나다[射事畢], 여수하다[旅酬], 주인을 돕는 2명이 술잔을 들어올리다[二人舉觶], 희생제기를 물리다[徹俎], 신발을 벗고 당에 올라 자리에 앉다[說屨升坐], 자리에 앉아 잔치를 벌이면서 활쏘기 뒤의 술 마시는 예가 끝나다[坐燕射後飲酒禮竟], 빈이 나가다[賓出], 향사례를 베풀어준 일에 대해 절하다[拜賜], 사정을 위로하다[息司正].

제목만 일별해도 향음주례보다도 매우 복잡해 보인다. 이 의례를 《국조오례의》에서는 아주 간소하게 정하면서 매년 2회(3월 3일, 9월 9일)를 치르도록 규정했다. 이를 풍석은 다시 개정하여 풍석은 늦봄에 1회만 성균관이나 향교에서 행하도록 했다. '새로 정한 향사례'의 절차는 총 16단계이다. 《의례》보다 훨씬 줄어들었다.

빈을 세우다[立賓], 자리를 마련하고 그릇과 도구를 진설하다[設席陳器], 빈을 맞이하다[迎賓], 주인이 빈에게 술을 올리다[主人獻賓], 빈이 주인에게 보답으로 술을 올리다[賓酢主人], 주인이 중빈에게 술을 올리다[主人獻衆賓], 주인이 준(僎)에게 술을 올리다[主人獻僎], 사정(司正)이 술잔을 들어 올리다[司正揚觶], 사사(司射)가 활쏘기를 청하다[司射請射], 사사가 활쏘기 시범을 보이다[誘射], 삼우가 활을 쏘다[三耦射], 빈과 주인이 활을 쏘다[賓主人射], 준과 중빈이 활을 쏘다[僎與衆賓射], 활쏘기에 진 사람들에게 술을 마시게 하다[飲不勝者], 연회를 하다[燕], 그릇을 치우고 빈이 나가다[徹豆賓出].

조선 시대에 《국조오례의》의 향사례는 실제로 잘 시행되지 않았다. 그래서 정조 때 《향례합편》을 통해 향사례 풍속을 진작시키려 했으나 역시 성공하지는 못한 것 같다.

권3은 〈통례〉 세 번째로, 향약을 다룬다. 향약은 마을의 자치 규약이다.

그 유래는 중국의 북송 말기 섬서성(陝西省) 남전현(藍田縣)에 살았던 여씨 4형제[대충(大忠)·대방(大防)·대약(大鈞)·대림(大臨)]에게서 비롯되었다. 이들은 우리가 중고시절에 배웠던 덕업상권(德業相勸, 덕과 업 서로 권하기), 과실상규(過失相規, 잘못 서로 규제하기), 예속상교(禮俗相交, 예에 맞는 풍속으로 서로 사귀기), 환난상휼(患難相恤, 환난 서로 구호하기)이라는 네 주제를 내세워 향촌의 풍속을 교화하려 했다. 이를 '여씨향약' 또는 '남전향약'이라 한다. 이 여씨향약을 남송의 주희가 보완한 것이 그의 문집 《주자대전(朱子大全)》에 수록됨으로써 향약은 향촌을 성리학적 질서로 틀 지우는 중요한 실천 규약이 되었다. 조선에서도 중종 12년(1517)에 경상도 관찰사였던 김안국(金安國)이 《여씨향약》을 간행·반포하고, 그 뒤 언해본을 배포한 일이 팔도에 향약이 보급되는 출발이 되기도 했다.

권3에서 풍석은 주희가 《여씨향약》을 보완한 향약을 앞세우고, 이이(李珥, 1536~1584)가 《율곡전서》에 실은 '사창계의 약속'을 소개한다. 주희는 《여씨향약》을 가감한 뒤, 매월 초하루 모임에서 규약을 읽는 예식을 추가했고, 율곡은 향약의 4대 강목을 실제 생활에 구체적으로 적용한 사례와 그를 어겼을 때의 벌을 제시했다. 향약의 운영진과 운영 방침 등은 '입약범례(立約凡例, 규약 정하기의 범례)'라는 소표제어에서 설명하고, 정기적인 계모임 때의 의례는 '강신의(講信儀, 강신의례)'라는 소표제어에서 보여주었다. 율곡의 사창계 약속은 중국의 향약과 조선에서 오래 전부터 이어져온 사회 규약을 접목시킨 사례이다.

권4·5는 집안의 의례인 관혼상제를 소개한다. 먼저 권4에서는 〈관례와 혼례〉를 설명했다. 관례와 혼례 각각 3종의 문헌에서 인용했다. 사마광의 《서의》, 주희의 《가례》, 그리고 《국조오례의》가 그것이다. 앞의 두 문헌에서는 관례(冠禮, 남자 성인식)와 더불어 계례(筓禮, 여자 성인식) 절차까지 설명했지만, 《국조오례의》에서는 계례를 다루지 않았다. 《서의》에서는 남자는 12~20세에, 여자는 출가할 때나 15세에, 《가례》에서는 남자가 15~20세에, 여자는 출가할 때나 15세에 각각 관례나 계례를 치르도록 했으나, 《국조오례의》에는 나이 규정이 없다. 절차는 위의 세 문헌에서 각각 8개, 7개, 5개로 정해져 있다.

혼례의 경우 《서의》와 《가례》에서는 남자가 16~30세에, 여자가 14~20세에 치르도록 했다. 《국조오례의》에는 역시 나이 규정이 없다. 남자는 30세에, 여자는 20세에 결혼해야 음양의 교합이 완실하여 임신도 잘 되고 아기도 건강하다고 했던 《보양지》의 인체 생리적 결혼 적령기와는 다소 차이를 보인다.[25]

'사마광의 《서의》에 따른 혼례' 절차는 다음과 같다. 7단계이다.

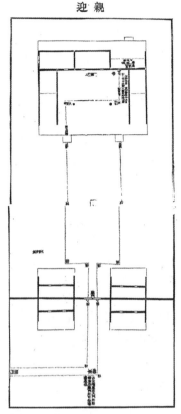

迎 親

혼례의 친영도 (『의례도』중)

문명(問名, 신부가 될 집안의 성씨를 묻기), 납길(納吉, 점을 쳐서 길한 징조가 나왔음을 신부측에 알리기), 납폐(納幣, 신랑 측에서 신부 측에 폐백 보내기), 청기(請期, 혼인하는 날 청하기), 친영(親迎, 혼례를 올리고 며느리 맞아오기), 부현구고(婦見舅姑, 며느리가 시부모 알현하기), 서현부지부모(壻見婦之父母, 사위가 며느리의 친정 부모 알현하기).

'주자의 《가례》에 따른 혼례' 절차는 다음과 같다. 역시 7단계이다.

25 서유구 지음, 임원경제연구소 옮김, 《임원경제지 보양지》 3, 풍석문화재단, 2020, 124쪽 참조.

의혼(議婚, 혼인 의논하기), 납채(納采, 채택을 받아들이기), 납폐, 친영, 부현구고,
묘현(廟見, 며느리가 사당에 알현하기), 서현부지부모.

《국조오례의》에 따른 '혼례'는 다음과 같다. 절차가 5가지로 줄었다.

납채, 납폐, 친영, 부현구고, 부현사당(婦見祠堂, 며느리가 사당에 알현하기).

혼례에서 등장하는 가장 중요한 인물은 신랑과 신부다. 이론의 여지
가 없다. 하지만 이 신랑과 신부를 표현하는 《향례지》의 용어는 '서부(壻婦)'
였다. 다른 표현은 없었다. '壻婦'를 글자 그대로 풀면 '사위와 며느리'이다.
15~16세기의 언해 서적에도 그런 뜻으로 풀어놓았다. 하지만 사위와 며느
리가 나란히 등장하는 표현을 우리는 일상에서 사용하지 않는다. 고민 되
었다. 이 '서(壻)'와 '부(婦)'라는 용어를 어떻게 풀어야 하느냐를 두고 임원경
제연구소에서 거쳤던 논의 과정을 여기에 간략히 소개한다.

'壻'와 '婦'를 임원경제연구소에서는 처음에 '신랑'과 '신부'로 옮겼다. 그러
나 혼례 전체에서 가장 많이 나오는 이 용어를 '사위', '며느리'라는 본뜻과는
다른 말로 옮기는 데 대한 미묘한 괴리가 있었다. 두 글자가 나란히 붙어서
나오는 경우는 총 14회였다.[26] 그러나 전체로 보면 사위의 의미인 '壻'자가
158회 나오고, 부인(婦人)이나 부녀(婦女) 등 일반 여자를 가리키는 단어로서
가 아니라 며느리의 의미를 가진 '婦'자가 169회 나온다. 권4에서만 그렇다.
권1~3에는 아예 없고, 권5에는 혼례와 무관하게 1회가 나올 뿐이다.

역자 중 정명현은 혼례에 관련된 의례 전문서라고 할 수 있는 《향례지》
에서, 그리고 다른 예서(禮書)들에서 '신랑(新郞)'과 '신부(新婦)'라는 표현보다
'壻婦'가 기본적으로 사용되는 어휘임을 확인하고 적지 않게 놀랐다. 한 번

---

26 즉 '壻婦'가 11회, '壻與婦(사위와 며느리)'가 3회이다.

도 상상해보지 못한 글자의 조합이었다. 현대인의 입장에서 신혼부부를 사위와 며느리라고 호칭하는 데 대한 생소함과 어색함 때문이기도 했다. 지금 우리의 정서와는 너무도 멀리 떨어져 있었다.

우리는 어렸을 때부터 결혼이 예정된 남녀에게 예비신랑, 예비신부라 하고, 막 결혼하는 부부에게 새신랑, 새신부, 새댁, 신랑, 신부 등이라고 부르는 말을 너무나 흔하게 듣고 보았다. 그런 경험으로 인해 조선 시대에 혼인하는 부부에게도 신랑과 신부라는 호칭이 자연스러웠다. 텔레비전을 비롯한 각종 미디어에서도 그랬고, 학교 교과과정에서 쓰였던 용어도 그랬고, 수많은 결혼식에서도 그랬고, 우리가 만날 수 있는 온갖 매체에서 사위와 며느리를 한 단어로 쓰는 경험이 전무했다.

그럼에도 '壻婦'를 당시 시대상을 반영해서 '사위와 며느리'로 옮겨야 한다고 판단하고 수정하기 시작했다. 그러나 이 과정에 연구소에서도 적지 않은 논란이 있었다. 지금 광범위하게 통용되어서 누구나 알기 쉬운 '신랑과 신부'라는 좋은 용어를 두고 왜 굳이 어색한 조합으로 보이는 '사위와 며느리'로 옮겨야 하느냐 하는 반론 때문이다. '사위와 며느리'라는 번역은, 현대인들에게 보다 쉽게 이해할 수 있도록 다각적으로 번역하고 있는 우리의 번역 원칙과도 위배된다는 것이다.

고민되는 지점이었다. 하지만 조선 시대에는 '사위와 며느리'가 더 자연스런 표현이었을지도 모른다. 그리고 그 정황의 한 단면을《향례지》"혼례"에서 보여줄 수 있다면, 독자들에게 조금의 혼란을 불러일으키더라도, 조선의 용어를 고수해야 한다고 판단했다. 혼란은 여러 장치를 통해 최소화하기로 했다.

《향례지》에서 바라보는 '신혼부부'는 제3자 입장에서의 신랑과 신부가 아니었다. 더욱이 전통 혼례의 주인공(主人)은 신랑과 신부가 아니었다. 지금 우리의 정서와 달리, 주인공은 신랑의 부모였고, 신부의 부모였던 것이다. 좀 더 정확하게 말하면 주인공은 부모 중에서도 아버지였다. 혼례는 신랑이 속해 있는 가문과 신부가 속해 있는 가문끼리의 대 행사였고, 특히 그 중의 주인은 그 대 행사를 주관해야 하는 가장 중심된 당사자였다. 또한 향례 절차를 확인해보면 알겠지만, 옛날의 혼례는 종가 중심주의적 사회질서를 유지하기 위한 제도적인 장치라 해도 과언이 아니다. 혼례의 당사자가 종손이 아니면 혼례 때 종가에 인사를 드리는 의식이 반드시 포함되어 있다. 이는 종가의 권위를 사회적으로 받아들이는 공식 의례였던 것이다.

이러한 점들을 고려하여 결국 '壻'를 '사위', '婦'를 '며느리'로 옮겼다. 그렇게 옮기는 과정에서 혼란스런 부분이 나타났다. '부모(婦母)'와 같은 경우가 그런 예다. 이전에는 이 단어를 '신부의 어머니'로 옮기면 혼선이 없는데, '며느리의 어머니'로 옮기다 보니, 여기서의 어머니를 '며느리의 시어머니'로 착각할 수 있었다. 이런 혼란을 이유로 '사위'와 '며느리'로 옮기는 데에 반대하는 의견도 만만치 않았다. 그러나 조금 번거롭기는 하지만 구체적인 대상을 가리키는 단어를 포함시키면 해소될 문제였다. 이런 경우는 '며느리의 친정어머니'로 옮겼다. 역자들의 고심이 깃들인 이 같은 번역에 유의하면서 혼례 기사에 접근한다면 조선 시대 혼례가 지금과는 사뭇 다른 의미로 다가올 것이다.

권5는 〈상례와 제례〉를 다룬다. 이 권은 내용으로나 기사수로나 《향례지》에서 가장 복잡하다. 권4까지는 인용문헌이 각 권마다 6종 이내이다. 그런데 이 권은 18종이나 된다. 기사수도 다른 권은 8개 이내인데, 권5는 374개나 된다. 글자 수도 가장 적은 권3(8,887자)보다 4배 가까이 되고 권1·2·4의 2배 이상이다. 여기에서 상례와 제례의 절차가 그만큼 길고 복잡함을 짐작할 수 있다. 권5의 길고 복잡함은 대부분 상례 때문이다. 상례는 분량(26,637자)으로도 《향례지》 전체의 30.5퍼센트나 될 만큼 큰 비중을 차지한다.

"상례"에서는 '복(復, 혼 부르기)', '염습[襲]'에서 '길제(吉祭, 2주기가 지난 3개월 뒤의 제사', '이장'까지 총 19단계의 절차를 포괄했다. 이 절차는 대부분 조선의 예학(禮學)에 절대적인 영향력을 미쳤던 《가례》의 내용을 본 줄기로 삼고 이를 주석한 여러 예학서를 인용하는 형식으로 구성되었다.

조선 중기에 깊어진 예학 연구는 급기야 예송논쟁(禮訟論爭)으로 비화되기도 했다. 인조의 차남인 효종이 죽었을 때(1659년) 인조의 계비인 자의대비(慈懿大妃)의 복제를 1년으로 하느냐, 3년으로 하느냐의 문제로 논쟁이 일어났다. 이 논쟁이 기해예송(己亥禮訟)이다. 이때는 정권의 중심부에 있으면서 1년 복제를 주장했던 송시열 등의 서인 정권이 이겼다. 이 복제논쟁은 15년 뒤, 효종의 비 인선왕후가 죽었을 때 다시 수면 위로 떠올랐다. 이것이 갑인예송(甲寅禮訟)이다. 이 때는 현종이 남인을 지지하여 결국 서인 정권이 축출되는 계기가 되었다. 우리가 아는 역사상의 중요한 논쟁이 바로 이 상례를 어떻게 적용하느냐의 문제에서 비롯되었다는 사실에서 당시에 상례가 얼마나 중요한 의례였는지 감을 잡을 수 있을 것이다.

"상례"에서는 《가례》 이외에 《상례비요(喪禮備要)》가 매우 중요한 역할을 한다. 《향례지》에서 가장 많은 인용 회수(210회)를 보여주는 《상례비요》는 "상례"에서만 183회에 걸쳐 인용되었다. 이 책은 신의경(申義慶, 1557~1648)의 저술로 1권 1책이었던 것을 동학(同學)이었던 김장생(金長生, 1548~1631)이 수정·증보하고 그의 아들 김집(金集, 1574~1656)이 교정하여 2권 1책으로 인쇄되었다(1648년). 《가례》의 상례 부분을 중심 본문으로 삼고 다른 예학 서적을 참고해 지은 이 책은 이후 예학의 중요한 문헌이 된다.

그런데 《향례지》 "상례"의 내용 중 상당 부분이 《상례비요》와 일치한다. 이를 통해 "상례"를 정리하면서 《의절(儀節)》, 《서의》 같은 다른 인용서의 내용을 《상례비요》에서 참고하면서 정리했던 정황을 알 수 있다.[27]

---

27 《喪禮備要》는 국립중앙도서관 소장본(도서번호: 古5213~25) 참조.

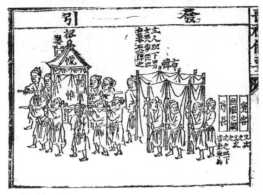

발인(「상례비요」 중)

　"상례"에서 또 주목해야 할 부분은 '안설'이다. 《향례지》에 나오는 안설 224회 중 177회가 바로 "상례"에 들어 있기 때문이다. 풍석은 《가례》에 나오는 절목의 요소요소에 자신의 의견을 덧붙여 당시 민간의 풍속 등을 알려줌으로써 상례 이해에 크게 도움을 준다. 특히 풍석의 안설에는 예학에 밝았던 8인 유학자들의 견해를 간간이 짧게 인용했다. 이 유학자들은, 학계는 물론이고 일반인에게도 비교적 널리 알려진 인물들이다.

　안설에서 인용된 유학자와 인용회수는 다음과 같다. 도암(陶菴) 이재(李縡, 1680~1746) 2회, 수암(遂庵) 권상하(權尙夏, 1641~1721) 2회, 우암(尤庵) 송시열(宋時烈, 1607~1689) 4회, 김장생(金長生, 1548~1631) 3회, 남계(南溪) 박세채(朴世采, 1631~1695) 3회, 율곡(栗谷) 이이(李珥, 1536~1584) 5회, 퇴계(退溪) 이황(李滉, 1501~1570), 신재(愼齋) 주세붕(周世鵬, 1495~1554) 1회. 이중에서 김장생과 이이는 《상례비요》와 《율곡전서》·《율곡제의초》를 통해 이미 그들의 저술이 인용되었다. 하지만 나머지 유학자들은 《향례지》에서 처음 등장한다. 향례지 뿐 아니라, 《임원경제지》 전체에서 오직 여기에서만 등장하고 있다. 이 같은 현상을 다른 측면에서 보면, 조선에서 명망이 높았던 학자들의 견해를 《임원경제지》에서 담을 수 있는 공간은 오직 《향례지》뿐이었음을 역설적으로 보여준다. 인용한 분량이 많지도 않다. 16~18세기 유학자들의 예학에 대한 견해 중 《향례지》에 담을 만한 부분만 소개한 것이다. 이를 통해 서유구가 상례에 보여주는 관심의 깊이와 범위를 살필 수 있다.

권5에서 다룬 상례 절차는 다음과 같다.

복(復, 혼 부르기), 염습[襲], 소렴(小斂), 대렴(大斂), 성복(成服), 아침저녁으로 곡하고 전(奠) 올리기[朝夕哭奠], 조문과 부의, 분상(奔喪, 초상 소식 듣고 집으로 급히 돌아가기), 치장(治葬, 장지 조성), 발인(發引), 하관[窆葬], 삼우제[虞祭], 졸곡(卒哭, 곡 마치기), 부제(祔祭, 조상의 신주와 함께 모시는 가묘제), 소상(小祥, 1주기), 대상(大祥, 2주기), 담제(禫祭, 대상 후 2개월 뒤의 제사), 길제(吉祭, 담제 다음 달의 제사), 이장[改葬].

내용을 들여다보면, 지금 행해지는 상례뿐 아니라 장례와 삼년상 이전의 제례, 그리고 이장까지 다루고 있음을 알 수 있다. 상례와 더불어 일상적 제례에서 담지 못하는 의례를 모두 담은 느낌이다. 조선에서는 이 모두가 상례 절차에 포괄되었기 때문이다. 이는 모두 《가례》를 그대로 따른 방식인데, 조선에서 간행된 《가례》는 이를 세분화하여 권4에서 상례를, 권5에서 장례를, 권6에서 소상·대상·담제를 소개했다.

"상례"에서는 절차의 세세한 절목과 각 절차에서 필요한 용품 및 의복 등도 자세히 소개했다. 상례에서는 의복을 중시했기 때문에 의복 제도를 그림을 실어 설명했는데, 《가례》의 권두(卷頭) 그림뿐 아니라 《상례비요》 권두의 그림을 옮겨오기도 했다.

먼저 '본종오복지도(本宗五服之圖)'는 나를 기준으로 직계 위아래 4대, 8촌 범위의 친족에 대한 복제도 그림이다. '삼부팔모복지도(三父八母服之圖)'는 직간접적으로 나의 아버지뻘 되는 3인과 어머니뻘 되는 8인에 대한 복제도 그림이며, '외당처당복지도(外黨妻黨服之圖)'는 외가의 친족과 처가의 친족 관계에 관련된 복제도 그림이다. 이 세 그림은 《가례》에서 왔다. 또 '삼상강복지도(三殤降服之圖)'[28]는 미성년으로 사망한 경우 강복(降服, 규정한 복보다 한 등

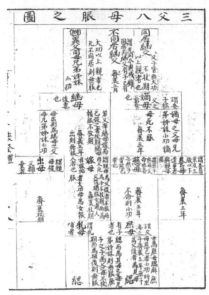

삼부팔복지도(三父八服之圖)

급 낮춰 입는 복)을 입는 복제도 그림이고, '위인후자위본종강복지도(爲人後者爲本宗降服之圖)'는 양자로 간 사람이 자신의 본생本生 친족을 위해 강복을 입는 복제도 그림이다. 이 두 그림은 《상례비요》에서 옮겼다. 복제도 하나만 보더라도 나와 관련된 다양한 친족들과의 친소 관계에 따라 복을 달리하는 규정이 얼마나 세밀하게 규정되었는지 알 수 있다.

오사카본 《향례지》를 보면 애초에는 이 "상례"로만 한 권을 구성할 계획이었던 것 같다. 상례에서 장이 끝나고 "제례"에서는 새로운 권을 명기해놓았기 때문이다. 그 뒤 초고의 교정 과정에서 "제례" 부분을 "상례" 끝 부분에 바로 이어 붙이도록 한 편집 지시[29]와 "제례"의 권두에 쓰는 형식을 지워

---

28 삼상(三殤) : 미성년의 상(喪)이 상(殤)이다. 이를 나이에 따라 셋으로 구분한 상을 삼상(三殤)이라 하며 장상(長殤)·중상(中殤)·하상(下殤)이 그것으로, 장상은 16~19세, 중상은 12~15세, 하상은 8~11세의 상이다.
29 오사카본 《향례지》 "상례"의 내용이 끝나는 다음 줄 위에 "此下連付祭禮(이 아래는 제례 부분을 연이어 붙일 것)"라는 지시 사항이 적혀 있다.

놓았다. "제례"를 집필할 때는 권 하나를 차지할 만큼 분량이 될 것으로 예상했다가 편집 결과 양이 그다지 많지 않음을 알고 "상례"와 "제례"를 한 권으로 묶었을 것이다.

"제례"에서는 '사당(祠堂) 세우기', '시제(時祭, 계절별로 지내는 제사)', '기제(忌祭, 기일에 지내는 제사)', '묘제(墓祭)', '복상 기간의 제사'로 나누어 제사 의례를 설명했다. 《가례》의 원문을 제시하고 이를 《상례비요》, 율곡이 해설한 《율곡제의초(栗谷祭儀鈔)》, 자신의 안설 등 조선의 설들로 보완했다. 《상례비요》와 《율곡제의초》를 원문으로 실은 경우도 있다.

여기서는 사당을 세울 때 쓰는 여러 글, 여러 제사에서 신주를 모실 때 아뢰는 글, 축문 쓰는 법을 알려주었다. 또한 삼년상을 지내는 동안 제사를 어떻게 지내야 하는지도 《율곡제의초》를 수록하여 안내한다. 이 과정에서 풍석은 곳곳에 자신의 안설을 삽입하여 세목에 대한 의견을 개진했다.

위와 같이 서유구는 《향례지》에 향음주례, 향사례, 향약, 관혼상제를 통해 가정과 마을 공동체의 화목과 질서를 만들려고 했다. 향례는 임원에 살면서 홀로 은둔하는 삶이 아니라 가족, 친족, 이웃이 함께 사는 사회에서 사대부가 제 역할을 하기 위한 주요 절차였다.

《향례지》는 마을 의례를 위해 중국 정통 의례를 소개하면서 출발했으나 최종적으로는 풍석 자신이 당시에 적용하기에 가장 적절하다고 판단한 의례를 만들기도 하고, 해설을 덧붙이기도 하고, 이전의 관습을 남겨두기도 했다. 향음주례와 향사례는 자신이 새로 만들었고, 향약과 상례·제례에서는 조선조의 연구 성과를 반영하면서 자신의 견해를 덧붙였으며, 관례·혼례는 《국조오례의》의 관례를 존중했다. 《상례비요》나 《율곡제의초》도 풍석보다 200년 가까이 앞선 책들이므로 19세기에 적용할 때 생기는 문제를 보완하려 했을 것이다. 《향례지》는 풍석이 조선의 대표적인 의례 또는 예학 전문가였음을 입증하는 충분한 자료를 담고 있다.

요즘 조선의 예법을 따르는 이는 아마도 아무도 없을 것이다. 심지어 향교나 유림도 이대로 따르지는 않을 것이다. 시대가 변함에 따라 향례도 거추장스럽고 시대에 뒤떨어진 장식품 취급을 받는다. 개인의 권리가 중시되고 개성을 발출하는 것이 더 멋지다고 보는 세상이다.

《향례지》의 의례는 개인의 자율보다는 공동체의 화합과 질서에 방점을 찍고 있다. '요즘 얘들 버릇없다'는 말은 동서고금을 막론하고 어른들이라면 입버릇처럼 달고 사는 말이라지만, 핵가족 시대인 요즘에 오히려 예절을 중시하는 경향이 더 커져 가는 것 같다. 예절학교니, 다도 교육이니 하는 전통 예절 교육이 각광을 받기도 한다. 이즈음에서 《향례지》의 세세한 절차를 그대로 따를 수는 없다 하더라도, 그 절차를 하나씩 실행하며 지키려 했던 옛사람들의 정신을 일부라도 재현하는 일은 우리에게 적지 않은 의미를 던져줄 것이다.

3) 편집체제[30]

《향례지》는 총 5권으로, 대제목이 5개, 소제목이 7개, 표제어가 41개, 소표제어가 116개, 기사 수는 393개, 인용문헌 수는 23개이며 총 87,317자다. 대제목은 각 권당 1개씩, 소제목은 1·2·3권에는 각각 1개, 4·5권에는 각각 2개가 배치되었다. 표제어는 권 순서대로 각각 6개, 3개, 2개, 6개, 24개가 배치되어 있다.

《향례지》의 체제는 16지 중 가장 간단하다. 소제목, 표제어, 기사 등의 개수가 16지에서 가장 적다는 통계적 수치도 이를 반영한다. 분량은 가장 적은 《관휴지》(40, 693자)의 2배 이상이나 되지만 소제목이나 표제어가 그다지 필요하지 않을 만큼 향례의 대강이 풍석의 머릿속에 정리되어 있었음을 보여준다.

---

30 3) 편집체제~5) 인용문헌 소개에 인용된 통계자료는 민철기·정정기·김수연·최시남·김현진·김용미가 조사했다.

서유구의 안설을 포함한 기사 수는 총 617개다. 《상례비요》(210회)와 안설(224회)이 기사의 대부분을 차지한다. 《향례지》는 또 기사당 평균 원문글자 수가 138자이다.

⟨표2⟩ 《향례지》 표제어류 및 기사 통계

권 수	대제목	소제목	표제어	소표제어	기사 수	인용문헌 수	원문글자 수
인							383
목차							53
1	1	1	6	72	6	6	14,944
2	1	1	3	0	3	3	13,390
3	1	1	2	0	2	2	8,887
4	1	2	6	0	8	3	16,008
5	1	2	24	44	374	18	33,652
합계	5	7	41	116	393	23(중복제외)	87,317

⟨표3⟩ 《향례지》 기사 당 원문글자 수

원문글자 수	기사 이외의 글자 수	기사 글자 수	기사 수(안설 포함)	기사 당 원문글자 수
87,317	1,665	85,652	617(393+224)	138

⟨표4⟩ 《향례지》 소제목별 표제어류 및 기사 통계

권번호	대제목	소제목	표제어	소표제어	기사	인용문헌	원문 글자수
인				.			383
목차							53
1	1	1	6	72	6	6	14,944
2	1	1	3		3	3	13,390

3	1	1	2		2	2	8,887
4	1	1	3		5	3	16,008
		1	3		3		
5	1	1	19	33	311	18	33,652
		1	5	11	63		
합계	5	7	41	116	393	23(중복제외)	87,317

4) 필사본 분석

《향례지》는 오사카본, 규장각본, 고려대본이 모두 현존한다. 우선 오사카본《향례지》의 권두 부분이 초기 편집 체제와 뒷날 확정한 편집 체제를 동시에 보여준다는 점은, 이미 〈임원경제지 해제〉에서 언급한 바와 같다.

오사카본의 권1~4까지는 교정 지시가 거의 없다. 서유구가 이전에 편찬한《향례합편》에 있던 내용을 대부분 옮겨놓은 데다, 새로 추가한 부분도 자신의 저술이었고 향약 부분은《율곡전서》의 글을 옮겨와 교정할 일이 거의 없었기 때문일 것이다. 다만 주석에서는 모든 주석에 네모를 두르고 '注'라고 썼다가 이 부분을 모두 먹으로 지웠다. 이렇게 삭제한 예는 권5에도 보인다. 이렇게 한 이유는 바로 '注'에 네모를 두른《향약합편》의 본문을 그대로 옮겼기 때문이다.

권1~4와는 달리 권5는 22곳에 교정 지시가 되어 있다. 권5의 상례·제례는《향례지》편찬 과정에서 처음으로 정리한 부분이라 바로 깔끔하게 정리하기는 어려웠을 것이다. 교정 지시의 구체적인 내용을 보면, 우선 안설을 보충하거나 삭제하라는 편집 지시가 가장 많았다(9군데). 다음으로 기사나 글자를 추가하라는 지시가 6군데였다. 글자 삭제 지시는 3군데, 기사를 이동하라는 지시가 2군데, 앞뒤의 글을 붙이라는 지시가 1군데, 글자가 의심된다는 의견 표명이 1군데 있다. 앞에서도 언급했듯이 풍석이 권5에 들인 공은 안설의 개수와 양으로 알 수 있다. 따라서 교정 사항도 많을 수밖에 없었을 것이다.

《향례지》오사카본의 특징 중 하나는 전권의 서체가 동일하다는 점이다. 심지어 권5의 교정 지시의 서체도 대부분 같다고 판단된다. 안설을 추가하라는 지시와 함께 안설의 내용을 기록한 부분이 있는데, 이 부분의 서체도 역시 동일한 것 같다. 안설은 풍석 자신의 견해를 쓴 내용이라 남에게 대신 쓰도록 하기 어렵다. 추가해서 쓰인 안설이 풍석의 서체라고 한다면 오사카본《향례지》는 풍석 자신이 전부 쓴 것으로 판단된다.

이 서체는 오사카본 전체에 걸쳐《위선지》에서만 일부 발견된다.《위선지》원본을 쓴 사람은 알 수 없으나 중간중간 일부 내용을 오려붙인 곳이 눈에 띄는데, 서체도 원본의 서체와 확연히 다르다.《향례지》서체와 필획의 굵기가 다르기는 하지만 가로획을 그을 때 왼쪽에서 오른쪽으로 비스듬

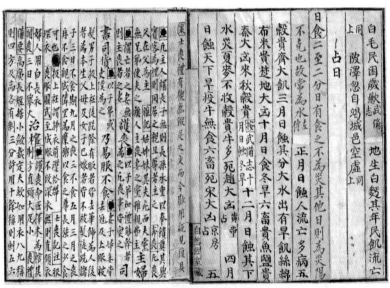

오사카본 향례지 권5의 첫 부분(좌, 안설과 원본의 서체가 동일하다)과 오사카본「위선지」의 좌전 인용 부분(우)

히 올라가는 특징을 보이는 점은 같다. 《위선지》에 추가된 이 서체의 내용은 대부분 《관규집요(管窺輯要)》의 것이다. 교정 과정에서 새로 입수한 이 책을 반영한 것으로 보인다.

오사카본 《향례지》가 정말 풍석의 친필로 적혔는지를 확인하기 위해서는 풍석의 친필과 비교해보는 일이 필요하다. 풍석의 친필로 확인되는 글은 현재 두 종이다. 하나는 《주부자시(朱夫子詩)》에 남은 진적(眞跡)이고, 또 다른 하나는 서유구가 전라감사로 재직하던 시절 전라도 화순의 유생이었던 규남(圭南) 하백원(河百源)에게 자승차를 만들어보자고 제안하기 위해 보낸 서신(1835년 5월, 7월)이다. 《주부자시》는 정조가 글씨 좋은 신하 124인에게 주자의 시 1,221수를 베끼도록 한 책으로, 12권 12책이다. 서유구가 필사한 시는 그중 권2의 맨 뒤에 수록되어 있다. 하백원에게 보낸 두 통의 편지는 현재 '규남박물관'(전남 화순군)에서 소장하고 있다.

이 두 문건 중 《주부자시》의 글씨는 매우 정성스럽고 정아하게 쓴 모습이 역력하다. 왕에게 올려야 하는 글이니만큼 온 마음을 다하여 썼을 것이다. 그래서 풍석이 평상시에 편안한 마음으로 쓴 서체와 비교할 때 과연 동일인의 글씨인지 고개가 갸웃거려질 수 있다. 반면 전라 감사로서 연배가 낮은 향촌의 한 유생에게 보낸 서신에서는 평상시의 글자체를 오롯이 살필수 있다. 사진에서 보듯, 규남에게 보낸 서찰에서도 역시 오른쪽으로 긋는 획이 비스듬히 위로 올라가는 경향을 확인할 수 있다. 이런 특징을 지닌 서체는 위에서 언급한 곳 이외의 오사카본에서는 찾아볼 수 없다. 1930년대의 필사본인 규장각본, 고려대본에도 역시 이러한 필체는 남아 있지 않다.

이 필체가 풍석의 것이 확실하다면, 왜 몸소 《향례지》를 필사했을까 하는 의문이 든다. '자연경실장' 원고에 쓴 것으로 보아 70세가 넘은 뒤의 필적이다. 다른 후배나 제자를 시킬 법도 한데, 굳이 자신이 쓴 것 같다. 왜 그랬을까. 젊었을 때 《향례합편》을 정리하던 시절을 추억하려 했을까. 아

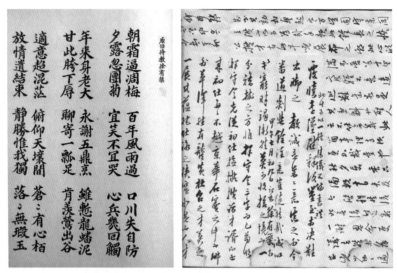

朝霜過凋梅　百年風雨過　口川失自防
夕露忽團菊　宜笑不宜哭　心兵幾回融
年來身老大　永謝五鼎烹　雖懃龍蟠泥
甘此膝下辱　聊寄一瓢足　肯羨鶯出谷
適意超混茫　俯仰天壤間　蒼々有心栢
放情遺結束　靜勝惟我獨　落々無瑕玉

原住侍敎徐有榘

주부자시에 실린 서유구의 필사 시(좌)와 서유구가 하백원에게 보낸 3차 서찰(우)

니면 자신의 안설을 곳곳에 배치한 《향례지》에 대한 깊은 애정이 있었기 때문일까. 아니면 이미 《향례합편》이 있으니 베끼기 쉬워서였을까? 여러 억측을 해보지만 궁금증만 더해 간다.

5) 인용문헌 소개

인용문헌은 총 23종이다. 인용문헌도 역시 16지 중 가장 적은 숫자이다. 《향례지》에서 15회 이상 인용된 서적은 《상례비요》(210), 《가례》(51), 《문공가례의절》(26), 《예기》(19), 《율곡전서》(18), 《의례》(31) 등이다. 또한 조선의 문헌도 《상례비요》와 《율곡전서》를 비롯하여 《국조오례의》(5), 《풍석집》(2)·《격몽요결》(2) 등 총 5종이 이용되었다. 여기서 서유구의 저술은 《풍석집》 1종이다.

서유구의 안설은 총 224회에 걸쳐 4,530자를 차지하여 5.19퍼센트 (4,530/87,317)의 비율을 보인다. 안설의 회수가 많은 데 비해 글자 수는 상대

54   향례지·해제

적으로 적다. 이는 간략하게 해설만 하고 넘어간 안설이 많다는 뜻이다. 안설의 1회 평균 글자 수는 20여 자이다.

「향례지」 오사카본 사진

「향례지」 고려대본(좌), 규장각본(우)

《향례지》 전체에서 서유구 저술 이외의 조선 문헌 비율은 20.8퍼센트를 차지하고, 서유구 저술의 비율은 12.5퍼센트를 차지하고 있다. 그리하여 《향례지》 전체에서 조선 문헌이 차지하는 비율은 33.3퍼센트이다. 적지 않은 비율이다. 중국의 의례가 얼마나 조선화 되었는지를 보여주는 수치로 볼 수도 있다. 특히 《상례비요》와 《율곡전서》(《율곡제의초》 포함)가 많이 활용되었음을 알 수 있다.

〈표5〉《향례지》에서 서유구 저술 이외의 조선 문헌 비중

인용 조선 문헌	글자 수	기사 수
상례비요	7,368	210
율곡전서	6,211	18
국조오례의	4,506	5
격몽요결	115	2
합계	18,200	235
비율(%)	20.8(18,200/87,317)	38(235/617)

〈표6〉《향례지》에서 서유구 저술의 비중

구분	글자수	비고
서문	383	
목차	53	
권수, 권차, 권미제, 저자명, 교열자명	157	
대제목, 소제목, 표제어, 소표제어	1,072	
안설	4,530	224회
풍석전집	4,681	2회
음식진설도	31	
합계	10,907	
비율(%)	12.5(10,907/87,317)	

〈표7〉《향례지》에서 중국문헌 비중

인용 중국 문헌	글자 수	기사 수
가례	20,285	51
의례	17,556	31
서의	8,191	7
주자대전	4,063	3
대당개원례	2,521	3
대명집례	2,399	1
문공가례의절	1,008	26
장도	611	3
위씨회격기사	454	1
송사 예지	293	1
예기	451	19
후종례	147	3
장씨제례고	82	2
가례보주	41	1
제록	41	1
호의	37	1
의례경전통해속 의례상복도식	22	1
통전	8	1
합계	58,210	156
비율(%)	66.7(58,210/87,317)	25.2(156/617)

정명현(임원경제연구소 소장)

《향례지》서문

鄕禮志引

향(鄕)이란 글자는 두 읍(邑)이 서로 마주보고 있는 모습을 따랐다. 읍이란 백성들이 사는 곳을 말한다. 주나라의 제도를 상고해보면, 왕궁이 가운데에 있고, 왼쪽에 사직이 있고, 오른쪽에 종묘가 있으며[1], 앞으로는 조정이 있고, 뒤쪽으로 시장이 있다. 그다음에 좌우로 3개의 향(鄕)이 쌍쌍이 서로 마주보고 있고, 이곳을 백성들의 거주지로 삼는다. 이것이 이른바 "6향(鄕)이 왕성 안에 있다."는 말인데[2], 이는 지금 한양의 5부(部)[3]와 같다.

그러므로 향로(鄕老)[4]의 직분이 삼공(三公)이 되어,

鄕之爲文, 從兩邑相對. 邑者, 民居之稱也. 攷周制, 王宮居中, 左社右廟, 面朝後市, 而其次有左右三鄕, 兩兩相對, 以爲民居. 是所謂'六鄕在於王城之內', 若今五部者也.

故鄕老之職是爲三公, 總

---

1 왕궁이……있으며 : 《주례주소(周禮注疏)》 권1 〈천관총재(天官冢宰)〉《十三經注疏整理本》7, 5쪽)에 보인다. 정현(鄭玄)의 주(注)에서는 "왼쪽에 종묘가 있고 오른쪽에 사직이 있으며, 앞으로 조정이 있고 뒤쪽으로 시장이 있다(左祖右社, 面朝後市)."라 했다.

2 왕궁이……말인데 : 정약용(丁若鏞, 1762~1836)은 자신의 묘비명에 다음과 같이 적고 있어 참고가 된다. "6향은 왕성 안에 있다. 장인이 나라를 경영할 때 9구역으로 나누었다. 왕궁은 가운데 있고, 앞으로 조정이 있고 뒤쪽으로 시장이 있으며, 왼쪽과 오른쪽의 6향이 쌍쌍이 서로 향하고 있다(六鄕在王城之內. 匠人營國, 體爲九區. 王宮居中, 面朝後市, 左右六鄕, 兩兩相嚮)."라 했다. 《다산시문집(茶山詩文集)》 권16 〈묘지명(墓誌銘)〉"자찬묘지명(自撰墓誌銘)".

3 5부(部) : 도성(都城)을 다섯 구역으로 나눈 행정제도.

4 향로(鄕老) : 주(周)의 관직. "향로는 두 개의 향마다 한 사람씩 두었다. 【곰 '老'란 존칭이다. 왕이 6향을 두었으니, 향로는 곧 3인이다. 3인의 향로 중, 조정에서는 왕과 함께 도(道)를 논하고, 중앙에서는 6관의 일에 참여했으며, 지역에서는 6향의 교육을 맡았다】(鄕老, 二鄕則公一人. 【囲 老, 尊稱也. 王置六鄕, 則公有三人也. 三公者, 內與王論道, 中參六官之事, 外與六鄕之敎】)." 《周禮注疏》 卷9 〈地官司徒〉《十三經注疏整理本》7, 264쪽). 한(漢)대에 이르러서는 향마다 삼로(三老) 1인을 두어 사람들을 교화시키게 하였는데, '향로' 혹은 '향기(鄕耆)'라 불렀다.

6향의 행정과 교육을 총괄하니, 향사례(鄕射禮)·향음주례(鄕飮酒禮)와 같은 의례는 모두 왕성 안에서 행하여졌다. 《주례(周禮)》 '대사도(大司徒)'를 살펴보면, 향삼물(鄕三物)[5]의 교육과, 향대부(鄕大夫)[6]와 당정(黨正)[7]의 질서가 있고, 독법(讀法)[8]의 제도로 백성을 가르치던 방법들이 있으니, 이 모두도 왕성에 매우 가까운 곳에서 이루어졌다. 이것이 옛 향당(鄕黨)의 예(禮)이다. 뒷날 향이란 이름은 도읍에서 멀리 떨어진 외진 고을을 일컫는 이름이 되었고, 그것이 답습되어 온 지가 이미 오래되었다. 그러나 지금은 그 뜻을 따져 궁구할 겨를이 없다.

六鄉之政敎, 若鄉射、鄉飮禮之屬皆於王城內行之. 觀於《周禮·大司徒》, 有鄉三物之敎、鄉大夫·黨正之倫, 有讀法敎民之道, 皆密邇於王城. 是古鄉黨之禮也. 後來鄉之名轉爲外郡遐遠之稱, 沿襲已久. 今不暇講究也.

이 《향례지》는 향음주례와 향사례를 간략하게 서술하고, 아울러 관례·혼례·상례·제례를 기록하였는데, 그 제목을 '향례'라고 한 이유는 무엇 때문인가? 향음주례·향사례·관례·혼례·상례·제례를

此志中略敍飮、射之禮, 兼以冠昏喪祭, 而以鄉禮目之, 何也? 爲其簡而忽之也.

---

5 향삼물(鄕三物) : 주(周)의 교육기관인 향학의 세 가지 교과과정. 6덕, 6행, 6예를 말한다. "향삼물을 만백성에게 가르쳐, 빈객으로 천거하게끔 했다. 첫째는 6덕으로, 지(知)·인(仁)·성(聖)·의(義)·충(忠)·화(和)이다. 둘째는 6행으로, 효(孝)·우(友)·목(睦)·인(婣)·임(任)·휼(恤)이다. 셋째는 6예로, 예(禮)·악(樂)·사(射)·어(御)·서(書)·수(數)이다. 【주 '物'은 일이다. '興'은 천거하는 것이다】(以鄉三物敎萬民, 而賓興之. 一日六德, 知, 仁, 聖, 義, 忠, 和. 二日六行, 孝, 友, 睦, 婣, 任, 恤. 三日六藝, 禮, 樂, 射, 御, 書, 數. 【注 物, 猶事也. 興, 猶擧也】)" 《周禮注疏》 卷10 〈地官司徒〉 "大司徒"(《十三經注疏整理本》7, 314쪽).

6 향대부(鄕大夫) : 주(周)의 관직. "향대부의 직임은, 각기 그 향의 정교(政敎)와 금령(禁令)을 주관한다. 【圉 정사농이 말했다. '1만 2500집이 하나의 향이다.'】(鄉大夫之職, 各掌其鄉之政敎禁令. 【注 鄭司農云:'萬二千五百家爲鄉.'】)" 《周禮注疏》 卷12 〈地官司徒〉 "鄉大夫"(《十三經注疏整理本》7, 348쪽).

7 당정(黨正) : 주(周)의 관직. "당정은 각기 그 당의 정(政)·령(令)·교(敎)·치(治)를 주관한다. 【圉 정사농이 말했다. '5백 집이 당이다.'】(黨正各掌其黨之政, 令, 敎, 治. 【注 鄭司農云:'五百家爲黨.'】)" 《周禮注疏》 卷12 〈地官司徒〉 "黨正"(《十三經注疏整理本》7, 357쪽).

8 독법(讀法) : 주(周)의 제도로, 주장(州長)과 당정이 정월에 백성들을 모아 1년의 정령과 교법 등을 읽었기에 독법이라 한다. "정월의 길일에, 그 주의 백성들을 모아 교법을 읽었다. 덕행과 도예를 상고하며 권면하고, 과실과 악행을 드러내어 주의하도록 했다(正月之吉, 各屬其州之民而讀法, 以攷其德行道藝而勸之, 以糾其過惡而戒之)." 《周禮注疏》 卷12 〈地官司徒〉 "州長"(《十三經注疏整理本》7, 355쪽).

鄉禮志引

鄉之為文从兩邑相對邑者民居之稱也攷周制王
宮居中左社右廟面朝後市而其次有左右三鄉兩
兩相對以為民居是所謂六鄉在於王城之內若分
五部者也故鄉老之職是為三公總六鄉之政教若
鄉射鄉飲禮之屬皆於王城內行之觀於周禮大司
徒有鄉三物之教鄉大夫黨正之倫有讀法教民之
道皆密邇於王城是古鄉黨之禮也後來鄉之名轉
為外郡退遠之稱沿襲已久今不暇講究也此志中
略叙飲射之禮兼以冠昏喪祭而以鄉禮目之何也

간략하게 만들어 예사롭게 보이도록 만들었기 때문이다.

간략하다는 것은 어째서인가? 선왕이 가르침을 베푼 내용 가운데 예가 가장 크다. 예는 곧 법이다. 그 넓은 범위에는 길례(吉禮)·흉례(凶禮)·군례(軍禮)·빈례(賓禮)·가례(嘉禮)가 포함되고, 관례·혼례·상례·제례·향례(鄕禮, 향음주례와 향사례)·사상견례(士相見禮)[9]가 포함된다. 그 책으로는 《의례》·《주례》가 있고, 《예기》·《대대례》가 있다. 지금의 유학자로서 전문적으로 강구하여 죽을 때까지 머리를 책 더미에 파묻고 살면서도 그것을 그만둘 수 없는 사람이 있다.

하지만 진실로 경학의 스승[經師]은 돌아가시고 학문이 끊어진 지 이미 오래되었다. 그리하여 단지 책에 실린 내용에만 근거하여 옛사람의 뜻을 밝히려 한다면 그 마음은 참으로 또한 고달플 것이다. 그러므로 한 글자라도 책이나 문서 안에서 발견하면 미루어 유추하고 하나하나 따져서 무엇인가 하나라도 얻기를 바란다. 지금 유학자들의 식견이 이처럼 지극히 간절해도 오히려 요령을 얻지 못할까 걱정이다. 하물며 시골에 사는 사람으로서 그것을 해낼 겨를이 있겠는가?

其簡奈何? 先王之設敎, 禮爲最大, 禮卽是法也. 其宏網有吉、凶、軍、賓、嘉焉, 有冠、昏、喪、祭、鄕、相見焉. 其爲書也, 有《儀禮》、《周禮》焉, 有《禮記》、《大戴禮》焉. 今之儒者, 有專門講究, 沒身埋頭而不能已者.

誠以經師云沒, 絕學已久, 但据方冊之載, 欲明古人之義, 其心良亦苦矣. 故有得一字於書縫之內者, 推演考核以冀一得. 今儒之見也, 如此至懇, 猶患其不得要領. 況林下之居有能暇及乎?

---

9 관례……사상견례(士相見禮):《예기(禮記)》〈왕제(王制)〉편에 "6예는 관례·혼례·상례·제례·향례·사상견례이다.【圄 '향(鄕)'은 향음주례·향사례이다】(六禮, 冠、昏、喪、祭、鄕、相見.【疰 鄕, 鄕飮酒、鄕射】)"라는 구절이 있다. 《禮記正義》 卷13 〈王制〉(《十三經注疏整理本》 13, 509쪽).

그러므로 여기에서 대략《서의》와《가례》를 주로 채록한 이유는 그것이 간략하여 행하기에 쉽기 때문이다. 향촌에 사는 사람이 일을 당하였을 때 그들에게 뽑아서 열람하게 한다면, 한동안은 살펴 실행하기 편할 것이니, 향(鄕)이란 글자로 묶어내는 것 또한 변통의 좋은 방도가 아니겠는가!

故於此略採《書儀》、《家禮》而主之者, 爲其簡而易行. 使夫鄕居者, 遇事抽閱, 便於一時之按行, 則以鄕括之, 亦通變之道也夫!

為其簡而忽之也其簡奈何先王之設教禮為最大

禮即是法也其宏綱有吉凶軍賓嘉焉有冠昏喪祭

鄉相見焉其為書也有儀禮周禮焉有禮記大戴禮

焉今之儒者有專門講究沒身埋頭而不能已者誠

以經師云沒絕學已久但據方冊之載欲明古人之

義其心良亦苦矣故有得一字於書縫之內者推演

考核以冀一得今儒之見也如此至懇惻患其不得

要領況林下之居有能暇及寸故於此略採書儀家

禮而主之者為其簡而易行使夫鄉居者遇事抽閱

便於一時之按行則以鄉括之亦通變之道也夫

향례지 권제 1

鄕禮志 卷第一

임원십육지 88

林園十六志八十八

I. 통례(通禮)

매년 초겨울에 도성 안에서는 태학(太學, 성균관)에서 지방에서는 향학(鄕學, 향교)에서 길일을 골라 향음주례(鄕飮酒禮)를 행하는데, 각 관청의 책임자가 주인이 된다【태학에서는 대사성(大司成)이 주인이고, 향학에서는 고을 수령[倅]이 주인이다】. 나이가 많고 덕있는 사람을 빈(賓)으로 삼고, 그 다음을 개(介)로 삼고, 그 다음을 중빈(衆賓)으로 삼는다. 점잖으며 여러 사람이 따르고 추천하는 사람을 사정(司正)으로 삼고, 예의를 익힌 사람을 찬홀(贊笏)과 찬인(贊引)으로 삼는다.

- Ⅰ -

통례[1]

通禮

Ⅰ
향음주례(鄕飮酒禮)

1 통례(通禮): 예에 관한 서설 또는 사회적으로 행해지는 예식의 의미. 주희(朱熹)는 《주자가례
    (朱子家禮)》의 첫 부분 '통례(通禮)'에 '사당(祠堂)', '심의제도(深衣制度)', '사마씨거가잡의(司馬
    氏居家雜儀, 사마광이 지은 집안에서의 각종 예절)'를 수록하여 전자의 의미로 사용했으나, 서
    유구는 '통례'에 '향음주례', '향사례(鄕射禮)', '향약(鄕約)'을 수록하여 후자의 의미로 사용했다.

1. 향음주례(鄕飮酒禮)[2]

鄕飮酒禮

1) 주(周)나라의 향음주례

周儀[1]

(1) 빈과 개에 대해 상의하다[謀賓介][3]

고을에서 음주(飮酒)하는 의례, 즉 향음주례는 다음과 같다. ① 주인(主人)은 선생(先生)에게 찾아가서 빈(賓, 손님)과 개(介, 주인을 돕는 사람)에 대해서 상의한다.[4]

鄕飮酒之禮 : 主人就先生而謀賓、介.

【주】[5] 주인이란 제후(諸侯)[6]의 향대부(鄕大夫)[7]이다. 선생이란 그 고을의 퇴직 관료이다. 빈과 개는 벼슬을 하지 않은 선비들 가운데 훌륭한 사람이다.

【注】 主人, 謂諸侯之鄕大夫也. 先生, 鄕中致仕者. 賓、介, 處士賢者.

---

2 향음주례(鄕飮酒禮) : 고대에 향대부(鄕大夫)가 나라 안의 어진 사람들에게 술을 대접하고 조정에 천거하는 예식. 우리나라에서는 고려(高麗) 1136년(인종 14)에 과거제도를 정비하면서 여러 주(州)의 공사(貢士)를 중앙으로 보낼 때 향음주례를 행하도록 규정한 일이 있다. 조선시대의 향음주례는 세종이 집현전에 상정(詳定)하도록 명해 1474년(성종 5)에 편찬을 완성했던 《국조오례의(國朝五禮儀)》와 더불어 일반화되었다.

3 빈과……상의하다[謀賓介] : 독자들의 편의를 위해서, 진혜전(秦蕙田, 1702~1764)의 《오례통고(五禮通考)》에서 나눈 대로 소제목을 추가했다. 이 소제목에 해당하는 내용의 끝에 붙인 주에서 "이상은 빈(賓)과 개(介)에 대해서 상의하는 의례이다(右謀賓介)."라고 밝히고 있다. 이하도 마찬가지이다.

4 고을에서……상의한다 : 이 부분은 《의례(儀禮)》 卷8 〈향음주례(鄕飮酒禮)〉 第4에 나오는 본문이다. 여기서부터 시작하는 글의 구성은 '본문 - 주석(注) - 주석에 대한 주석(疏)'의 순서가 반복된다. 유가 경전의 이와 같은 구조의 글을 주소(注疏)라 한다. 따라서 이 대목은 《의례주소(儀禮注疏)》라 하며, 《십삼경주소》의 하나이다.

5 注 : 여기 注에 해당하는 부분은 《의례》 본문에 대한 주석으로, 중국 한나라 정현(鄭玄, 127~200)의 저술이다. 이하도 마찬가지이다.

6 제후(諸侯) : 고대 중국에서 천자(天子)에게서 일정한 영토를 받을 뿐만 아니라 일정한 의무를 지고, 그 영내(領內)의 인민(人民)을 지배하는 권력을 가졌던 사람. 군(君)이라고도 한다. 제후 밑에는 대부(大夫), 대부 밑에는 사(士)가 있었다.

7 향대부(鄕大夫) : 중국 주(周)나라의 관직명. 고을의 행정·법령·병역·요역을 주관하고, 관리들을 감독했으며, 능력있는 선비들을 선발하여 국가에 추천했다.

[1] 儀 : 저본에는 "禮". 오사카본·규장각본에 근거하여 수정.

《주례》〈지관사도(地官司徒)〉"대사도(大司徒)[8]의 직분"에서 "대사도는 고을의 향삼물(鄉三物)[9]로 만민(萬民)을 교화하고 빈(賓)[10]을 천거하여 일으켜 세운다."[11]라 했다.

《주례》〈지관사도〉"향대부(鄉大夫)"에서 "향대부는 정월(正月)의 길일(吉日)에 사도(司徒, 대사도)에게 법(法)을 받아다가 물러나서 자신이 맡은 고을의 관원에게 나누어준다. 그리하여 그들로 하여금 각각 그것으로 다스리는 곳을 교육하도록 하고, 그것으로 그들의 덕행을 고과(考課)하고, 그들의 도예(道藝, 학문과 재능)를 관찰하게 한다."라 했다. 그랬다가 3년마다 돌아오는 대비(大比)[12]를 시행할 때 "훌륭한 사람과 능력이 있는 사람을 천거한다. 향로(鄉老)[13]와 향대부는 관리들과 다수의 어진 사람들[衆寡]을 거느리고 예(禮)로써 이 빈객들을 예우한다. 다음날 새벽에 이들은 훌륭한 사람과 능력이 있는 사람을 천거하는 글을 왕에게 바친다."[14]

이 예는 3년마다 정월에 1번 시행한다. 제후의 향대부가 그 군주에게 인재를 천거하는 일[貢士]도

《周禮·大司徒之職》"以鄉三物敎萬民而賓興之".

"鄉大夫以正月之吉, 受法于司徒, 退而頒之于其鄉吏, 使各以敎其所[2]治, 以考其德行, 察其道藝." 及三年大比, "而興賢者、能者. 鄉老及鄉大夫帥[3]其吏與其衆寡, 以禮賓之. 厥明, 獻賢能之書于王."

是禮乃三年正月而一行也. 諸侯之鄉大夫貢士于其君,

---

8 대사도(大司徒) : 중국 주(周)나라의 관리. 나라의 토지를 관장하고 인민(人民)의 교화를 담당했다. 대사도와 함께 대사마(大司馬)·대사공(大司空)을 삼공(三公)이라 불렀다.
9 향삼물(鄉三物) : 고대 향학(鄉學)의 기본 강령으로 육덕(六德)·육행(六行)·육예(六藝)를 말하며, 삼사(三事)라고도 한다. 육덕은 지(知)·인(仁)·성(聖)·의(義)·충(忠)·화(和)를 말하고, 육행은 효(孝)·우(友)·목(睦)·인(姻)·임(任)·휼(恤)을, 육예는 예(禮)·악(樂)·사(射)·어(御)·서(書)·수(數)를 가리킨다.
10 빈(賓) : 해당 고을에 거주하고 있는 처사(處士)들 가운데 능력이 있고 훌륭한 사람을 말한다.
11 대사도는……세운다 : 《周禮注疏》 卷10 〈地官司徒〉 "大司徒"《十三經注疏整理本》7, 314쪽).
12 대비(大比) : 중국 주(周)나라 제도로, 3년마다 시행하는 인구와 재물 조사. 또는 관리들의 성적에 대한 고과(考課)와 향시(鄉試)·인재 등용 등을 말한다.
13 향로(鄉老) : 퇴직한 고위 관리로 70세 이상인 사람.
14 향대부(鄉大夫)는……바친다 : 《周禮注疏》 卷12 〈地官司徒〉 "鄉大夫"《十三經注疏整理本》7, 348~350쪽).
[2] 所 : 저본에는 "治". 오사카본·《儀禮注疏·鄉飲酒禮》에 근거하여 수정.
[3] 帥 : 저본에는 "師". 오사카본·규장각본·《儀禮注疏·鄉飲酒禮》에 근거하여 수정.

아마 이와 같을 것이다.

옛날에는 나이가 70이 되면 벼슬을 그만두고 향리에서 늘그막을 보내는데, 이런 전직 대부(大夫)를 이름하여 '부사(父師)'라 하고, 벼슬을 안 한 선비는 '소사(少師)'라 하여 고을에서 교육[教學]하게 한다.15 그래서 부사와 소사는 평소에 늘 고을 사람들 가운데 훌륭한 사람이 누구인지를 알고 있다. 이 때문에 향대부가 그에게 찾아가서 상의하는 것이다.

가장 훌륭한 사람[賢者]은 빈(賓)으로 삼고, 그에 다음 가는 사람은 개(介)로 삼고, 그에 다음 가는 사람은 중빈(衆賓)으로 삼아서 그들과 더불어 음주의 예를 행한다. 이것은 또한 앞으로 그들을 천거하기 위해 그들에게 향음주례로 빈객들을 예우하는 것이다.

지금(즉 한나라) 군국(郡國)16에서 10월에 이 음주례를 행하는 이유는 《주례》 "당정(黨正)"17에서 해마다 "당정은 예로 백성들을 결속시키고 서(序)18에서 술을 마시는 행사를 함으로써 나이와 지위를 바로잡는다."19는 설에 따른 것이다. 그러나 이 편(篇)에는 나이와 지위를 바로잡는 일에 대한 말은 없다.

일반적으로 향당(鄉黨)20에서 술을 마시는 예를

蓋如此云.

古者年七十而致仕, 老於鄉里, 大夫名曰"父師", 士名曰"少師", 而教學焉, 恒知鄉人之賢者. 是以大夫就而謀之.

賢者爲賓, 其次爲介, 又其次爲衆賓, 而與之飮酒, 是亦將獻之, 以禮禮賓之也.

今郡國十月行此禮④, 以《黨正》每歲"以禮屬民而飮酒于序, 以正齒位"之說. 然此篇無正齒位之事焉.

凡鄉黨飮酒必於民聚之時,

---

15 70이……한다:《尙書大傳》卷2〈商書〉 "微子傳"(《文淵閣四庫全書》 68, 399쪽).

16 군국(郡國):중국 한(漢)나라 고조(高祖)가 실시한 통치 제도. 진(秦)나라의 군현(郡縣)제도와 주(周)나라의 봉건 제도를 병행한 제도이다. 수도에 가까운 지역은 군현을 두어 황제가 직접 통치하고, 먼 지역은 황족이나 공신에게 맡겨 다스리도록 했다.

17 당정(黨正):중국 주(周)나라 때 500가(家) 단위인 당(黨)을 관장하는 지방조직의 장관.

18 서(序):중국 고대 학교의 명칭. 주(州)에는 서가 있었고, 향(鄉)에는 상(庠)이 있었다.

19 당정은……바로잡는다:《周禮注疏》卷12〈地官司徒〉 "黨正"(《十三經注疏整理本》 7, 358쪽).

20 향당(鄉黨):자기가 났거나 사는 시골의 마을. 또는 그곳에서 사는 사람들.

④ 禮:《儀禮注疏·鄉飲酒禮》에는 "飮酒禮".

반드시 백성들이 모이는 시기에 시행하는 이유는 백성이 이 예를 보고 교화되어 훌륭한 사람을 숭상하고 어른을 공경할 줄 알기를 바라기 때문이다. 맹자께서 말씀하셨다. "천하에서 두루 존중 받는 3가지가 있으니 작위(爵位)와 덕(德)과 나이[齒]이다."21】

【소】22 주에서 《주례》를 인용하였으니, 이것은 천자의 향대부에 관한 법이다. 제후의 향대부에 대해서는 명문이 없기 때문에 천자의 향대부로 간략하게나마 설명한 것이다. 만약 고을에서 1사람만 천거한다는 규정에 의거하면 그 고을의 개(介)와 중빈(衆賓)을 천거하지 못한다. 다만 개(介)와 중빈을 세워두어 빈(賓)을 도와 예를 행하게 했다가, 그 다음 해를 기다려 다시 그를 천한다】23

【이상은 빈과 개(介)에 대해서 상의하는 의례이다.24】

(2) 빈과 개에게 고하다[戒賓介]

① 주인이 빈에게 고하러 오면[戒賓] 빈은 주인이 번거로움을 무릅쓰고 직접 자신의 집까지 온 일에 대해 절한다[拜辱]. ② 주인은 답례(答禮)로 절한다. ③ 이어서 빈(賓)이 되어 달라고 청한다. ④ 빈(賓)은 1번 사

欲見其⑤化, 知尚賢尊長也. 孟子曰："天下有達尊三, 爵也、德也、齒也."】

【疏】引《周禮》, 是天子鄉大夫法, 諸侯鄉大夫無文, 以此約之. 若據鄉貢一人, 其介與衆賓不貢之矣. 但立介與衆賓, 輔賓行禮, 待後年還以貢之耳】

【右謀賓、介】

主人戒賓, 賓拜辱. 主人答拜, 乃請賓, 賓禮 辭許. 主人再拜, 賓答拜. 主人退, 賓拜辱.

---

21 천하에서……나이이다：《孟子》〈公孫丑〉下（《十三經注疏整理本》25, 125쪽).
22 【소】：여기 【소】에 해당하는 부분은 위 【주】 부분에 대한 주석으로, 중국 당나라 가공언(賈公彦, ?~?)의 저술이다. 이하도 마찬가지이다.
23 이상의 (1)은 《儀禮注疏》卷8《鄉飲酒禮》第4(《十三經注疏整理本》10, 146~148쪽)에 보인다.
24 이상은……의례이다：《오례통고(五禮通考)》의 저자 진혜전(秦蕙田, 1702~1764)이 《의례》 원문을 내용별로 나누고 내용 끝에 그 주제를 달아 놓은 것이다. 아래도 모두 같다.
⑤ 見其：저본에는 "其見". 《儀禮注疏·鄉飲酒禮》에 근거하여 수정.

양하고 허락한다. ⑤ 주인은 2번 절한다. ⑥ 빈(賓)은 답례로 절한다. ⑦ 주인이 물러가면 빈은 주인이 자신을 빈으로 삼은 것과 앞으로 자신을 천거해줄 것에 대한 답례로 2번 절한다.

【주 계(戒)란 고하러 오는 것이다. 배욕(拜辱)이란 주인이 번거로움을 무릅쓰고 직접 자신의 집 문에 찾아온 일에 대해 절하는 것이다. 간곡히 사양하지 않는 이유는 평소에 가졌던 뜻(향음주례에 참석하여 관료로 천거되기를 바라는 마음)이 있었기 때문이다. 물러간다는 것은 빈의 집에서 떠나는 것이다. 떠날 때 다시 절하는 것은 그렇게 함으로써 배웅하며 감사하는 것이다】

【注 戒, 告也. 拜辱, 拜其屈辱至己門也. 不固辭者, 素所有志. 退猶去也. 去又拜者, 以送謝之】

【소 빈을 맡은 사람이 대문을 나와 맞이하는 것은 《의례(儀禮)》〈사관례(士冠禮)〉에서 "주인이 빈의 집 관례 전날 알리러 올 때 빈은 문을 나와 왼편에 선다."25라고 했고, 《의례》〈향사례(鄕射禮)〉에서 "빈을 찾아와 고하는 경우에도 대문을 나와 맞이한다."26라고 한 데서 보인다. 그러므로 향음주례에서도 대문을 나와 맞이함을 알 수 있다.

【疏 知賓出門者, 見《冠禮》主人宿賓, 賓出門左, 《鄕射》戒賓亦出門, 故知此亦出門也.

〈사관례〉에서는 주인이 동료에게 고하러 오는데,27 그것은 동료를 높이고 또 그로 하여금 자신의 아들에게 관(冠)을 씌우도록 하기 때문에28 그를 존중하는 것이다. 그러므로 주인이 먼저 절한다. 이

《冠禮》主人戒同寮, 同寮尊, 又使之加冠於子, 尊重之, 故主人先拜. 此則鄕大夫尊, 賓卑, 又將貢己, 宜

---

25 주인이……선다: 《儀禮注疏》卷1〈士冠禮〉《十三經注疏整理本》10, 17~18쪽).
26 빈을……맞이한다: 《儀禮注疏》卷11〈鄕射禮〉《十三經注疏整理本》10, 199쪽).
27 주인이……오는데: 《儀禮注疏》卷1〈士冠禮〉《十三經注疏整理本》10, 15쪽).
28 그로……때문에: 고례에서는 남자가 성년에 이르면 상투를 틀고 갓을 쓰게 하던 관례(冠禮)를 치루었는데, 이때 관례자의 아버지가 자신의 친구를 초빙해서 관을 씌워주도록 했다.

향음주례에서는 향대부(주인)의 지체가 높고 빈의 지체가 낮으며, 또 장차 주인이 자신을 천거해 줄 것이기 때문에 마땅히 주인을 높여 공경하는 것이다. 그러므로 주인이 번거로움을 무릅쓰고 자신의 집까지 온 일에 대해 빈이 먼저 절하는 것이다】

尊敬主人, 故賓先拜辱】

⑧ 개(介)에게도 그와 같이 한다.

介亦如之.

【주 주인이 빈에게 찾아가 고하는 일과 같이 한다】

【注 如戒賓也】

【소 중빈(衆賓)에게도 사람을 보내 초청을 고하여 알게 하되, 다만 여기서는 생략하고 말하지 않은 것이다】29

【疏 衆賓亦當遣人戒速使知, 但略而不言】

【이상은 빈(賓)과 개(介)에게 고하는 의례이다】

【右戒賓, 介】

(3) 자리와 기물을 마련하다[設席及器]

① 이런 뒤라야 빈과 주인과 개를 위해 자리를 편다[席]. ② 중빈의 자리는 모두 닿지 않도록 한다.

乃席賓、主人、介. 衆賓之席, 皆不屬焉.

【주 석(席)이란 자리를 펴는 것이다. 일찍 일어나 빈에게 가서 고하고 돌아와 자리를 편다. 빈의 자리는 유(牖)30의 앞에다 남쪽을 향해 편다. 주인의 자리는 동쪽 계단[阼階] 위쪽 당에 서쪽을 향해 편다. 개의 자리는 서쪽 계단 위쪽 당에 동쪽을 향해 편다. 중빈의 자리는 빈의 자리에서 서쪽으로 편다. 닿지 않도록 한다는 것은 자리가 서로 이어지지 않도록

【注 席, 敷席也. 夙興往戒, 歸而敷席. 賓席牖前⑥, 南面. 主人席阼階上, 西面. 介席西階上, 東面. 席衆賓於賓席之西. 不屬者, 不相續也, 皆獨坐, 明其德各特也】

---

29 이상의 (2)는 《儀禮注疏》卷8〈鄕飮酒禮〉第4(《十三經注疏整理本》10, 149~150쪽)에 보인다.

30 유(牖) : 당(堂)의 서북쪽에 있는 두 개의 방실(房室)의 문.

⑥ 前 : 저본에는 "間". 《儀禮注疏·鄕飮酒禮》에 근거하여 수정.

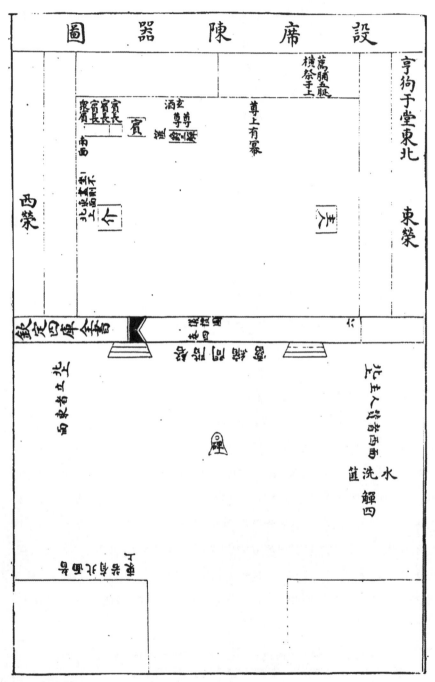

설석진기도(設席陳器圖, 자리와 기물을 마련하는 그림)(《의례도(儀禮圖)》)

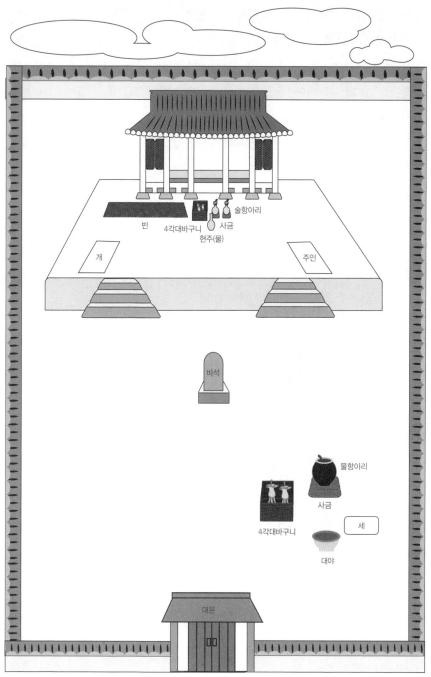

설석진기도 도해(圖解)

한다는 뜻이다. 모두 혼자 앉는 이유는 그들의 덕이
각각 특별함을 밝히기 위함이다】

【<u>소</u>】〈향사례(鄕射禮)〉에는 "빈의 자리를 펼 때는
남쪽을 보고 앉도록 하되, 동쪽을 상석(上席)으로 한
다. 중빈의 자리는 빈의 자리를 이어서 서쪽으로 편
다."[31]라고 하였다. 따라서 이 향음주례에서 중빈의
자리 또한 그렇게 해야 한다. 비록 자리가 잇닿아있
지는 않지만 빈이 중빈을 거느리도록 위치를 잡아
같이 남쪽을 바라보게 한다】

③ 2개의 호(壺)[32]를 방(房)과 실(室)의 문[戶] 사이에
차려 놓되, 호 아래에 사금(斯禁)[33]을 받쳐 놓는다.

④ 현주(玄酒)[34]를 놓되, 호의 서쪽에 둔다.

【<u>疏</u>】《鄕射》云："席賓，南
面，東上. 衆賓之席，繼而
西."此衆賓之席亦當然.
雖不屬，猶統賓爲位，同南
面也】

尊兩壺于房戶間，斯禁.

有玄酒，在西.

청동 호

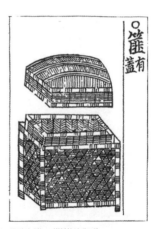

뚜껑이 있는 비(篚)《삼례도》

---

31 빈의……편다：《儀禮注疏》卷11〈鄕射禮〉《十三經注疏整理本》10, 201쪽).
32 호(壺)：작은 항아리 같은 술병.
33 사금(斯禁)：고대 예식에서 술잔이나 술병을 받치는 기구. 장방형의 나무 쟁반으로 아래쪽에 2개의 횡목이
   있고 다리는 없다.
34 현주(玄酒)：제사나 의례를 지낼 때 항아리 또는 그릇에 담아서 쓰는 깨끗한 물.

사금(《삼례도(三禮圖)》)

사금과 비슷한 용도로 사용되는 어(棜)(《삼례도》)

국자[勺]

〈회혼례도(回婚禮圖)〉에서 국자로 술이나 물을 뜨고 있는 그림(국립중앙도서관)

⑤ 비(篚)[35]는 사금(斯禁)의 남쪽에 진설하되, 동쪽
을 향하여 놓는다[肆].

　　設篚于禁南, 東肆.

---

35 비(篚) : 네모난 대광주리. 술잔을 담아 놓는다.

주나라 칠성세(七星洗)(《박고도(博古圖)》)

⑥ 2개의 호(壺)에는 각각 하나씩 2개의 국자[勺]36 加二勺于兩壺.
를 올려놓는다.

【주】 사금(斯禁)이란 금(禁, 술동이 받침대) 중에 바닥 【注】斯禁, 禁切地無足者.
을 잘라내 다리가 없는 것이다. 현주(玄酒)를 서쪽에 玄酒在西, 上也. 肆, 陳
두는 이유는 물을 숭상하기 위함이다. 사(肆)란 놓 也】
는다는 의미이다】

【소】 동쪽을 향해 놓는다는 말은 이 기물의 머리 【疏】東肆以頭首爲記, 從
쪽을 기준으로 기록한 것이다. 서쪽에서 동쪽을 향 西向東, 大⑦頭在西也】
해 놓아 이 기물의 머리쪽이 서쪽에 있다는 말이다】

⑦ 세(洗)37는 동쪽 계단의 동남쪽 마당에 진설하 設洗于阼階東南, 南北以
되, 남북으로는 당에서 당심(堂深)38만큼 떨어져 있 堂深, 東西當東榮.
고, 동서로는 집의 동영(東榮)39을 마주보는 곳에 위
치시킨다.

⑧ 물은 세(洗)의 동쪽에 두고, 비(篚)는 세(洗)의 水在洗東, 篚在洗西, 南

---

36 국자[勺] : 술을 뜰 때 사용하는 도구.
37 세(洗) : 손이나 술잔 씻는 대야.
38 당심(堂深) : 당의 남쪽 끝에서 북쪽으로 방실의 벽까지의 길이.
39 동영(東榮) : 동쪽 처마의 끝.
⑦ 大 : 저본·《五禮通考》에는 "上".《儀禮注疏·鄕飮酒禮》에 근거하여 수정.

서쪽에 두되, 남쪽을 향하게 하여 놓는다.

【주】 영(榮)이란 처마이다】

【소】 당심(堂深)이란 당의 처마에서 북으로 방실의 벽에 이르는 길이이다. 당 아래 세(洗)가 북쪽으로 당까지 떨어진 거리는 당 위 당심의 길이에서 취한다. 예를 들어 만약 당심이 2장(丈)이라면 세 또한 당으로부터의 거리가 2장이다. 이것으로 척도를 삼는다】[40]

【이상은 자리와 기물을 마련하는 의례이다】

(4) 빈과 개를 초청하다[速賓介]

① 갱(羹, 고깃국)[41]이 익으면[定] 주인은 빈을 초청한다[速]. ② 이에 빈(賓)은 먼저 주인이 번거로움을 무릅쓰고 직접 와서 자신을 초청하는 일에 대해 절한다. ③ 주인은 답례로 절한다. ④ 주인이 돌아갈 때 빈은 주인이 번거로움을 무릅쓰고 자신을 초청하는 일에 대해 절한다. ⑤ 개(介)에게도 그와 같이 한다. ⑥ 빈과 중빈은 모두 주인을 뒤따라간다[從].

【주】 고기를 갱(羹)이라 한다. 정(定)이란 익는다는 뜻과 같다. 속(速)은 초청한다는 뜻이다. 환(還)은 자리로 물러난다는 뜻과 같다. 종(從)은 뒤따른다는 뜻과 같다. 중빈을 언급한 것은 개(介) 또한 중빈 안에 포함되어 있기 때문이다】[42]

肆.

【注】榮, 屋翼】

【疏】堂深, 謂從堂廉北至房室之壁, 堂下洗北去堂遠近深淺, 取於堂上深淺. 若堂深二丈, 洗亦去堂二丈, 以此爲度.

【右設席及器】

羹定, 主人速賓. 賓拜辱, 主人答拜. 還, 賓拜辱. 介亦如之. 賓及衆賓皆從之.

【注】肉謂之羹. 定猶熟也. 速, 召也. 還猶退. 從猶隨也. 言及衆賓, 介亦在其中矣】

---

40 이상의 (3)은《儀禮注疏》卷8〈鄕飮酒禮〉第4(《十三經注疏整理本》10, 150~151쪽)에 보인다.

41 갱(羹):고기를 삶아 끓인 탕이나 국. 제사에서는 일반적으로 소금이나 간장을 넣지 않고 고기만 넣어 맑게 끓인다.

42 이상의 (4)는《儀禮注疏》卷8〈鄕飮酒禮〉第4(《十三經注疏整理本》10, 151~152쪽)에 보인다.

주인영빈도(主人迎賓圖, 주인이 빈을 맞이하는 그림)
《의례도(儀禮圖)》

【이상은 빈과 개를 초청하는 일에 대한 의례이다】　　【右速賓、介】

(5) 빈을 맞이하다[迎賓]

① 주인의 일상(一相)[43]은 문 밖에서 빈을 맞이하며 빈에게 2번 절한다. ② 빈은 답례로 절한다. ③ 일상은 개(介)에게 절한다. ④ 개는 답례로 절한다.

主人一相迎于門外, 再拜
賓, 賓答拜. 拜介, 介答拜.

【주 상(相)은 주인의 속리(屬吏)로서 빈을 안내하고 주인을 도우면서 명을 전하는 사람이다】

【注 相, 主人之吏, 擯贊傳命者】

⑤ 중빈(衆賓)에게는 읍을 한다.

揖衆賓.

【주 빈과는 지위의 차이가 벌어져서 중빈이 더욱

【注 差益卑也, 拜介、揖衆

---

43 일상(一相):주인을 돕는 사람 중에 제일가는 사람이란 뜻이다. 이밖에 이상(二相)과 삼상(三相) 등이 있다.

낮기 때문이다. 개에게 절을 할 때와 중빈에게 읍을 할 때 두 경우 모두 주인은 서남쪽을 향한다】

【소】 빈과 개와 중빈이 서있는 위치는 모두 문 밖에 있으며, 북쪽을 상석으로 한다. 주인과 빈이 각각 정동(正東)과 정서(正西)의 방향에 위치하여 마주 보고 서면, 개와 중빈은 빈보다 조금 남쪽에서 동쪽을 향해 선다. 주인은 정서(正西)의 방향으로 빈에게 절한 다음 몸을 옆으로 틀어서 서남쪽을 향해 개에게 절하고 중빈에게 읍한다】

⑥ 주인은 빈에게 읍(揖)하고 먼저 문 안으로 들어간다.

【주】 읍(揖)이란 빈에게 읍하는 것이다. 먼저 문 안으로 들어가서 서쪽을 향해 선다】

【소】 상(庠)[44]과 학(學, 상보다 조금 큰 학교)에는 단지 문이 하나만 있다. 그러므로 주인이 빈을 인도하다가, 먼저 문으로 들어가 문 안쪽 처마[內霤]에 이르러서는 서쪽을 향해 서서 빈을 기다린다】

⑦ 빈은 개에게 염(厭)[45]하고 문의 왼쪽으로 들어간다. ⑧ 개는 중빈에게 염하고 모두 함께 문의 왼쪽으로 들어간다. 북쪽을 상석으로 한다.

【주】 모두 문의 서쪽에 들어가 동쪽을 향해 선다.

賓、皆西南面】

【疏】賓、介、衆賓立位在門外, 以北爲上. 主人與賓正東、西相當, 則介與衆賓差在南, 東面. 主人正西面拜賓, 則側身向西南拜介[8]、揖衆賓矣】

主人揖, 先入.

【注】揖, 揖賓也. 先入門而西面】

【疏】庠、學惟有一門, 主人導賓, 先入, 至內霤西面待賓】

賓厭介, 入門左. 介厭衆賓[9], 皆入門左, 北上.

【注】皆入門西, 東面, 賓之

---

44 상(庠):중국 은(殷)나라 이후로 지방에 설치한 향학(鄕學).
45 염(厭):맞잡은 두 손을 가슴 앞으로 잡아당기는 인사.
[8] 介:저본에는 "皆". 오사카본·《儀禮注疏·鄕飮酒禮》에 근거하여 수정.
[9] 賓:《儀禮注疏·鄕飮酒禮》에는 "賓入衆賓".

빈(賓)의 무리들이 서로 염(厭)을 하는 것은 주인에게 하는 예보다 낮추어 변화를 준 것이다. 맞잡은 손을 밖으로 미는 예를 '읍(揖)'이라 하고, 맞잡은 손을 몸으로 당기는 예를 '염(厭)'이라 한다. 금문(今文)의 《의례(儀禮)》에는 '염'이 모두 '읍'으로 되어 있다】

屬相厭, 變於主人也. 推手曰"揖", 引手曰"厭", 今文皆作揖】

【소】 빈들이 이미 북쪽을 상석으로 해서 서면 주인은 서쪽을 향해 서서 서로 마주 본다. 이어서 서로 읍(揖)하는 예를 마치고 나서야 서로 등지고, 각각 당으로 오르는 길을 향해 간다. 개와 중빈도 빈을 따라서 빈이 서쪽 계단 아래에 이를 때까지 간다. 염(厭)이란 맞잡은 손을 몸을 향해 끌어당기는 예이다】

【疏】 賓旣北上, 主人西面相向, 揖訖乃相背, 各向堂塗, 介與衆賓亦隨賓至西階下也. 厭者, 以手向身引之】

⑨ 주인과 빈은 3번 읍을 하면서 당을 향해 간다.
⑩ 계단 아래에 이르러서는 3번 권하고 사양한다.
⑪ 주인이 먼저 오르고 나면 빈이 오른다. ⑫ 주인은 동쪽 계단 위쪽 당에 올라 상인방[楣]을 마주보는 곳에 이르러 북쪽을 향해 서서 2번 절한다. ⑬ 빈은 서쪽 계단 위쪽 당에 올라 상인방[楣]을 마주보는 곳에 이르러 북쪽을 향해 서서 답례로 절한다.

主人與賓三揖, 至于階, 三讓. 主人升, 賓升. 主人阼階上當楣, 北面再拜. 賓西階上當楣, 北面答拜.

【주】 삼읍(三揖)이란 당을 향해 나아가기 전에 읍하고, 당으로 가는 길에 이르렀을 때 읍하고, 마당 가운데 있는 비석(碑石)에 이르렀을 때 읍하는 것을 말한다. 상인방[楣]이란 전량(前梁)46이다. 다시 절하

【注】 三揖者, 將進揖, 當陳揖, 當碑揖. 楣, 前梁也. 復拜, 拜賓至此堂, 尊之】

---

46 전량(前梁) : 건물의 앞쪽에 있는 인방(引枋). 인방은 기둥과 기둥 사이를 가로지르는 장방형의 목재이다. 문호(門戶)의 위와 아래에 하나씩 있다. 위의 것을 상인방(上引枋), 아래의 것을 하인방(下引枋)이라 한다.

는 것은 빈이 이 당(堂)에 이른 데 대해 절하는 것이니, 존중하기 위함이다】

【疏 상인방[楣]이란 전량(前梁)이니, 후량(後梁)[47]과 마주하고서 실(室)의 문 위에 있다】[48]

【疏 楣, 前梁, 對後梁爲室戶上】

【이상은 빈(賓)을 맞이하는 의례이다】

【右迎賓】

(6) 주인이 빈에게 술잔을 올리다[主人獻賓]

① 주인은 앉아서 비(篚, 광주리)에 놓여 있는 술잔[爵, 작][49]을 든다. ② 세(洗, 손이나 술잔 씻는 대야)가 있는 곳으로 내려간다.[50]

主人坐取爵于篚, 降洗.

【주 술잔을 씻어서 빈에게 드리기 위함이다】

【注 將獻賓也】

③ 빈은 내려간다.[51]

賓降.

서주(西周) 시대의 작

작(《삼례도》)

---

47 후량(後梁) : 건물의 뒤쪽에 있는 인방(引枋).

48 이상의 (5)는 《儀禮注疏》卷8〈鄕飮酒禮〉第4(《十三經注疏整理本》10, 152~154쪽)에 보인다.

49 술잔[爵, 작] : 고대의 술잔. 1승(升)을 담을 수 있으며, 준(尊)·이(彝)보다는 작다.

50 세(洗)가……내려간다 : 이때 주인을 돕는 사람들도 주인을 따라 함께 동쪽 계단으로 내려간다.

51 빈은 내려간다 : 이때 빈은 주인이 자신을 위해 번거롭게 수고하는 일에 대한 답례로 함께 세(洗)로 내려가며, 개(介)와 중빈(衆賓) 등도 빈을 따라 내려간다.

【주 주인을 따라 내려가는 것이다】

④ 주인은 계단 앞에 앉아 술잔을 땅에 내려놓고, 빈이 자신을 따라 내려오는 행동을 사양한다.

【주 자신의 일로 빈을 번거롭게 하였음을 무겁게 여긴 것이다. 각자가 해야 할 일이 같을 때 사양하는 행위를 '양(讓)'이라 하고, 각자가 해야 할 일이 다를 때 사양하는 행위를 '사(辭)'라고 한다】

⑤ 빈은 대답한다[對].

【주 대(對)는 대답[答]한다는 말이다. 이때 빈과 주인의 대화는 자세히 알 수 없다】

【注 從主人也】

主人坐奠爵于階前, 辭.

【注 重以己事煩賓也. 事同曰"讓", 事異曰"辭"】

賓對.

【注 對, 答也. 賓主之辭未聞】

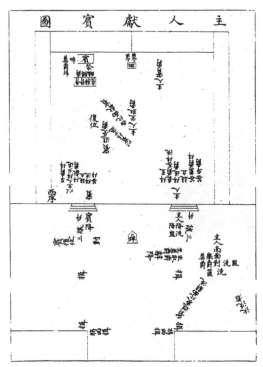

주인헌빈도(主人獻賓圖. 주인이 빈에게 술잔을 올리는 그림)(《의례도(儀禮圖)》)

⑥ 주인은 앉아서 술잔을 들고 일어난 다음 세(洗)로 가서 남쪽을 바라보고 앉는다. ⑦ 이어서 비(篚, 광주리)에 술잔을 내려놓는다. ⑧ 손을 씻고 술잔을 들어 씻는다.

【주】이미 손을 씻고 나서야 술잔을 씻는 이유는 청결함과 공경함을 다하기 위함이다】

主人坐取爵, 興, 適洗, 南面坐. 奠爵于篚下, 盥洗.

【注】已盥乃洗爵者, 致潔敬也】

⑨ 빈은 나아가 동북쪽을 향해 서서 주인이 술잔 씻는 의례를 하지 말라고 말린다.

【주】빈이 반드시 동쪽으로 나아가는 이유는 자신의 진심 어린 마음을 보이기 위함이다】

賓進, 東北面, 辭洗.

【注】必進東行, 示情】

⑩ 주인은 비(篚)에 술잔을 놓아두고 일어나 빈에게 대답한다. ⑪ 빈은 원래의 자리로 돌아가 서서(西序, 당 위의 서쪽 벽)에 해당하는 곳에서 동쪽을 향하여 선다.

【주】원래의 자리로 돌아간다고 말한 이유는 빈이 처음에 계단을 내려왔을 때의 자리가 이곳이었음을 밝히기 위함이다】

主人坐奠爵于篚, 興對. 賓復位, 當西序, 東面.

【注】言復位者⑩, 明始降時位在此】

⑫ 술잔을 씻을 때는 주인이 앉아서 술잔을 들면 ⑬ 옥세자(沃洗者, 물을 부어 주는 사람)는 서북쪽을 향한다.

【주】옥세자란 주인의 여러 관리들 가운데 하나이다】

主人坐取爵, 沃洗者西北面.

【注】沃洗者, 主人之群吏】

---

⑩ 者: 저본에는 "有". 오사카본·규장각본·《儀禮注疏·鄕飮酒禮》에 근거하여 수정.

⑭ 술잔을 다 씻으면 주인은 동쪽 계단의 아래로 가서 서쪽을 향해 서서는 빈에게 1번 읍하고 1번 사양하며 당에 오른다.

【주 이때 주인과 빈이 같이 오른다⁵²】

卒洗, 主人壹揖、壹讓, 升.

【注 俱升】

⑮ 그 술잔을 씻어 온 것을 사례하는 의미로 빈이 주인에게 절한다. ⑯ 주인은 앉아서 씻어 온 술잔을 빈의 앞에 놓고서야 답례로 절한다. ⑰ 그 술잔을 들기 전에 주인은 다시 내려가 손을 씻는다.⁵³

【주 다시 손을 씻는 이유는 손에 더러운 것이 묻었기 때문이다】

賓拜洗. 主人坐奠爵, 遂拜, 降盥.

【注 復盥, 爲手坋汙】

⑱ 빈이 다시 주인을 따라 내려가면 주인이 빈에게 따라오지 말라고 사양한다. ⑲ 그러면 빈은 답례를 하고 주인을 말린다. ⑳ 원래의 자리로 돌아가 서서(西序)에 해당하는 곳에서 동쪽을 향해 선다. ㉑ 주인이 손 씻기를 마치고 나서 동쪽 계단 아래에 와서 서쪽을 향해 선다. ㉒ 읍하고 사양하며 당에 오른다. ㉓ 빈은 서쪽 계단의 위쪽 당에서 바른 자세로 움직이지 않고[疑] 서 있는다.

【주 의(疑)란 바르게 서서 스스로 자세를 안정시킨 모습이다】

賓降, 主人辭. 賓對, 復位, 當西序. 卒盥, 揖讓升. 賓西階上疑立.

【注 疑, 正立^⑪自定之貌】

---

52 주인과……오른다: 주인이 읍을 하고 "먼저 오르십시오."라고 하면, 빈이 읍을 하고 "저는 감히 그렇게 못합니다."라고 사양한다. 그러면 주인이 먼저 동쪽 계단으로 오른발부터 딛고 오르고 이어서 빈이 서쪽 계단으로 왼발부터 딛고 오른다.

53 주인은……씻는다: 빈에게 술을 따라 주어야 하므로 다시 손을 씻는 것이다.

⑪ 立: 저본에는 "文". 오사카본·규장각본·《儀禮注疏·鄕飮酒禮》에 근거하여 수정.

【疏】"읍하고 사양하며 계단을 오른다."라고만 말하고 "1번 읍하고 1번 사양하며 계단을 오른다."라고 말하지 않은 이유는 위의 전례(前例)를 따르는 것임을 알 수 있기 때문이다】

【疏】言"揖讓升", 不言"一揖一讓", 從上可知】

㉔ 주인은 앉아서 술잔을 든 다음 빈의 자리 앞에서 술을 채운다. ㉕ 그리고 서북쪽을 향해 서서 빈에게 술잔을 올린다[獻].

【注】헌(獻)이란 올린다는 뜻으로, 빈에게 술을 올리는 것이다】

主人坐取爵, 實之賓之席前, 西北面獻賓.

【注】獻, 進也, 進酒于賓】

㉖ 빈은 서쪽 계단의 위쪽 당에서 주인에게 절한다. ㉗ 그러면 주인은 조금 물러난다.

【注】조금 물러난다는 말은 자리를 조금 피한다는 뜻이다】

賓西階上拜, 主人少退.

【注】少退, 少辟】

㉘ 빈은 앞으로 나아가 술잔을 받고서 ㉙ 원래의 자리로 돌아간다. ㉚ 주인은 동쪽 계단 위의 당으로 와서 절하여 술잔을 빈에게 보낸다. ㉛ 그러면 빈은 조금 물러난다.

【注】원래의 자리로 돌아간다는 말은 서쪽 계단 위의 당에 있는 자신의 위치로 돌아간다는 뜻이다】

【疏】빈이 서쪽 계단 위의 당에서 바른 자세로 움직이지 않고[疑] 서 있었는데, 이제 주인이 서북쪽을 향해 서서 자신의 자리 앞에서 술잔을 올리는 모습을 보았다. 그러므로 빈은 나아가 자신의 자리 앞에서 그 술잔을 받으려는 것이다. 〈향사례〉를 살펴

賓進受爵, 以復位. 主人阼階上拜送爵, 賓少退.

【注】復位, 復西階上位】

【疏】以賓西階上疑立, 今見主人西北面獻於己席前, 故賓進, 將于席前受之也. 案《鄕射》云:"賓進, 受爵於席前, 復位." 此不言"席

보면 "빈은 앞으로 나아가 자리 앞에서 술잔을 받　前", 文不具也】
고, 자신의 원래 자리로 돌아간다."⁵⁴라 하였다. 그
러나 위의 원문에서는 '자리 앞[席前]'이라는 말을 하
지 않았으니, 문장이 모두 갖추어지지는 않은 것
이다】

㉜ 포(脯)⁵⁵와 고기젓갈[醢]⁵⁶을 빈에게 바친다[薦].　薦脯、醢.

【주 천(薦)이란 바친다는 뜻이다. 포와 고기젓갈　【注 薦, 進也. 進之者, 主
을 바치는 사람은 주인의 유사(有司, 사무를 맡아 보는 사　人有司也】
람)이다】

㉝ 빈이 자신의 자리에 오르되, 서쪽으로 올라간　賓升席, 自西方.
다.

【주 낮은 곳⁵⁷인 서쪽으로 올라간다는 뜻이다.　【注 升由下也, 升必中席】
자리에 올라서는 반드시 자리의 한가운데에 앉는
다】

㉞ 그제서야 유사는 빈의 자리 앞에 절조(折俎)⁵⁸　乃設折俎.
를 가져다 놓는다.

【주 희생(犧牲)고기의 몸체와 네 발과 관절을 해　【注 牲體枝解節折在俎】
체한 것이 희생제기[俎]에 놓여 있다】

---

54 빈은……돌아간다:《儀禮注疏》卷11〈鄕射禮〉《十三經注疏整理本》10, 207쪽).
55 포(脯):고기를 얇게 저민 다음 소금이나 간장 등으로 양념하여 건조한 음식. 쇠고기나 돼지고기, 꿩고기
　나 생선살 등을 이용한다.《정조지(鼎俎志)》卷5〈할팽지류(割烹之類)〉"포석(脯腊)"에 자세히 보인다.
56 고기젓갈[醢]:《정조지(鼎俎志)》卷5〈할팽지류(割烹之類)〉"해자(醢鮓)"에 자세히 보인다.
57 낮은 곳:빈의 입장에서는 주인이 있는 동쪽이 상석이기 때문에 일단 자신의 자리에 오를 때에도 서쪽인 낮
　은 곳으로 오른다고 표현한 것이다.
58 절조(折俎):고대의 제사나 연회 때 희생을 잘라서 올려놓는 희생제기.

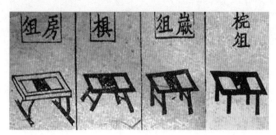

다양한 형태의 희생제기[俎]《《삼례도(三禮圖)》》

옻칠한 희생제기

㉟ 이때 주인은 동쪽 계단 위쪽 당의 동쪽에서 바른 자세로 움직이지 않고 서 있는다. ㊱ 자신의 자리에 서 있던 빈은 이제 자리에 앉아서[坐] 왼손으로는 술잔을 잡고 오른손으로는 포와 고기젓갈을 고수레[祭]59한다.

【주 좌(坐)란 자리에 앉는 것이다. 포와 고기젓갈을 고수레하는 의례는 오른손으로 한다】

㊲ 포와 고기젓갈의 서쪽에 술잔을 놓아두고 일어난다[興]. ㊳ 오른손으로 희생제기에 놓인 허파의 윗부분을 잡는다. ㊴ 왼손은 허파의 아래쪽 근본 부분을 받쳐서 잡는다. ㊵ 그리고 다시 자리에 앉아 허파를 비틀고[弗繚]60 오른손으로 허파의 끝을 떼어 고수레한다. 이는 왼손을 높이는 것이다. ㊶ 이어서 허파를 조금 맛본다. ㊷ 그리고 일어나 허파고기를

主人阼階東疑立. 賓坐, 左執爵, 祭脯醢.

【注 坐, 坐于席. 祭脯醢者以右手】

奠爵于薦西, 興, 右手取肺, 卻左手執本, 坐, 弗繚, 右絕末以祭, 尙左手, 嚌之. 興, 加于俎.

---

59 고수레[祭] : 음식을 먹기 전에 약간을 떼어 옆에 놓아 신에게 감사를 표시하는 의례 행위.

60 허파를 비틀고[弗繚] : 아래에 나오는 '요제(繚祭)'를 설명한 구절로, '불(弗)'자는 연문(衍文)이라는 설도 있으나, 그 의미는 정현의 주(注)나 가공언의 소(疏)에서도 밝혀지지 않고 있다. 본문에서는 주와 소의 풀이를 따라서 '弗'자를 풀지 않았다. 이 구절과 관련된 다양한 견해에 대해서는 박례경·이원택 역주,《의례 역주【二】》, 세창출판사, 2013, 49~50쪽의 주 9번을 참조 바람.

희생제기에 얹어 놓는다.

【주】 흥(興)은 일어난다는 뜻이다. 희생의 허파는 분리해 놓는다. 근본 부분이란 끝이 두텁고 큰 부분을 말한다. 료(繚)는 비튼다[紗]는 뜻과 같다. 대부(大夫) 이상에게는 엄숙한 의례[威儀]가 많다. 허파를 비틀고 떼어낼 때 왼손을 높인다는 말은 왼손으로 허파의 아랫부분을 잡아 비틀고 오른손으로 그 끝을 떼어냄을 밝힌 것이다. 제(嚌)는 맛본다[嘗]는 뜻이다】

【注】 興, 起也. 肺離之. 本, 端厚大者. 繚猶紗也. 大夫以上, 威儀多. 紗絕之, 尙左手者, 明垂紗之, 乃絕其末. 嚌, 嘗也】

【소】 불료(弗繚)란 비틀어 꺾지는 않는다는 것과 같은 뜻이다. 이 《의례》〈향음주례〉편은 대부의 예(禮)이다. 그러므로 요제(繚祭)[61]를 말했다. 반면 《의례》〈향사례〉편에서는 선비의 예(禮)이기 때문에 절제(絕祭)[62]를 말했다. 단지 요제(繚祭)만을 말해도 여기서는 반드시 절제(絕祭)를 겸하지만, 절제만을 말한 경우에는 요제를 겸할 수 없다.

《주례》〈대축(大祝)〉에 "9가지 제례를 분별하여 놓았는데 그 중의 일곱째가 절제이고 여덟째가 요제이다."[63]라 했다. 그 주(注)에서 "요제는 손으로 허파의 근본 부분에서부터 훑어가서 끝에 이르러서야 허파를 떼어서 고수레하는 것이다. 반면 절제는 그 근본 부분을 훑지 않고 곧바로 떼어서 고수레하는 것이다. 요제와 절제는 근본이 같지만, 예(禮)가 여러

【疏】 弗繚卽弗紗, 一也. 此《鄕飮酒》大夫禮, 故云繚祭;《鄕射》士禮, 云絕祭. 但云繚必兼絕, 言絕不得兼繚也.

《周禮·大祝》:"辨九祭, 七曰絕祭, 八曰繚祭." 注云:"繚祭, 以手從肺本, 循之至于末, 乃絕以祭;絕祭, 不循其本, 直絕以祭. 本同, 禮多者繚之, 禮略者絕則祭之"】

---

61 요제(繚祭):희생의 허파를 훑어 내리며 비틀고 떼어서 제사하는 행위.
62 절제(絕祭):희생의 허파를 비틀지는 않고 떼어서 제사하는 행위.
63 9가지……요제이다:《周禮注疏》卷25〈春官宗伯〉"大祝"(《十三經注疏整理本》8, 781쪽).

가지인 경우에는 요제를 하고 예가 간략한 경우에
는 절제를 하여 고수레한다."⁶⁴라 했다】

④ 빈은 자리에 앉아서 수건으로 손을 닦는다
[挩]. ④ 이어서 제주(祭酒)⁶⁵한다.

　【주】 세(挩)란 닦는다는 뜻이다】

　【소】《예기》〈내칙(內則)〉을 보면 의식을 행할 때
차는 물건 가운데 세(挩)가 있다.⁶⁶ 그렇다면 빈객(賓客)
각자 가지고 있는 수건[挩巾]으로 손을 닦는 것이다】

④ 빈은 일어났다가 자리 끄트머리에 앉아 술을
조금 맛본다[啐]. ④ 빈은 빈의 자리에서 내려와[降席]
술잔을 놓아두고 주인에게 절한 다음 '술맛이 좋습
니다[旨].'라 고한다. ④ 술잔을 들고 일어난다. ④ 주
인은 자신의 위치인 동쪽 계단의 위쪽 당에서 답례
로 절한다.

　【주】 쵀(啐)란 또한 맛본다는 뜻이다. 강석(降席)이
란 빈의 자리의 서쪽끝이다. 지(旨)란 맛이 좋다는
뜻이다】

④ 빈은 술잔을 가지고 당의 서쪽 계단의 위쪽 당
에 와서 북쪽을 향해 앉는다. ⑤ 빈은 그 술잔의 술
을 다 비우고[卒] 일어난다. ⑤ 빈은 다시 앉으면서 술
잔을 놓고 그제서야 사례하는 의미로 주인에게 절한

坐挩手, 遂祭酒.

【注 挩, 拭也】

【疏《內則》事佩之中有挩,
則賓客自有挩巾以拭手也】

興, 席末坐啐酒. 降席, 坐
奠爵, 拜, 告旨, 執爵, 興.
主人阼階上答拜.

【注 啐亦嘗也. 降席, 席西
也. 旨, 美也】

賓西階上北面坐，卒爵,
興，坐奠爵，遂拜，執爵,
興. 主人阼階上答拜.

64 요제는……고수레한다:《周禮注疏》卷25〈春官宗伯〉"大祝"《十三經注疏整理本》8, 782쪽).
65 제주(祭酒):술을 조금 흘려 땅을 적시는 고수레 의식.
66 의식을……있다:《禮記正義》卷27〈內則〉《十三經注疏整理本》14, 966쪽).

다. ㉒ 빈은 술잔을 잡고서 일어난다. ㉓ 주인은 동
쪽 계단의 위쪽 당에서 답례로 절한다.

【주 졸(卒)은 다 비운다는 뜻이다. 이때에 술을
다 마신다는 말은 이 자리가 먹고 마시기 위해서 만
들어진 것이 아님을 밝힌 것이다】[67]

【注 卒, 盡也. 於此盡酒
者, 明此席非專爲飮食起】

【이상은 주인이 빈에게 술잔을 올리는 의례이다】 【右主人獻賓】

(7) 빈이 주인에게 보답으로 술잔을 올리다[賓酢主人]

① 빈은 자신이 마신 술잔을 가지고 자리에서 나 賓降洗.
와 세(洗)로 내려간다.

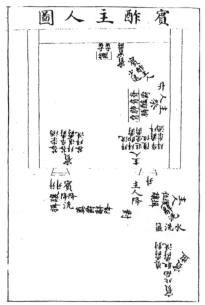

빈작주인도(賓酢主人圖, 빈이 주인에게 보답하여 술잔을 올리
는 그림)(《의례도(儀禮圖)》)

---

67 이상의 (6)은 《儀禮注疏》 卷8 〈鄕飮酒禮〉 第4(《十三經注疏整理本》 10, 154~159쪽)에 보인다.

【주】술잔을 씻어서 주인에게 보답하여 올리기 위함이다】

【注】將酢主人】

② 주인은 내려간다[降].

主人降.

【주】빈을 따라 내려가는 것이다. 강(降)이란 당에서 내려와 동쪽 계단의 동쪽에 서서 서쪽을 향한다는 뜻이다】

【注】亦從賓也. 降, 降立阼階東, 西面】

③ 빈은 계단 앞에 앉아 술잔을 내려놓고 일어나 주인이 자신을 따라 내려오는 행동을 사양한다.

賓坐奠爵, 興辭.

【주】행하는 곳은 서쪽 계단의 앞이다】

【注】西階前也】

④ 주인은 답례한다. ⑤ 빈은 앉아서 술잔을 들고 일어난 다음 세(洗)의 남쪽으로 가서 북쪽을 향해 선다. ⑥ 주인은 동쪽 계단의 동쪽에서 남쪽을 향해 서서 빈이 술잔 씻는 의례를 하지 말라고 말린다. ⑦ 그러면 빈은 비(篚)에 술잔을 놓아두고 일어나 주인에게 괜찮다고 답례한다. ⑧ 주인이 동쪽 계단의 동쪽인 원래의 자리로 돌아가 서쪽을 향하여 선다.

主人對, 賓坐取爵, 適洗南, 北面. 主人阼階東, 南面辭洗. 賓坐奠爵于篚, 興對. 主人復阼階東, 西面.

⑨ 빈은 동북쪽을 향해 서서 손을 씻는다. ⑩ 앉아서 술잔을 들고 씻는다. ⑪ 술잔 씻기를 마친 빈은 처음 오를 때와 같이 1번 읍하고 1번 사양하며 당에 오른다. ⑫ 빈이 술잔을 씻어온 것을 사례하는 의미로 주인이 빈에게 절한다. ⑬ 빈은 앉아서 씻어온 술잔을 주인의 앞에 놓고 답례로 절한다. ⑭ 빈은 그 술잔을 들기 전에 일어나 다시 내려가 손을 씻는데, 이 의례는 앞서 주인이 하였던 예(禮)와 같이

賓東北面盥, 坐取爵, 卒洗, 揖讓如初, 升. 主人拜洗, 賓答拜, 興, 降盥, 如主人禮. 賓實爵主人之席前, 東南面酢主人.

한다. ⑮ 빈은 앉아서 술잔을 든 다음 주인의 자리 앞에서 술을 채운다. ⑯ 그리고 동남쪽을 향해 서서 주인에게 보답하여 술잔을 올린다[酢].

⑰ 주인은 동쪽 계단의 위쪽 당에서 빈에게 절한 다. ⑱ 그러면 빈은 조금 물러난다. ⑲ 주인이 앞으로 나아가 술잔을 받고서 원래의 자리로 돌아간다. ⑳ 빈은 서쪽 계단의 위쪽 당으로 와서 절하여 술잔을 주인에게 보낸다. ㉑ 유사는 포와 고기젓갈을 주인에게 바친다. ㉒ 주인이 자신의 자리에 오르는데, 북쪽으로 올라간다. ㉓ 유사는 주인의 자리 앞에 절조(折俎)를 진설한다. ㉔ 이후 주인이 고수레하는[祭] 의례는 빈이 행하였던 예(禮)와 같이 한다.

主人阼階上拜, 賓少退. 主人進受爵, 復位, 賓西階上拜送爵, 薦脯、醢. 主人升席, 自北方, 設折俎, 祭如賓禮.

【주】작(酢)이란 보답한다는 뜻이다. 제(祭)란 희생제기에 차려놓은 포·고기젓갈·허파 및 술을 고수레한다는 뜻이며, 또한 고기들을 조금 맛보고 술을 맛본다】

【注】酢, 報也. 祭者, 祭薦俎及酒, 亦嚌啐】

【소】여기 《의례》〈향음주례〉편에서는 빈이 아직 손을 씻지 않았을 때 주인은 빈이 씻는 일을 말린 다. 하지만 〈향사례〉편에서는 빈이 손을 다 씻고 나서야 주인이 빈의 씻기를 말린다. 이렇듯 앞뒤의 경우가 다른 이유는, 저 《의례》〈향사례〉편의 경우 고을 사람과 예를 연습하는 일이 가벼우므로 손을 다 씻고 나서야 씻는 일을 말린다. 반면 여기 〈향음주례〉편에서는 고을 사람이 빈을 천거하려는 것이기 때문에 손을 씻기 전에 먼저 빈의 씻기를 말린다. 이 의례가 중하기 때문이다.

〈향사례〉편에서는 "빈이 자리에 앉아 술잔을 들고

【疏】此賓未盥, 主人辭洗. 《鄕射》賓盥訖, 主人乃辭洗. 先後不同者, 彼與鄕人習禮輕, 故盥訖乃辭洗, 此鄕人將賓擧之, 故未盥先辭洗, 重之也.

《鄕射》"賓坐取爵洗"之

세(洗)로 가서 씻을" 때 아직 주인의 명을 듣지 못하였기 때문에 술잔을 비(篚) 아래에 내려놓았다가 주인의 말리는 명을 들으면 그제야 비(篚)에 술잔을 내려놓는다. 〈향음주례〉편에서는 빈이 술잔을 들고 세(洗)로 가서 술잔을 놓기 전에 주인이 곧바로 빈의 술잔 씻기를 말리기 때문에 비(篚)에 술잔을 놓는 것이다】

時, 未得主人之命, 故奠于篚下, 得主人之命, 乃奠于篚. 此則賓取爵適洗, 未奠之時, 主人卽辭, 故奠于篚也】

㉕ 빈이 올린 술잔의 술을 마신 주인은 '술맛이 좋습니다.'라 고하지 않는다.

【주】술은 자신이 차린 것이기 때문이다】

不告旨.

【注 酒, 己物也】

㉖ 주인은 술잔을 가지고 주인의 자리 앞쪽에서부터 당의 동쪽 계단의 위쪽 당으로 와서 북쪽을 향해 앉는다. ㉗ 주인은 그 술잔의 술을 다 비우고 일어난다. ㉘ 주인은 다시 앉으면서 술잔을 놓고 그제서야 사례하는 의미로 빈에게 절한다. ㉙ 술잔을 잡고서 일어난다. ㉚ 빈은 서쪽 계단의 위쪽 당에서 답례로 절한다.

【주】주인의 자리 앞쪽에서라고 한 말은 술을 조금 맛보기를 주인의 자리 끄트머리에서 했기 때문에 이어서 북쪽에서부터 내려온다는 뜻으로, 편리함을 따른 것이다】

自席前適阼階上北面坐, 卒爵, 興, 坐奠爵, 遂拜, 執爵, 興. 賓西階上答拜.

【注 自席前者, 啐酒席末, 因從北方降, 由便也】

㉛ 주인은 앉아서 술잔을 동서(東序, 당 위의 동쪽 담벽)의 남쪽 끝에 놓는다. ㉜ 주인은 동쪽 계단의 위쪽 당에서 북쪽을 향해, 술이 썩 좋지는 못하지만 서로 술을 가득 채워준[崇] 것에 대한 감사의 의미로 2번 절한

主人坐奠爵于序端, 阼階上北面再拜崇酒. 賓西階上答拜.

다. ㉝ 빈은 서쪽 계단의 위쪽 당에서 답례로 절한다.

【주】 당 위에 있는 동쪽과 서쪽의 벽을 '서(序)'라 한다. 숭(崇)은 채운다는 말이다. 술이 썩 좋지는 못하지만 서로 술을 가득 채워주었다는 말이다】

【注】 東西牆謂之"序". 崇, 充也, 言酒惡, 相充實】

【소】 술잔을 동서의 남쪽 끝에 두는 이유는 뒤에 이어질 '주인이 빈에게 술을 권하는' 의례를 마치고 이 술잔을 개(介)에게 올릴 것을 생각해서이다】[68]

【疏】 奠于序端者, 擬酬賓訖, 取此爵以獻介】

【이상은 빈이 주인에게 보답하여 술잔을 올리는 의례이다】

【右賓酢主人】

(8) 주인이 빈에게 술을 권하다[主人酬賓]

① 주인은 앉아서 비(篚)에 놓여 있는 술잔[觶, 치][69]을 든다. ② 세(洗)로 내려간다. ③ 빈이 따라 내

主人坐取觶于篚, 降洗. 賓降, 主人辭降. 賓不辭

치(觶)

뚜껑이 있는 상(商)나라의 치(觶)

---

68 이상의 (7)은 《儀禮注疏》卷9〈鄕飲酒禮〉第4(《十三經注疏整理本》10, 160~161쪽)에 보인다.

69 술잔[觶, 치]: 고대 청동제 술잔. 나무로 만들기도 하며 용량은 3승(升) 정도이다. 아랫배가 불룩하고 입구는 벌어졌으며 둥근 굽이 있고 뚜껑이 있는 것도 있다.

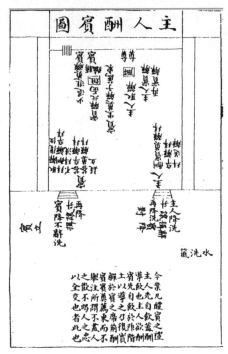

주인수빈도(主人酬賓圖, 주인이 빈에게 술을 권하는 그림)《의례도》

려간다. ④ 주인은 빈이 자신을 따라 내려오는 행동을 사양한다. ⑤ 세에서 주인이 술잔을 씻으면 빈은 씻는 일을 말리지 않는다. ⑥ 빈은 서서(西序)에 해당하는 곳에서 동쪽을 향하여 선다.

【주 빈은 주인이 술잔 씻는 일을 말리지 않는 이유는 그것으로 주인이 스스로 마실 것이기 때문이다】

⑦ 주인이 술잔을 다 씻고 나서 빈에게 1번 읍하고 1번 사양하며 당에 오른다. ⑧ 빈은 서쪽 계단의 위쪽 당에서 바른 자세로 움직이지 않고 서 있는다[疑立]. ⑨ 주인은 술잔에 술을 채워 빈에게 술을 권

洗, 立當西序, 東面.

【注 不辭洗者, 以其將自飮】

卒洗, 揖讓升. 賓西階上疑立. 主人實觶酬賓, 阼階上北面坐奠觶, 遂拜, 執觶興. 賓西階上答拜.

한다70 ⑩ 동쪽 계단의 위쪽 당에서 북쪽을 향하여 앉아서 자리에 술잔을 놓고 이어서 빈에게 절한다. ⑪ 잔을 잡고 일어선다. ⑫ 그러면 빈은 서쪽 계단의 위쪽 당에서 답례로 절한다.

⑬ 주인은 앉아서 술을 고수레하고 이어서 술을 마신다. ⑭ 주인은 술잔의 술을 다 비우고 일어난다. ⑮ 주인은 다시 앉으면서 술잔을 놓고 이어서 빈에게 절한다. ⑯ 술잔을 잡고 일어난다. ⑰ 그러면 빈은 서쪽 계단의 위쪽 당에서 답례로 절한다. ⑱ 주인은 세(洗)로 내려간다. ⑲ 빈은 내려간다. ⑳ 주인은 빈이 따라 내려오는 행동을 사양한다. ㉑ 이 의례는 주인이 빈에게 술잔을 올리는 의례[獻禮]와 같이 한다. ㉒ 주인과 빈이 당에 오른 뒤에, 술잔을 씻어 온 일을 사례하는 의미로 빈이 주인에게 절하지 않는다.

【주】술잔을 씻어 온 것을 사례하는 의미로 절하지 않는 이유는 빈에게 술잔을 올리는 의례 때보다 예를 줄였기 때문이다】

㉓ 빈은 서쪽 계단의 위쪽 당에 선다. ㉔ 주인은 빈의 자리 앞에서 술을 채운다. ㉕ 그리고 북쪽을 향해서 빈에게 술잔을 올린다. ㉖ 빈은 서쪽 계단의 위쪽 당에서 주인에게 절한다. ㉗ 그러면 주인은 조금 물러난다. ㉘ 빈이 절을 마치면 주인은 빈의 자리에 나아가 앉아서 술잔을 포와 고기젓갈의 서쪽에 놓는다.

坐祭, 遂飮, 卒觶, 興, 坐奠觶, 遂拜, 執觶, 興. 賓西階上答拜. 主人降洗, 賓降, 辭, 如獻禮. 升, 不拜洗.

【注 不拜洗, 殺于獻】

賓西階上立, 主人實觶賓之席前, 北面, 賓西階上拜, 主人少退, 卒拜, 進, 坐奠觶于薦西.

【주 빈이 절을 마치면 주인은 그 술잔을 놓는다】　【注 賓已拜, 主人奠其觶】

㉙ 빈은 주인이 빈의 자리로 나아가 술잔을 놓는 것에 대해 사양한다. 빈은 자리에 앉아서 술잔을 든 다음 원래의 자리로 돌아간다. ㉚ 주인은 동쪽 계단의 위쪽 당으로 와서 절하여 빈에게 술잔을 보낸다. ㉛ 빈은 북쪽을 향하여 앉아서 술잔을 포와 고기젓갈의 동쪽에 내려놓고 원래의 자리로 돌아간다.

賓辭, 坐取觶, 復位. 主人阼階上拜送, 賓北面坐奠觶于薦東, 復位.

【주 주인이 술을 권했는데 빈이 술잔을 들어 술을 마시지 않은 것은 "군자는 다른 사람의 환대를 다하게 하지 않고 다른 사람의 충정을 다하게 하지 않음으로써 사귐을 온전히 한다."[71]라는 뜻이다】[72]

【注 酬酒不擧, "君子不盡人之歡, 不竭人之忠以全交也"】

【이상은 주인이 빈에게 술을 권하는 의례이다】　【右主人酬賓】

(9) 주인이 개(介)에게 술잔을 올리다[主人獻介]

① 주인은 빈에게 읍을 하고 당에서 내려간다. ② 빈은 따라 내려가서 계단의 서쪽에 서서, 서서(西序)에 해당하는 곳에서 동쪽을 향하여 선다.

主人揖, 降. 賓降, 立于階西, 當序東面

【주 주인이 이제 개(介)와 예를 행하려 하기 때문에 빈은 겸양하여 감히 당 위에 머물러 있지 못하는 것이다】

【注 主人將與介爲禮, 賓謙, 不敢居堂上】

③ 주인이 개(介)와 함께 1번 읍하고 1번 사양하　　主人以介揖讓升, 拜如賓

71 군자는……한다:《禮記正義》卷3〈曲禮〉上《十三經注疏整理本》12, 86쪽).
72 이상의 (8)은《儀禮注疏》卷9〈鄕飮酒禮〉第4《十三經注疏整理本》10, 161~162쪽)에 보인다.

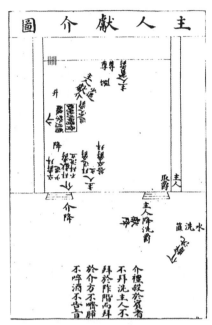

주인헌개도(主人獻介圖, 주인이 개에게 술잔을 올리는 그림)
《의례도》

며 당에 오른다. ④ 주인은 개가 온 일에 대해 절하는
데, 빈에게 했던 예와 같게 한다. ⑤ 주인은 앉아서
동서(東序)의 남쪽 끝에 놓여 있는 술잔을 든다. ⑥ 세
(洗)로 내려간다. ⑦ 개(介)도 내려간다. ⑧ 주인은 개
가 자신을 따라 내려오는 행동을 사양한다. 개는 술
잔을 씻는 일을 말리는데, 빈이 주인에게 했던 예와
같이 한다. ⑨ 주인과 개가 당에 오른 뒤에, 술잔을
씻어 온 일을 사례하는 의미로 개가 주인에게 절하
지 않는다.

【주】 개(介)에 대한 예는 빈에 대한 예보다 줄인다】

【소】 주인과 빈이 3번 읍을 하면서 당을 향해 간
다. 계단 아래에 이르렀을 때 개(介)와 중빈(衆賓)도

禮. 主人坐取爵于東序端,
降洗. 介降, 主人辭降, 介
辭洗, 如賓禮. 升, 不拜
洗.

【注】 介禮殺也】

【疏】 主人與賓三揖, 至于
階之時, 介與衆賓亦隨至

따라가서 서쪽 계단에 이른다. 위의 본문에서 "1번 읍하고 1번 사양하며 당에 오르고 절하는데, 빈에게 했던 예와 같게 한다."라 했으니, 단지 당에 오를 때에만 서로 사양할 뿐, 뜰에서 읍하고 사양하는 일은 없는 것이다】

西階下. 此云"揖讓升, 如賓禮", 則惟于升堂時相讓, 無庭中揖讓之事】

⑩ 개(介)는 당의 서쪽 계단의 위쪽 당에 서 있는다.
【주】 '바른 자세로 움직이지 않고[疑]"라고 말하지 않은 이유는 글자를 생략했기 때문이다】

介西階上立.
【注】 不言疑者, 省文】

⑪ 주인은 개의 자리 앞에서 술잔에 술을 채운다.
⑫ 서남쪽을 향해 서서 개에게 술잔을 올린다. ⑬ 개는 서쪽 계단의 위쪽 당에서 북쪽을 향해 주인에게 절한다. ⑭ 그러면 주인은 조금 물러난다. ⑮ 개는 앞으로 나아가 북쪽을 향해서 술잔을 받고서 ⑯ 원래의 자리로 돌아간다. ⑰ 주인은 개의 오른쪽으로 와서 북쪽을 향해 절하여 술잔을 보낸다. ⑱ 개는 조금 물러난다.
【주】 주인이 개의 오른쪽으로 와서 절하는 이유는 자신의 존귀함을 낮추어 낮은 곳으로 나아가기 위함이다】

主人實爵介之席前, 西南面獻介. 介西階上北面拜, 主人少退. 介進, 北面受爵, 復位. 主人介右北面拜送爵, 介少退.

【注】 主人拜于介右, 降尊以就卑也】

⑲ 주인은 서쪽 계단 동쪽에 선다. ⑳ 유사는 포와 고기젓갈을 개에게 바친다. ㉑ 개는 자신의 자리에 오르는데, 북쪽으로 올라간다. ㉒ 유사는 개의 자리 앞에 절조(折俎)를 진설한다. ㉓ 개가 고수레를 하는 의례는 빈의 예와 같게 하지만, 희생의 허파를

主人立于西階東, 薦脯、醢. 介升席, 自北方, 設折俎. 祭如賓禮, 不嚌肺, 不啐酒, 不告旨.

조금 맛보는 일과, 술을 조금 맛보는 일을 하지 않으며, '술맛이 좋습니다.'라 고하지도 않는다.

㉔ 개는 술잔을 가지고 남쪽으로부터 개의 자리에서 내려와 북쪽을 향해 앉는다. ㉕ 개는 그 술잔의 술을 다 비우고 일어난다. ㉖ 개는 다시 앉으면서 술잔을 놓고 이어서 사례하는 의미로 주인에게 절한다. ㉗ 개는 술잔을 잡고 일어난다. ㉘ 그러면 주인은 개의 오른쪽에서 답례로 절한다.

【주 희생의 허파를 조금 맛보지도 않고 술을 조금 맛보지도 않는 이유는 빈(賓)의 예보다 낮추어 행하기 때문이다】73

自南方降席北面坐, 卒爵, 興, 坐奠爵, 遂拜, 執爵, 興. 主人介右答拜.

【注 不嚌啐, 下賓】

【이상은 주인이 개에게 술잔을 올리는 의례이다】

【右主人獻介】

(10) 개가 주인에게 보답으로 술잔을 올리다[介酢主人]

① 개는 자신이 마신 술잔을 가지고 자리에서 나와 세(洗)로 내려간다. ② 주인은 동쪽 계단 위로 돌아갔다가 계단을 내려간다. ③ 개는 주인이 자신을 따라 내려오는 행동을 사양하는데, 이 의례는 처음과 같이 한다.

【주 빈이 주인에게 보답하여 술잔을 올릴 때처럼 한다】

介降洗. 主人復阼階, 降辭如初.

【注 如賓酢之時】

④ 개가 술잔 씻기를 마친다. ⑤ 주인은 손을 씻는다.

卒洗, 主人盥.

---

73 이상의 (9)는 《儀禮注疏》卷9〈鄕飮酒禮〉第4(《十三經注疏整理本》10, 163~164쪽)에 보인다.

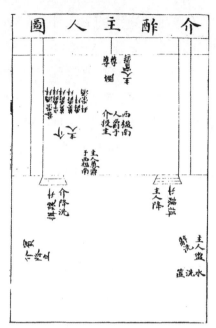

개작주인도(介酢主人圖, 개가 주인에게 보답하여 술잔을 올리는
그림)(《의례도》)

【주 주인이 손을 씻는 이유는 개가 술을 따라 올   【注 盥者, 當爲介酌】
리기 때문이다】

【소 이것은 주인이 스스로 술을 마시는데도 손   【疏 此主人自飮而盥者,
을 씻는 일이니, 개를 높이기 위함이다】   尊介也】

⑥ 개는 1번 읍하고 1번 사양하며 당에 오른다.   介揖讓升, 授主人爵于兩
⑦ 술잔을 당의 동쪽과 서쪽 기둥 사이에서 주인에   楹之間.
게 준다.

【주 개는 술동이의 남쪽으로 가서 주인에게 술   【注 就尊南授之. 介不自
잔을 준다. 개가 스스로 술잔에 술을 따르지 않는   酌, 下賓. 酒者, 賓主共之】
이유는 빈보다 자신을 낮추기 위함이다. 술이란 빈
과 주인이 함께 하는 것이기 때문이다】

⑧ 개는 서쪽 계단의 위쪽 당에 움직이지 않고 서 있는다. ⑨ 주인은 사금(斯禁)이 있는 곳으로 나아가 술잔에 술을 채우고 서쪽 계단의 위쪽 당에서 보답으로 술잔을 올리는 의례를 행하는데, 개의 오른쪽에 앉아 술잔을 놓고 이어서 개에게 절한다. ⑩ 다시 술잔을 잡고 일어난다. ⑪ 개가 답례로 절한다. ⑫ 주인은 앉아서 술을 고수레하고 이어서 마신다. ⑬ 술잔에 든 술을 다 비우고 일어났다가 앉으면서 술잔을 놓고 그제서야 개에게 절한다. ⑭ 잔을 잡고 일어선다. ⑮ 개는 답례로 절한다. ⑯ 주인은 자리에 앉아 서쪽 기둥의 남쪽에 잔을 놓는다. ⑰ 주인은 개의 오른쪽에서, 술이 썩 좋지는 못하지만 서로 술을 가득 채워 준 것에 대한 감사의 의미로 2번 절한다. ⑱ 개는 답례로 절한다.

【주 술잔을 서쪽 기둥의 남쪽에 두는 이유는 그것으로 중빈(衆賓)에게 술잔을 올리기 위함이다】

介西階上立. 主人實爵, 酢于西階上, 介右坐奠爵, 遂拜, 執爵興. 介答拜. 主人坐祭, 遂飮, 卒爵, 興, 坐奠爵, 遂拜, 執爵興. 介答拜. 主人坐奠爵于西楹南, 介右再拜崇酒. 介答拜.

【注 奠爵西楹南, 以將獻衆賓】

⑲ 주인은 동쪽 계단의 위쪽 당으로 돌아가 읍하고 동쪽 계단으로 내려간다. ⑳ 개는 주인을 따라 내려가 빈이 서 있는 곳의 남쪽에 선다.

【소 이제 중빈에게 술잔을 올리려는 것이다. 그러므로 개는 일이 없어서 빈의 남쪽으로 나아가는 것이다】[74]

主人復阼階, 揖降. 介降立于賓南.

【疏 以將獻衆賓, 故介無事, 就賓南】

【이상은 개가 주인에게 보답으로 술잔을 올리는 의례이다】

【右介酢主人】

---

74 이상의 (10)은 《儀禮注疏》 卷9 〈鄕飮酒禮〉 第4(《十三經注疏整理本》10, 164~165쪽)에 보인다.

(11) 주인이 중빈에게 술잔을 올리다[主人獻衆賓]

① 주인은 서남쪽을 향해 중빈(衆賓)에게 3번 절한다. ② 중빈은 모두 답례로 1번 절한다.

主人西南面三拜衆賓, 衆賓皆答壹拜.

【주】 3번 절하는 이유는 중빈에게 두루 절한다는 뜻을 보이기 위함이며, 1번 절하는 이유는 주인이 예를 다 갖추지 않았기 때문이다. 당에 오르지 않고 절하는 이유는 중빈의 지위가 낮기 때문이다】

【注】 三拜, 示徧；壹拜, 不備禮也. 不⑫升拜, 賤也】

【소】 주인이 동쪽 계단의 아래에 있고 중빈은 빈(賓)과 개(介)의 남쪽에 있기 때문에, 주인은 서남쪽

【疏】 主人在阼階下, 衆⑬賓在賓、介之南, 故⑭西南

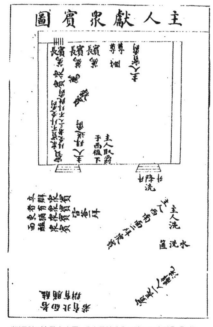

개작주인도(介酢主人圖. 개가 주인에게 보답으로 술잔을 올리는 그림)《《의례도》》

---

⑫ 不：저본에는 없음. 오사카본·규장각본·《儀禮注疏·鄕飮酒禮》에 근거하여 보충.

⑬ 衆：저본에는 "不". 오사카본·규장각본·《儀禮注疏·鄕飮酒禮》에 근거하여 수정.

⑭ 故：저본에는 "衆故". 오사카본·규장각본·《儀禮注疏·鄕飮酒禮》에 근거하여 수정.

을 향해 절하는 것이다】 　　　　　　　　　　　面拜之】

③ 주인은 중빈에게 1번 읍하고 당에 올라간다. 　主人揖升, 坐取爵于西楹
④ 앉아서 당의 서쪽 기둥 아래에서 잔을 들고 세(洗) 　下, 降洗, 升實爵, 于西階
로 내려간다. ⑤ 씻기를 마친 잔을 들고 당에 올라 　上獻衆賓. 衆賓之長升拜
술을 술잔에 따른다. ⑥ 서쪽 계단의 위쪽 당에서 중 　受者三人.
빈에게 술잔을 올린다. 중빈의 연장자[長] 가운데 당
에 올라 술잔을 받은 것에 대해 절하는 사람은 3명[75]
이다.

【주】 장(長)이란 그들 가운데 나이가 많은 사람이 　【注】 長, 其老者. 言三人,
다. 3명이라고 말했으니, 그렇다면 중빈은 그보다 　則衆賓多矣】
더 많을 것이다】

⑦ 주인은 중빈의 연장자에게 절하여 술잔을 보 　主人拜送.
낸다.
【주】 중빈의 오른쪽에서 절한다】 　　　　　　　【注】 於衆賓右】
【소】 윗글의 '개(介)의 오른쪽에서'라는 말을 생략 　【疏】 約上文介右而知】
했다는 점을 알 수 있다】

⑧ 중빈의 연장자 3명은 앉아서 고수레를 한다. 　坐祭, 立飮, 不拜旣爵. 授
⑨ 서서 술을 마시고 술을 다 마신[旣] 것에 대해 절 　主人爵, 降復位.
하지 않는다. ⑩ 술잔을 주인에게 돌려주고 당을 내
려와 자리로 돌아간다.

【주】 기(旣)란 술을 다 마셨다는 뜻이다. 술을 다 　【注】 旣, 卒也. 卒爵不拜,
마시고 절하지 않으며, 서서 술을 마시고 서서 술잔 　立飮, 立授, 賤者禮簡】

75　3명 : 삼빈(三賓)이라고도 일컫는데, 중빈들 가운데 학식과 덕망이 높은 3명이다.

을 주는 이유는 지위가 낮은 사람은 예가 간략하기
때문이다】

⑪ 3명 이외의 중빈에게 술잔을 올리면 중빈은
술잔을 받은 것에 대해 절하지 않는다. ⑫ 그 자리에
앉아서 고수레를 한다. ⑬ 서서 술을 마신다.

衆賓獻, 則不拜受爵, 坐
祭, 立飮.

【주 3명 이하 순서의 중빈을 말한다. 절하지 않
는 이유는 예가 더욱 간략해졌기 때문이다】

【注 次三人以下也. 不拜,
禮彌簡】

⑭ 중빈의 3명 중 1명마다 술잔을 받으면 그 자리
에 포와 고기젓갈을 올린다.

每一人獻, 則薦諸其席.

【주 중빈의 연장자 3명을 말한다】

【注 謂三人也】

⑮ 나머지 중빈들에게도 주인이 술잔을 올릴 때
마다 두루[辯]⁷⁶ 포와 고기젓갈을 올린다.

衆賓辯有脯醢.

【주 나머지 중빈들 또한 그들이 있는 곳마다 술
잔을 올리고 포와 고기젓갈을 올린다. 그들의 위치
는 당 아래에 있다】

【注 亦每獻薦於其位, 位
在下】

【소 중빈이 당 아래에 서서 빈과 개를 모시고 있
다고 했으니, 중빈에게 자리가 있다고 하면 합당하
지 않다. 중빈에 대해 자리라는 말을 하지 않았으
니, 그들의 위치는 당의 아래에 있음을 알 수 있다】

【疏 以其言堂下立侍, 不
合有席, 旣不言席, 知位在
下】

⑯ 주인은 술잔을 가지고 당을 내려가 세(洗)에 있

主人以爵降, 奠于篚.

---

76 두루[辯]: '변(辯)'을 설명한 정현(鄭玄)의 주(注)에서 "금문(今文) 《의례》에는 변(辯)이 모두 편(徧)으로 되
어 있다(今文辯皆作徧)."라 했기에, 이 설을 따라 옮겼다.

는 비(筐, 광주리)에 놓는다.

【주】술잔을 다시 사용하지 않기 때문이다.77】78　　【注 不復用也】

【이상은 주인이 중빈에게 술잔을 올리는 의례이다】　【右主人獻衆賓】

(12) 주인을 돕는 사람[一相]이 술잔[觶]을 들어 여수
(旅酬, 술을 권함)하는 예가 시작되다[一人擧觶爲旅酬之始]

　① 주인은 빈과 1번 읍하고 1번 사양하면서 당에　揖讓升. 賓厭介升, 介厭衆
오른다. ② 빈은 개(介)에게 염(厭, 맞잡은 손을 몸쪽으로　賓升, 衆賓序升, 卽席.
당겨 하는 인사)하고 당에 오른다. ③ 개는 중빈에게 염
하고 당에 오른다. ④ 중빈의 연장자 3명은 차례대
로[序] 당에 올라 각자의 자리에 나아간다[卽].

　【주】서(序)란 차례대로라는 뜻이다. 즉(卽)이란 나　【注 序, 次也. 卽, 就也】
아간다는 뜻이다】

　【소】중빈이란 3명의 빈[三賓]으로, 당 위에 자리가　【疏 衆賓, 謂三賓堂上有
있는 사람들이다. 나이가 많은 사람이 먼저 당에 오　席者, 以年長爲首】
른다】

　⑤ 주인을 돕는 사람 1명79이 세(洗)에서 술잔[觶]　一人洗, 升, 擧觶于賓.
을 씻어서 당에 오른다. ⑥ 술잔을 빈(賓)에게 들어
올린다[擧].

　【주】1명이란 주인의 속리(屬吏, 소속된 관리)이다.　【注 一人, 主人之吏. 發酒
음주의 시작을 일으키는 일을 '거(擧)'라 한다】　　端曰"擧"】

---

77 다시……때문이다 : 술잔[爵, 작]은 의식용으로 쓰는 것이기에, 이제부터는 편히 들고 마실 수 있는 술잔
　　[觶, 치]으로 잔을 바꾸기 위하여 술잔[爵]을 세(洗)의 비(筐, 광주리)에 두는 것이다.
78 이상의 (11)은 《儀禮注疏》卷9〈鄕飮酒禮〉第4(《十三經注疏整理本》10, 165~166쪽)에 보인다.
79 주인을 돕는 사람 1명 : 일상(一相)을 말한다. 여기서는 치(觶)를 드는 사람이란 의미로 거치자(擧觶者)라
　　부르기도 한다.

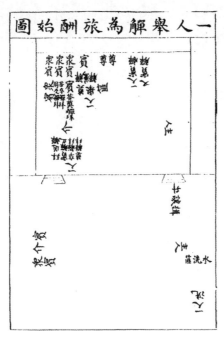

일인거치위여수시도(一人擧觶爲旅酬始圖. 주인을 돕는 사람 1명이
술잔을 들어 여수하는 예가 시작되는 그림)《의례도》)

⑦ 1명은 사금(斯禁)이 있는 곳으로 나아가 술잔
[觶]에 술을 채운다. ⑧ 서쪽 계단의 위쪽 당으로 가
앉아서 술잔을 놓고 이어서 빈에게 절한다. ⑨ 1명
은 술잔을 잡고 일어난다. ⑩ 빈은 자리의 끝에서
답례로 절한다. ⑪ 그러면 1명은 앉아서 술을 고수
레하고 이어서 술을 마신다. ⑫ 술잔의 술을 다 마
시고 나면 일어선다. ⑬ 앉아서 술잔을 놓고 그제서
야 빈에게 절한다. ⑭ 1명은 술잔을 잡고 일어난다.
⑮ 빈은 그에게 답례로 절한다. ⑯ 1명은 술잔[觶]을
들고 세(洗)로 내려가 술잔을 씻는다. ⑰ 다시 당에
올라가 술잔을 채운다. ⑱ 서쪽 계단의 위쪽 당에서
빈을 향해 선다. ⑲ 빈은 그에게 절한다.

實觶, 西階上坐奠觶, 遂
拜, 執觶興, 賓席末答拜.
坐祭, 遂飲, 卒觶興, 坐
奠觶, 遂拜, 執觶興, 賓答
拜. 降洗, 升實觶, 立于西
階上, 賓拜.

【주】빈이 절하는 뜻은 앞으로 그 술잔을 받을 것
에 대하여 절하는 것이다】

【注】賓拜, 拜將受觶】

⑳ 1명은 빈의 자리 앞으로 나아가 앉고서 술잔
을 포와 고기젓갈의 서쪽에 둔다. ㉑ 그러면 빈은
술잔을 사양하다가 앉아서 그것을 받고 일어선다.

進, 坐奠觶于薦西. 賓辭,
坐受以興.

【주】1명이 술잔을 들어 빈에게 직접 주지 않는
이유는 1명이 주인의 아랫사람이기 때문이다. 빈이
앉아서 받는다고 말한 이유는 행하는 일이 서로 이
어져 있어서 마치 주인에게 직접 받는 것과 같음을
밝히기 위함이다.[80] 빈의 겸양한 행동이다】

【注】舉觶不授, 下主人也.
言坐受者, 明行事相接, 若
親受, 謙也】

㉒ 거치자(舉觶者, 술잔을 든 사람 즉 1명)는 서쪽 계
단의 위쪽 당에서 절하여 술잔을 빈에게 보낸다.
㉓ 빈은 앉아서 술잔을 그곳[所]에 놓는다.

舉觶者西階上拜送, 賓坐
奠觶于其所.

【주】소(所)란 포와 고기젓갈이 있는 곳의 서쪽이다】

【注】所, 薦西也】

㉔ 거치자는 당을 내려간다.

舉觶者降.

【주】맡은 일이 끝났기 때문이다】

【注】事已】

【소】《의례》〈향사례〉를 살펴보면 "거치자가 당
을 내려간다."라 한 구절 뒤에 대부를 준(遵)[81]으로
맞이하는 예가 있다.[82] 그런데도 여기서 말하지 않은
이유는 대부 가운데 예를 보려는 사람이 왔을 수도

【疏】案《鄉射》, "舉觶者降"
後有大夫, 此不言者, 大夫
觀禮之人, 或來或否, 故不
言也】

---

80 빈이……위함이다 : 실제로는 놓인 술잔을 취한 것인데, 경문에서 '앉아서 받는다'고 말한 이유는 빈의 뜻을
드러내기 위함이라고 했다. 박례경·이원택 역주, 《의례역주》二, 세창출판사, 2013, 86쪽 참조.
81 준(遵) : 덕망이 높아 따를 만한 사람. 정현(鄭玄)의 주에 의하면 준은 고을에 살고 있는 전직 고위관리가 맡는다.
82 향사례를……있다 :《儀禮注疏》卷11〈鄉射禮〉(《十三經注疏整理本》10, 211~212쪽).

있고 없을 수도 있기 때문에 말하지 않은 것이다】83

【이상은 주인을 돕는 사람[一相]이 술잔을 들어 【右一人擧觶爲旅酬之始】
여수(旅酬)하는 예가 시작되는 의례이다】

(13) 빈들을 위해 음악을 연주하다[樂賓]

① 당의 가장자리[廉]에 자리를 펴는데, 동쪽이 設席于堂廉, 東上.
윗자리이다.

【주】 악공(樂工)들을 위하여 자리를 펴는 것이다. 【注】 爲工布席也. 側邊曰
옆쪽 가장자리를 '염(廉)'이라고 한다. 《의례》〈연례(燕 "廉", 《燕禮》曰："席工于西
禮, 잔치의 예)〉에서는 "악공(樂工)의 자리는 서쪽 계단의 階上少東, 樂正先升, 北

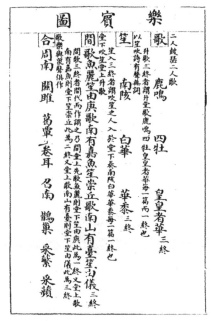

악빈도(樂賓圖, 빈들을 위해 음악을 연주하는 그림)(《의례도》)

<hr>

83 이상의 (12)는 《儀禮注疏》卷9〈鄕飮酒禮〉第4(《十三經注疏整理本》10, 166~167쪽)에 보인다.

위쪽 당에서 조금 동쪽에 편다. 악정(樂正)[84]은 먼저 당에 올라 북쪽을 향해 선다."[85]라 했다. 여기에서 악정은 먼저 당에 올라 서쪽 계단의 동쪽에 선다고 말하였으니 악공의 자리는 서쪽 계단의 동쪽에 있다】

面." 此言樂正先升, 立于西階東, 則工席在階東】

② 악공은 4명이다. 그 중 2명은 슬[瑟, 슬(瑟)[86]을 연주하는 악공]이다. 슬이 먼저 당에 오른다. ③ 슬을 돕는[相] 사람은 2명이다. 이들은 모두 왼쪽 어깨로 슬을 메고, 슬의 머리 부분을 뒤쪽으로 하고, 왼손으로 슬 바닥 부분의 구멍[越]을 잡은[拷] 다음 슬의 줄을 안쪽으로 한다. 오른손으로는 악공을 잡고서 돕는다.

工四人, 二瑟, 瑟先. 相者二人, 皆左何瑟, 後首, 拷越, 內弦, 右手相.

【주】 악공 4명은 대부의 제도이다. 2명은 슬이라는 말은 2명이 슬을 연주한다는 뜻이니, 그렇다면 나머지 2명은 노래를 부른다는 말이다.

【注】 四人, 大夫制也. 二瑟, 二人鼓瑟, 則二人歌也.

슬이 먼저 당에 오른다는 말은 당에 들어가려고 할 때의 순서가 슬이 앞에 있다는 뜻이다.

瑟先者, 將入, 序在前也.

상(相)이란 악공을 돕는다는 뜻이다. 중빈 가운데 젊은 사람이 그 일을 맡는다. 악공 1명마다 돕는 사

相, 扶工也. 衆賓之少者爲之, 每工一人.

송(宋)나라의 슬(瑟)(국립국악원)

---

84 악정(樂正) : 악공들을 지휘하는 사람. 후대에는 예악(禮樂)의 사무를 관장하는 관직명으로 쓰였다.
85 악공(樂工)의……선다 : 《儀禮注疏》 卷15 〈燕禮〉(《十三經注疏整理本》10, 313쪽).
86 슬(瑟) : 중국 고대의 현악기. 항상 금(琴)이나 생(笙)과 합주된다. 50현, 25현, 15현 등의 종류가 있다.

도(鼗)

람이 1명이다.

《의례》〈향사례〉에 "젊은 사람[弟子]이 처음 악공
이 입장할 때 악공을 도왔듯이 내려갈 때도 악공을
돕는다."[87]라 했다. 천자가 시료(視瞭)[88]를 시켜 악공
을 돕는 이유는 일반적으로 악공은 눈이 멀거나 흐
린 사람들이기 때문이다. 그러므로 그를 잡고서 돕
는 사람이 있는 것이다.

《논어》〈위령공(衛靈公)〉편에는 다음과 같은 일화
가 있다. "노(魯)나라의 악사[師]인 면(冕)이라는 사람
이 공자를 뵈러 왔다. 면이 계단에 이르자 공자는
'계단입니다'라 했고, 자리에 이르자 공자는 '자리입
니다'"라 했다. 그리고 공자 제자인 자장(子張)이 그

《鄉射禮》曰"弟子相工如
初入". 天子相工使視瞭者,
凡工, 瞽矇也, 故有扶之
者.

"師冕見, 及階, 子曰'階也',
及席, 子曰'席也'." "固相師
之道."

---

87 젊은……돕는다:《儀禮注疏》卷11〈鄉射禮〉(《十三經注疏整理本》10, 224쪽).
88 시료(視瞭):《주례(周禮)》의 관직명. 도(鼗)·북[鼓]·경쇠[磬] 치는 일을 관장하며 장님 돕는 일도 관장한
　　다. 박례경·이원택 역주, 《의례역주》二, 세창출판사, 2013, 96쪽 참조.

것이 악사와 말을 하는 방법이냐고 여쭙자, "이것이 본래 악사를 도와주는 방법이다."[89]라 했다.

슬의 머리 부분을 뒤쪽으로 한다는 말은 제후[君]의 연례(燕禮)에 변화를 주었다는 뜻이다.[90] 고(拷)는 손으로 잡는다는 뜻이다. 슬을 연주하는 악공을 돕는 사람은 악공을 위하여 슬을 잡고서 입장한다. 반면 노래 부르는 가수를 돕는 사람은 맨손으로 도와 안내할 뿐이다. 월(越)이란 슬 바닥 부분의 구멍이다. 슬의 줄을 안쪽으로 한다는 말은 슬의 현을 몸 안쪽으로 향하도록 옆으로 기울여서 멘다는 뜻이다】

後首者, 變于君也. 拷, 持也. 相瑟者則爲之持瑟. 其相歌者, 徒相也. 越, 瑟下孔也. 內弦, 側擔之者】

【疏 이것은 향대부가 술을 마시는 의례이기 때문에 악공을 4명이라고 했다. 〈대사례(大射禮)〉에서는 제후의 의례이기 때문에 6명이라 했다.[91] 만약 그리하다면 사(士)의 의례에서는 당연히 악공이 2명이고, 천자의 의례에서는 8명이니, 신분의 차등에 따라 등급이 있기 때문이다. 악공이 4명일 때 2명이 슬을 연주하면 2명은 노래를 부른다. 따라서 노래 부르는 가수를 돕는 사람들 또한 2명이지만 이들은 빈손으로 아무 일도 하지 않고 안내만 하기 때문에 따로 말하지 않은 것이다】

【疏 此鄕大夫飮酒, 云四人, 《大射》諸侯禮六人. 若然, 士當二人, 天子八人, 爲差次也. 工四人, 二人瑟, 則二人歌, 相亦二人, 以空手無事, 故不言也】

---

89 노(魯)나라의……방법이다:《論語注疏》卷15〈衛靈公〉《十三經注疏整理本》23, 248~249쪽).

90 제후[君]의……뜻이다:《의례》〈연례〉에서 "소신(小臣)은 왼쪽 어깨로 슬을 메고, 슬을 연주하는 부분[鼓] 즉 머리 부분을 앞쪽으로 향하게 한다(小臣左何瑟, 面鼓)."[《儀禮注疏》卷15〈燕禮〉第6《十三經注疏整理本》10, 314쪽)]라 하여 슬의 머리 부분을 앞으로 향하게 하여 슬을 메고 오는 방식을 말했다. 본문은 이와 같은 방식에 변화를 주었다는 말이다.

91 대사례(大射禮)에서는……했다:슬이 4명이고 가수가 2명이다.《儀禮注疏》卷17〈大射〉《十三經注疏整理本》10, 365쪽).

④ 악정(樂正)은 먼저 당에 올라 서쪽 계단의 동쪽 에 선다.

【주】정(正)이란 우두머리이다】

【소】여기서 악정(樂正)이란 제후나 대부 또는 사 (士)의 관리이다. 천자의 경우라면 대사악[大司樂, 악관 (樂官)의 우두머리]에 해당한다】

⑤ 악공은 들어와 서쪽 계단으로 당에 올라 북쪽 을 향해 앉는다. ⑥ 악공을 돕는 사람은 악공의 서 쪽에서 동쪽을 향해 앉았다가 슬을 악공에게 건네 준 뒤라야 당을 내려간다.

【주】악공을 돕는 사람은 당에서 내려가 서쪽에 서 있는다. 자신이 맡은 일을 하는 곳과 가깝도록 하기 위해서이다】

⑦ 악공은 〈녹명(鹿鳴, 사슴이 우네)〉·〈사모(四牡, 네 마리 숫말)〉·〈황황자화(皇皇者華, 아름다운 꽃이여)〉를 연 주하고 노래 부른다.

【주】세 시(詩)는 모두 《시경(詩經)》〈소아(小雅)〉[92] 편의 시들이다[93]. 〈녹명(鹿鳴)〉은 임금이 신하와 사 방에서 온 빈객들과 잔치를 베푼 자리에서 도(道)를 강론(講論)하고 정사(政事)를 닦을 때 연주하고 부르는 악가(樂歌)이다. 이 시에 채록된 내용은, 자기(군주)에

樂正先升, 立于西階東.

【注】正, 長也】

【疏】此樂正, 諸侯及大夫、 士之官, 當天子大司樂】

工入, 升自西階. 北面坐. 相者東面坐, 遂授瑟, 乃 降.

【注】降立於西方, 近其事】

工歌《鹿鳴》、《四牡》、《皇 皇者華》.

【注】三者皆《小雅》篇也. 《鹿鳴》, 君與臣下及四方 之賓燕, 講道修政之樂歌 也. 此采其己有旨酒, 以召 嘉賓, 嘉賓旣來, 示我以善

---

92 소아(小雅):《시경》의 일부분으로 74편의 시가 있다. 중국 서주(西周) 초기에서 말기 사이에 창작되었으 며, 주나라의 다양한 사회생활과 예악·문화를 담고 있다. 궁중의 연회나 지방의 향사례·향음주례에 노래 불려지고 연주되었다.

93 세……시들이다:《시경(詩經)》〈소아(小雅)〉 "녹명지십(鹿鳴之什)"의 처음에 나오는 세 시이다.《毛詩正義》 卷9〈小雅〉 "鹿鳴之什"(《十三經注疏整理本》5, 649~663쪽).

게 맛 좋은 술이 있어서 훌륭한 손님들을 불렀더니, 훌륭한 손님이 이미 오셨고 나에게 좋은 도(道)를 보여 준다는 점이다. 또한 훌륭한 손님이 크고 빛나는, 밝은 덕을 가지고 있어서 본받을 만함을 즐긴다는 것이다.

〈사모(四牡)〉는 임금이 사신의 방문을 위로할 때 연주하고 부르는 악가이다. 이 시에 채록된 내용은, 왕(천자)의 일을 수행하느라 부지런하게 힘쓰면서도, 고국의 부모를 봉양해야 한다는 마음으로 돌아가고픈 생각에 서글퍼하니, 충과 효의 지극함을 높이 평가하여 사신을 위로한다는 것이다.

〈황황자화(皇皇者華)〉는 임금이 사신을 파견하며 송별할 때 연주하고 부르는 악가이다. 이 시에서 채록된 내용은, 사신이 더욱 노력하고 힘쓰기는 하지만 사신 스스로는 부족하다고 생각하여, 훌륭하고 식견이 있는 사람에게 묻고 의논하여 임금의 일을 수행함으로써 스스로를 빛내고자 한다는 것이다】

道. 又樂嘉賓有孔昭之明德, 可則傚也.

《四牡》, 君勞使臣之來樂歌也. 此采其勤苦王事, 念將父母, 懷歸傷悲, 忠孝之至, 以勞賓也.

《皇皇者華》, 君遣使臣之樂歌也. 此采其更是勞苦, 自以爲不及, 欲諮謀于賢知而以自光明也】

⑧ 악공이 노래를 다 부르면 주인은 악공에게 술잔을 올린다. ⑨ 악공들은 슬을 왼쪽에 놓고 1명이 절한다. ⑩ 일어나지 않고 잔을 받는다. ⑪ 주인은 동쪽 계단의 위쪽 당에서 절하여 술잔을 보낸다.

【주】1명은 악공의 우두머리이다. 일반적으로 악공은 신분이 낮기 때문에 그들을 위해 술잔을 씻어주지 않는다】

【소】이 《의례》〈향음주례〉와 〈연례(燕禮)〉에서는 마음을 즐겁게 하고 음악을 높여주는 일을 위주로 한

卒歌, 主人獻工. 工左瑟, 一人拜, 不興, 受爵. 主人阼階上拜送爵.

【注】一人, 工之長也. 凡工賤, 不爲之洗】

【疏】此及《燕禮》主歡心尙樂, 故有升歌、笙間、合樂,

생황

다. 그러므로 승가(升歌)[94]와 생간(笙間)[95]과 합악(合樂)[96]이 있다. 생간(笙間)과 합악(合樂)에 주인이 술잔을 악공에게 올리지 않는 이유는 앞에 이미 술잔을 올렸기 때문에 다시 거듭하여 술잔을 올리지 않는 것이다.

〈향사례〉에서는 활쏘기를 위주로 하기 때문에 음악을 생략하여 생간(笙間)이 없고 다만 합악(合樂)만 있다. 이때는 생황[笙][97]을 연주하는 악공도 당 위의 악공과 함께 하기 때문에 연주가 끝난 뒤에 모두 술잔을 올린다. 《의례》〈대사례(大射禮)〉에서 또

間、合不獻，以前已得獻，故不復重獻.

《鄕射》主于射，略于樂，無笙間，唯有合樂，笙工竝爲，至終[15]總獻之.《大射》亦主于射，略于樂，不間歌，不合樂，故有升歌，獻

---

94 승가(升歌) : 제사나 연회에서 당에 올라 연주하는 음악과 노래.
95 생간(笙間) : 생황의 연주가 한 악장 끝났다가 다시 다음 악장이 시작될 때까지의 사이.
96 합악(合樂) : 여러 가지 악기를 함께 연주하는 행위.
97 생황[笙] : 가느다란 대나무 관대 17개를 통에 둥글게 나무통에 박아 놓고, 통 가운데에 달린 취구에 입김을 불어 넣어 연주하는 악기이다. 대나무 관대의 개수에 따라 화(和, 13개)·생(笙, 17개)·우(竽, 36개) 등의 이름으로 구별되었으나, 지금은 통틀어 '생황(笙簧)'이라 한다.
[15] 終 : 저본에는 "後". 《儀禮注疏·鄕飮酒禮》에 근거하여 수정.

한 활쏘기를 위주로 하므로 음악을 생략하기 때문에 연주의 중간에 노래 부르는 것[間歌]과 합악(合樂)을 하지 않는다. 그러므로 당 위에서 연주하고 노래하는 의례만 있어서 그 악공들에게만 술잔을 올리고 하관(下管)[98]에게는 술잔을 다시 올리지 않는다】

⑫ 악공에게 포와 고기젓갈을 올리고 사람을 시켜 악공의 고수레를 돕게 한다.
【주 사람을 시켜 악공의 고수레를 돕게 한다는 말은 악공이 술을 고수레하고 포와 고기젓갈을 고수레하는 의례를 돕게 한다는 뜻이다】

工, 下管, 不復得獻】

薦脯醢, 使人相祭.
【注 使人相者, 相其祭酒祭薦】

⑬ 악공은 술을 마신다. 그러나 술잔의 술을 비운 것에 대해 절하지 않는다. 주인에게 술잔을 돌려준다.
【주 앉아서 술잔을 준다】

工飮, 不拜旣爵, 授主人爵.
【注 坐授之】

⑭ 나머지 악공들도 절하지 않고 잔을 받은 다음 술을 고수레하고 마신다. ⑮ 모든 악공에게 두루[99] 포와 고기젓갈을 올린다. 하지만 악공들은 포와 고기젓갈을 고수레하지 않는다.
【주 술을 고수레하고 마신다는 말은 술을 올리는 예가 중요하기 때문에 고수레를 하지 않을 수 없다는 뜻이다】

衆工則不拜, 受爵, 祭飮, 辯有脯醢, 不祭.
【注 祭飮, 獻酒重, 無不祭也】

---

98 하관(下管):고대(古代)에 큰 제사나 연회 등의 의식을 거행할 때 관악기를 연주하는 악공은 당 아래에 있었기 때문에 관악기와 그것을 연주하는 악공을 일컬을 때 하관(下管)이라고 하였다.
99 두루:앞에서 나왔듯이, 원문에는 변(辯)으로 되어 있지만 정현(鄭玄)의 주에 "금문(今文)에는 편(徧)이라 되어 있다."는 설을 따랐다.

⑯ 태사(大師)가 참석했을 경우에는 그를 위해 술잔을 씻는다. 이때 주인이 술잔을 씻으러 내려가면 빈과 개(介)는 따라 내려간다. ⑰ 주인은 빈과 개가 따라 내려오는 행동을 사양한다. 악공은 주인이 술잔을 씻어주는 의례를 사양하지 않는다.

【주】 대부(大夫)인 주인에게 만약 군주가 보낸 악공이 있으면 그를 '태사(大師)'라고 하는데, 그를 위해서 술잔을 씻는 이유는 그를 존중하기 위함이다. 빈과 개가 당에서 내려간다는 말은 주인을 따라서 내려간다는 뜻이다. 악공은 태사를 말한다.

위에서 이미 악공에게 술잔을 올렸다고 말해놓고 이제야 태사를 말하는 이유는, 태사가 어떤 경우에는 슬(瑟)을 연주하는 사람일 수도 있고 어떤 경우에는 노래를 부르는 사람일 수도 있기 때문이다. 그에게 술잔을 올릴 때 그가 슬을 연주하는 악공이면 먼저 올리고 노래를 부르는 악공이면 뒤에 올린다】

大師則爲之洗, 賓、介降, 主人辭降. 工不辭洗.

【注】大夫若君賜之樂, 謂之"大師", 則爲之洗, 尊之也. 賓、介降, 從主人也. 工, 大師也.

上旣言獻工矣, 乃言大師者, 大師或瑟, 或歌也. 其獻之, 瑟則先, 歌則後】

⑱ 생(笙)은 밖에서 들어와 당 아래 이르면 경(磬)¹⁰⁰의 남쪽에서 북쪽을 향해 선다. ⑲ 〈남해(南陔)〉와 〈백화(白華)〉와 〈화서(華黍)〉를 연주한다.

【주】 생(笙)이란 생황을 부는 악공이다. 생황으로 이 시들의 악곡을 불어 음악으로 삼기 위함이다. 〈남해(南陔)〉·〈백화(白華)〉·〈화서(華黍)〉는 《시경》 〈소아

笙入堂下, 磬南, 北面立. 樂《南陔》、《白華》、《華黍》.

【注】笙, 吹笙者也, 以笙吹此詩以爲樂也. 《南陔》、《白華》、《華黍》, 《小雅》篇

---

100 경(磬): 경석으로 만든 타악기인 편경과 특경의 약칭. 또는 이 악기를 연주하는 사람. 여기서는 후자를 가리킨다.

편경(국립고궁박물관)

〈小雅〉〉편의 시들이다.[101] 지금은 망실되어 그 시들의 뜻을 들어 보지 못했다.

옛날 주(周)나라가 흥성할 때, 주공(周公)[102]이 예(禮)를 제정하고 음악을 만들면서 당시 세상의 시(詩)를 채집하고 이를 악가(樂歌)로 만들었다. 이것은 인정(人情)을 통하게 하고 풍속을 살펴보는 데에 절실한 방법이었다. 당시 채집된 시들 중에 이 편의 시들이 있었던 게 명백하다. 후세로 갈수록 좋은 풍속이 쇠미해지면서 유왕(幽王)[103]과 여왕(厲王)[104]의 시대에

也, 今亡, 其義未聞.

昔周之興也, 周公制禮作樂, 采時世之詩以爲樂歌, 所以通情, 相風切也, 其有此篇明矣. 後世衰微, 幽、厲尤甚, 禮樂之書稍稍廢棄.

---

101 남해(南陔)……시들이다 : 《시경(詩經)》〈소아(小雅)〉 "녹명지십(鹿鳴之什)"의 맨 마지막, 11~13번째에 나오는 시들이며, 제목만 있고 가사는 없다. 이 시들에 대해서 주희는 "악곡[聲]만 있고 가사[辭]는 없다."라 설명했다. 《毛詩正義》卷9〈小雅〉 "鹿鳴之什"(《十三經注疏整理本》5, 711쪽).

102 주공(周公) : ?~ B.C. 1032. 중국 상(商)나라 말 주(周)나라 초기의 인물인 희단(姬旦). 문왕(文王) 희창(姬昌)의 4번째 아들이자 무왕(武王) 희발(姬發)의 동생. 무왕이 죽자 조카인 성왕(成王)을 보좌하였으며, 강태공(姜太公)과 함께 은(殷)나라를 멸망시키고 이후 주나라 문물(文物)의 기초를 다졌다.

103 유왕(幽王) : B.C. 795?~B.C. 771. 중국 주나라 제12대 왕(재위, B.C. 782~B.C. 771). 이름은 희궁열(姬宮涅). 향락과 주색에 빠져 정사를 돌보지 않았고 견융(犬戎)의 침공 때 살해되었다.

104 여왕(厲王) : B.C. 904~B.C. 828. 중국 주나라 제10대 왕(재위, B.C. 878~B.C. 842). 이름은 희호(姬胡). 성정이 난폭하여 폭정을 펼쳤기 때문에 백성들이 항거하여 결국 왕위에서 쫓겨나 주나라의 쇠락을 가져왔다.

는 쇠미함이 더욱 심해져 예(禮)와 악(樂)에 관한 책
들이 점점 폐기되었다.

　공자는 이렇게 말씀하였다. "내가 위(衛)나라에
서 노(魯)나라로 돌아온 뒤에서야 음악이 바르게 되
었다. 〈아(雅)〉[105]·〈송(頌)〉[106]이 각각 제자리를 얻었
다."[107] 이 말은 공자 당시에 남아 있던 시들도 이미
중복되고 어지럽게 뒤섞여 있었다는 뜻이다. 그러니
어찌 없어진 그 시가를 다시 재현할 수 있었겠는가?

　게다가 상송(商頌)[108]이라고 이름 붙여진 노래 12
편을 춘추 시대 정고보(正考父)[109]가 주나라의 태사
(太師)[110]에게 얻어서 교정한 다음 송나라로 돌아와
서 그 음악으로 선왕들에게 제사지냈다고 한다. 그
때부터 공자에 이르기까지 200년 동안 12편 중에서
남아 있는 시가는 5편뿐이다. 이것이 〈남해〉·〈백
화〉·〈화서〉가 망실되었다는 증거이다】

孔子曰："吾自衛反魯，然後
樂正，《雅》、《頌》各得其
所."謂當時在者而復重雜
亂者也，惡能存其亡者乎？

且正考父校商之名頌十二
篇于周大師，歸以祀其先
王，至孔子二百年之間，五
篇而已，此其信也】

　⑳ 주인은 당의 서쪽 계단의 위쪽 당에서 악공에
게 술잔을 올린다. ㉑ 생황을 부는 악공 중의 1명이
절하고 계단을 다 올라오되, 당에까지는 오르지 않

主人獻之于西階上．一人
拜，盡階，不升堂，受爵，
主人拜送爵．階前坐祭，立

---

105 아(雅)：《시경》에 수록되어 있는 시들의 6가지 형식 중 하나. 6가지 형식은 풍(風)·부(賦)·비(比)·흥(興)·
　　아(雅)·송(頌)을 말하는데, 풍은 '풍토(風土)의 소리', 아는 '조정(朝庭)의 소리', 송은 '종묘(宗廟)의 소리'를
　　의미한다고 한다.
106 송(頌)：《시경》에 수록되어 있는 시들의 6가지 형식 중 하나.
107 내가……얻었다：《論語注疏》卷9〈子罕〉(《十三經注疏整理本》23, 133쪽).
108 상송(商頌)：《시경》의 〈상송〉을 말한다. 〈상송〉은 상(商)나라 탕(湯)왕 같은 선왕의 공덕을 칭송한 노래
　　로, 상나라의 후예인 송나라 때 불려진 노래이다. 또 정고보가 주나라 태사(太師)에게 상송 12편을 얻어왔
　　다고도 한다.
109 정고보(正考父)：?~?. 중국 춘추(春秋) 시대 송(宋)나라의 대부(大夫). 박학하고 겸손했다고 한다. 공자
　　(孔子)의 7세조라는 설도 있다. 《춘추좌씨전(春秋左氏傳)》〈소공(昭公)〉7년 조에 그의 고사가 보인다.
110 태사(太師)：고대 중국에서 음악을 관장하는 최고 관직.

고 술잔을 받는다. ㉒ 주인은 절을 하여 술잔을 보 飮, 不拜旣爵, 升授主人
낸다. ㉓ 생황을 부는 악공은 계단 앞에 앉아서 고 爵.
수레하고 서서 술을 마신다. ㉔ 악공은 술잔의 술을
다 비우고 절을 하지는 않는다. ㉕ 악공은 당에 올
라 주인에게 술잔을 돌려준다.

【주】1명이란 생황을 부는 악공 가운데 우두머리 【注】一人, 笙之長者也.
이다. 생황을 부는 악공이 3명이고 연주에 맞추어 笙三人, 和一人, 凡四人.
노래하는 악공[和]111이 1명으로, 모두 4명이다. 〈향 《鄕射禮》曰 : "笙一人拜于
사례〉에는 "생황을 부는 악공 1명이 당 아래에서 절 下."】
한다."112라 했다】

㉖ 생황을 부는 나머지 악공들은 절하지 않고 술 衆笙則不拜, 受爵, 坐祭,
잔을 받는다. ㉗ 앉아서 고수레를 하고 서서 마신 立飮, 辯有脯醢, 不祭.
다. ㉘ 그들에게 두루 포와 고기젓갈을 차려주지만,
그들은 포와 고기젓갈을 고수레하지는 않는다.

【주】그들 또한 서쪽 계단의 위쪽 당에서 술잔을 【注】亦受爵於西階上, 薦
받는다. 그들에게 그들이 있는 위치에 모두 포와 고 之皆於其位, 磬南】
기젓갈을 올린다. 그들의 위치는 경(磬)의 남쪽이다】

㉙ 그제서야 노래 악공이 《시경》〈어리(魚麗, 통발 乃間歌《魚麗》, 笙《由
에 걸린 고기)〉를 부른 뒤 생황 악공은 〈유경(由庚)〉을 庚》; 歌《南有嘉魚》, 笙《崇
연주하고, 노래 악공이 〈남유가어(南有嘉魚, 남쪽에 아 丘》; 歌《南山有臺》, 笙《由

---

111 연주에 맞추어 노래하는 악공[和] : 《의례(儀禮)》〈향사례(鄕射禮)〉의 '삼생일화(三笙一和)'에 대해 정현은
'3명은 생황을 불고 1명이 화(和)를 분다(三人吹笙, 一人吹和)'고 주(注)를 달았는데, 이에 대해서 가공언
의 소(疏)는 《이아(爾雅)》의 '작은 생황을 화(和)라고 한다(笙小者謂之和)'라는 구절을 인용하고 있다. 《儀
禮注疏》卷13〈鄕射禮〉《十三經注疏整理本》10, 269쪽). 그러나 뒤에 '번갈아 가며 노래하는 악공[間歌]'
이라는 표현으로 보아 여기서는 '연주에 맞추어 노래하는 악공'이 맞을 듯하다.
112 생황을……절한다 : 《儀禮注疏》卷11〈鄕射禮〉《十三經注疏整理本》10, 218쪽).

름다운 고기가 있네]〉를 부른 뒤 생황 악공은 〈숭구(崇 儀〉.
丘)〉를 연주하고, 노래 악공이 〈남산유대[南山有臺, 남
산에 사초(莎草, 띠풀)가 있네]〉를 부른 뒤 생황 악공은
〈유의(由儀)〉를, 번갈아가며 연주한다.

【주】 간(間)이란 번갈아가며 한다는 뜻으로, 1번 【注】間, 代也, 謂一歌則
노래 부르면 1번 생황을 분다는 말이다. 一吹.

위의 6편의 시는 모두 《시경》〈소아(小雅)〉의 시 六者皆《小雅》篇也.《魚
들이다.[113] 이 중에 〈어리(魚麗)〉는 태평성세에 풍년 麗》, 言太平年豐物多也.
이 들어 물산이 풍부함을 노래한 시이다. 이 시에서 此采其物多酒旨, 所以優賓
채록한 내용은, 물산이 풍부하고 술맛이 좋기 때문 · 也.
에 손님을 넉넉히 대접할 수 있다는 점이다.

〈남유가어(南有嘉魚)〉는 태평성세에 군자가 술을 《南有嘉魚》, 言太平君子有
갖추어 놓고 현자(賢者)와 더불어 그것을 즐김을 노 酒, 樂與賢者共之也. 此采
래한 시이다. 이 시에서 채록한 내용은, 예로 자신 其能以禮下賢者, 賢者纍
을 낮추어 현자를 대접하고 현자가 뜻을 펴지 못하 蔓而歸之, 與之燕樂也.
는 상황이지만 군자에게 귀의하여 그와 더불어 연
악[燕樂, 고대의 방중악(房中樂)]을 즐긴다는 점이다.

〈남산유대(南山有臺)〉는 태평성세의 정치는 현자를 《南山有臺》, 言太平之治以
근본으로 삼음을 노래한 시이다. 이 시에서 채록한 賢者爲本. 此采其愛友賢
내용은, 현자를 국가의 기반이자 백성의 부모로 우 者, 爲邦家之基, 民之父母
애하여 그가 장수하기를 바라며 또 그 이름과 덕망 旣欲其身之壽考, 又欲其
이 길이 전해지기를 바란다는 점이다. 〈유경(由庚)〉· 名德之長也.《由庚》,《崇
〈숭구(崇丘)〉·〈유의(由儀)〉는 지금 망실되어 그 시들 丘》,《由儀》今亡, 其義未

---

113 위의……시들이다:〈어리(魚麗)〉는 《시경(詩經)》〈소아(小雅)〉 "녹명지십(鹿鳴之什)"의 10번째 시이며,
〈남유가어(南有嘉魚)〉·〈남산유대(南山有臺)〉·〈유경(由庚)〉·〈숭구(崇丘)〉·〈유의(由儀)〉는 《시경(詩
經)》〈소아(小雅)〉 "남유가어지십(南有嘉魚之什)"의 초반 5개 시이다. 이 중에서 〈유경(由庚)〉·〈숭구(崇
丘)〉·〈유의(由儀)〉는 제목만 전한다.

의 뜻들을 들어 보지 못했다】 聞】

㉚ 이어서《시경》〈주남(周南)〉114의 〈관저(關雎)〉115·〈갈담(葛覃)〉116·〈권이(卷耳)〉117를 연주하고 〈소남(召南)〉118의 〈작소(鵲巢)〉119·〈채번(采蘩)〉120·〈채빈(采蘋)〉121을, 합악(合樂)으로 연주한다.

【주 합악(合樂)이란 가악(歌樂)과 여러 악기들의 소리가 함께 연주되는 형태를 말한다.

〈주남(周南)〉과 〈소남(召南)〉은《시경》〈국풍(國風)〉122의 편명이다. 모두 왕후(王后, 천자의 부인)나 군주(제후) 부인들의 방중(房中, 실내) 악가(樂歌)이다.

〈관저(關雎)〉는 후비(后妃, 왕후)의 덕을 노래한 시이다. 〈갈담(葛覃)〉은 후비의 직분을 노래한 시이다. 〈권이(卷耳)〉는 후비의 뜻을 노래한 시이다. 〈작소

乃合樂,《周南》·《關雎》、《葛覃》、《卷耳》、《召南》·《鵲巢》、《采蘩》、《采蘋》.

【注 合樂, 謂歌樂與衆聲俱作.

《周南》、《召南》,《國風》篇也. 王后、國君夫人房中之樂歌也.

《關雎》, 言后妃之德;《葛覃》, 言后妃之職;《卷耳》, 言后妃之志;《鵲巢》, 言國

---

114 주남(周南):《시경》〈국풍(國風)〉의 편명으로, 〈관저(關雎)〉·〈갈담(葛覃)〉·〈권이(卷耳)〉 등 11편의 시로 구성되어 있다.
115 관저(關雎):《시경》〈국풍(國風)〉〈주남(周南)〉의 첫 번째 편명. 군자(君子)인 주(周)나라 문왕(文王)이 요조숙녀인 태사(太姒)를 배필로 맞은 것을 찬미한 시.
116 갈담(葛覃):《시경》〈국풍(國風)〉〈주남(周南)〉의 두 번째 편명. 주나라 문왕의 후비(后妃)인 태사의 덕을 찬미한 시.
117 권이(卷耳):《시경》〈국풍(國風)〉〈주남(周南)〉의 세 번째 편명. 주나라 후비가 도꼬마리를 캐면서 집을 떠나 있는 남편을 그리는 마음을 표현한 시.
118 소남(召南):《시경》〈국풍(國風)〉의 편명으로, 〈작소(鵲巢)〉·〈채번(采蘩)〉·〈채빈(采蘋)〉 등 14편의 시로 구성되어 있다.
119 작소(鵲巢):《시경》〈국풍(國風)〉〈소남(召南)〉의 첫 번째 편명. 문왕과 후비의 교화를 각각 받아 남자는 공덕을 쌓아 공후(公侯)가 되고, 여자는 시집와서 내조의 공을 이룩함을 축하한 시.
120 채번(采蘩):《시경》〈국풍(國風)〉〈소남(召南)〉의 두 번째 편명. 주나라 문왕의 후비가 솔선하는 교화를 베풀어 제후의 왕비들이 직접 마름을 따다가 조상의 제사를 준비함을 찬미한 시.
121 채빈(采蘋):《시경》〈국풍(國風)〉〈소남(召南)〉의 세 번째 편명. 주나라 문왕의 교화가 남쪽에 미쳐 대부의 아내들이 개구리밥을 캐어다가 제사를 받들게 된 것을 찬미한 시.
122 국풍(國風):《시경》제1편의 제목. 중국 주나라 초기부터 춘추 시대까지 여러 제후국의 민요로, 주남(周南)·소남(召南)·패풍(邶風)·용풍(鄘風)·위풍(衛風)·왕풍(王風)·정풍(鄭風)·제풍(齊風)·위풍(魏風)·당풍(唐風)·진풍(秦風)·진풍(陳風)·회풍(檜風)·조풍(曹風)·빈풍(豳風) 등 15개국의 민요 160편이 실려 있다.

〈鵲巢〉는 군주 부인의 덕을 노래한 시이다. 〈채번(采繁)〉은 군주 부인이 자신의 직분을 잃지 않음을 노래한 시이다. 〈채빈(采蘋)〉은 경(卿)[123]이나 대부의 처가 자신들의 법도를 잘 닦음을 노래한 시이다.

옛날 태왕(太王)[124]과 왕계(王季)[125]가 기산(岐山)[126]의 남쪽에 살면서 〈소남(召南)〉의 교화[127]를 행하여 왕업(王業)을 일으켰다. 그러다 문왕(文王)[128]에 이르러 〈주남(周南)〉의 교화[129]를 행하여 천명을 받았다. 〈대아(大雅)〉[130] 〈사제(思齊)〉[131]에 "아내에게 본보기가 되고 그 교화가 형제에게 미치니, 그것으로 집안과 나라를 다스리네."[132]라고 한 것이 이것을 말한 것이다.

그 시작은 하나의 작은 나라일 뿐이었으나 문왕(文王)이 도읍을 옮겨 풍(豐)[133]에 세우면서 이전의 도읍인 옛 땅[周原, 섬서성(陝西省) 기산현(岐山縣)]을 경사(卿

君夫人之德;《采繁》, 言國君夫人不失職;《采蘋》, 言卿大夫之妻能修[16]其法度.

昔太王、王季居于岐山之陽, 躬行《召南》之敎以興王業. 及文王而行《周南》之敎以受命.《大雅》云: "刑于寡妻, 至于兄弟, 以御于家邦", 謂此也.

其始一國耳, 文王作邑于豐, 以故地爲卿士之采地, 乃分爲二國. 周, 周公

---

123 경(卿): 중국 서주(西周)·춘추(春秋) 시대에 천자(天子)와 제후(諸侯)의 아래 신분으로, 상(上)·중(中)·하(下) 3등급이 있었다.

124 태왕(太王): ?~?. 중국 주(周)나라 문왕(文王)의 할아버지인 고공단보(古公亶父)의 존칭. 고공(古公)은 본호(本號)이고, 단보(亶父)는 이름이다.

125 왕계(王季): ?~?. 중국 주(周)나라 문왕(文王)의 아버지의 존칭. 성은 희(姬), 이름은 계력(季歷), 고공단보의 셋째아들.

126 기산(岐山): 중국 섬서성(陝西省) 기산현(岐山縣)에 있는 산.

127 소남(召南)의 교화: 중국 주나라 초기의 왕인 태왕과 왕계가 소(召)의 남쪽 지역에서 베푼 덕치. 기산 아래 지역을 주(周)라 하고 이 지역의 일부를 소(召)라고 불렀다.

128 문왕(文王): ?~?. 중국 주나라의 기초를 닦은 왕. 성은 희(姬), 이름은 창(昌). 왕계(王季)의 아들, 무왕(武王)의 아버지. 만년에는 위수(渭水)에서 만난 여상[呂尙, 태공망(太公望)]의 도움을 받아 덕치에 힘썼다.

129 주남(周南)의 교화: 중국 주나라의 문왕이 주(周)의 남쪽 지역에서 베푼 덕치.

130 대아(大雅):《시경》의 편명. 중국 서주(西周) 전성기에 지어졌으며 송축과 찬미, 제사와 잔치에 관한 시가 대다수이다.

131 사제(思齊): 주(周) 문왕(文王)의 덕을 그리워하는 마음을 읊은 시이다.

132 아내에게……다스리네:《毛詩正義》卷16〈大雅〉"文王之什"'思齊'(《十三經注疏整理本》6, 1184쪽).

133 풍(豐): 중국 주나라의 수도. 현재 섬서성(陝西省) 서안시(西安市) 서남쪽 일대.

[16] 修: 저본에는 "循".《儀禮注疏·鄕飮酒禮》에 근거하여 수정.

土)[134]의 채지(采地)[135]로 삼았으니, 이에 두 나라로 나뉘었다. 주(周)는 주공(周公)이 식읍(食邑)[136]으로 삼고 소(召)는 소공(召公)[137]이 식읍으로 삼았다. 이때에 문왕은 3등분된 천하 중에서 2/3를 차지하고, 덕화(德化, 덕의 교화)가 남토(南土)[138]를 덮었다. 이 때문에 그 시에 인현(仁賢, 어진 사람과 현명한 사람)의 풍모(風貌)가 있는 것은 〈소남(召南)〉에 소속시켰고, 그 시에 성인(聖人)의 풍모가 있는 것은 〈주남(周南)〉에 소속시켰다.

부부(夫婦)의 도(道)는 백성의 근본이고, 왕정(王政)의 단서(端緒)이다. 이 6편의 시는 그러한 교화의 근원이다. 그러므로 군주(제후)와 그 신하와 사방에서 찾아온 손님이 잔치를 벌일 때, 이 시들을 합악(合樂)에 사용하는 것이다.

향악(鄕樂)에 연주되는 음악은 〈국풍(國風)〉이다. 〈소아(小雅)〉는 제후의 음악이며, 〈대아(大雅)〉와 〈송(頌)〉은 천자의 음악이다. 〈향음주례〉에서 〈소아〉를 승가(升歌)에 사용하는 이유는 성대한 예(禮)는 더 나아가서 취할 수 있기 때문이다. 〈연례(燕禮)〉에서 향악(鄕樂)을 합악(合樂)에 사용하는 이유는 가벼운 예

所食；召，召公所食．于時文王三分天下有其二，德化被于南土，是以其詩有仁賢之風者，屬之《召南》焉；有聖人之風者，屬之《周南》焉．

夫婦之道，生民之本、王政之端，此六篇者，其敎之原也．故國君與其臣下及四方之賓燕，用之合樂也．

鄕樂者，風也．《小雅》爲諸侯之樂，《大雅》、《頌》爲天子之樂．《鄕飮酒》升歌《小雅》，禮盛者可以進取也．《燕》合鄕樂，禮輕者可以逮下也．

---

134 경사(卿士)：중국 주나라의 집정관인 경(卿)과 대부(大夫).
135 채지(采地)：왕이 경(卿)과 대부(大夫)에게 나누어준 영토.
136 식읍(食邑)：왕이 신하에게 대대로 세금을 징수하여 생활할 수 있도록 나누어준 영토.
137 소공(召公)：?~?. 중국 주나라의 정치가. 문왕의 서자(庶子)로 이름은 희석(姬奭)이다. 연(燕)나라의 시조(始祖). 새로운 수도 낙읍(洛邑)을 건설했으며 주공(周公)과 함께 주(周)의 건국과 안정에 크게 기여했다.
138 남토(南土)：중국 섬서성 기산현 일대인 주원(周原)의 남쪽 지역. 문왕은 주원을 근거지로 주위의 곤이(昆夷)·밀수(密須)[감숙(甘肅) 일대의 부족]와 우[虞, 섬서성 평육현(平陸縣)]·예[芮, 섬서성 대려현(大荔縣)]를 정벌하고, 차츰 동쪽으로 진군하여 여[黎, 산서성(山西省) 여성현(黎城縣)]·한[邘, 하남성(河南省) 심양현(沁陽縣)]을 복속시켰다. 이후 숭후(崇侯) 호[虎, 섬서성 호현(戶縣)]에 있던 숭성(崇城)의 군주를 멸하고 그곳에 풍읍(豐邑)을 건설하여 새 수도로 삼았다. 윤내현,《상주사(商周史)》, 민음사, 1984, 94쪽 참조.

는 아래로 미칠 수 있기 때문이다.

《춘추좌씨전(春秋左氏傳)》〈양공(襄公)〉'4년' 조(條)에, "〈사하(肆夏)〉를 포함한 시 3편, 즉 〈번(繁)〉·〈알(遏)〉·〈거(渠)〉는[139] 천자가 원후(元侯, 제후의 우두머리)를 대접할 때 연주하는 음악이다. 〈문왕(文王)〉[140]·〈대명(大明)〉[141]·〈면(緜)〉[142]은 두 나라의 군주가 서로 접견할 때 연주하는 음악이다."[143]라 했다.

그렇다면 제후들이 서로 함께 잔치를 베풀 때 〈대아(大雅)〉를 승가(升歌)에 쓰고 〈소아(小雅)〉를 합악(合樂)에 쓰는 것이다. 천자가 차국(次國)[144]이나 소국(小國)[145]의 임금과 잔치를 베풀 때에도 그와 같이 한다. 천자가 대국(大國)[146]의 임금과 잔치를 베풀 때

《春秋傳》曰:"《肆夏》,《繁》、《遏》、《渠》, 天子所以享元侯也.《文王》、《大明》、《緜》, 兩君相見之樂也."

然則諸侯相與燕, 升歌《大雅》, 合《小雅》. 天子與次國、小國之君燕亦如之, 與大國之君燕, 升歌《頌》, 合《大雅》. 其笙間之篇未聞】

---

139 〈사하(肆夏)〉를……거(渠)는:《주례(周禮)》를 보면 '종사(鍾師)는 금속 악기 연주를 관장한다. 음악에 관련된 구체적인 일로는 종과 북으로 구하(九夏)를 연주하는데, 구하는 〈왕하(王夏)〉·〈사하(肆夏)〉·〈소하(昭夏)〉·〈납하(納夏)〉·〈장하(章夏)〉·〈제하(齊夏)〉·〈족하(族夏)〉·〈개하(祴夏)〉·〈오하(驁夏)〉를 말한다(鍾師, 掌金奏. 凡樂事, 以鍾鼓奏九夏:《王夏》、《肆夏》、《昭夏》、《納夏》、《章夏》、《齊夏》、《族夏》、《祴夏》、《驁夏》).'라는 내용이 있다. 〈사하〉를 포함한 시 3편은 〈사하〉·〈소하〉·〈납하〉를 말한다. 여기에서 〈사하〉의 별칭은 '번(樊)' 또는 '번(繁)', 〈소하〉의 별칭은 '알(遏)', 〈납하〉의 별칭은 '거(渠)'이다.《周禮注疏》卷24〈春官宗伯〉"鍾師"(《十三經注疏整理本》8, 734~736쪽).

140 문왕(文王):《시경》〈대아〉'문왕지십(文王之什)'편의 첫 번째 시. 문왕을 찬미했다.

141 대명(大明):《시경》〈대아〉'문왕지십'편의 두 번째 시. 무왕을 찬미했다.

142 면(緜):《시경》〈대아〉'문왕지십'편의 세 번째 시. 태왕을 찬미했다.

143 사하(肆夏)를……음악이다:《春秋左傳正義》卷29〈襄公〉"四年"(《十三經注疏整理本》18, 951~954쪽).
《춘추좌씨전》의 원문은 "금속 악기로 '사하'로 시작하는 3곡을 연주했다.(중략) 악공이 '문왕'으로 시작하는 3곡을 노래했다.(중략) '삼하'는 천자가 제후의 우두머리를 대접할 때 연주하는 음악이다.(중략) '문왕'은 두 나라의 군주가 서로 접견할 때 연주하는 음악이다(金奏肆夏之三. …… 工歌文王之三. …… 三夏, 天子所以享元侯也. …… 文王, 兩君相見之樂也)."이다. '삼하'는《주례(周禮)》의 종사(鍾師)가 관장하는 악곡인 구하(九夏) 중 두 번째, 세 번째, 네 번째 악곡인 〈사하(肆夏)〉·〈소하(昭夏)〉·〈납하(納夏)〉의 3가지를 말한다.《周禮注疏》卷24〈春官宗伯〉"鍾師"(《十三經注疏整理本》18, 951~954쪽).

144 차국(次國):중국 주나라 작위와 봉록의 4등급 중 3번째. 천자국의 제도는 땅이 사방 1,000리이고, 공(公)과 후(侯)의 대국(大國)은 사방 100리이고, 백(伯)의 차국(次國)은 사방 70리이고, 자(子)와 남(男)의 소국(小國)은 사방 50리이며, 그 이하는 부용국(附庸國)으로 제후국에 소속된다.《맹자주소(孟子注疏)》卷10上〈만장(萬章)〉下(《十三經注疏整理本》25, 319~320쪽).

145 소국(小國):중국 주나라 작위와 봉록의 4등급 중 4번째.

146 대국(大國):중국 주나라 작위와 봉록의 4등급 중 2번째.

에는 〈송(頌)〉을 승가(升歌)에 쓰고 〈대아(大雅)〉를 합악(合樂)에 쓴다. 그러나 생간(笙間)에 쓰는 편(篇)은 어느 편인지 듣지 못했다】

【소】 합악(合樂)이란 당 위에는 노래 악공과 슬(瑟) 악공이 있고, 당 아래에는 생황 악공과 경쇠 악공이 있어 이 시들을 합주(合奏)하는 것을 말한다】

【疏 合樂, 謂堂上有歌、瑟, 堂下有笙、磬, 合奏此詩】

㉛ 악공(樂工)이 악정(樂正)에게 "정가(正歌)147를 모두 부르고 연주했습니다."라 고한다. ㉜ 악정은 빈(賓)에게 "정가를 모두 부르고 연주했습니다."라 고하고 이어서 당에서 내려간다.

工告于樂正曰"正歌備". 樂正告于賓, 乃降.

【주】 악정이 당을 내려가는 이유는 정가를 이미 모두 부르고 연주하여 일이 없기 때문이다. 당을 내려가서는 서쪽 계단의 동쪽에서 북쪽을 향해 선다】

【注 樂正降者, 以正歌備, 無事也. 降立西階東, 北面】

【소】 악정이 당 위에 있을 때 서쪽 계단 위의 동쪽에서 북쪽을 향해 서 있기 때문에 당 아래로 내려와서도 위치가 그러함을 알 수 있다. 그곳은 생황 악공과 경쇠 악공이 있는 곳의 서쪽이므로 또한 당 아래의 음악을 감독할 수 있으니, 위치가 여기에 있음을 알 수 있는 것이다】148

【疏 以其堂上時在西階之東, 北面, 知降堂下亦然. 在笙、磬之西, 亦得監堂下之樂, 知位在此也】

【이상은 빈들을 위해 음악을 연주하는 의례이다】　【右樂賓】

---

147 정가(正歌) : 향음주례 등의 의식(儀式)에 사용되는 음악으로, 승가(升歌)·주생(奏笙)·간가(間歌)·합악(合樂)의 전 과정을 한 번 마치는 것을 말한다. 박례경·이원택 역주, 《의례역주》 二, 세창출판사, 2013, 109쪽 참조.
148 이상의 (13)은 《儀禮注疏》 卷9 〈鄕飮酒禮〉 第4(《十三經注疏整理本》10, 167~177쪽)에 보인다.

(14) 사정(司正)을 세우다[立司正]

① 주인은 남쪽에서부터 자리에서 내려온다.　　　主人降席自南方.

【주】 북쪽에서부터 내려오는 길을 거치지 않은 이　　【注 不由北方, 由便】

유는 편리함을 따른 것이다】

② 주인은 혼자서[側] 내려온다.　　　　　　　　側降.

【주】 빈과 개는 주인을 따라 내려오지 않는다】　【注 賓、介不從】

【소】 측(側)은 혼자라는 뜻이다. 빈과 개가 따라　【疏 側者, 特也. 賓、介不

내려오지 않는 이유는 앞으로 진행될 연례(燕禮)에서　從, 以將燕, 禮殺故也】

절차가 줄기 때문이다】

③ 주인은 일상(一相)을 시켜[作] 사정(司正)으로 삼　作相爲司正. 司正禮辭許

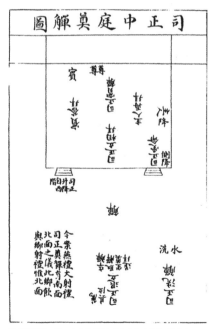

사정중정전치도(司正中庭奠觶圖, 사정이 중정에 술잔을 놓는 그림)(《의례도》)

는다. 사정은 1번 사양하고 허락한다. ④ 주인은 사
정에게 절한다. ⑤ 사정은 답례로 절한다.

【주】작(作)이란 시킨다는 뜻이다. 예악(禮樂)의 정
식(正式)은 이미 이루어졌으나 빈(賓)을 더 머무르게
하려고 해이하고 나태해지려는 유사들의 분위기를
바로잡기 위하여 사정을 세워 그것을 감독하게 하
는 것이다. 주인이 절하는 것은 사정이 허락한 일에
대하여 절하는 것이다】

【소】위에서 "일상(一相)이 문 밖에서 빈을 맞이한
다."149라 말했는데, 이제는 연례를 시행하면서 그를
사정으로 삼은 것이다】

⑥ 주인은 당에 올라가 자신의 자리로 돌아간다.
⑦ 사정은 술잔[觶]을 씻은 다음 서쪽 계단으로 당
에 올라간 뒤, 동쪽 계단의 위쪽 당으로 가 북쪽을
향해 서서 주인에게 명을 받는다. ⑧ 주인이 "빈에게
머무르도록[安]150 청하시오."라 말한다. ⑨ 사정이 그
말을 빈에게 고한다. ⑩ 빈은 1번 사양하고 허락한다.

【주】빈이 가려고 하기 때문에 그를 머물게 하기
위해서 서쪽 계단에서 빈에게 고하는 것이다】

⑪ 사정이 주인에게 빈이 머물기를 허락했다고
고한다. ⑫ 주인은 동쪽 계단의 위쪽 당에서 빈에게
2번 절한다. ⑬ 빈은 서쪽 계단의 위쪽 당에서 답례

諾. 主人拜, 司正答拜.

【注】作, 使也. 禮樂之正
旣成, 將留賓, 爲有解惰,
立司正以監之. 拜, 拜其
許】

【疏】上云"一相迎于門外",
今將燕使爲司正】

主人升, 復席. 司正洗觶,
升自西階, 阼階上北面受
命于主人. 主人曰"請安于
賓". 司正告于賓, 賓禮辭
許.

【注】爲賓欲去, 留之, 告賓
于西階】

司正告于主人, 主人阼階
上再拜, 賓西階上答拜. 司
正立于楹間以相拜, 皆揖,

---

149 일상(一相)이……맞이한다: 위 '⑤ 빈을 맞이하다[迎賓]'에 보인다.
150 머무르도록[安]: 원문의 '安'을 '止'의 뜻으로 풀었다.

로 절한다. ⑭ 사정이 당 앞에 있는 동쪽과 서쪽 두 기둥 사이[楹間]에 서서 주인과 빈이 서로 절하도록 돕는다. ⑮ 주인과 빈이 모두 읍하고 자신의 자리로 돌아간다.

【注】주인이 2번 절하는 이유는 빈이 더 머물기를 허락한 일에 대해 절하기 위함이다. 사정은 빈이 더 머물기를 허락하였다고 주인에게 고하고 이어서 사정이 당 앞에 있는 동쪽과 서쪽 두 기둥 사이에 서서 주인과 빈이 서로 절하도록 돕는다. 빈과 주인이 절을 다 마치면 서로 읍하고 자리로 돌아간다】

復席.

【注】再拜, 拜賓許也. 司正旣以賓許告主人, 遂立楹間以相拜. 賓、主人旣拜, 揖就席】

⑯ 사정은 술잔[觶]에 술을 채워 서쪽 계단을 통해 당을 내려간다. ⑰ 이어 동쪽 계단과 서쪽 계단의 사이의 뜰에 북쪽을 향해 앉아서 술잔을 그 자리에 놓는다. ⑱ 물러나 두 손을 맞잡고[共] 잠시 서 있는다.

【注】동쪽 계단과 서쪽 계단의 사이에서 북쪽을 향한다는 말은 동쪽과 서쪽의 한가운데에 있다는 뜻이다. 그 남북 방향으로의 거리로는 중정(中庭, 뜰 중앙)에 해당하는 곳이다. 공(共)이란 두 손을 맞잡는 행동[拱手]이다. 잠시 서 있는다는 말은 스스로 바르게 하고서 그 위치에서 삼가는 모습이다. 자기가 앞장서서 몸가짐을 바르게 하면 누가 감히 바르게 하지 않겠는가. 〈연례(燕禮)〉에서는 "오른쪽으로 돌아 북쪽을 향한다."151라 하였다】

司正實觶, 降自西階, 階間北面坐奠觶, 退共, 少立.

【注】階間北面, 東西節也. 其南北當中庭. 共, 拱手也. 少立, 自正, 愼其位也. 己帥以正, 孰敢不正. 《燕禮》曰:"右還北面"】

---

151 오른쪽으로……향한다:《儀禮注疏》卷15〈燕禮〉《十三經注疏整理本》10, 320쪽).

【疏】《의례》〈향사례(鄕射禮)〉에 "사정은 술잔[觶]에 술을 채워 서쪽 계단을 통해 당을 내려간다. 이어 중정(中庭)으로 가서 북쪽을 향해 앉아 술잔을 놓는다."[152]라 했다. 그런데 이 《의례》〈향음주례〉의 경문(經文)에서는 비록 중정(中庭)이라 말하지는 않았지만 마땅히 〈향사례〉와 똑같이 해야 한다】

【疏】《鄕射》云："司正實觶，降自西階，中庭北面坐奠觶。"此經雖不言中庭，宜與彼同】

⑲ 사정은 앉아서 술잔을 들고 고수레를 하지 않고 이어서 마신다. ⑳ 술잔의 술을 다 비우고 일어난다. ㉑ 앉아서 술잔을 놓고 이어서 절한다. ㉒ 잔을 집어들고 일어난다. ㉓ 세(洗)로 가서 술잔을 씻는다. ㉔ 북쪽을 향해 앉아서 그 술잔을 있었던 곳에 놓는다. ㉕ 물러나 술잔의 남쪽에 선다.

坐取觶，不祭，遂飮，卒觶興，坐奠觶，遂拜，執觶興，洗，北面坐，奠觶于其所，退立于觶南.

【주】술잔을 씻어서 놓는 이유는 청결함과 공경함을 보이기 위함이다. 그 남쪽에 서서 참여한 모든 사람들을 살펴본다】

【注】洗觶奠之，示潔敬. 立于其南以察衆】

【疏】'술잔을 집어들고 일어난다[興]. 세(洗)로 가서 술잔을 씻는다[洗]. 북쪽을 향한다.'는 설명에 대해, 〈향사례(鄕射禮)〉나 〈대사례(大射禮)〉에서는 모두 흥(興)자와 세(洗)자 사이에 관(盥)자를 적지 않았다. 세상에 유통되고 있는 속본(俗本)에는 이 관(盥)자가 있지만, 틀린 것이다】[153]

【疏】執觶興，洗，北面，《鄕射》、《大射禮》皆不云盥，俗本有盥者，誤】

【이상은 사정을 세우는 의례이다】

【右立司正】

---

152 사정은……놓는다：《儀禮注疏》卷11〈鄕射禮〉《十三經注疏整理本》10, 219쪽).
153 이상의 (14)는 《儀禮注疏》卷9〈鄕飮酒禮〉第4《十三經注疏整理本》10, 177~179쪽)에 보인다.

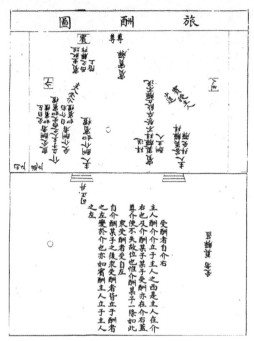

여수도(旅酬圖, 여수의 예를 행하는 그림)《의례도》)

(15) 빈이 주인에게 보답으로 술을 권하다[賓酬主人]

① 빈은 북쪽을 향해 앉아서 조(俎, 희생을 올려놓는
도마)의 서쪽에 있는 술잔을 들고 동쪽 계단의 위쪽
당으로 가 북쪽을 향해 주인에게 보답으로 술을 권
한다. ② 주인은 주인의 자리에서 내려와 빈의 동쪽
에 선다.

賓北面坐取俎西之觶, 阼
階上北面酬主人. 主人降
席, 立于賓東.

【주】 이제부터 여수(旅酬, 술을 권함) 의례를 시작하
는 것이다. 일반적으로 여수는 젊은이와 어른이 나
이 순서대로 술을 권하여 세(洗)에 물을 부어주는 사
람까지 이른 뒤에 마치니, 젊은이와 어른이 모두 함
께 하여 한 사람도 빠뜨리지 않는 것이다】

【注】 初起旅酬也. 凡旅酬
者, 少長以齒, 終于沃盥
者, 皆弟長而無遺矣】

【소】 앞에서 일상(一相)이 술잔을 들어 포와 고기

【疏】 前一人舉觶, 奠于薦

젓갈의 오른쪽에 두었던 것을 지금 여수 의례를 행하면서 든 것이다. 앞에서 주인이 빈에게 보답으로 술을 권하며 포와 고기젓갈의 동쪽에 두었던 술잔은 들지 않는다. 그러므로 조(俎)의 서쪽이라고 말하여 구별한 것이다】

右, 今爲旅酬而擧之. 前主人酬賓奠于薦東者不擧, 故言俎西以別之】

③ 빈은 앉아서 술잔을 놓고 그제서야 절한 다음 술잔을 잡고 일어선다. ④ 주인은 빈에게 답례로 절한다. ⑤ 빈은 고수레하지 않고 서서 마시며 절하지 않는다. ⑥ 빈은 술잔의 술을 다 마시면 술잔을 씻지 않고 술을 채워서 동남쪽을 향해 주인에게 술잔을 준다.

【주】 빈이 서서 술을 마시되 술잔을 다 비우는 이유는 술을 잔에 다시 따라서 주인을 향해 술잔을 주기 위함이다】

賓坐奠觶, 遂拜, 執觶興, 主人答拜. 不祭, 立飮, 不拜, 卒觶, 不洗, 實觶, 東南面授主人.

【注】 賓立飮卒觶, 因更酌以鄉主人, 將授】

⑦ 주인은 동쪽 계단의 위쪽 당에서 빈에게 절한다. ⑧ 빈은 조금 뒤로 물러난다. ⑨ 주인은 술잔을 받는다. ⑩ 빈은 주인의 서쪽에서 절하여 술잔을 주인에게 보낸다.

【주】 여수 의례에서 같은 계단에 서는 이유는 예의 절차가 줄었기 때문이다】

主人阼階上拜, 賓少退, 主人受觶, 賓拜送于主人之西.

【注】 旅酬同階, 禮殺】

빈은 읍하고 자신의 자리로 돌아간다.
【주】 주인에게 보답으로 술잔을 올리는 예가 끝났기 때문이다】[154]

賓揖, 復席.
【注】 酬主人訖】

---

[154] 이상의 (15)는 《儀禮注疏》卷10 〈鄕飮酒禮〉第4(《十三經注疏整理本》10, 180쪽)에 보인다.

【이상은 빈이 주인에게 보답으로 술을 권하는 의　【右賓酬主人】
례이다】

(16) 주인이 개(介)에게 보답으로 술을 권하다[主人酬介]
　　① 주인이 서쪽 계단의 위쪽 당에서 개(介)에게 보　　主人西階上酬介. 介降席自
답으로 술을 권한다. ② 개는 자리의 남쪽으로 내려　　南方, 立于主人之西, 如賓
와 주인의 서쪽에 서되, 빈이 주인에게 보답으로 술　　酬主人之禮. 主人揖, 復
을 권하는 예(禮)와 같게 한다. ③ 주인은 읍하고 자　　席.
리로 돌아간다.
　　【주】 술을 권하는 주인은 술잔에 술을 채우고 서　　【注】其酌, 實觶, 西南面授
남쪽을 향하여 개에게 술잔을 준다. 이때부터 이후　　介. 自此以下旅酬, 酌者亦
로 여수(旅酬)하는 의례에서는 술을 권하는 사람들　　如之】
도 주인이 했던 의례와 같이 한다】

【이상은 주인이 개에게 보답으로 술을 권하는 의　　【右主人酬介】
례이다】

(17) 여수 의례를 두루 행하여 마치다[辯旅酬之禮畢]
　　① 사정(司正)이 당에 올라 여(旅) 의례를 돕는다.　　司正升相旅, 曰:"某子·受
그 때 이렇게 말한다. "아무개 선생님께서는 술잔을　　酬."受酬者降席.
받으십시오." ② 술잔을 받는 사람은 자신의 자리에
서 내려온다.
　　【주】 여(旅)는 순서라는 뜻이다. 이때 개(介)가 중　　【注】旅, 序也. 于是介酬
빈(衆賓)에게 술을 권하고 중빈은 또 순서에 맞추어　　衆賓, 衆賓又以次序相酬.
서로 술을 권한다. 아무개라는 것은 중빈의 성(姓)이　　某者, 衆賓姓也. 同姓則以

─────
⑰ 且 : 저본에는 "其". 《儀禮注疏·鄕飮酒禮》에 근거하여 수정.

다. 중빈의 성이 동성(同姓)일 때에는 백(伯, 큰형)·중(仲, 둘째)으로 누가 손윗사람인지를 구별한다. 그 나이도 같으면 그들의 차자(且字)155로 구별한다】

伯仲別之, 又同則以且.[17]
字別之】

③ 사정은 물러나 당 위의 서쪽 담벽[西序, 서서]의 남쪽 끝에 서고 동쪽을 향한다.

【주】 술잔을 받는 사람에게 자리를 피해주기 위함이다. 또 당의 아래에 있는 사람과 위에 있는 사람을 모두 돕기 편하게 하기 위함이다. 처음 올라와 도울 때는 서쪽 계단의 서쪽에 서서 북쪽을 향했다】

司正退立于序端, 東面.

【注】辟受酬者, 又便其贊
上贊下也. 始升相, 西階西
北面】

④ 술잔을 받는 사람(중빈 중 가장 연장자)은 개(介)의 오른쪽에서 받는다.

【주】 개의 동쪽에서 받는 것이다. 개를 존중하여 개로 하여금 원래 있던 자리에서 벗어나지 않도록 하기 위함이다】

受酬者自介右,

【注】由介東也. 尊介, 使不
失故位】

【소】 일반적으로 술잔을 주고받는 법도는, 줄 때는 주는 사람의 오른쪽에서 주고, 받을 때는 주는 사람의 왼쪽에서 받는다. 여기서 개가 권하는 술잔을 받는 사람은 마땅히 개의 왼쪽에서 받아야 한다. 그런데 개의 오른쪽에서 받는 이유는 개의 위치가 서쪽에 있기 때문에 개를 존중하여 그가 원래 있던 자리에서 벗어나지 않도록 하기 위함이다】

【疏】凡授受之法, 授由其
右, 受由其左, 此受介酬者
應自介左, 而自介右者, 介
位在西, 故尊介, 使不失故
位也】

---

155 차자(且字):고대에 남자가 20세에 관례(冠禮)를 치르고 받는 별도의 이름으로, 자(字)와 같다. 이 자에 붙인 백·중·숙·계의 서열로 구별한다는 뜻이다.

⑤ 술잔을 받는 중빈(衆賓) 중 연장자 외의 나머지 사람들은 술잔을 권하는 사람의 왼쪽에서 받는다.

衆受酬者受自左,

【주】 중빈의 가장 연장자 뒤에 술잔을 받으려는 사람은 모두 서쪽에서 받는데, 이는 개에게 했던 존중의 예와 다르게 변화를 주기 위함이다】

【注】 後將受酬者, 皆由西, 變于介也】

【소】 중빈 가운데 가장 연장자인 한 사람은 개(介)의 오른쪽에서 술잔을 받는다. 그 다음으로 두 번째 중빈 이하와 아울러 당 아래의 중빈은 모두 왼쪽에서 술잔을 받는다. "개에게 했던 존중의 예와 다르게 변화를 주기 위함이다."란 주고받는 일상적인 법도이다】

【疏】 衆賓之內爲首者一人, 自介右受之, 自第二以下, 并堂下衆賓皆自左受之. 言 "變于介"者, 卽授受之常法 也】

⑥ 절하고, 일어나며, 마시는 절차는 모두 빈이 주인에게 보답으로 술을 권하는 의례와 같이 한다.

拜, 興, 飮, 皆如賓酬主人 之禮.

【주】 빈(賓) 이하의 사람들은 다르게 한다고 의심하기 때문에 말한 것이다】

【注】 嫌賓以下異也】

⑦ 두루 술을 권한다[辯]. 술잔을 받은 모든 사람이 그 술잔을 다 비우면 그 술잔을 들고 내려간 뒤 앉아서 세(洗)에 있는 비(篚)에 잔을 놓는다.

辯, 卒受者以觶降, 坐奠于 篚.

【주】 변(辯)이란 중빈들 가운데 당의 아래에 있는 사람들까지 두루 술을 권한다는 말이다. 《의례》〈향사례(鄕射禮)〉에는 다음처럼 말하였다. "두루 술을 권한다. 당의 아래에 있는 사람들에게까지 모두 술잔을 권하는데, 그들 모두는 당 위에 올라와 서쪽 계단의 위쪽 당에서 술잔을 받는다."156】

【注】 辯, 辯衆賓之在下者. 《鄕射禮》曰 : "辯, 遂酬在 下者, 皆升, 受酬于西階 上."】

---

156 두루 술을……받는다 : 《儀禮注疏》卷12 〈鄕射禮〉《十三經注疏整理本》10, 257쪽).

⑧ 사정은 당에서 내려와 자신의 자리로 돌아간다. 司正降, 復位.
【주 술잔[觶]의 남쪽 자리이다】 【注 觶南之位】

【이상은 개가 중빈에게 술을 권하고 중빈들이 스 【右介酬衆賓, 衆賓自相酬,
스로 서로에게 술을 권해서 여수 의례를 두루 행하 以辯旅酬之禮畢】
여 마침을 설명한 것이다】

(18) 주인을 돕는 2명이 술잔[觶]을 들어 올려 잔의 숫
자를 세지 않고 마시기 시작하다[二人擧觶爲無算爵之始]

① 사정은 속리(屬吏) 2명[157]을 시켜 빈과 개에게 使二人擧觶于賓、介. 洗,
술잔을 들어 올리게 한다. 2명이 세(洗)에서 술잔을 升, 實觶于西階上, 皆坐奠
씻어 당에 오른다. ② 2명은 서쪽 계단의 위쪽 당에 觶, 遂拜, 執觶興. 賓、介
서 술잔을 채운다. ③ 모두 앉아 자리에 술잔을 놓 席末答拜. 皆坐祭, 遂飲,
고 이어서 빈과 개에게 절한다. ④ 술잔을 잡고 일어 卒觶, 興, 坐奠觶, 遂拜,
난다. ⑤ 그러면 빈과 개는 자리의 끝에서 답례로 절 執觶, 興. 賓、介席末答拜.
한다. ⑥ 속리 2명은 모두 앉아서 술을 고수레하고
이어서 마신다. ⑦ 속리 2명이 술잔의 술을 다 비우
고 일어난다. ⑧ 속리 2명은 다시 앉으면서 술잔을
놓고 이어서 빈과 개에게 절한다. ⑨ 술잔을 잡고 일
어난다. ⑩ 그러면 빈과 개는 자리의 끝에서 답례로
절한다.

【주 2명 또한 주인의 속리이다. 만약 이 자리에 【注 二人亦主人之吏. 若
대부(大夫)가 있다면 술잔[觶]을 빈과 대부에게 들어 有大夫, 則擧觶于賓與大
올린다. 《의례》〈연례(燕禮)〉에는 다음처럼 말하였 夫. 《燕禮》曰: "媵爵者立

---

157 2명 : 일상(一相) 이외에 이상(二相)과 삼상(三相)을 말한다.

이인거치위무산작시도(二人擧觶爲無算爵始圖, 주인을 돕는 2명이 술잔을 들어 올려 잔의 숫자를 세지 않고 마시기 시작하는 그림)《의례도》

다. "잉작(媵爵)[158]을 하는 사람은 세(洗)의 남쪽에서 서쪽을 향해 서 있는데, 북쪽을 상석으로 한다. 순서대로 세(洗)로 나아가 손을 씻고 술잔을 씻는다."[159]

【疏】 "자리의 끝에서 답례로 절한다."는 말은 빈은 자리의 서쪽 끝에서 남쪽을 향해 답례로 절하고, 개는 자리의 남쪽 끝에서 동쪽을 향해 답례로 절한다는 것이다. "만약 이 자리에 대부가 있다면 술잔을 빈과 대부에게 들어올린다."는 말은 대부가 개보다 존귀하기 때문이라는 뜻이다】

于洗南, 西面, 北上, 序進, 盥, 洗】

【疏】 "席末答拜"者, 賓于席西南面答拜, 介于席南東面答拜. "若有大夫, 則擧觶于賓與大夫"者, 大夫尊于介故也】

---

158 잉작(媵爵) : 고대에 술을 올리는 예의 일종. 서로 술을 권하는 예[獻酬]가 끝나면 나이가 많은 대부에게 명하여 제후에게 다시 술을 올리도록 하는 예식이다.

159 잉작(媵爵)을……씻는다 : 《儀禮注疏》 卷14 〈燕禮〉《十三經注疏整理本》10, 303쪽).

⑪ 속리 2명은 당에 오르던 순서와 반대로 세(洗)로 내려와 술잔을 씻는다. ⑫ 씻은 잔을 들고 당에 올라 술잔을 채운다. ⑬ 2명 모두 서쪽 계단의 위쪽 당에 선다. 빈과 개(介)는 모두 절한다.

【주】 자리의 끝에서 절하는 것이다】

逆降, 洗, 升實觶, 皆立于西階上. 賓、介皆拜.

【注 於席末拜】

⑭ 2명은 모두 빈과 개의 자리 앞으로 나아가 술잔을 포와 고기젓갈의 서쪽에 놓아둔다. ⑮ 그러면 빈은 술잔을 사양하다가 앉아서 술잔을 들고[取] 일어선다. ⑯ 개(介)의 경우는 술잔을 포와 고기젓갈의 남쪽에 놓아둔다. ⑰ 개는 앉아서 잔을 받고[受] 일어선다. ⑱ 2명은 조금 뒤로 물러난 다음 빈과 개에게 절하여 술잔을 보내고 당을 내려간다. ⑲ 빈과 개는 자신들이 들었던 잔을 원래 놓였던 자리에 놓는다.

【주】 빈의 경우에는 '든다[取]'고 말하고 개의 경우에는 '받는다[受]'고 말하는 이유는 신분의 높낮이에 따라 글자를 달리 했기 때문이다】

【소】 "2명은 모두 빈과 개의 자리 앞으로 나아간다."는 말은, 1명은 빈이 있는 자리에 나아가서 포와 고기젓갈의 서쪽에 술잔을 놓고, 1명은 개가 있는 곳에 나아가 포와 고기젓갈의 남쪽에 술잔을 놓는다는 뜻이다】

皆進, 薦西奠之, 賓辭, 坐取觶以興. 介則薦南奠之. 介坐受以興. 退, 皆拜送, 降. 賓、介奠于其所.

【注 賓言取, 介言受, 尊卑異文】

【疏 "皆進"者, 一人之賓所, 奠觶⑱于薦西, 一人之介所, 奠觶⑲于薦南】

【이상은 주인을 돕는 두 사람이 술잔[觶]을 들어

【右二人舉觶爲無算爵之

---

⑱ 觶 : 저본에는 없음. 《儀禮注疏·鄕飮酒禮》에 근거하여 보충.
⑲ 觶 : 저본에는 없음. 《儀禮注疏·鄕飮酒禮》에 근거하여 보충.

올려 잔의 숫자를 세지 않고 마시기 시작하는 의례 [無算爵]이다】

始】

(19) 희생제기를 물리다[徹俎]

① 사정(司正)은 서쪽 계단으로 당에 올라 주인에게 명을 받는다. 주인은 "앉으시라고 빈께 전하시오."라 말한다. ② 사정이 그 말을 빈에게 전하면 빈은 조(俎, 희생제기)가 앞에 있어서 앉기를 사양한다.

【주】 이때에 이르면 성대한 예는 모두 갖추어졌다. 술은 맑고 안주는 잘 말랐지만 빈과 주인은 매우 많이 절을 하였기 때문에, 몸이 강건하여 힘이 있다 하더라도 오히려 피곤하게 된다. 활시위를 팽팽하게 당기기만 하고 늦춰주지 않거나, 늦춰주기만 하고 팽팽하게 당기지 않는 것은 문왕과 무왕의 도가 아니다. 앉아 계시라고 전하는 말은 이제부터 빈을 편안하게 해주기 위함이다. 조(俎)란 안주들 가운데 귀한 것이다. 앉기를 사양한다는 말은 감히 예를 줄여 신분이 귀한 사람과 대등해지지 않겠다는 뜻이다】

【소】 여기까지는 모두 서서 예를 행하였기 때문에 사람들이 모두 피로하게 되었다. 그러므로 빈에게 앉아 계시기를 청하는 것이다】

③ 주인이 조(俎) 물리기를 요청한다. ④ 빈은 허락한다.

司正升自西階, 受命于主人. 主人曰:"請坐于賓." 賓辭以俎.

【注】 至此盛禮俱成, 酒淸肴乾, 賓主百拜, 强有力者[20]猶倦焉. 張而不弛, 弛而不張, 非文武之道. 請坐者, 將以賓燕也. 俎者, 肴之貴者. 辭之者, 不敢以禮殺當貴者】

【疏】 自此以上, 皆立行禮, 人皆勞倦, 故請坐賓】

主人請徹俎, 賓許.

---

[20] 者 : 저본에는 없음. 《儀禮注疏·鄕飮酒禮》에 근거하여 보충.

【주 이것 또한 사정(司正)이 주인의 요청을 빈에게 전달하여 고하는 것이다】

【注 亦司正傳請告之】

⑤ 사정은 계단 앞으로 내려와 제자(弟子)에게 조(俎) 물릴 준비를 하라고 명한다.

司正降階前, 命弟子俟徹俎.

【주 계단 앞은 서쪽 계단의 앞을 말한다. 제자(弟子)란 빈(賓) 가운데 젊은 사람이다. 조(俎)는 주인의 속리가 차린 음식인데 빈 가운데 젊은 사람에게 물릴 준비를 하라고 명한 이유는 조를 물리는 일이 빈의 도리임을 밝히기 위함이다】

【注 西階前也. 弟子, 賓之少者. 俎者, 主人之吏設之, 使弟子俟徹者, 明徹俎賓之義】

【소 서쪽 계단 앞에서 조 물릴 준비를 명하는 것으로 보아 빈 가운데 젊은 사람에게 시키는 일임을 알 수 있다】

【疏 西階前命之, 故知賓弟子】

⑥ 사정은 당에 올라 서쪽 벽의 남쪽 끝에 선다.

司正升, 立于序端.

【주 조 물리는 일을 기다리기 위함이다】

【注 待事】

⑦ 빈은 자신의 자리에서 내려와 북쪽을 향해 선다. ⑧ 주인은 자신의 자리에서 내려와 동쪽 계단의 위쪽 당에서 북쪽을 향해 선다. ⑨ 개(介)는 자신의 자리에서 내려와 서쪽 계단의 위쪽 당에서 북쪽을 향해 선다. ⑩ 준자(遵者)는 자신의 자리에서 내려와 자리의 동쪽 끝에서 남쪽을 향해 선다.

賓降席, 北面. 主人降席, 阼階上, 北面. 介降席, 西階上, 北面. 遵者降席, 席東南面.

【주 모두 일어서 있는 것은 조(俎) 물리는 일을 서로 함께 행해야 하기 때문이다. 준자(遵者)란 이 고을 사람으로서 작위가 대부에까지 이르렀던 사람이다. 지금 이 자리에 참석하여 주인이 빈을 즐겁게

【注 皆立, 相須徹俎也. 遵者, 謂此鄉之人仕至大夫者也. 今來助主人樂賓, 主人所榮而遵法者也, 因以

하는 의례를 도우니, 준자는 주인이 영광스럽게 여기며 따르고[遵] 본받을 사람이다. 그러므로 '준자'라 이름했다. 간혹 이 고을에 준자가 있을 수도 있고 없을 수도 있으며, 행사에 올 수도 있고 오지 않을 수도 있으니, 그 때에 맞추어 일을 행할 뿐이다. 금문(今文)에는 준(遵)이 준(僎)으로 되어 있다】

【疏】준자가 북쪽을 향해 서지 않는 까닭은 그가 존귀하기 때문이다. 그러므로 자리의 동쪽 끝에서 남쪽을 향해 주인을 마주하고 선다. 사(士)의 경우에는, 당 아래에 서 있으며 당 위로 오르지 못하기 때문에 이것으로 준자가 대부임을 알 수 있다】

⑪ 빈이 조(俎)를 잡고 몸을 돌려 사정(司正)에게 준다. ⑫ 사정은 이것을 가지고 당에서 내려간다. ⑬ 빈은 사정을 따라 내려간다. ⑭ 주인이 조를 잡고 몸을 돌려 제자에게 주면 제자는 그것을 가지고 서쪽 계단으로 내려간다. ⑮ 주인은 동쪽 계단으로 내려간다. ⑯ 개(介)가 조를 잡고 몸을 돌려 또 다른 제자에게 주면 그 제자는 그것을 가지고 당을 내려간다. ⑰ 개(介)는 그를 따라 내려간다. ⑱ 만약 그 자리에 여러 공(公)이나 대부(大夫)가 있다면 사람을 시켜 조를 받게 하되, 이는 빈에게 하는 예와 같이 한다. ⑲ 중빈(衆賓)들도 모두 조를 주고 내려간다.

【注】조를 잡을 때는 모두 각자의 자리를 향해서 한다. 조를 제자에게 주고 나서는 모두 당에서 내려가 처음 들어 왔을 때의 위치로 돌아간다】

爲名. 或有無, 來不來, 用時事耳. 今文遵爲僎】

【疏】遵不北面者, 以其尊, 故席東南面向主人. 士立于下, 不得升堂, 故知此遵是大夫也】

賓取俎, 還授司正, 司正以降, 賓從之. 主人取俎, 還授弟子, 弟子以降自西階. 主人降自阼階. 介取俎, 還授弟子, 弟子以降, 介從之. 若有諸公、大夫, 則使人受俎, 如賓禮. 衆賓皆降.

【注】取俎者皆鄕其席, 旣授弟子, 皆降, 復初入之位】

【이상은 희생제기[俎]를 물리는 의례이다】 　　　　【右徹俎】

(20) 당에 올라 자리에 앉다[升坐]

　① 신발을 벗고 처음 당에 오를 때와 같이 1번 읍하고 1번 사양하고서 당에 올라 자리에 앉는다. ② 그제야 음식을 내어와 모든 사람들 앞에 올린다[羞].

　【주】 신발을 벗는 이유는 편안하게 잔치를 즐기려면 자리에 앉아야 하기 때문이다. 반드시 당 아래에서 신발을 벗는 이유는 신발은 천한 물건이라 벗어둔 채로 당 위에 둘 수 없기 때문이다. 신발을 벗을 때 주인은 왼발 먼저 벗고 빈은 오른발 먼저 벗는다.

　수(羞)란 음식을 올린다는 뜻이다. 올리는 음식은 저민 개고기와 고기젓갈이다. 이전에 뼈가 붙은 희생고기[骨體]를 차려낸 이유는 공경함을 다하기 위함이다. 지금 저민 고기를 올리는 이유는 친애함을 다하기 위함이다. 공경하고 친애하는 이유는 현능한 사람을 후하게 대접하기 위함이다】

說屨, 揖讓如初, 升, 坐. 乃羞.

【注】說屨者, 爲安燕當坐也. 必說于下者, 屨賤, 不空居堂. 說屨, 主人先左, 賓先右.

羞, 進也. 所進者, 狗胾、醢也. 鄕設骨體, 所以致敬也. 今進羞, 所以盡愛也. 敬之, 愛之, 所以厚賢也】

【이상은 당에 올라 자리에 앉는 의례이다】 　　　　【右升坐】

(21) 연주하고 부르는 악가의 횟수나 순서를 정하지 않다[無算樂]

　① 술잔의 수를 세지[算] 않고 술을 마신다.

　【주】 산(算)이란 헤아려 정한다는 말이다. 빈과 주인이 연희에서 술을 마시면서 술잔이 오가는 숫자를 헤아려 정하지 않는다. 취하고 나서야 술잔 오가기를 그친다. 《의례》〈향사례(鄕射禮)〉에는, "두 사

無算爵.

【注】算, 數也. 賓主燕飮, 爵行無數, 醉而止也. 《鄕射禮》曰"使二人擧觶于賓與大夫", 又曰"執觶者洗,

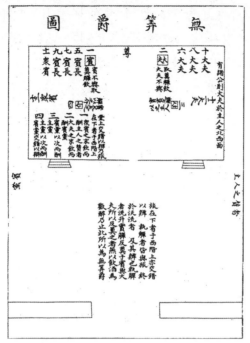

이인거치위무산작시도(二人擧觶爲無算爵始圖, 주인을 돕는 2명이 술잔을 들어 올려 잔의 숫자를 세지 않고 마시기 시작하는 그림)(《의례도》)

람을 시켜 빈과 대부(大夫)에게 술잔[觶]을 올리게 한다."160라 했다. 또 "집치자(執觶者)는 세(洗)로 내려가서 술잔을 씻고 당에 오른다. 술잔을 채우고 빈과 대부의 앞에 술잔을 되돌려 놓는다."161라 했으니, 모두 이것을 말한다】

② 연주하고 부르는 악가의 횟수나 순서를 정하지 않는다.

升實觶, 反奠[21]于賓與大夫", 皆是】

無算樂.

160 두……한다:《儀禮注疏》卷13〈鄕射禮〉(《十三經注疏整理本》10, 261쪽).
161 집치자(執觶者)는……놓는다:《儀禮注疏》卷13〈鄕射禮〉(《十三經注疏整理本》10, 263쪽).
[21] 奠 : 저본에는 "尊". 오사카본·규장각본·《儀禮注疏·鄕飮酒禮》에 근거하여 수정.

【주】 잔치의 악가 또한 횟수나 순서를 헤아리지 않는다. 때로는 간악(間樂)을 연주하기도 하고 때로는 합악(合樂)을 연주하기도 하면서, 다 즐기고 나서야 그친다. 《춘추좌씨전(春秋左氏傳)》〈양공(襄公)〉 "29년" 조(條)에, "오(吳)의 공자(公子) 찰(札)[162]이 사신으로 빙문(聘問, 예를 갖추어 방문함)하여 주(周)나라의 악가를 관람하기를 청했다."[163]라 했는데, 이것은 군주들이 악가의 횟수나 순서를 정하지 않은 사례이다】

【注】 燕樂亦無數, 或間或合, 盡歡而止也. 《春秋·襄·二十九年》"吳公子札來聘, 請觀于周樂", 此國君之無算】

【이상은 연주하고 부르는 악가의 횟수나 순서를 정하지 않는 의례이다】

【右無算樂】

(22) 빈이 나가다[賓出]

① 빈이 나간다. 이때 〈해(陔)〉를 연주하게 한다.

賓出, 奏《陔》.

【주】 〈해(陔)〉란 〈해하(陔夏)〉이다. 〈해하(陔夏)〉편에서 말하고 있는 내용은 경계함이다. 하루 종일 잔치를 벌이며 술을 마셨기 때문에 술자리를 파하면서 〈해하(陔夏)〉로 한 매듭을 삼아 예(禮)를 잃지 않아야 함을 밝히기 위함이다. 《주례(周禮)》〈종사(鍾師)〉에는 "종과 북으로 아홉 편의 〈하(夏)〉[164]를 연주한다."[165]라 하였으니, 여기서 〈해하(陔夏)〉를 연주한다

【注】《陔》,《陔夏》也. 《陔》之爲言戒也. 終日燕飮, 酒罷, 以《陔》爲節, 明無失禮也. 《周禮·鍾師》"以鍾鼓奏九《夏》", 是奏《陔夏》, 則有鍾鼓矣.

---

162 찰(札):?~?. 성은 희(姬), 이름은 찰(札). 오나라의 왕 수몽(壽夢)의 넷째 아들로, 계찰(季札)·공자찰(公子札)·연릉계자(延陵季子) 등으로도 불린다. 세 형을 도와 오나라의 부강을 이끌었다.

163 오(吳)의……청했다:《春秋左傳正義》卷39〈襄公〉"二十九年"《十三經注疏整理本》18, 1258쪽).

164 아홉 편의〈하(夏)〉:중국 주(周)나라 때 연주하던 9종의 악곡으로, 《왕하(王夏)》·《사하(肆夏)》·《소하(昭夏)》·《납하(納夏)》·《장하(章夏)》·《제하(齊夏)》·《족하(族夏)》·《개하(祴夏)》·《오하(驁夏)》를 말한다.

165 종(鍾)과……연주한다:《周禮注疏》卷24〈春官宗伯〉"鍾師"《十三經注疏整理本》18, 951~954쪽).

는 말은 종(鐘)과 북으로 연주하는 것이다.

종과 북은 천자와 제후가 모두 갖추어서 사용하는 악기이지만, 대부(大夫)와 사(士)의 경우에는 북만 사용할 뿐이다. 대개 동쪽 계단의 서쪽에 세우되 북의 면이 남쪽을 향하게[南鼓] 한다. 《의례》〈향사례(鄉射禮)〉에서는 "빈이 일어서면 악정(樂正)은 악공에게 〈해(陔)〉를 연주하라 명한다. 빈이 당을 내려와 서쪽 계단에 이르면 〈해(陔)〉 연주를 시작한다. 빈이 나가면 중빈들 모두가 나간다."166라 했다】

鍾鼓者, 天子、諸侯備用之, 大夫、士鼓而已. 蓋建于阼階之西, 南鼓. 《鄉射禮》曰 : "賓興, 樂正命奏《陔》, 賓降及階, 《陔》作, 賓出, 衆賓皆出."】

② 주인은 문 밖에서 빈을 전송하면서 2번 절한다.

【주 문의 동쪽에서 서쪽을 향하여 절한다. 빈과 개가 답례로 절하지 않는 이유는 예에 마침이 있게 하기 위함이다】

主人送于門外, 再拜.

【注 門東, 西面拜也. 賓、介不答拜, 禮有終也】

【이상은 빈이 나가는 의례이다】

【右賓出】

(23) 준자의 의례[遵者之禮]

① 빈(賓) 가운데 만약 준자(遵者)가 있고 그가 여러 공(公)이나 대부(大夫)라면, 주인이 한 사람을 시켜 그에게 잔을 올리게 한 뒤라야 준자(遵者)는 들어온다.

【주 준자는 주인의 정례(正禮)에 간여하지 않는다. 준자는 여러 공이나 대부이다. 그를 빈(賓)이라고 말한 이유는 다른 빈과 마찬가지로 밖에서 왔기 때문이다. 대국(大國)에는 고(孤)를 두는데, 사명(四命)

賓若有遵者, 諸公、大夫, 則旣一人擧觶, 乃入.

【注 不干主人正禮也. 遵者, 諸公、大夫也. 謂之賓者, 同從外來耳. 大國有孤, 四命謂之公】

---

166 빈이……나간다 :《儀禮注疏》卷13〈鄉射禮〉《十三經注疏整理本》10, 263~264쪽).

을 공(公)이라 한다167】

② 준자(遵者)의 자리는 빈의 자리 동쪽에 마련해 준다. 이때 공의 자리는 3겹을 깔고, 대부의 자리는 2겹을 깐다.

席于賓東, 公三重, 大夫再重.

【주 이 두 관작을 가진 사람의 자리를 빈의 자리 동쪽에 마련하는 이유는 그들을 높이 받드는 것으로, 고을 사람들과 함께 나이로 순서를 정하지 않도록 하기 위함이다. 3겹을 깐다는 말은 6개의 자리를 겹쳐 깐다는 뜻이다. 2겹을 깐다는 말은 4개의 자리를 겹쳐 깐다는 뜻이다.168

【注 席此二者於賓東, 尊之, 不與鄕人齒也. 三重者, 六席, 再重者, 四席22.

천자의 나라에서는 구명(九命)의 관작 가운데 삼명(三命) 이상일 때 고을에서 나이를 따져서 순서를 정하지 않는다. 제후의 나라에서는 작위가 대부이면 고을에서 나이를 따져서 순서를 정하지 않는다】

天子之國, 三命者不齒. 於諸侯之國, 爵爲大夫則不齒矣】

③ 공(公) 또는[如] 대부(大夫)가 들어오면 주인은 당에서 내려오며, 빈(賓)과 개(介)도 주인을 따라 내려오고, 중빈(衆賓)들도 모두 내려와 처음 들어왔을 때의 위치로 돌아간다. ④ 주인은 공과 대부를 맞이

公如大夫入, 主人降, 賓介降, 衆賓皆降, 復初位. 主人迎, 揖讓升. 公升如賓禮, 辭一席, 使一人去之.

---

167 대국(大國)에는……한다: 중국 주(周)나라는 관작을 9등급으로 나누었는데 이를 구명(九命)이라 한다. 상공(上公)은 구명(九命), 왕(王)의 삼공(三公)은 팔명(八命), 후(侯)·백(伯)은 칠명(七命), 왕의 경(卿)은 육명(六命), 자(子)·남(男)은 오명(五命), 왕의 대부(大夫)와 공(公)의 고(孤)는 사명(四命), 공(公)·후(侯)·백(伯)의 경(卿)은 삼명(三命), 공(公)·후(侯)·백(伯)의 대부(大夫)와 자(子)·남(男)의 경(卿)은 재명(再命) 또는 이명(二命), 공(公)·후(侯)·백(伯)의 사(士)와 자(子)·남(男)의 대부(大夫)는 일명(一命)이라 한다. 고(孤)는 공(公)의 부관(副官)이다. 《儀禮注疏》卷21〈典命〉《十三經注疏整理本》8, 640~645쪽) 참조.

168 3겹을……뜻이다: 이 설명은 《오례통고》〈가례〉 "향음주례"에 보인다. 《의례주소》의 가공언(賈公彦)의 소에서는 '再重三重'을 옷 2벌·3벌을 겹쳐 입는 것과 같은 의미로 보았다. '再重'은 자리 3개, '三重'은 자리 4개로 보는 설도 있다.

22 三重者……四席: 《儀禮注疏》에는 없음. 《五禮通考·嘉禮·鄕飮酒禮》에 보인다.

하고 들어와서 계단에 이르러서는 1번 읍하고 1번 사양하고서 당에 오른다. ⑤ 공이 당에 오르는 예는 빈의 예(禮)와 똑같이 한다. ⑥ 공은 자리 1개를 사양한다. ⑦ 그러면 주인은 1명을 시켜서 자리 1개를 걷어낸다.

【주】여(如)는 지금의 약(若)과 같은 뜻으로 읽는다[169]. 주인이 준자를 문 안에서 맞이하는 의례이다. 공(公)이 자리 1개를 사양하는 이유는 스스로 겸손하게 대부(大夫)와 같은 예우를 받기 위함이다】

【注】如, 讀若今之若. 主人迎之於門內也. 辭一席, 謙[23]自同于大夫】

⑧ 대부는 개(介)의 예(禮)와 똑같이 행한다. ⑨ 그 자리에 여러 공(公)이 있으면 대부는 가석(加席)을 사양하고 자리의 북쪽 끝에 말아 놓는다. 주인은 가석을 치우지 않는다. 만약 여러 공이 없으면 대부는 가석을 사양하지만 주인은 허락하지 않고 가석을 걷어 내지 않는다.

大夫則如介禮, 有諸公則辭加席, 委于席端, 主人不徹. 無諸公則大夫辭加席, 主人對, 不去加席.

【주】가석(加席)이란 자리 위에 더 까는 자리를 말한다. 대부는 2겹으로 자리를 깐다】

【注】加席, 上席也. 大夫席再重】

【소】빈은 개에게 염(厭, 두 손을 맞잡고 가슴 앞으로 잡아 당기는 인사)을 하며, 이 경우에 공과 대부가 함께 들어왔으므로 공도 대부에게 염읍을 한다】

【疏】賓厭介, 此公與大夫同入, 公[24]亦厭大夫】

【이상은 준자(遵者)의 의례이다】

【右遵者之禮】

---

169 지금의……읽는다: 약(若)을 혹(或)과 같은 뜻으로 풀었다.
[23] 謙: 저본에는 없음. 《儀禮注疏·鄕飮酒禮》에 근거하여 보충.
[24] 公: 저본에는 없음. 《儀禮注疏·鄕飮酒禮》에 근거하여 보충.

(24) 잔치를 베푼 주인과 찾아와준 빈에게 절하다
[拜賜拜辱]

① 다음날 빈(賓)은 어제 입었던 옷[鄕服]을 입고 주인에게 가서 배사(拜賜)한다.

明日, 賓服㉕鄕服以拜賜.

【주】 배사(拜賜)란 잔치를 베풀어준 은혜에 감사한 다는 뜻이다. 향복(鄕服)이란 어제 향대부와 함께 향음주례를 할 때 입었던 조복(朝服)이다. 향복을 조복이라고 말하지 않은 이유는 아직 그 옷을 입고 조정에서 조회를 하지 않았기 때문이다】

【注】 拜賜, 謝恩惠. 鄕服, 昨日與鄕大夫飮酒之朝服也. 不言朝服, 未服以朝也】

② 주인도 빈과 같이 어제 입었던 예복을 입고, 빈의 집 문 밖에 가서 주인을 찾아준 수고에 대해 절한다.

主人如賓服以拜辱.

【주】 빈이 다시 자신을 낮추어 주인을 찾아온 수고에 대해 빈에게 절하는 것이다】

【注】 拜賓復自屈辱也】

【소】 빈과 주인은 모두 직접 서로 보는 것이 아니라, 상대의 집 문 밖에까지 가서 감사의 절을 할 뿐이다】

【疏】 賓主皆不相見, 造門外拜謝而已】

【이상은 빈이 잔치를 베풀어 준 주인의 은혜에 감사하는 의례와 다시 자신을 낮추어 찾아온 빈의 수고에 대해 주인이 절하는 의례이다】

【右拜賜、拜辱】

(25) 사정을 위로하다[息司正]

① 주인은 조복을 벗는다. ② 그제야 사정(司正)을

主人釋服. 乃息司正.

_____

㉕ 服 : 저본에는 없음. 《儀禮注疏·鄕飮酒禮》에 근거하여 보충.

현단복(玄端服)《沙溪全書·家禮輯覽圖說》

위로한다[息].

【주】조복을 벗는다는 말은 현단복(玄端服)[170]으로 갈아입는다는 뜻이다. 식(息)이란 위로한다는 뜻이다. 어제 일을 도왔던 사람들 모두를 위로하여 예를 베풀어 주는 것이다. 사정만 언급한 이유는 사정이 어제 뜰에서 일을 도왔던 사람들 가운데 우두머리이기 때문이다】

【注】釋朝服, 更服玄端也. 息, 勞也. 勞賜昨日贊執事者, 獨云司正, 司正庭長也】

③ 이 위로잔치에는 개(介)를 두지 않는다.

【주】위로하는 예는 간략하기 때문이다. 사정(司正)이 빈(賓)이 된다】

無介.

【注】勞禮略也. 司正爲賓】

④ 희생을 죽이지 않는다.

【주】저자에서 사오거나 가지고 있는 음식이 있으면 그것으로 해도 된다. 희생을 죽이지 않으니, 조(俎)를 두지도 않는다】

不殺.

【注】市買, 若因所有可也. 不殺則無俎】

---

170 현단복(玄端服) : 고대 중국의 검은색 예복. 주로 조복(朝服)으로 입었으나 관례나 혼례 때에도 입었다.

⑤ 포와 고기젓갈을 마련하여 준다.

【주】향음주례에서와 같은 음식을 대접한다】

薦脯醢,

【注 羞同也】

⑥ 음식은 오직 주인이 가지고 있는 것으로만 차려낸다.

【주】가지고 있는 어떤 음식이든 좋다】

羞唯所有.

【注 在有何物】

⑦ 오직 사정(司正)이 참석을 원하는 사람만 부른다[徵].

【주】징(徵)이란 부른다는 뜻이다】

徵唯所欲,

【注 徵, 召也】

⑧ 그 고을에 사는 나이가 지긋한 선생(先生)이나 군자(君子)들에게 고해도 된다[可].

【주】고한다는 말은 초청한다는 뜻이다. 나이가 많은 선생은 쇠한 근력때문에 향음주례를 행하기에는 어려움이 있었으나 이때에는 올 수 있는 것이다. 군자란 나라 안에서 훌륭한 덕이 있는 사람이다. 가(可)라고 한 것은 부르거나 부르지 않는 일은 오직 사정이 원하는 사람으로 한다는 뜻이다】

以告于先生、君子可也.

【注 告, 請也. 先生不以筋力爲禮, 於是可以來. 君子, 國中有盛德者. 可者, 召不召唯所欲】

⑨ 이 자리에는 향음주례의 빈(賓)과 개(介)는 참여하지 않는다.

【주】예(禮)가 복잡해지면 소홀해지기 때문이다】

賓、介不與.

【注 禮瀆則褻】

⑩ 향악(鄕樂)을 연주하고 부르되, 오직 원하는 곡만으로 한다.

【주】향악(鄕樂)을 연주하고 부른다는 말은 《시경》

鄕樂唯欲.

【注 鄕樂, 《周南》、《召南》

〈주남(周南)〉과 〈소남(召南)〉의 시 여섯 편[171] 가운데 오직 원하는 악가만 연주하고 부르게 하고 순서를 따르지 않는다는 뜻이다. 〈녹명(鹿鳴)〉이나 〈어리(魚麗)〉와 같은 편을 노래하지 않는 이유는 국군(國君, 군주)의 예(禮)이기 때문에 피하기 위해서이다】

六篇之中, 唯所欲作, 不從次也. 不歌《鹿鳴》、《魚麗》者, 辟國君也】

【소〉 〈주남(周南)〉과 〈소남(召南)〉은 향대부(鄕大夫)의 음악이고, 〈소아(小雅)〉는 제후의 음악이다. 앞에서 향음주례를 바르게 행할 때 〈소아(小雅)〉를 노래하고 연주하였으나, 지금 이 위로 잔치에서 〈녹명(鹿鳴)〉과 〈어리(魚麗)〉를 노래하지 않고 연주하지 않는 것은 국군(國君, 군주)의 예이기 때문에 피하는 것이다】

【疏〉《二南》爲鄕大夫之樂, 《小雅》爲諸侯之樂. 上正行飮酒, 歌《小雅》, 今燕不歌《鹿鳴》、《魚麗》, 是避國君也】

【이상은 사정을 위로하는 의례이다】《의례(儀禮)》[172]

【右息司正】《儀禮》

---

171 주남(周南)과……편:《시경(詩經)》〈주남(周南)〉의〈관저(關雎)〉·〈갈담(葛覃)〉·〈권이(卷耳)〉 등 3편, 〈소남(召南)〉의 〈작소(鵲巢)〉·〈채번(采蘩)〉·〈채빈(采蘋)〉 등 3편을 말한다.
172《儀禮注疏》卷8~10〈鄕飮酒禮〉《十三經注疏整理本》10, 145~191쪽).

2) 당(唐)나라의 향음주례

(1) 빈과 개에 대해 상의하다[謀賓介]173

고을에서 음주하는 의례는 다음과 같다 : ① 자사 (刺史)174가 주인이 된다【이 의례는 공인(貢人)175 가운데 명경과(明經科)176나 진사과(進士科)177로 출신한 사람으로, 덕행과 효제를 겸비하여 그 행실이 불을 밝힌 듯이 밝게 드러나 마을 문에 표를 세운 사람이나, 뛰어난 재주가 있는 사람을 위해서 하는데, 이 모든 사람에 대해서 자사가 주인이 된다. 만약 이러한 명색을 갖춘 사람이 없으면 상좌(上佐)178가 대신한다】.

② 주인은 먼저 고을에서 덕이 있는 치사자(致仕者, 관직에서 은퇴한 사람)를 불러 의논하되, 가장 훌륭한 사람을 빈(賓)으로 삼고 그 다음을 개(介)로 삼고 또 그 다음을 중빈(衆賓)으로 삼아, 그들과 함께 예를 행하고 빈을 조정에 천거한다【개 이하는 합당한 사람이

唐儀

鄕飮酒之禮 : 刺史爲主人【此爲貢人之中, 有明經、進士出㉖身, 兼德行、孝悌, 灼然明著, 道表門閭及有秀才, 皆刺史爲主人. 若無, 上佐㉗攝行事】.

先召鄕之致仕有德者, 謀之, 賢者爲賓, 其次爲介, 又其次爲衆賓, 與之行禮, 而賓擧之【介以下無其人則闕.《正齒位》:"每年季

---

173 빈과……상의하다[謀賓介] : 원문에는 소제목이 없으나 '1) 주나라의 향음주례'의 사례에 따라 이해의 편의를 위해 소제목을 추가한다.

174 자사(刺史) : 중국의 관료. 전한(前漢) 때 설치되었다. 처음에는 주(州)의 감찰만을 담당하다가 이후 주의 행정을 총괄하고 휘하의 군(郡)·현(縣)을 지휘하는 장관이 되었다. 당(唐)나라까지 유지되었다.

175 공인(貢人) : 부(府)·주(州)·현(縣)에서 추천하여 조정에 나아가는 선비.

176 명경과(明經科) : 과거제도의 한 형식. 당나라의 명경과는 유교경전의 내용을 그대로 적는 시험으로, 본문과 주석이 모두 출제되었다. 고려시대와 조선시대에도 같은 명칭의 과거제도가 있었다.

177 진사과(進士科) : 과거제도의 한 형식. 당나라의 진사과는 명경과의 내용 일부와 시(詩)·부(賦)를 짓는 시험으로, 진사과에 합격한 사람을 명경과에 비하여 명예롭게 여겼다. 제술과(製述科)라고도 했다. 고려시대와 조선시대에도 같은 명칭의 과거제도가 있었다.

178 상좌(上佐) : 관청에 소속된 관리들의 통칭.

㉖ 出 :《大唐開元禮·嘉禮·鄕飮酒》에는 없음.

㉗ 上佐 :《大唐開元禮·嘉禮·鄕飮酒》에는 "判司".

없으면 생략한다. 《대당개원례(大唐開元禮)》[179] 〈정치위 (正齒位)〉편에서는 "매년 늦겨울에 현령(縣令, 현의 우두머리)이 주인이 되어 고을의 노인 가운데 나이가 60세 이상인 사람 중에 덕행이 있는 사람 1명을 빈으로 삼고, 그 다음 1명을 개(介)로 삼으며 또 그 다음을 삼빈(三賓)으로 삼고 또 그 다음을 중빈(衆賓)으로 삼는다."[180]라 했다】.

冬縣令爲主人, 鄕之老人 六十以上, 有德行者一人爲 賓, 次一人爲介, 又其次爲 三賓, 又其次爲衆賓"】.

(2) 빈과 개에게 고하다[戒賓介]

① 주인이 와서 빈에게 고할 때, 주인은 빈의 집 대문 밖의 서쪽에 서서 동쪽을 향한다. ② 빈은 자신의 집 동쪽 계단 아래에 서서 서쪽을 향한다. ③ 장명자(將命者, 명을 전달하는 사람)는 빈의 왼쪽에 서서 북쪽을 향한다. ④ 장명자는 빈에게 명을 받은 다음 나가서 대문 밖의 동쪽에 서서 서쪽을 향하여 "찾아오신 일이 무엇인지 감히 청합니다."라 한다. ⑤ 그러면 주인은 "몇 일에 향음주례를 행하니, 아무개 선생께서 그 자리에 와주시길 청합니다."라 한다.

主人戒賓, 立於賓大門外之 西, 東面. 賓立東階下, 西 面. 將命者立於賓之左, 北 面. 受命, 出, 立門外之東, 西面, 曰:"敢請事." 主人 曰:"某日行鄕飮酒之禮, 請 某子臨之."

⑥ 장명자는 들어가서 주인의 말을 빈에게 고한다. ⑦ 빈은 나가 대문의 동쪽에 서서 서쪽을 향한다. ⑧ 북쪽을 향하여 2번 절하고 "주인께서는 번거로움을 무릅쓰지 마십시오."라 한다. ⑨ 주인은 답례로 절

將命者入告. 賓出立於門 東, 西面, 北向再拜:"毋 辱." 主人答拜. 主人曰:"吾 子學優行高, 應玆觀國. 某

---

179 대당개원례(大唐開元禮):중국 당(唐)나라 현종(玄宗) 20년(732)에 제정된 예서. 오례(五禮)를 정비했으며 이후의 왕조들은 예제를 정비할 때 모두 이 책을 참조했다.
180 매년……삼는다:《大唐開元禮》卷128 〈嘉禮〉 "正齒位"(《文淵閣四庫全書》646, 754쪽).

한다. ⑩ 주인은 "우리 선생은 학문이 뛰어나고 행실이 훌륭하시어 국정(國政)을 보셔야 합니다. 몇 일에 예를 행하니 우리 선생이 오시기를 청합니다."라 한다. ⑪ 빈은 "저는 고루하여 명을 욕되게 할까 우려되니 감히 사양합니다."라 한다.

⑫ 주인은 "부사(父師)181와 소사(少師)182께 의논해 보니, 우리 선생만큼 훌륭한 사람이 없어서 감히 간곡히 청합니다."라 한다. ⑬ 빈은 "선생께서 거듭 명하시니 제가 명을 감히 공경히 받들지 않을 수 있겠습니까?"라 한다. ⑭ 주인은 2번 절한다. ⑮ 빈은 절한다. ⑯ 주인은 뒤로 물러간다. ⑰ 빈은 절하여 주인을 전송한다.

주인이 개(介)에게 고하러 올 때, 그 의례 또한 이와 같다【개에게 고하는 말로 "몇 일에 향음주례를 행하니 우리 선생께서 그 자리에 와주시기를 청합니다."라 한다. 《대당개원례》〈정치위〉편에는 주인이 빈에게 고하는 의례[戒賓]가 없다】.

日展禮, 請吾子臨之." 賓曰:"某固陋恐辱命, 敢辭."

主人曰:"謀於父師、少師, 莫若吾子賢, 敢固以請." 賓曰:"夫子申命之, 某敢不敬須?" 主人再拜. 賓拜. 主人退. 賓拜送主人.

戒介, 亦如之【戒辭曰:"某日行鄉飲酒之禮, 請吾子臨28之."《正齒位》無戒賓】.

(3) 자리와 그릇의 설치[設席及器]

① 향음주례 하는 날에 날이 밝으면 빈의 자리를 두 기둥의 사이에 마련하되, 북쪽과 가까운 곳에다 남쪽을 향하게 한다. ② 주인의 자리는 동쪽 계단 위쪽 당에 마련하되, 서쪽을 향하게 한다. ③ 개의

其日質明, 設賓席於楹間, 近北, 南向. 設主人席於阼階上, 西向. 設介席於西階上, 東向. 設正賓【《正齒

---

181 부사(父師) : 태사(太師)의 이칭. 원래는 천자의 스승을 지칭했으나, 후대에는 큰 스승을 의미한다.
182 소사(少師) : 동궁(東宮, 태자)을 훈육시키는 관직. 후대에는 자손을 교육시키는 훈장(訓長)을 의미한다.
28 臨 : 《大唐開元禮·嘉禮·鄉飲酒》에는 "貳".

자리는 서쪽 계단 위쪽에 마련하되 동쪽을 향하게 한다. ④ 정빈(正賓)【《대당개원례》〈정치위〉편에서는 '삼빈(三賓)'이라 했다.[183] 아래도 이와 같다】의 자리 3개는 빈 자리의 서쪽에 마련하되, 각각 남쪽을 향하고 모두 닿지 않도록 한다.

⑤ 또 당 아래 서쪽 계단의 서쪽에 중빈(衆賓)의 자리를 마련하되, 남쪽을 향하고, 북쪽을 상석으로 한다【《대당개원례》〈정치위〉편에서는 "중빈의 자리를 기둥 사이에 마련하되, 남쪽에 가깝게 하고 북쪽을 향하며, 동쪽을 상석으로 한다."[184]라 했다】. ⑥ 술항아리 2개를 빈의 자리에서 동북쪽으로 조금 물러난 곳에 진설한다. ⑦ 술항아리 서쪽에 현주(玄酒, 물)항아리를 둔다. ⑧ 항아리 위에 각각 국자를 놓고 보[羃, 멱][185]을 덮는다.

⑨ 비(篚)는 항아리의 남쪽에 꼬리부분을 동쪽으로 놓고 여기에 작(爵, 술잔의 일종)과 치(觶, 술잔의 일종)를 채운다. ⑩ 찬자(贊者, 돕는 사람)의 자리는 동쪽 계단 동쪽에 마련하되, 서쪽을 향하고, 북쪽을 상석으로 한다.[186]

位》云"三賓". 下倣此】席三於賓席之西, 各南向, 皆不屬焉.

又設堂下衆賓席於西階西, 南面, 北上【《正齒位》"設衆賓席於楹間, 近南, 北向, 東上"】. 設兩壺於賓席之東北, 少退. 玄酒在西. 加勺、羃.

置篚於壺南, 東肆, 實以爵、觶. 設贊者位於東階東, 西面, 北上.

(4) 빈을 맞이하다[迎賓]

① 빈과 개 그리고 중빈이 이르면 청(廳)의 대문

賓、介及衆[29]賓至, 立於廳

---

183 대당개원례……했다:《大唐開元禮》, 위와 같은 곳.
184 중빈의……한다:《大唐開元禮》, 위와 같은 곳.
185 보[羃, 멱]:제기(祭器)를 덮는 덮개. 보통 대나무나 띠풀로 만든다.
186 찬자(贊者, 돕는 사람)의……한다:이 다음 절차인 '빈과 개를 초청하다[速賓介]'에 대한 의례는 생략되었다.
[29] 衆:저본에는 없음.《大唐開元禮·嘉禮·鄕飮酒》에 근거하여 보충.

밖 오른쪽에 서되, 동쪽을 향하고, 북쪽을 상석으로 한다. ② 일을 맡은 집사들은 모두 각자의 자리로 간다. ③ 주인은 나가서 빈을 맞이하되, 대문 밖 왼쪽에서 서쪽을 향한다. ④ 주인은 빈에게 절한다. ⑤ 빈은 답례로 절한다. ⑥ 주인은 또 서남쪽을 향하여 개에게 절한다. ⑦ 개는 답례로 절한다. ⑧ 주인은 또 서남쪽을 향하여 중빈에게 읍한다. ⑨ 중빈은 읍으로 보답한다. ⑩ 주인은 또 빈에게 읍한다. ⑪ 빈은 읍으로 보답한다.

⑫ 주인은 먼저 문으로 들어가 오른쪽에서 서쪽을 향한다. ⑬ 빈은 문에 들어가 왼쪽에서 동쪽을 향한다. ⑭ 개와 중빈은 차례대로 들어가 빈의 서남쪽에 서되, 동쪽을 향하고, 북쪽을 상석으로 한다. ⑮ 중빈 가운데 삼빈이 아닌 사람은 모두 북쪽을 향하되, 동쪽을 상석으로 한다【일반적으로 빈과 주인이 절하고 읍하는 동작에는 모두 찬자(돕는 사람)가 있다. 《대당개원례》〈정치위〉편에서는 "중빈은 삼빈의 뒤에 선다."[187]라 했다】.

⑯ 주인은 앞으로 나아가려 할 때 빈에게 읍하고, 계단에 이르렀을 때【예에 의거하여 각자의 자리를 잡는다】읍한다. ⑰ 빈은 모두 읍으로 보답한다. ⑱ 계단에 이르면 주인은 "우리 선생께서 당으로 오르시길 청합니다."라 한다. ⑲ 빈은 "제가 감히 먼저 오를 수 없어 사양합니다."라 한다. ⑳ 주인은 "우리 선생께서 오르시길 간곡히 청합니다."라 한다. ㉑ 빈

事大門外之右, 東向, 北上. 執事者俱就位. 主人出迎賓, 於門外之左, 西面. 拜賓. 賓答拜. 又西南面, 拜介. 介答拜. 又西南面, 揖衆賓, 衆賓報揖. 主人又揖賓. 賓報揖.

主人先入門, 而右西面. 賓入門而左東面. 介及衆賓序入, 立於賓西南, 東面, 北上. 衆賓非三賓者, 皆北面, 東上【凡賓主拜揖周旋, 皆有相贊. 《正齒位》"衆賓立於三賓之後"】.

主人將進揖, 當階【據禮作陳】揖. 賓皆報揖. 至階, 主人曰"請吾子升". 賓曰"某敢辭". 主人曰"固請吾子升". 賓曰"某敢固辭". 主人曰"終請吾子升". 賓曰"某敢終辭".

---

187 중빈은⋯⋯선다:《大唐開元禮》, 위와 같은 곳.

은 "제가 감히 먼저 오를 수 없어 간곡히 사양합니다."라 한다. ㉒ 주인은 "우리 선생께서 오르시길 끝내 청합니다."라 한다. ㉓ 빈은 "제가 감히 먼저 오를 수 없어서 끝내 사양합니다."라 한다.

㉔ 주인은 동쪽 계단으로 당에 오른다. ㉕ 빈은 서쪽 계단으로 당에 오른다. ㉖ 주인과 빈은 상인방을 마주보는 곳에서 북쪽을 향하여 선다.

主人升自阼階. 賓升自西階. 當楣北面立.

(5) 주인이 빈에게 술잔을 올리다[主人獻賓]

① 술동이[罇]를 담당하는 사람은 보를 걷는다. ② 주인은 비(篚)로 나아가 꿇어앉는다. ③ 술잔[爵]을 들고 일어나 술동이로 가서 술잔을 채운다. ④ 빈의 자리 앞으로 나아가 서북쪽을 향하여 빈에게 술을 올린다. ⑤ 빈은 서쪽 계단 위쪽 당에서 북쪽을 향하여 절한다. ⑥ 주인은 조금 물러난다.

執罇者徹羃. 主人適篚跪. 取爵興適罇, 實之. 進賓席前, 西北面獻賓. 賓西階上, 北面拜. 主人少退.

⑦ 빈은 자리 앞으로 나아가 술잔[爵]을 받고 뒤로 물러난 뒤 서쪽 계단 위쪽 당으로 돌아가서 북쪽을 향하여 선다. ⑧ 주인은 뒤로 물러나 동쪽 계단 위쪽 당으로 가서 북쪽을 향하여 절하여 술잔을 보낸다. ⑨ 빈은 조금 뒤로 물러난다.

賓進於席前, 受爵退, 復西階上, 北面立. 主人退, 於阼階上, 北面拜, 送爵. 賓少退.

⑩ 찬자는 포(脯)와 고기젓갈[醢]을【《대당개원례》〈정치위〉에는 '저(菹, 채소절임)와 고기젓갈'이라 했다.[188] 아래도 이와 같다】빈의 자리 앞에 올린다【《대당개원례》〈정치위〉편에서는 "빈 이하로 나이가 60세이면 두(豆, 음식이 담긴 나무그릇)가 3개이고,

贊者薦脯, 醢《正齒位》"菹, 醢". 下倣此】於賓席前【《正齒位》："賓以下年六十者三豆, 七十者四豆, 八十者五豆, 九十者及主人皆六豆"】.

---

188 저(菹, 채소절임)와……했다:《大唐開元禮》, 위와 같은 곳.

70세이면 두가 4개이고, 80세이면 두가 5개이고, 90세인 사람과 주인은 모두 두가 6개이다."[189]라 했다】.
⑪ 빈은 서쪽으로 자리에 올라 남쪽을 향하여 선다.
⑫ 찬자는 빈에게 절조(折俎, 희생제기)【《대당개원례》〈정치위〉편에는 절조가 없다. 아래도 이와 같다】를 차려준다.

　⑬ 빈은 꿇어앉아 왼손으로 술잔을 잡고 오른손으로는 포와 고기젓갈을 집어 변(籩)과 두(豆) 사이에 고수레한다. ⑭ 이어서 술을 고수레하고 나서 술을 맛본[啐]【쵀(啐)는 맛본다는 뜻이다】다음 일어난다.
⑮ 빈은 자리의 동쪽으로 내려와 서쪽 계단 위쪽 당으로 가서 북쪽을 향하여 꿇어앉는다. ⑯ 술을 다 비운 다음 일어난다.

賓自西方升席, 南面立. 贊者設折俎【《正齒位》無折俎. 下倣此】.

賓跪, 左執爵, 右取脯醢, 祭於籩豆之間. 遂祭酒, 啐酒【啐, 嘗也】, 興. 降席東, 適西階上, 北面跪. 卒爵, 興.

(6) 빈이 주인에게 보답으로 술잔을 올리다[賓酢主人]
　① 빈은 술동이로 가서 술잔을 채운다. ② 주인의 자리 앞으로 나아가 동남쪽을 향하여 주인에게 보답으로 술잔을 올린다. ③ 주인은 동쪽 계단 위쪽 당에서 북쪽을 향하여 절한다. ④ 빈은 조금 뒤로 물러난다.

適罇實之. 進主人席前, 東南面, 酢主人. 主人於阼階上, 北面拜. 賓少退.

　⑤ 주인은 자리 앞으로 나아가 술잔을 받는다.
⑥ 주인은 뒤로 물러나 동쪽 계단 위쪽 당으로 돌아가서 북쪽을 향하여 선다. ⑦ 빈은 뒤로 물러나 서쪽 계단 위쪽 당으로 돌아간다. ⑧ 북쪽을 향하여 절하고 술잔을 보낸다.

主人進受. 退, 復阼階上, 北面立. 賓退, 復西階上. 北面拜, 送爵.

---

189 빈……6개이다:《大唐開元禮》, 위와 같은 곳.

⑨ 찬자는 주인의 자리 앞에 포와 고기젓갈을 올린다. ⑩ 주인은 자리의 동쪽을 거쳐서 북쪽으로부터 자리에 오른다. ⑪ 찬자는 절조를 차려준다.

⑫ 주인은 꿇어앉아 왼손으로 술잔을 잡고 오른손으로는 포와 고기젓갈을 잡는다. ⑬ 이어서 술을 고수레하고 술을 맛본 다음 일어난다. ⑭ 주인은 남쪽으로부터 자리에서 내려와 동쪽 계단 위쪽 당으로 돌아간다. ⑮ 북쪽을 향하여 꿇어앉아 술을 다 마신다. ⑯ 술잔을 들고 일어났다가, 꿇어앉아 술잔을 동쪽 벽 끝에 놓은 다음 일어난다.

⑰ 비(篚)로 가서 꿇어앉아 헌수(獻酬)의 예를 할 술잔[觶]을 채운다. ⑱ 동쪽 계단 위쪽 당으로 돌아간다. ⑲ 북쪽을 향하여 꿇어앉아 술잔을 놓는다. ⑳ 이어서 절한 다음 술잔을 들고 일어난다. ㉑ 빈은 서쪽 계단 위쪽 당에서 답례로 절한다. ㉒ 주인은 꿇어앉아 고수레하고 나서 술을 마셔 술잔을 비운다.

贊者薦脯醢於主人席前. 主人由席東自北方升席. 贊者設折俎.

主人跪, 左執爵, 右取脯醢. 遂祭酒, 啐酒, 興. 自南方降席, 復阼階上. 北面跪, 卒爵. 執爵興, 跪奠爵於東序端, 興.

適篚跪, 取觶實之以酬. 復阼階上. 北面跪, 奠觶, 遂拜, 執觶興. 賓西階上答拜. 主人跪, 祭, 遂飲, 卒觶.

(7) 주인이 빈에게 술을 권하다[主人酬賓]

① 주인은 술잔을 잡고 일어난다. ② 이어서 술동이로 가서 술을 채운 다음 빈의 자리 앞에 나아가 북쪽을 향한다. ③ 빈은 절한다. ④ 주인은 조금 뒤로 물러난다. ⑤ 빈이 절하고 나면 주인은 꿇어앉아 술잔을 포와 고기젓갈 서쪽에 놓고 일어난다. ⑥ 동쪽 계단 위쪽 당의 자기 자리로 돌아간다.

執觶興. 適罇實之, 進賓席前, 北面. 賓拜. 主人少退. 賓旣拜, 主人跪奠觶於薦西, 興. 復阼階上位.

⑦ 빈은 그제서야 자리 앞으로 나아가 북쪽을 향하여 꿇어앉는다. ⑧ 술잔을 들고 서쪽 계단 위쪽 당의 자기 자리로 돌아간다. ⑨ 주인은 북쪽을 향

賓遂進席前, 北面跪. 取觶, 復西階上位. 主人北面拜送. 賓進席前, 北面跪.

해 절하여 술잔을 보낸다. ⑩ 빈은 자리 앞으로 나아가 북쪽을 향하여 꿇어앉는다. ⑪ 이어서 포와 고기젓갈 동쪽에 술잔을 놓고 일어난다. ⑫ 서쪽 계단 위쪽 당의 자기 자리로 돌아간다【주인이 올린 술을 마시지 않는 이유는 군자는 다른 사람의 환대를 다하게 하지 않음으로써 교제를 온전히 하기 때문이다】.

奠觶於薦東, 興. 復西階上位【酬酒不舉者, 君子不盡人之歡以全交也】.

(8) 주인이 개에게 술잔을 올리다[主人獻介]

① 주인은 북쪽을 향하여 읍한다. ② 이어서 동쪽 계단 아래로 내려와 서서 서쪽을 향한다. ③ 빈은 서쪽 계단 서쪽으로 내려와 서서(西序)를 마주하는 곳에서 동쪽을 향하여 선다【주인이 이제 개(介)와 예를 행하려 하기 때문에, 빈은 당 위의 자리에 있지 않는 것이다】.

主人北面揖. 遂降立於阼階下, 西面. 賓降立於西階西, 當西序㉚東面【主人將與介爲禮, 故賓不居堂上位】.

④ 주인은 뜰에 있는 개에게 나아가 개를 인도한다. ⑤ 주인은 개에게 읍한다. ⑥ 개는 읍으로 보답한다. ⑦ 주인과 개는 함께 계단에 이르러 1번씩 사양한다. ⑧ 주인은 동쪽 계단으로 당에 오른다. ⑨ 개는 서쪽 계단으로 당에 오른다. ⑩ 주인과 빈은 모두 상인방을 마주보는 곳에서 북쪽을 향해 선다.

主人進延介. 主人揖介. 介報揖. 至階一讓, 主人升阼階, 介升西階. 皆當楣, 北面立.

⑪ 주인은 동쪽 담 끝에 나아가 꿇어앉아 술잔[爵]을 들고 일어난다. ⑫ 술동이로 가 술잔을 채운다. ⑬ 개의 자리 앞에 나아가 서남쪽을 향하여 개에게 술을 올린다. ⑭ 개는 서쪽 계단 위쪽 당에서

主人詣東序端, 跪取爵, 興. 適罇實之. 進於介席前, 西南面, 獻介. 介西階上北面拜. 主人少退. 介

㉚ 序 : 저본에는 "席". 《大唐開元禮·嘉禮·鄉飲酒》에 근거하여 수정.

북쪽을 향하여 절한다. ⑮ 주인은 조금 뒤로 물러난다. ⑯ 개는 나아가 북쪽을 향하여 술잔을 받는다. ⑰ 뒤로 물러난 다음 자기 자리로 돌아간다. ⑱ 주인은 개의 오른쪽에서 북쪽을 향해 절하여 술잔을 보낸다. ⑲ 개는 조금 뒤로 물러난다. ⑳ 주인은 서쪽 계단의 동쪽에 선다.

進, 北面受爵. 退, 復位. 主人於介右北面拜, 送爵. 介少退. 主人立於西階之東.

㉑ 찬자는 포와 고기젓갈을 개의 자리 앞에 올린다. ㉒ 개는 나아가 북쪽으로부터 자리에 오른다. ㉓ 찬자는 절조를 차린다. ㉔ 개는 꿇어앉아 왼손으로 술잔을 잡고 오른손으로는 포와 고기젓갈을 든다. ㉕ 이어서 술로 고수레한 다음 술잔을 잡고 일어난다. ㉖ 남쪽으로부터 자리에서 내려와 북쪽을 향해 꿇어앉는다. ㉗ 술잔을 다 비운 다음 술잔을 잡고 일어난다.

贊者薦脯醢於介席前. 介進自北方升席. 贊者設折俎. 介跪, 左執爵, 右取脯醢. 遂祭酒, 執爵, 興. 自南方降席, 北面跪. 卒爵, 執爵興.

(9) 개가 주인에게 보답으로 술잔을 올리다[介酢主人]

① 개는 주인에게 술잔을 준다. ② 주인은 술동이로 가서 술잔을 채운다. ③ 서쪽 계단 위쪽 당에서 술잔을 올린 뒤, 개의 오른쪽에 선다. ④ 북쪽을 향하여 꿇어앉아 술잔을 놓고 이어서 절한다. ⑤ 술잔을 잡고 일어난다.

介授主人爵. 主人適罇實之. 以酢於西階上, 立於介右. 北面跪, 奠爵, 遂拜. 執爵, 興.

⑥ 개는 답례로 절한다. ⑦ 주인은 꿇어앉아 고수레하고 이어서 술을 마셔 술잔을 다 비운다. ⑧ 술잔을 잡고 일어난다. ⑨서쪽 기둥의 남쪽으로 나아가, 꿇어앉아 술잔을 놓는다. ⑩ 동쪽 계단 위쪽 당으로 돌아가서 읍하고 당에서 내려온다. ⑪ 개는 당에서 내려와 빈의 남쪽에 선다.

介答拜. 主人跪, 祭, 遂飲, 卒爵. 執爵, 興. 進跪奠爵於西楹南. 還阼階上, 揖, 降. 介降, 立於賓南.

(10) 주인이 중빈에게 술잔을 올리다[主人獻衆賓]

① 주인은 동쪽 계단 앞에서 서쪽을 향하여 중빈에게 읍하고 이어서 당 위로 올라간다. ② 서쪽 기둥 남쪽으로 가서 꿇어앉아 술잔을 들고 술동이로 가서 술잔을 채운다. ③ 서쪽 계단 위쪽 당으로 나아가서 남쪽을 향하여 중빈의 연장자에게 술잔을 올린다. ④ 중빈의 연장자는 서쪽 계단 위쪽 당으로 올라가서 북쪽을 향하여 절하고 술잔을 받는다. ⑤ 주인은 중빈의 연장자 오른쪽에서 북쪽을 향해 절하여 술잔을 보낸다.

主人於阼階前, 西[31]面, 揖衆賓, 遂升. 適西楹南, 跪取爵, 適鱒實之. 進於西階上, 南面, 獻衆賓之長. 升西階上, 北面拜, 受爵. 主人於衆賓長之右, 北面拜送.

⑥ 찬자는 포와 고기젓갈을 중빈의 연장자 자리 앞에 올린다. ⑦ 중빈의 연장자는 자리에 올라 꿇어앉는다. ⑧ 왼손으로 술잔을 잡고 오른손으로 포와 고기젓갈을 든 다음 술을 고수레한다. ⑨ 술잔을 잡고 일어나 서쪽 계단 위쪽 당으로 물러난다. ⑩ 선 채로 술을 다 마시고 나면 주인에게 술잔을 준다. ⑪ 당에서 내려와 자기 자리로 돌아간다.

贊者薦脯醢[32]於其席前. 衆賓之長升席, 跪. 左執爵, 右取脯醢, 祭酒. 執爵, 興, 退於西階上. 立飲訖, 授主人爵. 降復位.

⑫ 주인은 다시 술동이로 가서 술잔을 채우고 서쪽 계단 위쪽 당으로 나아간 다음 남쪽을 향하여 중빈 가운데 2번째 연장자에게 술잔을 올리되, 그 절차는 중빈의 연장자에게 올리는 예와 같다. ⑬ 다시 2번째 연장자가 당에 올라가 술을 마시는 의례도 위와 같다. ⑭ 주인은 술동이로 가서 술을 채우고 서쪽 계단 위쪽 당으로 나아간 다음 남쪽을 향하여 당 아래의 중빈에

主人又適鱒實之, 進於西階上, 南面, 獻衆賓之次者, 如獻衆賓長之禮. 又次一人升飲, 亦如之. 主人適鱒實酒, 進於西階上, 南面, 獻堂下衆賓. 每一人升, 受爵, 跪祭, 立飲. 贊

[31] 西:《大唐開元禮·嘉禮·鄕飮酒》에는 "西南".
[32] 醢: 저본에는 없음. 오사카본·《大唐開元禮·嘉禮·鄕飮酒》에 근거하여 보충.

게 술을 올린다. ⑮ 1명마다 당에 올라가서 술잔을 받고, 꿇어앉아 고수레한 다음 서서 술을 마신다. ⑯ 찬자는 그 자리에 포와 고기젓갈을 모두 올린다.

者徧薦脯醢於其位.

⑰ 예식을 마치면 주인은 술잔을 받아 비(篚)에 놓는다. ⑱ 주인과 빈은 1번 읍하고 1번 사양하면서 당에 올라간다. ⑲ 빈·개·중빈은 차례대로 당에 올라가 자리에 나아간다.¹⁹⁰

訖, 主人受爵, 奠於篚. 主人與賓一揖一讓升, 賓、介、衆賓序升, 卽席.

(11) 빈들을 위해 음악을 연주하다[樂賓]

① 당의 모서리[廉]에 악공의 자리를 마련하되, 서쪽 계단의 동쪽에서 북쪽을 향하며, 동쪽을 상석으로 한다【옆쪽의 가장자리를 렴(廉)이라 한다】. ② 악공 4명이 들어가는데, 앞의 2명이 슬(瑟)을 연주하는 사람이고, 뒤의 2명이 노래를 부르는 사람이다. ③ 악공이 슬을 가지고 서쪽 계단으로 당에 올라가서 자리에 나아가 앉는다. ④ 노래하는 악공이 《시경》〈녹명(鹿鳴)〉을 부른다. ⑤ 노래를 마치면 생황을 연주하는 악공이 들어가 당 아래에 서서 북쪽을 향하여 〈남해(南陔)〉를 연주한다.

設工人席於堂廉, 西階之東北面, 東上【側邊曰廉】. 工四人入, 先二瑟, 後二歌. 工持瑟升自西階, 就位坐. 工歌《鹿鳴》. 卒歌, 笙入, 立於堂下, 北面, 奏《南陔》.

⑥ 연주를 마치면 그제야 번갈아가며[間] 〈남유가어(南有嘉魚)〉를 노래하고 〈숭구(崇丘)〉를 생황으로 연주한다【간(間)은 번갈아 하는 것이니, 1번 노래하면 1번 악기를 부는 것이다】. ⑦ 이어서 《시경(詩經)》〈주남(周南)〉 "관저(關雎)"와 《시경》〈소남(召南)〉 "작소

訖乃間歌《南有嘉魚》, 笙《崇丘》【間, 代也, 謂一歌則一吹也】. 乃合樂《周南·關雎》、《召南·鵲巢》【合謂歌與衆聲俱作也. 樂無㉝

---

190 빈……나아간다 : '1) 주나라의 향음주례'와 비교하여, 다음 순서인 '주인을 돕는 사람이 술잔을 들어 여수하는 예가 시작되다[一人擧觶爲旅酬之始]'에 대한 의례는 생략되었다.

㉝ 無 : 저본에는 없음. 《大唐開元禮·嘉禮·鄕飮酒》에 근거하여 보충.

(鵲巢)"를 각각 합주하고 노래한다[合]【합(合)은 노래와 여러 악기가 함께 연주되는 것이다. 음악은 악공이 없으면 생략하고, 음란한 소리나 우아하지 않은 곡은 연주하지 않는다】. 工人則闋[34], 毋作淫聲不雅之曲】.

(12) 사정(司正)을 세우다[立司正]

① 악공들이 연주를 마치면 사정(司正)은 서쪽 계단으로 당에 올라【사정은 주인의 찬자를 말한다. 예악(禮樂)의 정식(正式)은 이미 이루어졌으나 빈(賓)을 더 머무르게 하고 해이하고 나태해지려는 유사들의 분위기를 바로잡기 위하여 사정을 세워 그것을 감독하게 하는 것이다】꿇어앉아 비(篚)에서 술잔[觶]을 들고 일어난다. ② 술동이로 가서 술을 채운다. ③ 서쪽 계단으로 내려간다. ④ 계단 사이로 가서 오른쪽으로 돈 다음 북쪽을 향해 꿇어앉아 술잔을 놓은 뒤, 손을 모으고 잠시 서 있는다. ⑤ 꿇어앉아 술잔을 들고 이어서 술을 마신다. ⑥ 술잔을 다 비우면, 술잔을 놓고 2번 절한다.

訖, 司正升西階【司正謂主人之贊. 禮樂之正旣成, 將留賓, 慮有懈惰, 立司正以監之】. 跪取觶於篚, 興. 適罇實之. 降自西階. 詣階間, 右還, 北面跪, 奠觶, 拱手少立. 跪取觶遂飮. 卒觶, 奠觶, 再拜.

(13) 빈이 주인에게 보답으로 술을 권하다[賓酬主人]

① 빈은 자리에서 내려와 비(篚)에서 술잔을 들고 술동이로 가서 술을 채운다. ② 동쪽 계단 위쪽 당으로 가서 북쪽을 향하여 주인에게 보답의 술을 올린다. ③ 주인은 자리에서 내려와 빈의 동쪽으로 나아가서 선다【여수(旅酬, 여러 사람이 서로 술을 권함)를 처

賓降席, 取觶於篚, 適罇實之. 詣阼階上, 北面酬主人. 主人降席, 進立於賓東【初起旅酬也. 凡旅酬者, 少長以齒】. 賓跪奠觶,

---

[34] 則闋 : 저본에는 "將間則". 《大唐開元禮·嘉禮·鄕飮酒》에 근거하여 수정.

음 하는 과정이다. 일반적으로 여수는 젊은 사람과 연장자의 나이순서대로 한다】. ④ 빈은 꿇어앉아 술잔을 놓고 이어서 절하고 술잔을 잡고 일어난다. ⑤ 주인은 답례로 절한다.

逐拜, 執觶, 興. 主人答拜.

⑥ 빈은 서서 술을 마시고, 술잔의 술을 다 비우면 술동이로 가서 술잔을 채운다. ⑦ 이어서 동쪽 계단 위쪽 당으로 가서 동남쪽을 향하여 주인에게 준다. ⑧ 주인은 2번 절한다. ⑨ 빈은 조금 뒤로 물러난다. ⑩ 주인은 술잔을 받는다. ⑪ 빈은 주인의 서쪽에서 북쪽을 향해 절하여 술잔을 보낸다【여수를 같은 계단에서 하는 이유는 예를 줄였기 때문이다】. ⑫ 빈은 읍하고 자리로 돌아간다.

賓立飲, 卒觶, 適罇實之. 進阼階上, 東南面授主人. 主人再拜. 賓少退. 主人受觶. 賓於主人之西, 北面, 拜送【旅酬同階, 禮殺】. 賓揖, 復席.

(14) 주인이 개에게 보답으로 술을 권하다[主人酬介]

① 주인은 서쪽 계단 위쪽 당으로 나아가서 북쪽을 향하여 개에게 보답의 술을 올린다. ② 개는 자리에서 내려와 남쪽으로부터 나아가 주인의 서쪽에 서서 북쪽을 향한다. ③ 주인은 꿇어앉아 술잔을 놓고 이어서 절한 뒤 술잔을 잡고 일어난다. ④ 개는 답례로 절한다.

主人進西階上, 北面酬介. 介降席, 自南方進, 立主人西, 北面. 主人跪奠觶, 遂拜, 執觶, 興. 介答拜.

⑤ 주인은 서서 술을 마시고, 술잔의 술을 다 비우면 술동이로 가서 술을 채운다. ⑥ 이어서 서쪽 계단 위쪽 당으로 나아가 서남쪽을 향하여 선다. ⑦ 개는 절한다. ⑧ 주인은 조금 뒤로 물러난다. ⑨ 개는 술잔을 받는다. ⑩ 주인은 개의 동쪽에서 북쪽을 향해 절하여 술잔을 보낸다. ⑪ 주인은 읍하고 자리로 돌아간다.

主人立飲, 卒觶, 適罇實之. 進西階上, 西南面立. 介拜. 主人少退. 介受觶. 主人於介東, 北面, 拜送. 主人揖, 復席.

(15) 여수 의례를 두루 행하여 마치다[辯旅酬之禮畢]

① 사정은 서쪽 계단으로 당에 올라가 북쪽을 향하고 서서 서로 술잔을 올리며 "아무개 선생님께서는 술잔을 받으십시오."라 한다. ② 술잔을 받는 사람은 자신의 자리에서 내려가 서쪽으로부터 나아가고 개의 오른쪽에서 북쪽을 향하여 선다【여(旅)는 순서라는 뜻이다. 이때 개(介)가 중빈(衆賓)에게 술을 권하고 중빈은 또 순서에 맞추어 서로 술을 권한다. 아무개라는 것은 중빈의 성(姓)이다. 중빈의 성이 동성(同姓)일 때에는 백(伯, 큰형)·중(仲, 둘째)으로 누가 손윗사람인지를 구별한다. 그 나이도 같으면 한결같이 그들의 차자(且字)로 구별한다. 술잔을 받는 사람이 개의 동쪽을 거쳐 가는 이유는 개를 존중하여 본래의 자리를 잃지 않게 하기 위함이다】.

③ 사정은 물러나 당 위의 서쪽 벽[西序, 서서]의 남쪽 끝에 서고 동쪽을 향한다【술잔을 받는 사람에게 자리를 피해주기 위함이다. 또 당의 아래에 있는 사람과 위에 있는 사람을 모두 돕기 편하게 하기 위함이다】. ④ 개는 꿇어앉아 술잔을 놓고 이어서 절한 다음 술잔을 잡고 일어난다. ⑤ 아무개 선생은 답례로 절한다. ⑥ 개는 서서 술을 마시고, 술잔의 술을 다 비우면 술동이로 가서 술을 채운다.

⑦ 서쪽 계단 위쪽 당으로 나아가 서남쪽을 향하여 아무개 선생에게 술잔을 준다. ⑧ 아무개 선생은 술잔을 받는다. ⑨ 개는 아무개 선생의 왼쪽에 서서 북쪽을 향하여 읍하고 자리로 돌아간다. ⑩ 사정은 "아무개 선생님께서는 술잔을 받으십시오."라 한다.

司正升自西階, 北面立, 相旅曰"某子受酬". 受酬者降席, 自西方進, 北面立於介右【旅, 序也. 於是介酬衆賓, 衆賓又以次序相酬也. 某者, 衆賓姓也. 同姓則以伯仲別之, 又同則一以其㉟字別之. 受酬者由介東, 尊介使不失故位】.

司正退立於序端, 東面【避受酬者, 又使其贊相上下】. 介跪奠觶, 遂拜, 執觶, 興. 某子答拜. 介立飲, 卒觶, 適罇實之.

進西階上, 西南面, 授某子. 某子受觶. 介立於某子之左, 北面揖, 復席. 司正曰"某子受酬". 受酬者降自西方, 立於某子之左, 北

⑪ 술잔을 받은 사람이 서쪽으로 내려가 이미 술잔을 받은 아무개 선생의 왼쪽에 서서 북쪽을 향한다. ⑫ 아무개 선생은 꿇어앉아 술잔을 놓고 이어서 절하고 술잔을 잡고 일어난다. ⑬ 술잔을 받은 사람은 답례로 절한다. ⑭ 아무개 선생은 술잔을 받아 서서 술을 마시고, 술잔의 술을 다 비우면 술동이로 가서 술을 채운다.

⑮ 서쪽 계단 위쪽 당으로 나아가서 서남쪽을 향하여 술잔을 준다. ⑯ 답례로 술잔을 받는 사람은 술잔을 받는다. ⑰ 아무개 선생은 술잔을 받은 사람의 오른쪽에 서서 읍하고 자신의 자리로 돌아간다.

⑱ 그 다음 한 사람과 당 아래의 중빈이 술잔을 받는 의례도 이와 같이 한다. ⑲ 아무개 선생에게 마지막으로 술잔을 받은 사람은 술잔을 가지고 꿇어앉아 비(篚)에 놓고 계단 아래 자신의 자리로 돌아간다.191

面. 某子跪奠觶, 遂拜, 執觶, 興. 受酬者答拜. 某子受立飲, 卒觶, 適罇實之.

進西階上, 西南面授之. 受酬者受觶. 某子立於受酬者之右, 揖, 復席.

次一人及堂下衆賓受酬, 亦如之. 於某子卒受酬者, 以觶跪奠於篚, 復階下位.

(16) 조(俎, 희생제기)를 물리고 당에 올라가 자리에 앉다[升坐]

① 사정은 동쪽 계단 위쪽 당으로 가서 동쪽을 향하여 주인에게 명을 받는다. ② 주인은 "빈께 앉아 계시라고 전하시오."라 말한다. ③ 사정은 몸을 돌려 북쪽을 향하여 빈에게 "빈께서는 앉아 계십시오."라 고한다. ④ 빈은 "명대로 하겠습니다."라 한다【빈과 주인의 말은 모두 사정이 전한다】.

司正適阼階上, 東面, 受命於主人. 主人曰"請坐於賓". 司正廻, 北面, 告於賓曰"請賓坐". 賓曰"唯命"【賓主之詞皆司正傳】.

---

191 아무개……돌아간다 : '1) 주나라의 향음주례'와 비교하여, 이 다음 의례인 '주인을 돕는 두 사람이 술잔을 올려 잔의 숫자를 세지 않고 마시는 예가 시작되다[二人擧觶爲無算爵之始]'는 생략되었다.

35 其 : 저본에는 "某". 《大唐開元禮·嘉禮·鄕飮酒》에 근거하여 수정

⑤ 빈과 주인은 각각 자리로 가서 앉는다【만약 빈과 주인이 모두 관복을 입었으면 모두 당 아래로 내려와 신을 벗는다. 이때 주인은 왼쪽을 먼저 벗고 빈은 오른쪽을 먼저 벗는다. 당 위에서 예를 마치면 내려와서 보통 때처럼 신을 신는다. 《대당개원례》〈정치위〉편에서의 절차는 다음과 같다. "사정은 기둥 사이에서 북쪽을 향하여 술잔을 들고 다음과 같이 말한다. '조정에서 옛 전장(典章, 제도와 문물)을 따라서 예교(禮敎, 예의에 관한 가르침)를 돈독하게 행했다. 모든 우리 연장자와 젊은이는 각자 서로 부지런히 힘써 나라에 충성하고 부모에게 효도하며, 안으로는 집안에서 화목하고 밖으로는 마을에서 친하여, 혹시라도 잘못되거나 게을러져 욕되는 일이 생기지 않도록 해야 한다.' 빈과 주인 이하는 모두 2번 절한다. 사정은 꿇어앉아 술잔을 놓고 2번 절한 다음 꿇어앉아 술잔을 들어 술을 마신다. 술잔의 술을 다 마시고 일어난다. 빈과 주인 이하는 모두 자리에 앉는다. 사정은 비(篚)로 가서 꿇어앉아 술잔을 놓고 일어난 다음 당에서 내려와 자기의 자리로 돌아간다"192】.

⑥ 사정이 당에서 내려와 자기 자리로 돌아가면 그제야 음식을 올린다[羞]【수(羞)란 음식을 올린다는 뜻이다. 올린 음식은 저민 고기와 고기젓갈이다. 《대당개원례》〈정치위〉편에는 음식을 올리는 절차가 없다】.

賓主㊱, 各就席坐【若賓主俱公服者, 則皆降脫履於階下, 主人先左, 賓先右. 禮畢, 降納如常.〈正齒位〉"於楹間, 北面, 乃揚觶而言曰:'朝廷率由舊章, 敦行禮敎. 凡我長幼, 各相勸勖, 忠於國, 孝於親, 內睦於閨門, 外比於鄕黨, 無或愆墮以忝所生.' 賓主以下, 皆再拜. 司正跪奠觶, 再拜, 跪取觶飮. 卒觶, 興. 賓主以下, 皆坐. 司正適篚, 跪奠觶, 興, 降, 復其位"】.

司正降復位乃羞【羞進也. 所進者, 肉胾醢.《正齒位》無進羞】.

192 사정은……돌아간다:《大唐開元禮》卷128〈嘉禮〉"正齒位"(《文淵閣四庫全書》646, 756쪽).
㊱ 主:저본에는 "坐".《大唐開元禮·嘉禮·鄕飮酒》에 근거하여 수정.

(17) 연주하고 부르는 악가의 횟수나 순서를 정하지 않다[無算樂]

① 술잔[爵]의 수를 세지[算] 않으며 음주례를 행한다【산(算)이란 헤아려 정한다는 말이다. 빈과 주인이 연희에서 술을 마시면서 술잔이 오가는 숫자를 세지 않는다. 취하고 나서야 술잔 오가기를 그친다. 3빈(빈·개·중빈 가운데 연장자) 이상은 찬자 2명이 술잔을 채워주고, 그 이하는 스스로 만족할 때까지 마신다. 《대당개원례》〈정치위〉편에서는 또한 "수를 세지 않고 편안히 마시며, 음악도 헤아리지 않고 번갈아가며 연주하고 부르거나 합주하면서 술을 충분히 마신 다음 음악을 그친다."[193]라 했다】. ② 주인의 찬자가 이 의례에 함께 한다.

無算爵【算, 數也. 賓主燕飲, 爵行無數, 醉而止. 三賓以上, 贊者二人行爵, 以下取足也.《正齒位》又"無算燕, 樂亦無數, 或間或合, 盡飲而止也"】. 主人之贊者與焉.

(18) 빈이 나가다[賓出]

① 연회를 마치면 빈과 주인은 모두 일어난다. ② 빈 이하는 서쪽 계단으로 내려간다. ③ 주인은 동쪽 계단으로 내려간다. ④ 빈 이하는 문 밖의 서쪽으로 나가 서서 동쪽을 향하되, 북쪽을 상석으로 한다. ⑤ 주인은 문 밖의 동쪽에서 빈 이하 손님들을 전송하며 서쪽을 향하여 2번 절한다. ⑥ 빈과 개는 조심조심 물러난다.[194]《대당개원례(大唐開元禮)》[195]

燕訖, 賓主俱興. 賓以下降自西階. 主人降自東階. 賓以下出立於門外之西, 東面, 北上. 主人送於門外之東, 西面再拜. 賓·介逡巡而退.《開元禮》

---

193 수를……그친다:《大唐開元禮》卷128〈嘉禮〉"正齒位"(《文淵閣四庫全書》646, 754쪽).

194 빈과……물러난다:'1) 주나라의 향음주례'와 비교하여, 이 다음 의례인 '준자의 의례[遵者之禮]'와 '잔치를 베푼 주인과 찾아와준 빈에게 절하다[拜賜拜辱]'와 '사정을 위로하다[息司正]'는 생략되었다.

195《五禮通考》卷168〈嘉禮〉"鄉飲酒禮"'唐開元禮鄉飲酒'(《文淵閣四庫全書》139, 32~35쪽);《大唐開元禮》卷127〈嘉禮〉"鄉飲酒"(《文淵閣四庫全書》646, 750~753쪽).

3) 송(宋)나라의 향음주례

경원(慶元) 연간(1195~1200)에 주자(朱子)[196]가 《의례
(儀禮)》를 근거로 주인·빈(賓)·준(僎)·개(介)의 자리를
다음과 같이 수정했다. 향음주례의 주인은 주(州)에
서는 주수(州守, 주의 으뜸 벼슬)가 맡고 현(縣)에서는 현
령(縣令, 현의 으뜸 벼슬)이 맡는데, 당(堂)에서의 자리는
동남쪽이다. 빈은 마을에 거주하고 나이가 많은 치
사자(致仕者)로, 당에서의 자리는 서북쪽이다. 준은
주에서는 주쉬(州倅)[197]가 맡고 현에서는 현승(縣丞)이
나 현부(縣簿)가 맡는데, 자리는 동북쪽이다. 개는
그 다음으로 높은 사람이 맡으며, 자리는 서남쪽이
다. 삼빈(三賓)은 빈에 버금가는 사람이 맡는다. 사정
(司正)은 여러 사람이 추천하고 따르는 사람이 맡는
다. 상(相)과 찬(贊)은 사(士) 중에서 의례에 익숙한 사
람이 맡는다.

① 향음주례를 하는 날에 날이 밝으면 주인은 빈
이하를 인솔하여 먼저 선성(先聖, 옛 성인. 특히 공자)과
선사(先師, 옛 현인)께 석채(釋菜)[198]를 올린다. ② 물러
나 각자 자리에 가서 숙빈(肅賓)[199]을 기다린다. ③ 개
와 중빈이 당에 들어오고 나면 주인은 빈의 지위대로
자리를 마련한 다음 술을 고수레한 뒤, 2번 절한다.

宋儀

慶元中, 朱子以《儀禮》改
定, 主、賓、僎、介之位. 其
主則州以守, 縣以令, 位于
東南. 賓以里居年高及致
仕者, 位于西北. 僎則州以
倅, 縣以丞或簿, 位東北.
介, 以次長, 位西南. 三賓,
以賓之次者, 司正以眾所
推服者. 相及贊, 以士之熟
于禮儀者.

其日質明, 主人率賓以下,
先釋菜于先聖、先師. 退各
就次以俟肅賓. 介與眾賓
既入, 主人序賓, 祭酒, 再
拜.

---

196 주자(朱子):주희(朱熹, 1130~1200)를 가리킨다. 중국 남송(南宋)의 유학자로, 존칭인 주자(朱子)로 널리
알려져 있다. 송대의 유학을 집대성하였고, 사서(四書) 체제를 확립하고, 《소학(小學)》 편찬에 관여하는
등 유학사에 큰 영향을 끼쳤다.
197 주쉬(州倅):주수(州守)의 보좌를 담당하는 관리. 우리나라에서는 쉬(倅)가 고을의 장관을 뜻하나, 중국에
서는 장관을 보좌하는 2인자의 직함으로 쓰였다.
198 석채(釋菜):문묘에서 공자를 비롯한 선성(先聖)과 선사(先師)들에게 올리는 제사.
199 숙빈(肅賓):빈을 당으로 인도하는 의례로, 대문 밖에서 빈을 맞이하는 영빈(迎賓) 다음의 의례이다. '숙
(肅)'은 인도한다는 뜻.

④ 뢰(罍, 물동이)로 가서 손을 씻고 술잔[觶]을 씻는
다. ⑤ 술동이로 가서 술을 뜨고 술잔에 채운 다음
집사자(執事者, 의례를 돕는 사람)에게 준다. ⑥ 집사자는
빈의 자리 앞에 가서 꿇어앉아 빈에게 술을 올린다.
⑦ 빈은 보답의 술잔을 주인에게 올린다. ⑧ 주인은
개에게 술잔을 올린다. ⑨ 개는 중빈에게 술잔을 올
린다. ⑩ 빈과 주인 이하는 각자 자리로 가서 앉는다.

⑪ 이 과정을 마치면 빈과 주인 이하는 술잔 올
리기를 2번 하고, 다음으로 손과 술잔을 씻는다.
⑫ 찬자는 사정에게 술잔을 들고 치사(致詞, 축사)를 하
도록 청한다. ⑬ 사정은 자기 자리로 돌아간다. ⑭ 주
인 이하는 자리로 돌아가 앉는다. ⑮ 주인은 일어나
다시 동쪽 계단 기둥 아래로 간다. ⑯ 준은 빈과 개
를 따라 서쪽 계단 아래에 가서 선다. ⑰ 삼빈은 서
쪽 계단으로 가 서서 모두 남쪽을 향한다. ⑱ 주인
은 절한다. ⑲ 빈과 개 이하는 2번 절한다.

⑳ 빈과 개와 중빈이 먼저 종종걸음으로 서쪽으
로 물러 나온다. ㉑ 주인은 조금 서 있다가 동쪽으
로 나온다. ㉒ 빈 이하는 상(庠, 지방 학교) 문 밖의 오
른쪽에 서서 동쪽을 향한다. ㉓ 주인은 문 밖의 왼
쪽에 서서 서쪽을 향한다. ㉔ 준은 주인을 따라 2번
절한다. ㉕ 빈과 개 이하는 모두 2번 절하고 물러난
다. 《송사(宋史)》〈예지(禮志)²⁰⁰〉²⁰¹

詣罍洗, 洗觶. 至酒尊所
酌實觶, 授執事者. 至賓席
前, 跪以獻賓. 賓酬主人.
主人酬介. 介酬衆賓. 賓主
以下, 各就席坐.

訖, 酒再行, 次沃洗. 贊者
請司正揚觶致詞. 司正復
位. 主人以下復坐. 主人
興, 復至阼階楣下. 僕從
賓, 介復至西階下立. 三賓
至西階立, 竝南向. 主人
拜. 賓, 介以下再拜.

賓, 介與衆賓先自西趨出.
主人少立, 自東出. 賓以下
立于庠門外之右, 東鄉. 主
人立于門外之左, 西鄉. 僕
從主人再拜. 賓, 介以下皆
再拜, 退.《宋史·禮志》

200 송사(宋史) 예지(禮志) :《송사》는 중국 원(元)나라 때 편찬한 송나라의 역사서로, 북송과 남송의 역사가
   모두 포함되어 있다. 원(元)나라 중서우승상(中書右丞相) 탁극탁(托克托)이 편찬 책임자이며, 본기(本紀)
   47권(卷), 지(志) 162권, 표(表) 32권, 열전(列傳) 255권, 총 496권 약 5백만 자(字) 분량이다. 이 〈예지〉
   에는 의례에 관련된 내용이 수록되어 있다.
201 《宋史》卷114〈禮志〉18, 2722쪽 ;《五禮通考》卷168〈嘉禮〉"鄕飮酒禮"《文淵閣四庫全書》139, 39~40쪽).

4) 명(明)나라의 향음주례【현(縣)과 읍(邑)의 향음주례와 독률(讀律)202에 대한 의례 주석】

明儀【縣邑飮酒、讀律儀注】

(1) 빈·주인·개·준을 정하다[立賓、主、介、僎]203

매년 겨울 마지막 달에 향음주례를 거행한다. 현령이 주인을 맡는다. 고을의 노인으로 나이가 60세 이상이며 덕이 있는 사람 1명을 빈으로 삼는다. 그 다음 유덕자 1명을 개로 삼고, 또 그 다음을 삼빈으로 삼고, 또 그 다음을 중빈으로 삼는다. 고을 사람 가운데 이전에 대부(大夫)나 사(士)로 있다가 치사(致仕)한 사람이나, 다른 고을 출신으로 이 고을에 사는[寄居] 사(士)나 대부(大夫)로, 나이와 덕이 예를 높일 만한 사람 1명을 준(僎)204으로 삼는다【만약 적당한 사람이 없으면 현승(縣丞)이나 주부(注簿)205를 그 직책으로 삼는다. 그래도 없으면 생략한다】.

많은 사람이 추천하고 따르는 사람 1명을 사정(司正)으로 삼는다. 찬례(贊禮)206 1명과 찬인(贊引)207은 모두 사(士) 가운데 용모가 온화하며 예의를 익힌 사람을 가려 뽑아서 맡긴다【빈과 주인은 각각 찬인(贊引)을 둔다】. 독률 1명은 독률을 잘 하는 사람을 시킨다.

每冬季行事. 縣令爲主. 以鄕之老人, 年六十以上有德行者一人爲賓. 其次一人爲介, 又其次爲三賓, 又其次爲衆賓. 鄕人嘗爲大夫士而致仕者, 或寄居之士大夫, 年德可尊禮者一人爲僎.【如無則以縣丞、主簿爲之, 無則闕】.

以衆所推服者一人爲司正. 贊禮一人及贊引者, 皆擇士之容貌詳緩習禮儀者爲之【賓主各有贊引】. 讀律一人, 使能者.

---

202 독률(讀律):법률 조문을 읽는 일.
203 빈……정하다:원문에는 없으나 이해의 편의를 위해 아래에 적힌 주석을 표제어로 삼았다. 이하 동일.
204 준(僎):출신 지역이 같은 사람으로서 벼슬이 대부에까지 이르렀던 사람을 말한다. 고문에는 준(遵)이라 표기되어 있다.
205 주부(注簿):중국 명나라 때의 지방관직. 현의 실무를 담당했으며 9품이다.
206 찬례(贊禮):의례를 돕는 사람.
207 찬인(贊引):의례를 행할 때 제관이나 참석자를 앞에서 인도하는 사람.

【이상은 빈·주인·개·준을 정하는 의례이다】　　【右立賓、主、介、僎】

(2) 자리를 펴고 서는 위치[位]와 옷 갈아입을 곳을 마련하다[陳席設位、次]

① 빈의 자리는 당의 북쪽 두 기둥 사이에서 조금 서쪽에 남쪽을 향하도록 마련한다【《의례(儀禮)》〈사관례(士冠禮)〉에서는 "손님 자리[客位]에서 초(醮)[208]를 한다."[209]라 했는데, 요즘도 이곳을 가리켜 손님 자리라 한다】. ② 주인의 자리는 동쪽 계단 위쪽 당에 서쪽을 향하도록 마련한다【동쪽 기둥의 동쪽에 있고, 조금 북쪽이다】. ③ 개의 자리는 서쪽 계단 위쪽 당에 동쪽을 향하도록 마련한다【서쪽 기둥의 서쪽에 있고, 조금 북쪽이다】. ④ 준의 자리는 빈의 자리 동쪽에서 남쪽을 향하도록 마련한다【두 기둥 사이에서 조금 동쪽을 말하는데, 민간에서는 이곳을 주인 자리라 한다】. ⑤ 삼빈의 자리는 빈의 자리 서쪽에서 남쪽을 향하도록 마련한다【빈과 함께 일렬이 된다】. ⑥ 자리는 모두 혼자 사용하며 서로 닿지 않도록 한다. ⑦ 중빈 가운데 나이 60세 이상은 서서(西序, 당 위의 서쪽 담)에 자리를 마련하고, 동쪽을 향하며 북쪽을 상석으로 한다【당의 동쪽 벽과 서쪽 벽을 '서(序)'라 한다】.

⑧ 만약 빈이 많으면 또한 자리를 서쪽 계단 위

設賓席于堂北兩楹之間, 少西, 南面【《冠禮》"醮于客位", 今世亦指此處爲客位】. 主席于阼階上, 西面【在東楹之東, 少北】. 介席于西階上, 東面【在西楹之西, 少北】. 僎席于賓東, 南面【謂兩楹之間少東, 世俗謂此處爲主位】. 三賓席于賓西, 南面【與賓共爲一列】. 皆專席, 不屬. 衆賓六十以上者, 席于西序, 東面, 北上【堂東西墻謂之"序"】.

若賓多則又設席于西階上,

---

208 초(醮):관례나 혼례 때 행하는 의식 중 하나. 어른이 젊은 사람에게 술을 주면 젊은 사람은 술을 받아 모두 마시며, 보답으로 술을 올리는 절차는 없다.

209 손님……한다:《儀禮註疏》卷3〈士冠禮〉《十三經注疏整理本》10, 54쪽).

쪽에 마련하고, 북쪽을 향하며 동쪽을 상석으로 한다. ⑨ 요좌(僚佐)의 자리는 동쪽 벽에 마련하고, 서쪽을 향하며 북쪽을 상석으로 한다【요좌는 현승 이하의 관리를 말한다. 만약 현승이 준이 되면 그 아래 직위인 주부나 전사(典史)²¹⁰가 여기에 앉는다】. ⑩ 중빈 가운데 나이 50세 이하인 사람은 당 아래의 서쪽 계단 서쪽에 자리를 마련하고, 담을 마주보는 곳에서 동쪽을 향하며 북쪽을 상석으로 한다.

⑪ 만약 빈이 많으면 서쪽 계단 남쪽에 자리를 또 마련하고, 북쪽을 향하며 동쪽을 상석으로 한다【일반적으로 서 있는 위치는 모두 자리를 마련하지만 앉지 않다가 술잔[爵]을 세지 않는 의례[無算爵]에 이르러서야 앉는다】.

⑫ 사정과 독률자(讀律者, 법률 조문을 읽는 사람)는 당 아래 동쪽 계단 남쪽에 자리를 마련하고, 북쪽을 향하며 서쪽을 상석으로 한다【《의례》〈향음주례〉를 살펴보면, 사정은 두 계단 사이에 자리를 마련하고, 북쪽을 향하며, 포와 고기젓갈을 그 서 있는 자리에 올렸다.²¹¹ 지금 포와 고기젓갈을 올릴 때는 모두 탁자를 마련하여 올리므로 옛날과 다르다. 그래서 여기로 사정의 위치를 옮겼다】.

⑬ 주인의 찬자는 동쪽 계단의 동쪽에 자리[位]를 마련하고, 서쪽을 향하며 북쪽을 상석으로 한

北面, 東上. 僚佐席于東序, 西面³⁷, 北上【僚佐謂縣丞以下. 若丞爲僎, 則主簿、典史居此】. 設衆賓五十以下者, 位于堂下西階之西, 當序東面, 北上.

若賓多則又設位于西階之南, 北面, 東上【凡立位, 皆設席而不坐, 至無算爵乃坐】.

司正及讀律者, 位于堂下阼階之南, 北面, 西上【按《儀禮》, 司正位于兩階之間, 北面, 而脯醢薦于其位. 今薦脯醢, 皆設卓案, 與古異. 故改位于此】.

設主之贊者位于阼階之東, 西面, 北上【《禮》：“主之贊

---

210 전사(典史)：중국 명나라의 향리. 품급(品級)이 없었다.
211 사정은……올렸다：《의례·향음주례》에는 사정의 자리는 기둥 사이에 마련한다고만 되어 있다.《儀禮註疏》卷9〈鄕飲酒禮〉(《十三經注疏整理本》10, 178쪽).
㊲ 面：저본에는 “南”.《五禮通考·嘉禮·鄕飲酒禮》에 근거하여 수정.

다【《의례》〈향음주례〉에 "주인의 찬자는 서쪽을 향하며 북쪽을 상석으로 한다. 술잔[爵]을 정하지 않는 의례를 행한 뒤에야 음주에 참여한다."라 했다. 정현의 주에 "찬자는 주인의 속리(屬吏, 소속된 관리인)를 말하며, 주인을 보좌하여 보[冪]를 걷거나 손 씻는 물을 따르거나 포·고기젓갈·희생음식 등을 올리는 사람이다."212라 했다】.

⑭ 주인과 요좌 이하의 임시거처[次]는 동쪽 행랑에 마련한다. ⑮ 빈·개·중빈의 임시거처는 학교 대문의 밖에 마련한다. ⑯ 준의 임시거처도 대문 밖에 마련한다.

【이상은 자리[席]를 펴고 서는 자리[位]와 임시거처를 마련하는 의례이다. 석(席)은 앉는 자리를 말하고, 위(位)는 서는 자리를 말하고, 차(次)는 옷을 갈아입는 임시거처를 말한다】

(3) 기물을 진설하다[陳器]

① 술동이는 당 위의 동남쪽 구석에 마련하고 국자를 놓는다. ② 보[冪]는 갈포를 사용한다. ③ 술잔을 씻는 곳[爵洗]은 동쪽 계단 아래 동남쪽에 마련한다. ④ 비(篚) 1개는 술잔 씻는 곳 서쪽에 두어 술잔인 작(爵)과 치(觶)를 담는다. ⑤ 손 씻는 대야[盥洗]는 술잔 씻는 곳의 동쪽에 둔다.

⑥ 탁자를 당 위아래의 앉는 자리와 서는 자리

者西面，北上．無算爵，然後與．" 注曰："贊者謂主之屬，佐主徹冪沃盥，設薦俎者．"】．

設主及僚佐以下次于東廊．賓、介及衆賓次于庠門之外．僕次亦在門外．

【右陳席設位、次．席謂坐席，位謂立位，次謂更衣服之所】

設酒尊于堂上東南隅，加勻．冪用葛巾．爵洗于阼階下東南．篚一于洗西實以爵、觶．盥洗在爵洗東．

設卓案于堂上下席、位前

212 찬자는……사람이다:《儀禮註疏》卷10〈鄕飮酒禮〉(《十三經注疏整理本》10, 197쪽).

앞에 마련한다【《의례》〈향음주례〉를 살펴보면 "포
와 고기젓갈은 모든 손님에게 있다."라 했으며, 그 주
석에서는 "모두 각자의 자리에 이들을 올린다."213라
했다. 그렇다면 서 있는 사람에게도 포와 고기젓갈을
올려야 한다는 것이다. 다만 옛날에는 땅에 자리를
마련하고 앉았으므로 땅 위에 포와 고기젓갈을 올
렸다. 지금은 이 의례를 따르기 어렵다】.

⑦ 탁자 위에는 그릇[豆]을 진설한다. 나이 60세
인 사람에게는 그릇 3개, 70세인 사람에게는 그릇
4개, 80세인 사람에게는 그릇 5개, 90세인 사람에
게는 그릇 6개, 당 아래에 있는 사람에게는 그릇
2개를 놓는다. ⑧ 주인의 그릇은 빈의 그릇 수와 같
다【만약 나이 90세인 사람이 빈이 되어 그릇 6개를
놓았으면 주인도 그릇 6개를 놓는다. 그 나머지의
경우도 모두 이와 같다】.

⑨ 그릇에는 모두 채소절임과 고기젓갈을 담는
다【빈이 현명하고 능력 있는 사람으로 추천되었을
때는 포와 고기젓갈을 쓴다】. ⑩ 술잔을 놓는 탁자
는 동서(東序)의 끝과 서쪽 기둥의 남쪽에 각각 1개씩
마련한다.

【按《儀禮》"徧有脯醢", "皆
薦于其位", 則立者亦當有
之. 但古者席地而坐, 故薦
于地上. 今難從】.

陳豆于其上. 六十者三豆,
七十者四豆, 八十者五豆,
九十者六豆, 堂下者二豆.
主人豆如賓之數【若九十者
爲賓六豆, 則主人亦六豆,
其餘悉皆倣此】.

皆實以菹、醢【賓興賢能,
則用脯醢】. 設奠爵卓案于
東序端及西楹南各一.

【이상은 기물을 진설하는 의례이다】

【右陳器】

(4) 사채를 올리다[舍菜]
　만약 빈이 현명하고 능력있는 사람으로 추천되었

若賓興賢能, 則前一日舍菜

을 때는 행사 전날 선성(先聖)과 선사(先師)의 사당에 일상적인 의례대로 사채(舍菜)[214]를 올린다.《대당개원례》〈정치위〉편에는 이 절차가 생략되어 있다.

于先聖先師, 如常儀.《正齒位》則省.

【이상은 사채를 올리는 의례이다】

【右舍菜】

(5) 직분대로 서다[立班]

① 향음주례 하는 날에 날이 밝으면 주인과 빈·개 이하는 각자의 옷 갈아입는 곳으로 나아간다. ② 집 사자는 의례에 쓸 기구와 음식을 점검한다. ③ 준비 를 마치면 주인의 옷 갈아입는 곳 앞에 나아가 준비 가 완료되었다고 고한다. ④ 그제야 북치는 사람에 게 북을 울리라고 명한다. ⑤ 찬인(贊引)은 주인과 요 좌(僚佐) 이하를 인도하여 임시거처에서 나간다【주 인과 요좌는 조복(朝服)을 입고 나머지는 심의(深衣) 를 입는다】.

其日質明, 主及賓、介以下 各就次. 執事者省視器饌. 畢詣主次前告具. 乃命鼓 人鳴鼓. 贊引導主及僚佐以 下, 出次【主及僚佐朝服, 餘深衣】.

⑥ 주인은 동쪽 계단 아래에 서서, 서쪽을 향한 다. ⑦ 요좌는 차례대로 주인의 뒤에 서되, 모두 서쪽 을 향하며 북쪽을 상석으로 한다. ⑧ 사정과 독률자는 북쪽을 향하고 서쪽을 상석으로 한다. ⑨ 찬례는 동쪽 계단 서쪽으로 나아가 당의 모서리 가까이에 선다.

主立于阼階下, 西面. 僚佐 序立于主之後, 皆西面, 北 上. 司正及讀律者, 北面, 西上. 贊禮進立于東階之 西, 近堂廉.

⑩ 빈의 찬인이 빈 이하를 인도하면 빈 이하는 옷을 갖추어 입고 임시거처에서 나가 순서대로 학 교[庠] 대문 밖의 오른쪽에 선다. ⑪ 개는 빈의 남쪽 에 자리잡는다. ⑫ 삼빈은 개의 남쪽에 자리잡는다.

賓之贊引導賓以下, 盛服, 出次, 序立于庠門外之右. 介居賓南. 三賓居介南. 衆 賓居三賓之後, 皆東面, 北

---

214 사채(舍菜): 석채(釋菜)와 같다. 문묘에서 공자를 비롯한 선성(先聖)과 선사(先師)들에게 올리는 제사.

⑬ 중빈은 삼빈의 뒤에 자리잡되, 모두 동쪽을 향하고 북쪽을 상석으로 한다【준은 그대로 임시거처에 머무르며 나가지 않는다】.

上【僎仍居次, 不出】.

【이상은 직분대로 서는 의례이다】

【右立班】

(6) 빈을 맞이하다[迎賓]

① 직분대로 자리가 정해지면 찬인은 "주인께서 빈을 맞이하십니다."라 외친다. ② 찬인은 주인 왼쪽으로 나아가 "빈을 맞이하십시오."라 한다. ③ 이어서 주인을 인도하여 학교 대문 밖으로 나가 서쪽을 향하여 서게 한다【요좌는 나가지 않는다】.

④ 찬인은 "읍하십시오."라 외친다. ⑤ 주인은 읍한다. ⑥ 빈 이하도 모두 읍한다. ⑦ 찬인은 "숙빈(肅賓)"이라 외친다. ⑧ 주인은 빈에게 읍한다. ⑨ 빈은 답례로 읍한다. ⑩ 찬인은 주인을 인도하여 먼저 문의 왼쪽으로 들어가 서쪽을 향하여 서도록 한다. ⑪ 빈의 찬인은 "읍하십시오."라 외친다. ⑫ 빈은 개에게 읍한다. ⑬ 개는 중빈에게 읍한 다음 차례대로 가서 대문의 오른쪽으로 들어가 모두 동쪽을 향하여 서되, 대문 밖에서의 순서와 같다.

班定, 贊引唱"主迎賓". 贊引進主之左曰"請迎賓", 乃導主出庠門外, 西面立【僚佐不出】.

贊引唱"揖". 主揖. 賓以下皆揖. 贊引唱"肅賓". 主揖賓. 賓報揖. 贊引導主, 先入門左, 西面立. 賓之贊引唱"揖". 賓揖介. 介揖衆賓, 序行入門右, 皆東面立, 如門外之序.

【이상은 빈을 맞이하는 의례이다】

【右迎賓】

(7) 빈이 순서대로 서다[序賓]

① 주인은 빈에게 읍하고 이어서 앞으로 나아가 계단을 마주하여 다시 읍하고 계단에 오르려 할 때 또

主揖賓, 遂行當階再揖, 將及階又揖. 賓皆報揖. 皆贊

읍한다. ② 빈은 그때마다 모두 주인에게 답례로 읍한다. ③ 이때 모두 찬인이 "읍하십시오."라 외친다.

④ 계단에 이르면 주인은 동쪽 계단 아래에서 서쪽을 향하는데, 곧 최초의 위치이다. ⑤ 빈은 서쪽 계단 아래에서 동쪽을 향한다. ⑥ 개는 빈의 남쪽에 자리잡는다. ⑦ 삼빈은 개의 남쪽에 자리잡는다. ⑧ 중빈은 삼빈의 남쪽에 자리잡는다. ⑨ 개·삼빈·중빈 모두 동쪽을 향하고 북쪽을 상석으로 한다.

引唱之.

至階, 主阼階下, 西面, 卽初位. 賓西階下, 東面. 介居賓南. 三賓居介南. 衆賓居三賓南, 俱東面, 北上.

【이상은 빈이 순서대로 서는 의례이다】

【右序賓】

(8) 빈에게 술잔을 올리다[獻賓]

① 찬례는 "주인은 빈을 모시고 오르십시오."라 외친다. ② 찬인은 주인의 왼쪽에 나아가 "빈을 영접하십시오."라 한다. ③ 주인과 빈이 3번씩 사양한다. ④ 주인은 먼저 동쪽 계단으로 오른다. ⑤ 빈은 서쪽 계단으로 오른다. ⑥ 모두 상인방 아래를 마주보는 곳에 이르러 북쪽을 향하여 선다.

贊禮唱"主以賓升". 贊引進主之左曰"請延賓". 主與賓三讓. 主先升阼階. 賓升西階. 俱當楣下, 北面立.

⑦ 찬례는 "빈에게 술잔을 올리십시오."라 외친다. ⑧ 찬인은 주인의 오른쪽에 나아가 "술을 따르십시오."라 한다. ⑨ 이어서 주인을 인도하여 동쪽 계단으로 내려가 손 씻는 곳으로 가도록 한다. ⑩ 주인은 그 다음 술잔 씻는 곳으로 가서 술잔을 씻고 수건으로 닦은 다음 집사자에게 술잔을 준다. ⑪ 당에 올라가 술동이가 있는 곳으로 간다.

贊禮唱"獻賓". 贊引進於主之右, 曰"請酌酒". 導主降自阼階, 詣盥洗位. 次詣爵洗位, 洗爵拭爵, 以爵授執事者. 升詣尊所.

⑫ 집사자는 술동이 위의 보를 들어올린다. ⑬ 주인은 술잔[爵]을 잡고 국자로 술을 떠서 따른 다음

執事者舉羃. 主執爵酌酒, 以爵授執事者【竝如釋奠

집사자에게 술잔을 준다【모두 석전(釋奠)²¹⁵ 의례와 같다】. ⑭ 빈의 자리 앞으로 가서 술잔을 잡은 사람은 술잔을 주인에게 준다. ⑮ 주인은 서북쪽을 향하여 빈에게 술잔을 올린다. ⑯ 찬인은 빈을 인도하여 서쪽 계단에서 빈의 자리 끝으로 종종걸음으로 나아가 동남쪽을 향하여 서서 술잔을 받도록 한다. ⑰ 주인은 읍하며 술잔을 보낸다.

儀】. 至賓席前, 執爵者以爵授主. 主西北面, 獻賓. 贊引導賓, 自西階趨就席末, 東南面, 受爵. 主揖送爵.

⑱ 빈은 읍으로 보답한 다음 술잔의 술을 다 비우고 집사자【빈의 집사자를 말한다. 대개 주인에게 보답으로 술잔을 올리려 하기 때문이다】에게 술잔을 준다. ⑲ 주인은 물러나 동쪽 계단 위쪽 당에 서서 북쪽을 향한다. ⑳ 빈은 물러나 서쪽 계단 위쪽 당에 서서 북쪽을 향하는데, 처음 당에 올라갔을 때와 같다.

賓報揖, 卒爵, 以爵授執事者【謂賓之執事者. 蓋將酢於主也】. 主退立于阼階上, 北面. 賓退立于西階上, 北面, 如初升.

【이상은 빈에게 술잔을 올리는 의례이다】

【右獻賓】

(9) 빈이 주인에게 보답으로 술잔을 올리다[賓酢主]

① 찬례가 "빈은 주인에게 보답으로 술잔을 올리십시오."라 외친다. ② 찬인은 빈의 왼쪽으로 나아가 "술을 따르십시오."라 한다. ③ 이어서 빈을 인도하여 서쪽 계단으로 내려가도록 한다. ④ 술잔을 잡은 사람은 빈을 따라간다. ⑤ 빈은 손 씻는 곳과 술잔 씻는 곳으로 가서 손과 술잔을 씻은 다음, 서쪽

贊禮唱"賓酢主". 贊引進賓之左曰"請酌酒". 導賓降自西階. 執爵者從. 詣盥洗位爵洗位, 升自西階, 詣尊所酌酒, 竝如前儀.

---

215 석전(釋奠): 산천(山川)과 묘사(廟社)에 올리던 제사, 또는 학교에서 선성(先聖)과 선사(先師)에게 지내는 제사. 후대로 오면서 학교만의 의식으로 굳어졌다.

계단으로 올라가 술동이가 있는 곳으로 가서 술을
따르기를, 모두 앞의 의례대로 한다.

⑥ 빈이 주인의 자리 앞에 이르면 술잔을 잡은 사람
이 술잔을 빈에게 준다. ⑦ 빈은 동남쪽을 향하여 주
인에게 보답으로 술잔을 올린다. ⑧ 찬인은 주인을 인
도하여 자리의 끝으로 종종걸음으로 나아가 서북쪽을
향하고 술잔을 받도록 한다. ⑨ 빈은 읍하며 술잔을 보
낸다. ⑩ 주인은 읍으로 보답하고 술잔을 다 비운다.

至主席前, 執爵者以爵授
賓. 賓東南面, 酢主. 贊引
導主趨就席末, 西北面, 受
爵. 賓揖送爵. 主報揖, 卒
爵.

⑪ 빈은 물러나 자리 끝에 선다【자리는 빈의 자
리이다. 술잔을 올리는 일이 끝난 다음 물러나 자리
의 끝에 서는 이유는 주인이 개와 예를 행하려 하기
때문이다】.

賓退立于席末【賓之席也.
酢事畢, 退立于席末, 主將
與介爲禮也】.

⑫ 주인은 그제야 당 위 동서(東序) 끝의 탁자 위
에 술잔을 놓고 다시 동쪽 계단 위쪽 당으로 가서
북쪽을 향하여 선다【주인이 물러나 다시 동쪽 계단
위로 가고 자리 끝으로 가지 않는 이유는 다음 순서
의 일이 있기 때문이다】.

主乃以爵奠于東序端卓上,
復阼階上, 北面立【主退,
復阼階, 而不就席末者, 將
有事也】.

【이상은 빈이 주인에게 보답으로 술잔을 올리는
의례이다】

【右賓酢主】

(10) 개에게 술잔을 올리다[獻介]

① 찬례가 "주인은 개를 영접하십시오."라 외친
다. ② 찬인은 주인에게 나아가 "개를 영접하십시
오."라 한다. ③ 이어서 주인을 인도하여 동쪽 계단
으로 내려와 서남쪽을 향하여 읍하도록 한다. ④ 개
는 계단에 이르러 1번 사양한다. ⑤ 주인은 이어서

贊禮唱"主延介". 贊引進曰
"請延介", 導主降自阼階,
西南面揖. 介至階一讓. 主
遂升. 介升西階. 竝當楣
下, 北面立.

동쪽 계단으로 올라간다. ⑥ 개는 서쪽 계단으로 올라간다. ⑦ 모두 상인방 아래를 마주보는 곳에 이르러 북쪽을 향하여 선다.

⑧ 찬례가 "주인은 개에게 술을 올리십시오."라 외친다. ⑨ 찬인은 주인에게 나아가 "술을 따르십시오."라 한다. ⑩ 이어서 주인을 인도하여 당 위의 동서(東序) 끝에 이르면 놓여진 술잔을 들어 집사자에게 주도록 한다. ⑪ 주인은 술동이가 있는 곳으로 가서 술을 따른 다음 술잔을 집사자에게 주는데, 앞의 의례대로 한다.

⑫ 주인이 개의 자리 앞에 이르면 술잔을 잡은 사람이 술잔을 주인에게 준다. ⑬ 주인은 서남쪽을 향하여 개에게 술잔을 올린다. ⑭ 찬인은 개를 인도하여 서쪽 계단 위쪽 당에서 자리 끝으로 종종걸음으로 가서 북쪽을 향하여 술잔을 받도록 한다. ⑮ 주인은 그제야 읍하여 술잔을 보낸다. ⑯ 개는 읍으로 보답하고 술잔을 다 비운다. ⑰ 술잔을 주인에게 준 뒤, 물러나 자리의 끝에 선다【자리는 개의 자리이다】. ⑱ 주인은 서쪽 기둥 남쪽에 술잔을 놓고, 동쪽 계단 위쪽 당으로 물러나서 북쪽을 향하는데, 처음 당 위에 올라왔을 때와 같다【삼빈과 예를 행하려 하기 때문이다】.

【이상은 개에게 술잔을 올리는 의례이다】

(11) 삼빈에게 술잔을 올리다[獻三賓]
① 찬례가 "주인은 삼빈에게 술을 올리십시오."

贊禮唱"主獻介". 贊引進曰"請酌酒". 導主詣東序端, 取所奠爵, 授執事者. 詣尊所, 酌酒, 以爵授執事者, 如前.

至介席前, 執爵者以爵授主. 主西南面, 獻介. 贊引導介自西階上, 趨就席末, 北面, 受爵. 主乃揖送爵. 介報揖, 卒爵. 以爵授主, 退立于席末【介之席也】. 主以爵奠于西楹南, 退阼階上, 北面, 如初【將與三賓爲禮也】.

【右獻介】

贊禮唱"主獻三賓". 贊引導

라 외친다. ② 찬인은 주인을 인도하여 동쪽 계단으로 내려가서 서남쪽을 향하여 중빈에게 3번 읍하도록 한다. ③ 중빈은 그때마다 모두 읍으로 1번 보답한다. ④ 주인은 당 위로 올라가 서쪽 기둥 남쪽에 놓인 술잔을 들어 술을 따르는데, 앞의 의례와 같이 한다.

主降阼階, 西南面, 三揖衆賓. 衆賓皆報一揖. 主升取西楹南所奠爵, 酌酒, 如前.

⑤ 주인은 서쪽 계단 위쪽 당으로 나아가 남쪽을 향하여 중빈의 연장자에게 술을 올린다. ⑥ 찬인은 중빈의 연장자 1명을 인도하여 서쪽 계단 위쪽 당으로 올라가서 북쪽을 향하여 술잔을 받도록 한다. ⑦ 주인은 읍하여 술잔을 보낸다. ⑧ 중빈의 연장자는 읍으로 보답하고 술잔을 비운 다음 술잔을 주인에게 준다. ⑨ 중빈의 연장자는 자리에 나아가 자리의 끝에 선다【자리는 삼빈의 자리이다】.

進西階上, 南面, 獻衆賓之長. 贊引導衆賓之長一人, 升西階上, 北面, 受爵. 主揖送爵. 賓長報揖, 卒爵, 以爵授主. 賓長就席, 立于席末【三賓之席也】.

⑩ 다음으로 찬인은 중빈의 2번째 연장자 1명을 인도하여 당으로 올라가 앞의 의례대로 술잔을 받도록 한다. ⑪ 또 다음 1명도 앞의 의례와 같이 한다. ⑫ 주인은 그제야 술잔을 집사자에게 주고 조금 뒤로 물러나 서쪽을 향하여 선다.

次導賓長之次者一人, 升受爵如前. 又次一人, 亦如之. 主乃以爵授執事者, 少退, 西面立.

【이상은 삼빈에게 술잔을 올리는 의례이다】

【右獻三賓】

(12) 중빈에게 술잔을 올리다[獻衆賓]

① 찬례는 "중빈에게 술을 올리십시오."라 외친다. ② 집사자는 술을 따라 주인에게 준다. ③ 주인은 다시 서쪽 계단 위쪽 당으로 나아가 남쪽을 향하여 중빈에게 술을 올린다. ④ 중빈 중 나이가 60세

贊禮唱"獻衆賓". 執事者酌酒授主. 主復進西階上, 南面, 獻衆賓. 衆賓六十以上者, 每一人升西階上, 受

이상인 사람은 1명씩 서쪽 계단 위쪽 당으로 올라가 술잔을 받은 다음 술잔을 비운다. ⑤ 이어서 뒤로 물러나 당 위의 서쪽 벽의 자리에 나아가 자리의 끝에 선다. ⑥ 중빈이 당 위로 올라가기를 마치면 주인은 술잔을 집사자에게 준다. ⑦ 집사자는 당에서 내려와 비(篚)에 술잔을 놓는다. ⑧ 당 아래에 있는 사람에게는 술잔을 올리지 않는다. ⑨ 주인은 뒤로 물러나 자리 끝으로 가서 선다.

爵, 卒爵. 退就西序之席, 立于席末. 升者畢, 主以爵授執事者. 下奠于篚. 堂下者, 不獻. 主退, 就席末立.

【이상은 중빈에게 술잔을 올리는 의례이다】　【右獻衆賓】

(13) 정해진 위치에 오르다[升位]

① 찬례가 "중빈은 모두 정해진 위치에 오르십시오."라 외친다. ② 주인은 그제야 자리 끝에서 먼저 자리에 오른다. ③ 빈과 개 이하는 모두 자리 끝에서 자리에 오른다. ④ 당 아래에 있는 사람들은 모두 자신의 위치로 나아간다. ⑤ 찬인은 요좌를 인도하여 동쪽 무(廡, 곁채)로부터 당에 올라가 자리에 나아가도록 한다. ⑥ 당 위에 있는 사람들은 앉는다. ⑦ 당 아래에 있는 사람들은 선다

贊禮唱"衆賓皆升位". 主乃自席末先升席. 賓、介以下皆自席末升席. 堂下者皆就位. 引僚佐, 升自東廡, 就席. 堂上者坐. 堂下者立.

【이상은 정해진 위치에 오르는 의례이다】　【右升位】

(14) 준이 문으로 들어가다[僎入]

① 찬례가 "준(僎)은 들어가십시오."라 외친다. ② 찬인이 준을 인도하면 준은 임시거처[次]에서 나온다【준은 조복을 입고, 치사자는 심의를 입으니,

贊禮唱"僎入". 贊引導僎, 出次【僎朝服, 致仕者服深衣, 亦從便】. 入門左.

또한 편리함을 따른 것이다】. ③ 준은 문의 왼쪽으로 들어간다.

④ 주인은 동쪽 계단으로 내려가 문 안에서 준을 맞이한다【빈은 모두 서쪽 계단 아래로 내려가 서고, 삼빈은 내려가지 않는다】. ⑤ 주인과 준은 읍하고 사양하며 당 위로 올라간다. ⑥ 주인은 동쪽 계단으로 오른다. ⑦ 준은 서쪽 계단으로 오른다. ⑧ 상인방을 마주보는 곳에 이르러 북쪽을 향하여 선다【빈과 개는 모두 당 위에 올라 서쪽 계단에 서되, 동쪽을 향하며 북쪽을 상석으로 한다】.

⑨ 찬례가 "주인은 준에게 술을 올리십시오."라 외친다. ⑩ 찬인은 주인에게 나아가 "술을 따르십시오."라 한다. ⑪ 이어서 주인을 인도하여 내려가 술잔을 씻고 술동이 있는 곳에 이르러 술을 뜨게 하되, 빈에게 했던 의례와 같이 한다.

⑫ 주인은 준의 자리 앞에 이르러 동북쪽을 향하여 준에게 술잔을 올린다. ⑬ 찬인은 준을 인도하면 준은 서쪽 계단 위쪽 당으로 올라가 자리 끝의 동쪽으로 종종걸음으로 가서 서남쪽을 향하여 술잔을 받는다. ⑭ 주인은 읍하여 술잔을 보낸다. ⑮ 준은 읍으로 보답하고, 술잔을 비운 다음 술잔을 주인에게 준다. ⑯ 주인은 술잔을 집사자에게 준다. ⑰ 집사자는 당에서 내려가 비(篚)에 술잔을 놓는다. ⑱ 주인과 빈과 개는 각각 자리에 오른다.

【이상은 준이 문으로 들어가는 의례이다. 준이 없으면 이 조항은 없앤다. 주인과 빈이 당 위의 자기

主降自阼階, 迎于門內【賓皆降立西階下, 三賓不降】. 主與僎揖讓升. 主升阼階. 僎升西階. 當楣北面立【賓、介皆升立西階, 東面, 北上】.

贊禮唱"主獻僎". 贊引進曰"請酌酒". 導主降洗爵, 詣尊所, 酌酒, 如賓儀.

至僎席前, 東北面, 獻僎. 贊引導僎, 自西階上, 趨就席末東, 西南面, 受爵. 主揖送爵. 僎報揖, 卒爵, 以爵授主. 主以授執事者. 下奠于篚. 主及賓、介各升席.

【右僎入. 無僎則去此條. 升位後, 僎始入者, 《儀禮》

자리에 오른 뒤에 준이 비로소 문으로 들어가는 의 례에 대해서는, 《의례》 주(注)에서 "주인과 빈 사이의 바른 예에 간여하지 않기 위해서이다."[216]라 했다】

注云"不干主賓正禮也"】

(15) 사정이 술잔을 들어올리다[揚觶]

① 찬례가 "사정은 술잔[觶]을 들어 올리십시오." 라 외친다. ② 찬인이 사정을 인도하면 사정은 자신 이 있던 곳에서 나와 손 씻는 자리로 가서 손을 씻 고 수건으로 손을 닦는다. ③ 그 다음 술잔 씻는 곳 으로 가서 비(篚)에서 술잔을 든 다음 술잔을 씻고 술잔을 닦는다. ④ 이어서 서쪽 계단으로 올라가 술 동이가 있는 곳으로 가서 술을 따른다. ⑤ 두 기둥 사이로 나아가 북쪽을 향하여 선다.

贊禮唱"司正揚觶". 贊引導 司正, 出位詣盥洗位, 盥 手帨手. 次詣爵洗位, 取 觶于篚, 洗觶拭觶. 升自 西階, 詣尊所, 酌酒. 進兩 楹之間, 北面立.

⑥ 찬자가 "앉아 있는 분들은 모두 일어나십시 오."라 외친다. ⑦ 빈과 주인 이하는 모두 일어나 손 을 모으고 선다.

贊者唱"在坐者皆起". 賓、 主以下皆起, 拱立.

⑧ 사정이 그제야 술잔[觶]을 들고 다음과 같이 말한다. "삼가 생각하건대, 조정에서 옛 법을 따라 예교를 두터이 숭상하고 향음주례를 거행하는 이 유는 마시고 먹기 위함이 아닙니다. 모든 우리 어른 들과 젊은이들이 각자 서로 권면하고 힘써서 신하된 사람은 충성을 다하고, 자식된 사람은 효를 다하여, 안으로는 집안에서 화목하고, 밖으로는 마을에서 도 리에 따르도록 하기 위함입니다. 혹시라도 이를 실

司正乃擧觶而言曰:"恭惟 朝廷率由舊章, 敦崇禮教, 擧行鄉飲, 非爲飲食. 凡我 長幼, 各相勸勉, 爲臣竭 忠, 爲子盡孝, 內睦於閨 門, 外順于鄉黨, 無或廢墜 以忝所生."

---

216 주인과……위해서이다:《의례주소》정현 주석에는 "주인의 바른 예를 간여하지 않기 위해서이다(不干主人 正禮也)."라 되어 있다. 《儀禮註疏》卷10〈鄉飲酒禮〉《《十三經注疏整理本》10, 187쪽).

추시켜 낳아준 분에게 욕되지 않도록 해야 합니다.”

⑨ 사정은 말을 마치고 읍한다. ⑩ 빈과 주인 이하는 모두 읍한다. ⑪ 사정이 이어서 술을 마셔 술잔을 다 비우고 다시 읍한 다음 집사자에게 술잔을 주고 서쪽 계단으로 내려가 자기 자리에 돌아온다. ⑫ 빈과 주인 이하는 자리에 다시 앉는다.

言畢揖, 賓主以下皆揖. 司正遂飮, 卒爵, 復揖, 以爵授執事者, 降自西階, 復位. 賓主以下復坐.

【이상은 사정이 술잔[觶]을 들어 올리는 의례이다】　【右揚觶】

(16) 독률하다[讀律]

① 찬례가 “독률(讀律)하십시오.”라 외친다. ② 집사자가 당 위의 두 기둥 사이에 법률 조문을 놓을 책상[律案]을 마련한다. ③ 그 다음 독률자(讀律者, 법률 조문을 읽는 사람)를 인도하면 독률자는 자신이 있던 곳에서 나와 손 씻는 장소에 이르러 손을 씻고 수건으로 손을 닦는다. ④ 손씻기를 마치고서야 서쪽 계단으로 당 위에 올라간다.

贊禮唱“讀律”. 執事者設律案于堂上兩楹之間. 次引讀律者, 出位, 詣盥洗所, 盥手帨手. 訖乃升自西階.

⑤ 집률자(執律者, 법률 조문을 들고 가는 사람)는 법률 조문을 가지고 독률자를 따라가다가 책상 앞에 이르면 북쪽을 향하여 선다. ⑥ 집률자는 법률 조문을 책상 위에 놓고 책상 가장자리에 서서 서쪽을 향한다. ⑦ 앉아있는 사람이 모두 일어난다. ⑧ 독률자는 읍한다. ⑨ 빈과 주인 이하가 모두 읍하고 다시 앉는다. ⑩ 그제야 법률 조문을 펼치고 차근차근 천천히 읽는다.

執律者以律從, 至案前, 北面立. 執律者以律置案上, 立于案傍, 西面. 在坐者皆起. 讀律者揖. 賓主以下皆揖, 復坐. 乃展律詳緩讀之.

⑪ 독률을 마치면 앉아 있는 사람이 다시 일어난다. ⑫ 독률자가 읍한다. ⑬ 빈과 주인 이하가 모두

畢, 在坐者又起. 讀律者揖. 賓主以下皆揖. 讀律者

읍한다. ⑭ 독률자가 서쪽 계단으로 내려가 자기 위치로 돌아간다. ⑮ 집률자도 법률 조문을 가지고 독률자를 따라가는데, 처음 위치와 같다.

【이상은 독률하는 의례이다. 만약 빈 중에서 현명하고 능력있는 사람이 추천되었으면 이 의례를 행하지 않는다】

降自西階, 復位. 執律者以律從, 如初.

【右讀律. 若賓興賢能, 不用此】

(17) 술잔의 수를 헤아리지 않고 술을 마시다[無算爵]

① 찬례는 "술잔의 수를 세지 않고 돌리십시오."라 외친다. ② 이때에 당 아래에 있는 사람들은 모두 앉는다. ③ 집사자가 술을 돌린다. ④ 술은 3번이나 5번 돌리고 음식은 3가지나 5가지를 두루 내준다. ⑤ 주인의 찬자도 모두 참여한다.

【이상은 술잔의 수를 세지 않고 술을 마시는 의례이다】

贊禮唱"爵行無算", 於是堂下者皆坐. 執事者行酒. 酒三行或五行, 食三品或五品徧及. 主之贊者皆與.

【右無算爵】

(18) 빈이 나가다[賓出]

① 찬례는 "예가 끝났습니다."라 외친다. ② 주인은 일어나 동쪽 계단으로 내려간다. ③ 빈 이하는 서쪽 계단으로 내려간다. ④ 요좌는 동쪽 무(廡)로 내려간다. ⑤ 당 아래의 중빈은 차례대로 모두 나간다. ⑥ 문 밖에 이르면 주인은 문 왼쪽에서 서쪽을 향한다. ⑦ 요좌 이하는 주인의 뒤에 나란히 선다.

⑧ 빈은 문의 오른쪽에서 동쪽을 향한다. ⑨ 개는 빈의 남쪽에 자리잡는다. ⑩ 삼빈은 개의 남쪽에

贊禮唱"禮畢". 主興降自阼階. 賓以下降自西階. 僚佐降自東廡. 堂下衆賓以序俱出. 至門外, 主門左, 西面. 僚佐以下列主之後.

賓門右, 東面. 介居賓南. 三賓居介南. 衆賓居後. 贊

자리잡는다. ⑪ 중빈은 그 뒤에 자리잡는다. ⑫ 찬인은 "읍하십시오."라 외친다. ⑬ 빈과 주인 이하는 모두 읍하고 물러간다.

【이상은 빈이 나가는 의례이다】《대명집례(大明集禮)217》218

引唱"揖". 賓主以下皆揖退.

【右賓出】《大明集禮》

---

217 대명집례(大明集禮) : 중국 명나라 태조(太祖, 재위 1368~1398)의 명으로 당시까지의 예서를 집대성한 책. 오례(五禮)를 기본 틀로 편찬했고, 세종(世宗, 재위 1522~1567)때 증보했다.

218 《明集禮》卷29〈嘉禮〉"鄕飮酒禮"(《文淵閣四庫全書》650, 2~8쪽) ;《五禮通考》卷168〈嘉禮〉"鄕飮酒禮" '明集禮'(《文淵閣四庫全書》139, 40~44쪽). 《명집례》는 내용의 배치와 편집이 본문과 아주 다르게 되어 있고 내용 차이가 많다. 이로 볼 때 본문은 《오례통고》를 옮긴 듯하다.

5) 우리나라의 향음주례

매년 초겨울에 개성부(開城府)[219]와 여러 도(道)의 주(州)·부(府)·군(郡)·현(縣)에서 길일을 골라 향음주례를 행한다. 하루 전날 주인은【소재지 관아의 수령이 맡는다】빈을 초청한다[戒賓]【빈은 나이가 많고 덕이 있으며 재주가 있는 사람을 고른다】.

그 날에는 학당의 동쪽 벽에 주인의 자리[位]를 마련하고, 서쪽을 향하게 한다. 빈이 2품 이상이면 서쪽 벽에 자리를 마련하고, 동쪽을 향하며 북쪽을 상석으로 한다. 3품 이하면 남쪽 줄에 자리를 마련하고, 동쪽을 상석으로 한다. 품계가 같으면 나이 많은 사람을 높인다【만약 2품 이상이 없으면 6품 이상은 서쪽 벽에 자리를 마련하고, 참외관(參外官, 7품 이하)은 남쪽 줄에 자리를 마련한다】.

서인(庶人)[220]들은 뜰의 동쪽과 서쪽에서 서로 마주 보는데, 북쪽을 상석으로 한다. 술상[酒卓]을 앞쪽 기둥 사이에 마련하되, 남쪽에 가깝게 한다. 당(堂)에 오르지 않는 사람들에게는 술상을 그 앞에 마련한다.

① 빈 이하가 시간에 맞게 도착하여 모이면 주인은 문 밖으로 나가서 이들을 맞이한다【일반적으로 빈과 주인이 예를 행할 때는 모두 상자(相者, 의례 절차를 돕는 사람)가 방향을 가리켜주고 인도한다】. ② 주인은 읍하고 사양한 다음 먼저 들어간다. ③ 빈은 그제야 들어간다. ④ 중빈(衆賓)은 따라간다.

國朝儀

每年孟冬, 開城府、諸道州、府、郡、縣擇吉辰, 行其禮. 前一日, 主人【所在官司】戒賓【擇年高有德及有才行者】.

其日, 設主人位於學堂東壁, 西向. 賓二品以上, 位於西壁, 東向, 北上. 三品以下, 位於南行, 東上. 同品尙齒【若無二品以上, 則六品以上西壁, 參外南行】.

庶人於庭東西相向, 北上. 設酒卓於前楹間, 近南. 不升者, 酒卓於其前.

賓以下依時刻集到, 主人出迎于門外【凡賓主行禮, 皆相者指導】. 揖讓先入. 賓乃入. 衆賓從之.

---

219 개성부(開城府):《세종실록》〈오례〉"가례의식" '향음주의'에는 '한성부(漢城府)'로 되어 있음.
220 서인(庶人):벼슬이나 신분상의 특권을 갖지 못한 일반 사람.

⑤ 당에 이르면 주인은 동쪽에 서고, 빈은 서쪽에 선다. ⑥ 빈은 2번 절한다. ⑦ 주인은 답례로 2번 절한다. ⑧ 그 다음 중빈은 위의 의례대로 예를 행한다【참외관들은 주인의 위치 앞으로 나아가 예를 행한다. 만약 서인이 뜰에서 예를 행하면 주인은 답례하지 않는다】.

⑨ 주인과 빈 이하는 모두 자신의 위치에 나아간다. ⑩ 악공은 금(琴)과 슬(瑟)을 가지고 당에 올라가 술상의 남쪽에 앉되, 동쪽을 상석으로 한다. ⑪ 음악 연주는 일상적인 의례와 같다【본래 음악을 연주하지 않는 부분에서는 굳이 음악을 사용하지는 않는다】.

⑫ 집사자는 탁자를 마련하고 술을 따른다. ⑬ 주인은 빈에게 술을 올린다. ⑭ 빈은 주인에게 보답하여 술잔을 올리되, 일상적인 의례와 같다【중빈도 같다. 오직 뜰에 있는 사람만 집사자가 술을 돌린다】.

⑮ 잔을 5번 돌리고 나면 탁자를 물린다. ⑯ 빈과 주인은 모두 일어난다. ⑰ 사정은 자신의 위치에서 나가【사정의 위치는 남쪽 줄 중빈의 뒤이다】북쪽을 향하여 선 뒤 그제야 다음과 같이 말한다. "우러러 생각하건대 국가에서는 옛 법을 따라 예교를 두터이 숭상하고 향음주례를 거행하는 이유는 마시고 먹기 위함이 아닙니다. 모든 우리 어른들과 젊은이들이 각자 서로 권면하고 힘써서 신하된 사람은 충성을 다하고, 자식된 사람은 효를 다하여, 안으로는 집안에서 화목하고, 밖으로는 마을에서 도리에 따르도록 하기 위함입니다. 서로 깨우쳐주고 가르쳐주어, 혹시라도 이를 실추시켜 낳아준 분에

至于堂, 主人在東, 賓在西. 賓再拜. 主人答再拜. 次衆賓行禮, 如上儀【參外就主人位前, 行禮. 若庶人在庭行禮, 主人無答】.

主人與賓以下皆就位. 工執琴瑟, 升坐於酒卓之南, 東上. 奏樂如常【本無樂處, 不必用樂】.

執事者設卓, 酌酒. 主人獻賓. 賓酢主人, 如常禮【衆賓同. 唯在庭者, 執事者行酒】.

觴行五遍訖, 徹卓. 賓主皆興. 司正出位【位在南行衆賓之後】, 北向立乃言曰: "仰惟國家率由舊章, 崇尙禮敎. 今玆擧行鄕飮, 非專爲飮食而已. 凡我長幼, 各相勸勉, 忠於國, 孝於親, 內睦於閨門, 外比於鄕黨, 胥訓告胥敎誨, 無或愆墮以忝所生."

게 욕되지 않도록 해야 합니다."

⑱ 자신의 위치에 있는 사람들은 모두 처음과 같이 2번 절한다. ⑲ 빈은 당에서 내려가 문 밖으로 나간다. ⑳ 중빈은 따라 나간다. ㉑ 주인은 문 밖에서 전송하기를, 일상적인 의례와 같이 한다.

【향음주례에 응하여 나올 사람의 명단을 둔다.

향음주례에 나올 사람으로, 나이 70세 이상인 사람과 관직 2품 이상인 사람은 예로써 힘껏 정성을 다하여 초청한다. 그 나머지 차례대로 지위를 나누어 청하고, 70세 이상인 사람은 절을 면제한다.

예를 행할 때는 정해진 날이 있으므로, 질병이나 사고가 있어 나올 수 없는 사람은 그 날이 되기 전에 문서를 갖추어 면제한다.

향음주례를 거행하는 이유는 나이가 많은 사람을 존중하고, 덕이 있는 사람을 숭상하며, 예를 지키고 겸양하는 풍속을 일으키기 위함이다. 함부로 시끄럽게 떠들거나 여러 번 술잔[觶]을 높이 쳐드는 사람이 있으면 예로 질책하고, 간혹 이로 인하여 예를 잃은 자는 명단에서 제적한다.

사정(司正)은 여러 사람이 추천하고 따르는 사람이 맡고, 상자는 예에 능숙한 사람이 맡는다.

술과 안주는 적당한 양을 헤아리고 마련하여 씀씀이가 적당하도록 힘쓴다】《국조오례의(國朝五禮儀)221》222

在位者皆再拜如初. 賓降出. 衆賓隨出. 主人送于門外, 如常禮.

【一. 置應赴飲人籍.

一. 赴飲人年七十以上及官二品以上者, 以禮專請之. 其餘以列位請之, 七十以上免拜.

一. 行禮有期, 而有疾故不能赴者, 前期具狀免.

一. 鄕飮酒之設, 所以尊高年, 尙有德, 興禮讓. 敢有喧譁者, 許揚觶者, 以禮責之, 其或因而失禮者, 除其籍.

一. 司正以衆所推服者爲之, 相者以熟於禮者爲之.

一. 酒肴酌量支辦, 務要豐儉得宜】《國朝五禮儀》

---

221 국조오례의(國朝五禮儀):조선 세조(世祖, 재위 1455~1468)때 왕명으로 강희맹(姜希孟, 1424~1483) 등에게 명하여 편찬을 시작했고, 조선 성종(成宗) 5년(1474)에 신숙주(申叔舟, 1417~1475) 등이 완성한 예서. 오례(五禮)에 대하여 규정한 것으로 중국의 예제(禮制)와 조선의 예법(禮法)을 가감하여 정리한 책이다.
222《國朝五禮儀》卷4〈嘉禮〉"鄕飮酒儀"《國朝五禮儀》4, 177~179쪽);《世宗實錄》卷133〈五禮〉"嘉禮儀式" '鄕飮酒儀', 40b~41a면.

6) 새로 정한 향음주례

【의례(儀禮)와 의식(儀式)은 옛날과 지금 것의 마땅함이 다르고, 《국조오례의》는 또한 지나치게 간략한 단점이 있다. 지금 이들의 단점과 장점을 참작하여 아래와 같이 상고하여 정한다】

(1) 빈과 개를 세우다[立賓介]

① 매년 초겨울에 도성 안에서는 태학(太學, 성균관)에서, 지방에서는 향학(鄕學, 향교)에서 길일을 골라 향음주례(鄕飮酒禮)를 행하는데, 각 관청의 책임자가 주인이 된다【태학에서는 대사성(大司成)[223]이 주인이고, 향학에서는 고을 수령[倅]이 주인이다】. ② 나이가 많고 덕있는 사람을 빈(賓)으로 삼고, 그 다음을 개(介)로 삼고, 그 다음을 중빈(衆賓)으로 삼는다. ③ 점잖으며 여러 사람이 따르고 추천하는 사람을 사정(司正)으로 삼고, 예의를 익힌 사람을 찬홀(贊笏)[224]과 찬인(贊引)으로 삼는다.

【이상은 빈과 개를 세우는 의례이다】

(2) 자리를 마련하고 기물을 진설하다[設席陳器]

① 향음주례를 거행하는 날에 날이 밝으면 집사자(執事者)는 당(堂)의 북쪽 두 기둥 사이의 약간 서쪽에 빈의 자리[席]를 마련하되, 남쪽을 향한다. ② 주

新定儀

【儀禮儀式, 古今異宜, 《國朝五禮儀》又患太簡. 今參酌損益, 考定如左】

每年孟冬, 內而太學, 外而鄕學, 擇吉辰行禮, 官長爲主人【太學大司成, 鄕學州倅】. 有齒德者爲賓, 次爲介, 次爲衆賓. 莊嚴衆所推服者爲司正, 習禮儀者爲贊笏、贊引.

【右立賓介】

質明, 執事者設賓席于堂北兩楹之間少西, 南面. 主人席于阼階上東楹之內,

---

223 대사성(大司成) : 조선시대 성균관(成均館)의 책임자. 정 3품이며 유생들의 교육과 문묘의 관리를 담당했다.
224 찬홀(贊笏) : 의례의 절차인 홀기(笏記)를 읽는 사람.

인의 자리는 동쪽 계단 위쪽의 동쪽 기둥 안쪽에 마련하되, 서쪽을 향한다. ③ 개의 자리는 서쪽 계단 위쪽의 서쪽 기둥 안쪽에 마련하되, 동쪽을 향한다. ④ 중빈 중에 나이 60세 이상인 사람의 자리는 빈의 자리 서쪽에 마련하되, 남쪽을 향하며 동쪽을 상석으로 한다.

　⑤ 자리는 모두 이어서 늘어놓되 서로 닿지 않도록 한다【중빈이 많으면 또한 자리를 당 위의 서쪽 벽에 마련하되, 동쪽을 향하며 북쪽을 상석으로 한다】. ⑥ 나이가 50세 이하인 사람의 자리는 당 아래 서쪽 계단의 서쪽에 마련하되, 동쪽을 향하며 북쪽을 상석으로 한다. ⑦ 찬홀의 자리[位]는 동쪽 계단 위쪽의 약간 동쪽에 마련하되, 서쪽을 향한다. ⑧ 사정의 자리는 당 아래 동쪽 계단의 남쪽에 마련하되, 북쪽을 향한다. ⑨ 찬인의 자리는 동쪽 계단의 동쪽에 마련하되, 서쪽을 향하며 북쪽을 상석으로 한다【빈과 주인의 찬인은 자리가 같다】.

　⑩ 술동이 2개를 빈의 자리 동쪽의 약간 북쪽에 마련한다. ⑪ 현주(玄酒, 물)는 서쪽에 두되, 모두 국자[勺]를 놓고 보[冪]를 덮는다. ⑫ 비(篚)는 그 남쪽에 두고 술주전자[酒注]를 비의 동쪽에 두되, 모두 탁자에 놓는다. ⑬ 작세(爵洗, 술잔 씻는 대야)는 동쪽 계단 아래 동남쪽에 마련한다. ⑭ 비 1개를 작세의 서쪽에 두고 술잔인 작(爵)과 치(觶)를 담는다. ⑮관세(盥洗, 손 씻는 대야)는 작세의 동쪽에 두되, 또한 모두 탁자에 놓는다.

西面. 介席于西階上西楹之內, 東面. 衆賓六十以上人席于賓席之西, 南面, 東上.

皆連席, 不屬【多則又席于西序, 東面, 北上】. 五十以下人席于堂下西階之西, 東面, 北上. 贊笏位于阼階上少東, 西面. 司正位于堂下阼階之南, 北面. 贊引位于阼階之東, 西面, 北上【賓主之贊引同席】.

設兩尊于賓席之東少北. 玄酒在西. 竝加勺、冪. 篚在其南, 酒注在篚東, 皆安于卓. 爵洗于阼階下東南. 篚一于洗西, 實以爵觶. 盥洗于爵洗之東, 亦皆以卓安之.

흑단령(국립민속박물관)

유건(국립민속박물관)

도포(국립민속박물관)

【이상은 자리를 마련하고 기물을 진설하는 의례 【右設席陳器】
이다】

(3) 빈을 맞이하다[迎賓]

① 고깃국[羹]이 다 끓으면 주인은 제자(弟子, 젊은 사람)에게 명하여 빈을 부른다. ② 빈과 개 이하는 각자 자신의 직분에 맞는 옷을 입는다【조정 관리는 흑단령(黑團領)225을 입고 유생은 유건(儒巾)226과 도포 (道袍)227를 입는다】. ③ 빈과 개가 학교의 문 밖에 이르면 동쪽을 향하되, 북쪽을 상석으로 한다. ④ 주인은 먼저 동쪽 계단 아래에 서서 서쪽을 향한다. ⑤ 사정과 찬홀과 찬인은 각자 자신의 위치에 선다【빈의 찬인은 빈을 따라 문 밖에 있는다】.

⑥ 찬인이 주인을 인도하면 주인은 학교 문 밖으로 나가 서쪽을 향하여 선다. ⑦ 주인은 읍한다. ⑧ 빈이하는 모두 답례로 읍한다. ⑨ 찬인이 주인을 인도

羹定, 主人命弟子速賓. 賓介以下, 各服其服【朝官黑團領, 儒生巾, 袍】. 至學門外, 東面, 北上. 主人先立于阼階下, 西面. 司正及贊笏, 贊引各立其位【賓之贊引隨賓在門外】.

贊引導主人, 出學門外, 西面立. 主人揖. 賓以下皆答揖. 贊引導主人, 先入門而

---

225 흑단령(黑團領): 조선 시대 관리가 평상시 집무를 볼 때 입던 의복.
226 유건(儒巾): 조선 시대 유생들이 쓰던 예관(禮冠).
227 도포(道袍): 조선 시대 선비들이 평상시에 입던 겉옷. 관리들도 직무를 볼 때 이외에는 일상적으로 착용했다.

하면 주인은 먼저 문으로 들어가 동쪽으로 가서 서쪽을 향하여 선다. ⑩ 빈은 개에게 읍한다. ⑪ 개는 중빈에게 읍한다.

⑫ 찬인이 빈을 인도하면 빈은 문으로 들어가 서쪽으로 간다. ⑬ 개와 중빈은 빈을 따라 차례로 들어가 동쪽을 향하되, 북쪽을 상석으로 해서 선다. ⑭ 주인은 읍한다. ⑮ 빈 이하는 모두 답례로 읍한다. ⑯ 주인과 빈은 동서로 나누어 나란히 간다. ⑰ 개와 중빈은 빈을 따라 차례로 간다.

⑱ 계단에 이르면 주인과 빈은 3번 사양한다. ⑲ 주인은 동쪽 계단으로 당에 오른다. ⑳ 빈은 서쪽 계단으로 당에 오른다. ㉑ 모두 상인방 아래를 마주보는 곳에 이르러 북쪽을 향하여 2번 절하고 일어난다. ㉒ 개 이하는 서쪽 계단 아래에서 멈추고 동쪽을 향하여 선다. ㉓ 빈의 찬인과 주인의 찬인은 모두 자신의 위치에 나아가 선다.

東, 西面立. 賓揖介. 介揖衆賓.

贊引導賓, 入門而西. 介及衆賓從賓序入, 東面, 北上立. 主人揖. 賓以下皆答揖. 主人與賓分東西偕行. 介及衆賓從賓序行.

及階, 主人與賓三讓. 主人由阼階升. 賓由西階升. 俱當楣下, 北面, 再拜, 興. 介以下止西階下, 東面立. 賓主之贊引, 俱就位立.

【이상은 빈을 맞이하는 의례이다】

【右迎賓】

(4) 주인이 빈에게 술을 올리다[主人獻賓]

① 찬인이 주인을 인도하면 주인은 동쪽 계단으로부터 당에서 내려간다. ② 주인은 손 씻는 자리에 가서 손을 씻는다. ③ 그 다음 술잔 씻는 자리에 가서 술잔[爵]을 씻고 집사자에게 술잔을 준다. ④ 이어서 당에 올라가 술동이가 있는 곳으로 간다. ⑤ 집사자는 술잔을 들고 따라가 술잔을 놓고 보를 들어올린다. ⑥ 주인은 술잔을 잡고 국자로 술을 떠서 따

贊引導主人, 降自阼階. 詣盥洗位, 盥手. 次詣爵洗位, 洗爵, 以授執事者. 升詣尊所. 執事者執爵從之, 奠爵舉冪. 主人執爵酌酒, 以授執事者.

른 다음 집사자에게 술잔을 준다.

⑦ 이어서 주인은 빈의 자리 앞의 서쪽으로 가서 북쪽을 향하여 선다. ⑧ 집사자는 술잔을 잡고 주인을 따른다. ⑨ 찬인이 빈을 인도하면 빈은 빈의 자리 끝의 동쪽으로 나아가 남쪽을 향하여 선다. ⑩ 주인은 꿇어앉아 술잔을 잡고 빈에게 술을 올린다.

仍詣賓席前西, 北面立. 執事者執爵從之. 贊引導賓, 就賓席末東, 南面立. 主人跪, 執爵以獻賓.

⑪ 빈은 꿇어앉아 술잔을 받고 술잔을 비운다. ⑫ 집사자는 포와 고기젓갈을 올린다. ⑬ 빈은 일어나 절한다. ⑭ 주인은 답례로 절한다. ⑮ 집사자는 술잔을 술잔 씻는 자리의 비(篚) 위에 되돌려 놓는다. ⑯ 주인은 물러나 동쪽 계단 위쪽에 서서 북쪽을 향한다. ⑰ 빈은 물러나 서쪽 계단 위쪽에 서서 북쪽을 향한다.

賓跪, 受爵, 卒爵. 執事者薦脯醢. 賓興拜. 主人答拜. 執事者以爵還奠于爵洗位篚上. 主人退立于阼階上, 北面. 賓退立于西階上, 北面.

【이상은 주인이 빈에게 술을 올리는 의례이다】   【右主人獻賓】

(5) 빈이 주인에게 보답으로 술을 올리다[賓酢主人]

① 찬인이 빈을 인도하면 빈은 서쪽 계단으로부터 당에서 내려간다. ② 주인은 손 씻는 자리로 가서 손을 씻는다. ③ 그 다음 술잔 씻는 자리로 가서 술잔을 씻고 집사자에게 술잔을 준다. ④ 이어서 당에 올라가 술동이가 있는 곳으로 간다. ⑤ 집사자는 술잔을 잡고 주인을 따라가 술잔을 놓고 보를 들어올린다. ⑥ 빈은 술잔을 잡고 국자로 술을 떠서 따른 다음 집사자에게 술잔을 준다.

贊引導賓, 降自西階. 詣盥洗位, 盥手. 次詣爵洗位, 洗爵, 以授執事者. 升詣尊所. 執事者執爵從之, 奠爵舉羃. 賓執爵酌酒, 以授執事者.

⑦ 이어서 빈이 주인의 자리 앞 동쪽으로 가서 남쪽을 향하여 선다. ⑧ 집사자는 술잔을 잡고 빈을

仍詣主人席前東, 南面立. 執事者執爵從之. 贊引導

따른다. ⑨ 찬인이 주인을 인도하면 주인은 주인의 자리 끝의 서쪽으로 나아가 북쪽을 향하여 선다. ⑩ 빈은 꿇어앉아 술잔을 잡고 주인에게 보답으로 술을 올린다.

主人, 就主人席末西, 北面立. 賓跪執爵, 以酢主人.

⑪ 주인은 꿇어앉아 술잔을 받아 술잔을 비운다. ⑫ 집사자는 포와 고기젓갈을 올린다. ⑬ 주인은 일어나 절한다. ⑭ 빈은 답례로 절한다. ⑮ 집사자는 술잔을 술동이가 있는 곳의 비(篚) 위에 되돌려 놓는다. ⑯ 빈은 물러나 빈의 자리 끝에 서서 남쪽을 향한다. ⑰ 주인은 물러나 동쪽 계단 위쪽 당에 서서 북쪽을 향한다.

主人跪, 受爵, 卒爵. 執事者薦脯醢. 主人興拜. 賓答拜. 執事者以爵還奠于尊所篚上. 賓退立于賓席末, 南面. 主人退立于阼階上, 北面.

【이상은 빈이 주인에게 보답으로 술을 올리는 의례이다】

【右賓酢主人】

(6) 주인이 개에게 술을 올리다[主人獻介]

① 찬인이 주인을 인도하면 주인은 동쪽 계단으로부터 당에서 내려가 서남쪽을 향하여 개에게 읍한다. ② 개는 답례로 읍한다. ③ 주인은 동쪽 계단으로 당에 오른다. ④ 개는 서쪽 계단으로 당에 오른다. ⑤ 모두 상인방 아래를 마주보는 곳에 이르러 북쪽을 향하여 2번 절하고 일어난다.

贊引導主人, 降自阼階, 西南面, 揖介. 介答揖. 主人由阼階升. 介由西階升. 俱當楣下, 北面, 再拜, 興.

⑥ 찬인이 주인을 인도하면 주인은 술동이가 있는 곳으로 간다. ⑦ 집사자가 보를 들어올린다. ⑧ 주인은 술잔을 잡고 국자로 술을 떠서 따른 다음 집사자에게 술잔을 준다.

贊引導主人, 詣尊所. 執事者舉冪. 主人執爵酌酒, 以授執事者.

⑨ 이어서 주인은 개의 자리 앞의 서쪽으로 가서

仍詣介席前西, 南面立. 執

남쪽을 향하여 선다. ⑩ 집사자는 술잔을 잡고 주인을 따른다. ⑪ 찬인이 개를 인도하면 개는 개의 자리 끝의 동쪽으로 나아가 북쪽을 향하여 선다. ⑫ 주인은 꿇어앉아 술잔을 잡고 개에게 술을 올린다.

⑬ 개는 꿇어앉아 술잔을 받고 술잔을 비운다. ⑭ 집사자는 포와 고기젓갈을 올린다. ⑮ 개는 일어나 절한다. ⑯ 주인은 답례로 절한다. ⑰ 집사자는 술잔을 술동이가 있는 곳의 비(篚) 위에 되돌려 놓는다. ⑱ 개는 이어서 자리 끝에 서서 동쪽을 향한다. ⑲ 주인은 물러나 동쪽 계단 위쪽 당에 서서 북쪽을 향한다.

【이상은 주인이 개에게 술을 올리는 의례이다】

(7) 주인이 중빈에게 술을 올리다[主人獻衆賓]

① 찬인이 주인을 인도하면 주인은 동쪽 계단으로 당에서 내려가 서남쪽을 향하여 중빈에게 3번 읍한다. ② 중빈은 모두 답례로 1번 읍한다. ③ 찬인이 주인을 인도하면 주인은 당에 올라 술동이가 있는 곳으로 간다. ④ 집사자는 보를 들어올린다. ⑤ 주인은 술잔을 잡고 국자로 술을 떠서 따른 다음 집사자에게 술잔을 준다.

⑥ 이어서 주인은 서쪽 계단 위쪽 당으로 가서 남쪽을 향하여 선다. ⑦ 집사자는 술잔을 잡고 주인을 따른다. ⑧ 찬인이 중빈 가운데 연장자를 인도하면 중빈 가운데 연장자는 서쪽 계단 위쪽 당으로 올라가 북쪽을 향하여 선다. ⑨ 주인은 꿇어앉아 술잔

事者執爵從之. 贊引導介, 就介席末東, 北面立. 主人跪, 執爵, 以獻介.

介跪, 受爵, 卒爵. 執事者薦脯醢. 介興拜. 主人答拜. 執事者以爵還奠于尊所篚上. 介仍立席末, 東面. 主人退立于阼階上, 北面.

【右主人獻介】

贊引導主人, 降自阼階西南面, 三揖衆賓. 衆賓皆答一揖. 贊引導主人, 升, 詣尊所, 執事者舉冪. 主人執爵酌酒, 以授執事者.

仍詣西階上, 南面立. 執事者執爵從之. 贊引導衆賓之長, 升西階上, 北面立. 主人跪執爵, 以獻衆賓之長.

을 잡고 중빈 가운데 연장자에게 술을 올린다.

⑩ 중빈 가운데 연장자는 꿇어앉아 술잔을 받고 일어나, 서서 술을 마시고 술잔을 비운다. ⑪ 빈의 서쪽 자리 끝으로 나아가 남쪽을 향하여 선다. ⑫ 중빈 가운데 60세 이상인 사람은 차례로 당에 올라가 술잔을 받고 술잔을 비우고 자리로 나아가되, 모두 중빈 가운데 연장자가 한 의례와 같이 한다【서서(西序)에 선 사람은 동쪽을 향한다】.

⑬ 50세 이하인 사람은 차례로 당에 올라가 술잔을 받고 술잔을 비운다. ⑭ 이어서 다시 당을 내려가 자신의 위치로 나아간 다음 동쪽을 향한다【뜰의 남쪽에 선 사람은 북쪽을 향한다. 집사자는 먼저 술동이가 있는 곳에 가서 술주전자에 술을 채운 다음 술주전자를 잡고 서쪽 계단 위쪽 당으로 간다. 이어서 중빈 1명이 당에 올라올 때마다 매번 술잔에 술을 따라 주인에게 준다】.

⑮ 중빈들이 위치로 나아가는 일을 마치면, 집사자는 포와 고기젓갈을 모두 올린다【당 아래의 중빈 또한 모두 포와 고기젓갈이 있다】. ⑯ 술잔을 술동이가 있는 곳의 비(篚) 위에 되돌려 놓는다. ⑰ 주인은 뒤로 물러나 자리 끝으로 나아가서 서쪽을 향하여 선다.

【이상은 주인이 중빈에게 술을 올리는 의례이다】

(8) 주인이 준에게 술을 올리다[主人獻儐]

① 집사자는 준(儐)의 자리를 빈의 자리 동쪽에

衆賓之長跪, 受爵, 興, 立飲, 卒爵, 就賓西之席末, 南面立. 衆賓六十以上, 以次升, 受爵, 卒爵, 就席, 竝如賓長儀【立西序者東面】.

五十以下, 以次升, 受爵, 卒爵, 還降就位, 東面【立庭南者, 北面. 執事者先詣尊所, 實酒于酒注, 執注詣西階上. 每衆賓一人升, 輒斟酒于爵以授主人】.

就位畢, 執事者遍薦脯醢【堂下衆賓, 亦遍有脯醢】. 以爵還奠于尊所篚上. 主人退, 就席末, 西面立.

【右主人獻衆賓】

執事者設儐席于賓席東,

마련하되, 남쪽을 향한다【향학에, 대부(大夫)나 사(士) 가운데 은퇴한 사람이나 타지 출신으로 이 지방에 기거하는 사나 대부가 없으면 준의 직분은 생략한다】. ② 찬인이 준을 인도하면 준은 문으로 들어가 서쪽으로 간다. ③ 찬인이 주인을 인도하면 주인은 동쪽 계단으로부터 당에서 내려가 문 안에서 준을 맞이한다. ④ 빈 이하는 모두 당에서 내려가 서쪽 계단 아래에 서서 동쪽을 향하되, 북쪽을 상석으로 한다.

⑤ 주인과 준은 나란히 가서 계단에 이르면 3번씩 사양한다. ⑥ 주인은 동쪽 계단으로 당에 올라간다. ⑦ 준은 서쪽 계단으로 당에 올라간다. ⑧ 주인과 준 모두 자리에 나아간다. ⑨ 주인은 2번 절하고 일어난다. ⑩ 준은 답례로 2번 절하고 일어난다. ⑪ 빈 이하는 모두 당에 올라 자기 위치로 돌아가 선다.

⑫ 찬인이 주인을 인도하면 주인은 술동이가 있는 곳으로 간다. ⑬ 집사자는 보를 들어올린다. ⑭ 주인은 술잔을 잡고 국자로 술을 떠서 따른 다음 집사자에게 술잔을 준다. ⑮ 이어서 주인은 준의 자리 앞 동쪽으로 가서 북쪽을 향하여 선다. ⑯ 집사자는 술잔을 잡고 주인을 따라간다. ⑰ 주인은 꿇어앉아 술잔을 잡고 준에게 술을 올린다.

⑱ 준은 꿇어앉아 술잔을 받고 술잔을 비운다. ⑲ 집사자는 포와 고기젓갈을 올린다. ⑳ 준은 일어나 절한다. ㉑ 주인은 답례로 절한다. ㉒ 집사자는 술잔을 술동이가 있는 곳의 비(篚)에 되돌려 놓는다. ㉓ 빈과 주인 이하는 각자 자신의 위치에 앉는다.

南面【鄉學無大夫士致仕、寄居者則闕】. 贊引導僎, 入門西. 贊引導主人, 降自阼階, 迎于門內. 賓以下皆降, 立西階下, 東面, 北上.

主人與僎偕行, 及階, 三讓. 主人由阼階升. 僎由西階升. 俱就席. 主人再拜, 興. 僎答再拜, 興. 賓以下俱升, 復位立.

贊引導主人, 詣尊所. 執事者舉冪. 主人執爵酌酒, 以授執事者. 仍詣僎席前東, 北面立. 執事者執爵從之. 主人跪, 執爵以獻僎.

僎跪, 受爵, 卒爵. 執事者薦脯醢. 僎興拜. 主人答拜. 執事者以爵還奠于尊所篚上. 賓主以下, 各坐其位.

【이상은 주인이 준에게 술을 올리는 의례이다】　　【右主人獻儐】

(9) 사정이 술잔을 들어 올리다[司正揚觶]

　① 찬인이 사정을 인도하면 사정은 손 씻는 자리에 가서 손을 씻는다. ② 다음으로 술잔 씻는 자리로 가서 술잔[觶]을 씻는다. ③ 술잔을 잡고 서쪽 계단으로 당에 올라가 술동이가 있는 곳으로 간다. ④ 집사자는 보를 들어올린다. ⑤ 사정은 국자로 술을 떠서 따른 다음 술잔을 잡고 당 남쪽의 두 기둥 사이로 가서 북쪽을 향하여 선다. ⑥ 빈과 주인 이하가 모두 일어나 손을 모으고 자신의 위치에 선다.

　⑦ 사정은 그제야 술잔을 들고 다음과 같이 말한다. "삼가 생각하건대 조정에서 옛 법을 따라 예교를 두터이 숭상하고 향음주례를 거행하는 이유는 마시고 먹기 위함이 아닙니다. 모든 우리 어른들과 젊은이들이 각자 서로 권면하고 힘써서 신하된 사람은 충성을 다하고, 자식된 사람은 효를 다하여, 안으로는 집안에서 화목하고, 밖으로는 마을에서 도리에 따르도록 하기 위함입니다. 혹시라도 이를 실추시켜 낳아준 분에게 욕되지 않도록 해야 합니다."

　⑧ 사정은 말을 마치면 앉아서 술잔을 놓고 일어나 2번 절한다. ⑨ 빈과 주인 이하는 모두 2번 절하고 일어난다. ⑩ 사정은 꿇어앉아 술잔을 들어 술을 다 마시고 일어나 술잔을 집사자에게 준다. ⑪ 집사자는 술잔을 술동이가 있는 곳의 비(篚) 위에 되돌려 놓는다. ⑫ 사정은 당에서 내려가 자신의 위치로 돌아간다. ⑬ 빈과 주인 이하는 각자 자신의 위치에 앉

贊引導司正, 詣盥洗位, 盥手. 次詣爵洗位, 洗觶. 執觶, 升自西階, 詣尊所. 執事者舉羃. 司正酌酒實觶, 執觶, 詣堂南兩楹之間, 北面立. 賓主以下皆興, 拱立于其位.

司正乃舉觶而言曰："恭惟朝廷率由舊章, 敦崇禮敎, 舉行鄕飮, 非爲飮食. 凡我長幼, 各相勸勖, 爲臣竭忠, 爲子盡孝, 內穆於閨門, 外順於鄕黨, 毋或廢墜以忝所生."

言畢, 坐奠觶, 興, 再拜. 賓主以下皆再拜, 興. 司正跪, 取觶, 卒飮, 興, 以觶授執事者. 還奠于尊所篚上. 司正降復位. 賓主以下各坐其位.

는다.

【이상은 사정이 술잔을 들어 올리는 의례이다】　【右司正揚觶】

(10) 연회를 하다[燕]

　① 집사자는 당 위와 당 아래의 각 위치에 그릇[豆, 음식이 담긴 그릇]을 진설한다. ② 나이 60세인 사람에게는 그릇 3개, 70세인 사람에게는 그릇 4개, 80세인 사람에게는 그릇 5개, 90세인 사람에게는 그릇 6개【빈·주인·개·준은 모두 그릇 6개이다】, 나머지는 모두 그릇 2개이다. ③ 술은 3번 돌린다.

執事者設豆于堂上堂下各位. 六十者三豆, 七十者四豆, 八十者五豆, 九十者六豆【賓、主人、介、僎竝六豆】, 餘皆二豆. 行酒三遍.

【이상은 연회를 하는 의례이다】　【右燕】

(11) 그릇을 치우고 빈이 나가다[徹豆賓出]

　① 집사자는 모두 나아가 그릇을 거둔다. ② 빈이 일어난다. ③ 주인과 개·준·중빈이 모두 일어난다【당 아래에 있는 사람들도 일어난다】. ④ 주인은 읍한다. ⑤ 빈은 답례로 읍한다. ⑥ 찬인이 빈을 인도하면 빈은 서쪽 계단으로 당에서 내려간다. ⑦ 개 이하는 모두 빈을 따라 내려간다. ⑧ 찬인이 주인을 인도하면 주인은 동쪽 계단으로 당에서 내려간 다음 문을 나가 동쪽으로 가서 서쪽을 향하여 선다. ⑨ 빈 이하는 문을 나가 서쪽으로 가서 동쪽을 향하되, 남쪽을 상석으로 해서 선다. ⑩ 주인은 읍한다. ⑪ 빈 이하는 모두 답례로 읍하고 물러간다.

執事者齊進徹豆. 賓興. 主人及介、僎、衆賓皆興【在堂下者亦興】. 主人揖. 賓答揖. 贊引導賓, 降自西階. 介以下皆從賓以降. 贊引導主人, 降自阼階, 出門而東, 西面立. 賓以下出門而西, 東面, 南上立. 主人揖. 賓以下皆答揖, 退.

【이상은 그릇을 치우고 빈이 나가는 의례이다】　【右徹豆賓出】《楓石集》
《풍석전집(楓石全集)228》229

향례지 권제1 끝　　　　　　　　　　　　　　　　鄕禮志卷第一

---

228 풍석전집(楓右全集) : 풍석(楓石) 서유구(徐有榘, 1764~1845)의 문집. 《풍석고협집(楓石鼓篋集)》6권,
《금화지비집(金華知非集)》12권 합 8책이며, 서(序)·기(記)·서(書)·전(傳)·묘지명(墓地銘)·광전명(壙塼
銘)·제문(祭文)·잡저(雜著)로 구성되어 있다. 현존본(現存本)은 서울대학교 중앙도서관에 유일본으로 소
장된 《풍석전집(楓石全集)》이다.
229 《楓石全集》〈金華知非集〉卷9 "雜著" '題新定鄕飮鄕射儀'(《韓國文集叢刊》288, 482~485쪽).

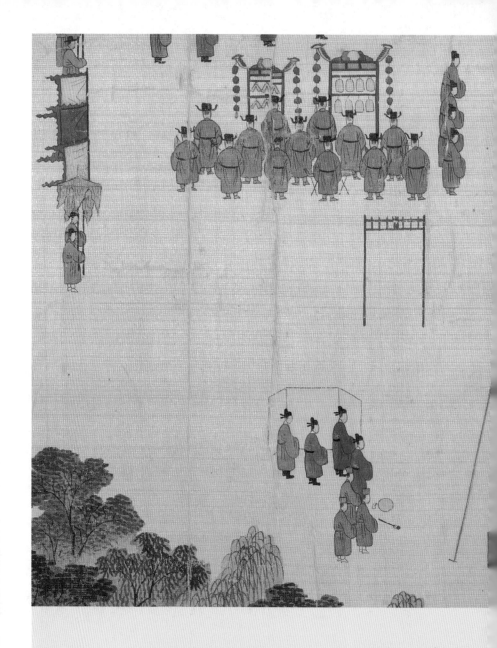

향례지 권제 2
鄕禮志 卷第二

임원십육지 89
林園十六志八十九

2

I. 통례(通禮)

그 날에는 주인의 자리를 단(壇)의 동쪽에 마련하고, 서쪽을 향하게 한다【학당(學堂)에서 가까운 곳에 땅을 정리하여 단을 만든다】. 빈이 2품 이상이면 단의 서쪽에 앉되, 동쪽을 향하며 북쪽을 상석으로 한다. 중빈(衆賓) 3품 이하면 남쪽 줄에 앉되, 동쪽을 상석으로 한다【만약 2품 이상이 없으면 6품 이상은 서쪽에 자리를 두고, 참외관(參外官, 7품 이하)은 남쪽 줄에 동쪽·서쪽으로 나누어 앉고, 중앙(中央)은 넓게 비워둔다】.

- Ⅰ -

통례

通禮

1
향사례 〈鄕射禮〉

1. 향사례(鄕射禮)¹

鄕射□禮

1) 주나라의 향사례

周儀

(1) 빈에게 고하다[戒賓]²

고을에서 활쏘기 하는 의례, 즉 향사례는 다음
과 같다. ① 주인(主人)이 빈(賓)에게 고하러 오면 빈
은 문 밖으로 나와서 주인을 맞이하며[出迎] 2번 절
한다. ② 주인은 답례(答禮)로 2번 절한다. ③ 이어서
빈이 되어달라고 청한다[請].³

【주】⁴ 주인이란 고을[州]의 관장(官長)이다. 향대부
(鄕大夫)⁵가 만약 이 고을에 있다면 향대부라 일컫는
다. 출영(出迎)이란 문 밖으로 나가는 것이다. 청(請)이

鄕射之禮：主人戒賓, 賓出
迎, 再拜. 主人答再拜. 乃
請.

【注】主人, 州長也. 鄕大夫
若在焉, 則稱鄕大夫也. 出
迎, 出門也. 請, 告也. 告

---

1 향사례(鄕射禮)：중국 주(周)나라 시대 향대부(鄕大夫)가 3년마다 훌륭하고 능력 있는 사람을 왕에게 천거
할 때, 그 선택을 위해 행하는 활 쏘는 의식. 또는 고을의 관장이 봄·가을로 백성을 모아 주서(州序, 지방
학교)에서 행한 활쏘기 행사. 조선에서는 이를 계승하여 고을 한량(閑良, 직함은 있으나 보직이 없는 사족
자제)이 모여 편을 갈라 활쏘기를 겨루며 주향(酒饗, 술자리)을 함께 하는 오락 행사로 행해졌다.

2 빈에게 고하다[戒賓]：독자들의 편의를 위해서, 청나라의 예학자 진혜전(秦蕙田, 1702~1764)의 《오례통고
(五禮通考)》에서 나눈 대로 소제목을 추가했다. 이 소제목에 해당하는 내용의 끝에 붙인 주에서 "이상은
빈에게 고하는 의례이다[右戒賓]."라고 밝히고 있다. 이하도 마찬가지이다.

3 고을에서……청한다[請]：이 부분은 《의례(儀禮)》卷11〈향사례(鄕射禮)〉第5에 나오는 본문이다. 여기서
부터 시작하는 글의 구성은 '본문 - 주석(주) - 주석에 대한 주석(소)'의 순서가 반복된다. 유가 경전의 이
와 같은 구조의 글을 주소(注疏)라 한다. 따라서 이 대목을 《의례주소(儀禮注疏)》라 하며, 《십삼경주소
(十三經注疏)》의 하나이다.

4 주：여기 주에 해당하는 부분은 《의례》본문에 대한 주석으로, 중국 한나라 정현(鄭玄, 127~200)의 저술
이다. 이하도 마찬가지다.

5 향대부(鄕大夫)：중국 주나라의 관직명. 고을의 행정·법령·병역·요역을 주관하고, 관리들을 감독했으며,
능력있는 선비들을 선발하여 국가에 추천했다.

□ 射：저본에는 없음. 오사카본·규장각본·《儀禮注疏·鄕射禮》에 근거하여 보충.

란 고하는 것이다. 빈에게 향사례의 일을 고한다고 하고, 주인이 번거로움을 무릅쓰고 온 일에 대해 빈이 절한다고 말하지 않은 이유는, 이 향사례가 백성들에게 예악을 익히게 하는 일이지 빈 자신을 위주로 한 일이 아니기 때문이다. 이때 선생(先生)을 찾아가서 빈에 대하여 상의하지 않는 이유는, 향음주례와는 달리 향사례는 훌륭한 사람과 능력이 있는 사람을 천거하는 의례가 아니라서 일이 가볍기 때문이다.

지금 군국(郡國)⁶에서는 늦봄에 이 향사례를 행한다. 《주례(周禮)》에 "향로(鄉老)⁷와 향대부는 3년마다 정월에 훌륭한 사람과 능력이 있는 사람에 대해서 적은 글을 왕에게 바치고, 물러나 향사례의 5물(五物)⁸로써 여러 사람들에게 추천할 인재에 대해 묻는다."⁹라 했다. 제후의 향대부들도 이미 자신의 군주에게 사(士)를 천거하고, 이 향사례를 이용하여 여러 사람들에게 추천할 인재에 대해 물었을 것이다】

【소 ¹⁰ 내가 살펴보건대¹¹ 향대부는 제후국의 향대부이니, 여기에서 말하는 고을의 관장 또한 제후국 고을의 관장이며 사(士)가 그 직책을 맡는다. 이

賓以射事, 不言拜辱, 此爲習民以禮樂, 不主爲賓己也. 不謀賓者, 時不獻賢能, 事輕也.

今郡國行此禮以季春.《周禮》:"鄉老及鄉大夫, 三年正月, 獻賢能之書於王, 退而以鄉射之禮五物詢衆庶." 諸侯之鄉大夫旣貢士於其君, 亦用此禮射而詢衆庶乎】

【疏 案鄉大夫是諸侯鄉大夫, 則此州長亦諸侯之州長, 以士爲之. 是以經云

6　군국(郡國) : 중국 한(漢)나라 고조(高祖)가 실시한 통치 제도. 진나라의 군현(郡縣) 제도와 주나라의 봉건 제도를 병행한 제도이다. 수도에 가까운 지역은 군현을 두어 황제가 직접 통치하고, 먼 지역은 황족이나 공신에게 맡겨 다스리도록 했다.

7　향로(鄉老) : 퇴직한 고위 관리로 70세 이상인 사람.

8　5물(五物) : 《주례(周禮)》〈지관(地官)〉"향대부(鄉大夫)"에서 말하는 활쏘기의 5가지 미덕. 화(和, 유연한 몸)·용(容, 단정한 용모)·주피(主皮, 과녁을 맞추는 솜씨)·화용(和容, 음악에 맞춰 쏘는 감각)·흥무(興舞, 일어나 추는 춤)를 통해서 그 사람됨을 살핀다.

9　향로(鄉老)와……묻는다 : 《周禮注疏》卷11〈地官司徒〉第二"鄉大夫"《十三經注疏整理本》7, 350쪽).

10　소 : 여기 소에 해당하는 부분은 위 주 부분에 대한 주석으로, 중국 당나라의 경학자 가공언(賈公彦, ?~?)의 저술이다. 이하도 마찬가지이다.

11　내가 살펴보건대 : 가공언이 소(疏)를 달았기 때문에 원문의 안(案)이라 쓴 이하의 내용은 모두 가공언의 설이다.

녹중(《의례도(儀禮圖)》)

러한 까닭에 《의례(儀禮)》의 경문(經文)에서는 "석획 (釋獲)¹²을 맡은 사람이 녹중(鹿中)¹³을 잡는다."¹⁴라 했고, 기문(記文)¹⁵에서는 "사(士)는 녹중(鹿中)을 쓴다."¹⁶라 했다. 만약 천자국 고을의 관장이라면 중대부(中大夫)¹⁷가 그 직책을 맡는다】

④ 빈은 예로써 1번 사양하고 허락한다. ⑤ 주인은 2번 절한다. ⑥ 빈은 답례로 2번 절한다. ⑦ 주인이 물러가면[退] 빈은 주인을 전송하면서 2번 절한다.

【주】물러간다[退]는 사궁(射宮)¹⁸으로 돌아간다는

"釋獲者執鹿中", 記云"士, 鹿中"也. 若天子州長, 中大夫爲之】

賓禮辭許. 主人再拜. 賓答再拜. 主人退, 賓送再拜.

【注】退, 還射宮, 省錄射

---

12 석획(釋獲) : 향사례를 행할 때, 과녁에 맞은 화살의 수를 세던 도구와 그것을 기록하던 도구 또는 그 도구를 맡은 사람.

13 녹중(鹿中) : 향사례를 행할 때, 산가지를 담는 데 쓰던 도구. 나무를 깎아 사슴 모양으로 만들되, 속을 비게 한다. 활을 쏘아 과녁을 맞추면 산가지를 사슴의 입에 넣어 적중한 횟수를 센다. 사(士)는 녹중(鹿中), 대부는 시중(兕中, 무소 모양 산가지통)을 쓴다.

14 석획(釋獲)을……잡는다 : 《儀禮注疏》 卷11〈鄕射禮〉 第5(《十三經注疏整理本》10, 239쪽).

15 기문(記文) : 《의례(儀禮)》의 경문 뒤에 별도로 붙어 있는 문장. 경문은 공자가, 기문은 제자들이 기록한 것으로 보는 설도 있다.

16 사(士)는……쓴다 : 《儀禮注疏》 卷13〈鄕射禮〉 第5(《十三經注疏整理本》10, 285쪽).

17 중대부(中大夫) : 중국 주나라 때의 관위(官位). 경(卿)의 아래이고 사(士)의 위인 집정관(執政官)에 해당하는 계층을 대부(大夫)라 하며, 상대부(上大夫)·중대부(中大夫)·하대부(下大夫)의 세 등급이 있다.

18 사궁(射宮) : 활쏘기 하는 건물로, 주로 고을의 학교이다.

뜻으로, 이하의 활을 쏘는 일에 관한 기록을 생략한 것이다】 事】

⑧ 개(介, 주인을 돕는 사람)를 두지 않는다. 無介.

【주 활쏘기에 앞서 비록 먼저 술을 마시기는 하지만 활쏘기가 주된 일이다. 그래서 빈의 차례를 정하는 의례는 생략하는 것이다】[19] 【注 雖先飮酒, 主於射也. 其序賓之禮略】

【이상은 빈에게 고하는 의례이다】 【右戒賓】

(2) 자리를 마련하고, 그릇을 늘어놓으며, 음식을 장만하고, 과녁을 펼치다[設席, 陳器, 具饌, 張侯]

① 이런 뒤라야 빈을 위해 자리를 펴되, 남쪽을 향하며 동쪽을 상석으로 한다. 乃席賓, 南面, 東上.

【주 빈의 자리를 문과 창의 사이에 마련한다고 말하지 않은 이유는 이 향사례의 활쏘기는 서(序)에서 행하기 때문이다】 【注 不言於戶牖之間者, 此射於序】

【소 이 향사례의 활쏘기는 서(序)에서 하고, 향음주례는 상(庠)에서 하는 이유는, 서(序)에는 방이 없고, 상(庠)에는 방이 있기 때문이다. 방이 없으면 문과 창도 없으니 자리를 마련하는 일 또한 문과 창에 해당하는 곳에 할 뿐이다. 동쪽을 상석으로 한다는 말 또한 주인이 동쪽에 있기 때문에 주인의 자리의 끝이 동쪽에 있다는 말이다. 이 대목은, 《예기(禮記)》〈곡례(曲禮)〉의 "자리를 남쪽으로 향하게 두거나 【疏 此射於序, 鄕飮酒在庠, 以其序無室, 庠有室. 無室則無戶牖, 設席亦當戶牖之處耳. 言東上, 亦主人在東, 故席端在東, 不得以《曲禮》"席南向北向, 西方爲上"解之】

19 이상의 (1)은 《儀禮注疏》 卷11 〈鄕射禮〉(《十三經注疏整理本》10, 199~201쪽)에 보인다.

북쪽으로 향하게 두는 경우에는 서쪽이 상석이 된
다."[20]라는 내용으로 해석할 수 없다】

② 중빈(衆賓)의 자리는 서로 이어지도록 빈의 자
리 서쪽에 마련한다[繼].

衆賓之席繼而西.

【주】 이어지도록 마련한다[繼]고 말한 이유는 처음
에는 여러 사람들이 참여하여 활쏘기를 익히기 바랐
기 때문에 아직 따로 자리를 구별하지 않아서이다】

【注 言繼者, 甫欲習衆庶,
未有所殊別】

【소】《의례(儀禮)》〈향음주례(鄕飮酒禮)〉에 "삼빈(三
賓)의 자리는 서로 닿지 않도록 한다."[21]라 했다. 그
향음주례(鄕飮酒禮)는 훌륭한 사람과 능력이 있는 사
람을 천거하는 자리이기 때문에 자리를 따로 구별
하는 것이다】

【疏《鄕飮酒》: "三賓之席
不屬". 彼興賢能, 故有殊
別】

③ 주인의 자리는 동쪽 계단 위쪽 당에 서쪽을 향
하도록 편다. ④ 빈의 자리 동쪽에 2개의 술항아리
[壺]를 차려 놓되, 아래에 사금(斯禁)을 받쳐 놓는다.
⑤ 왼쪽 술항아리에는 현주(玄酒, 물)를 담아놓고 2개
술항아리에 모두 국자[勺]를 둔다. ⑥ 비(篚, 광주리)는
술항아리의 남쪽에 두되, 동쪽을 향하게 하여 놓는다.

席主人於阼階上, 西面.
尊於賓席之東, 兩壺, 斯
禁. 左玄酒, 皆加勺. 篚在
其南, 東肆.

【주】 술항아리를 차려 놓는 사람은 북쪽을 향하
고 있으므로 서쪽을 '왼쪽'이라 하니, 물을 숭상하기
위함이다】

【注 設尊者北面, 西曰
"左", 尙之也】

【소】 왼쪽 술항아리에 현주를 담아놓는 이유는

【疏 左玄酒, 據人設尊, 北

---

20 자리를……된다:《禮記注疏》卷2〈曲禮〉上(《十三經注疏整理本》12, 49쪽).
21 삼빈(三賓)의……한다:《儀禮注疏》卷8〈鄕射禮〉第4(《十三經注疏整理本》10, 150쪽).

216   향례지·권제 2

술항아리를 차려 놓는 사람 기준으로 보면 북쪽을 향해 있으므로 서쪽이 왼쪽이 되기 때문이다】

⑦ 세(洗)는 동쪽 계단의 동남쪽 마당에 설치하되, 남북으로는 당에서 당심(堂深)만큼 떨어져 있고, 동서로는 집의 동영(東榮, 동쪽 처마 끝)을 마주보는 곳에 위치시킨다. ⑧ 물은 세(洗)의 동쪽에 두고, 비(篚)는 세의 서쪽에 두되, 남쪽을 향하게 하여 놓는다. ⑨ 세의 동북쪽에 악기를 걸되[縣], 서쪽을 향하게 한다.

【주】 여기에서 '거는 악기[縣]'란 경쇠[磬]를 말한다. 경쇠를 동쪽에 걸어 두는 이유는 활쏘는 자리[射位]를 피하기 위해서이다. 단지 경쇠만 거는 이유는 제후의 사(士)는 천자(天子)의 사(士)가 거는 경쇠와 종을 절반만 걸기 때문에 종(鐘)은 달지 않는 것이다】

⑩ 그제야 과녁[侯]을 펼치되, 아래쪽 강(綱)²²은

面, 故以西爲左】

設洗于阼階東南, 南北以堂深, 東西當東榮. 水在洗東, 篚在洗西, 南肆. 縣于洗東北, 西面.

【注 此"縣"謂磬也. 縣於東方, 辟射位也. 但縣磬者, 半天子之士, 無鐘】

乃張侯, 下綱不及地武.

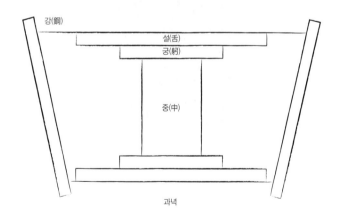

강(綱)

설(舌)

궁(躬)

중(中)

과녁

---

22 강(綱) : 과녁을 고정시키기 위해 설(舌)과 과녁지지대를 이어 묶어주는 줄.

땅에 닿지 않도록 발자국[武] 길이만큼 띄운다.

【주】 과녁은 활을 쏘아 맞히는 베를 말한다. 강(綱)은 설(舌)[23]을 매어서 고정시키는 줄이다. 무(武)는 발자국이다. 보통 사람의 발자국은 1.2척이다. 과녁은 사람의 형상을 본떠 만드니, 강은 곧 과녁의 발에 해당한다. 이 때문에 발자국의 치수를 취한 것이다】

【注】 侯謂所射布也. 綱, 持舌繩也. 武, 迹也. 中人之迹尺二寸. 侯象人, 綱卽其足也. 是以取數焉】

⑪ 왼쪽 아래의 강(綱)은 과녁지지대에 매어 두지 않고 오른쪽 위로 접어 과녁가운데를 가리면서 묶어둔다.

不繫左下綱, 中掩束之.

【주】 활쏘기가 아직 시작되지 않았기 때문이다】

【注】 事未至也】

⑫ 화살막이[乏][24]는 화살이 과녁까지 날아가는 길[侯道]을 3등분했을 때 과녁 쪽으로 1/3지점에서 서

乏參侯道, 居侯薰之一, 西五步.

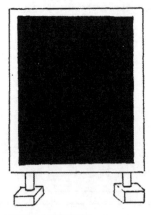

화살막이(《삼례도(三禮圖)》)

---

23 설(舌): 과녁에서 화살을 쏘아 맞히는 중(中)과 중의 양 옆에 덧댄 궁(躬)의 위아래를 덧댄 베.
24 화살막이[乏]: 화살이 과녁에 맞았는지를 헤아리는 석획(釋獲) 혹은 획자(獲者)가 날아오는 화살을 피하여 몸을 숨기는 곳.

쪽으로 5보(步)25 떨어진 곳에 둔다.

【주】 몸 숨기기 위한 기구[容]를 '화살막이[乏]'라 한다. 획자(獲者)26가 화살을 피할 수 있도록 만든 것이다. 화살이 과녁까지 날아가는 길은 50보로, 이 화살막이가 과녁으로부터 떨어진 거리는 북쪽으로 10장(丈)이고, 서쪽으로는 3장이다】27

【注】容謂之"乏", 所以爲獲者御矢也. 侯道五十步, 此乏去侯北十丈, 西三丈】

【이상은 자리를 마련하고, 그릇을 늘어놓으며, 음식을 장만하고, 과녁을 펼치는 의례이다】

【右設席, 陳器, 具饌, 張侯】

(3) 빈을 맞이하고 빈이 찾아와준 데 대해 절하다[迎賓拜至]

① 갱(羹, 고기를 삶은 탕)이 익으면[定], 주인은 그 제야 조복(朝服)을 입고 가서 빈을 초청한다. ② 빈은 조복을 입고 나와 주인을 맞이하며 2번 절한다. ③ 주인은 답례로 2번 절하고 물러난다. ④ 빈은 주인을 전송하며 2번 절한다.

羹定, 主人朝服, 乃速賓. 賓朝服出迎, 再拜. 主人答再拜, 退. 賓送, 再拜.

【주】 향사례의 빈은 향음주례에 비해서 그 예우가 가볍다. 주인이 빈에게 고할 때에는 현단(玄端)28을 입는다. 지금 군국(郡國)에서는 이 향사례를 행하면서 피변(皮弁)29을 쓰니, 《의례》의 제도와는 다르다】

【注】射賓輕也. 戒時玄端. 今郡國行此鄉射禮, 皮弁服, 與《禮》爲異】

---

25 보(步) : 5척을 1보로 삼기도 하고 6척을 1보로 삼기도 했다. 여기서는 서유구가 적용하려는 기준에 따르면 5척을 말한다.

26 획자(獲者) : 과녁에 화살이 맞았는지를 살피고 그 수를 세는 사람.

27 이상의 (2)는 《儀禮注疏》卷11〈鄉射禮〉(《十三經注疏整理本》10, 201~204쪽)에 보인다.

28 현단(玄端) : 주(周)나라 때 조회에 입던, 소매나 옷깃에 검은 천을 덧대어 만든 예복. 천자로부터 사(士)에 이르기까지 공통으로 입었다.

29 피변(皮弁) : 흰사슴가죽을 둥글게 만들어 끝에 꼭지를 단 관. 관례를 올리거나 조회에 나갈 때 썼다.

⑤ 빈과 중빈들은 이어서 향사례에 참여하러 주인을 따라간다. ⑥ 문에 이르면 주인의 일상(一相)[30]은 문 밖으로 나와 빈을 맞이하며 빈에게 2번 절한다. ⑦ 빈은 답례로 2번 절한다. ⑧ 주인은 중빈들에게 읍한다. ⑨ 주인과[以] 빈이 함께 읍하고 먼저 들어간다.

【주】이(以)는 '~와(과)[與]'라는 뜻과 같다】

賓及衆賓遂從之. 及門, 主人一相出迎于門外, 再拜. 賓答再拜. 揖衆賓. 主人以賓揖, 先入.

【注 以猶與也】

⑩ 빈은 중빈들에게 염(厭)한다. ⑪ 중빈들은 모두 문 안으로 들어가 왼쪽으로 나아가되 동쪽을 향하며, 북쪽을 상석으로 한다. ⑫ 빈은 중빈들보다 조금 앞으로 나온다. ⑬ 주인과 빈이 함께 3번 읍하고 함께 나아간다. ⑭ 계단 아래에 이르러서는 주인과 빈은 3번 권하고 사양한다. ⑮ 주인이 먼저 1계단 오르면 빈이 오른다.

【주】주인과 빈이 3번 사양하고 주인이 먼저 당에 오르는 이유는 주인이 빈에게 먼저 양보했기 때문이다. 빈이 주인과 함께 오르지 않는 이유는 빈객(賓客)의 도는 나아가기를 어렵게 여겨야 하기 때문이다】

賓厭衆賓. 衆賓皆入門左, 東面, 北上. 賓少進. 主人以賓三揖, 皆行. 及階, 三讓. 主人升一等, 賓升.

【注 三讓而主人先升者, 是主人先讓於賓. 不俱升者, 賓客之道, 進宜難也】

⑯ 주인은 동쪽 계단 위에 올라 상인방[楣]을 마주보는 곳에 이르러 북쪽을 향해 서서 2번 절한다. ⑰ 빈은 서쪽 계단 위에 올라 상인방을 마주보는 곳에 이르러 북쪽을 향해 서서 답례로 2번 절한다.[31]

主人阼階上當楣, 北面再拜. 賓西階上當楣, 北面答再拜.

---

30 일상(一相):주인을 돕는 사람 중에 제일가는 사람이란 뜻이다. 이밖에 이상(二相)과 삼상(三相) 등이 있다.
31 이상의 (3)은 《儀禮注疏》卷11 〈鄕射禮〉《十三經注疏整理本》10, 204~206쪽)에 보인다.

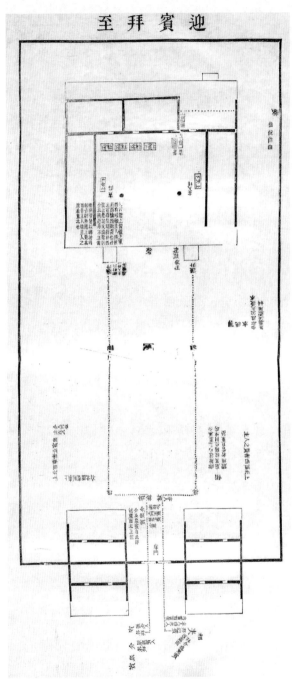

영빈배지(迎賓拜至, 빈을 맞이하고 빈이 찾아준 데 대해 절하는 그림)《의례도》

【이상은 빈을 맞이하고 빈이 찾아와준 데 대해
절하는 의례이다】

【右迎賓拜至】

(4) 주인이 빈에게 술잔을 올리다[主人獻賓]

① 주인은 앉아서 당 위의 비(篚)에 놓여 있는 술
잔[爵, 작]32을 든다. ② 세(洗, 손이나 술잔 씻는 대야)가 있
는 곳으로 내려간다.33 ③ 빈은 내려간다.34 ④ 주인
은 동쪽 계단 앞에서 서쪽을 향하여 앉아 술잔을
땅에 내려놓고, 다시 일어나 빈이 자신을 따라 내려
오는 행동을 사양한다. ⑤ 빈은 답례를 하고 주인을
말린다.

主人坐取爵于上篚, 以降.
賓降. 主人阼階前西面坐
奠爵, 興, 辭降. 賓對.

⑥ 주인은 앉아서 술잔을 들고 일어난 다음 세
(洗)로 가서 남쪽을 바라보고 앉는다. ⑦ 이어서 비
(篚)에 술잔을 내려놓는다. ⑧ 손을 씻고 술잔을 들
어 씻는다. ⑨ 빈은 나아가 동북쪽을 향해 서서 주
인이 술잔 씻는 의례를 하지 말라고 말린다. ⑩ 주인
은 앉아서 비(篚)에 술잔을 놓아두고, 일어나 빈에게
대답한다. ⑪ 빈은 자기 자리로 돌아간다.

主人坐取爵, 興, 適洗, 南
面坐. 奠爵于篚下, 盥洗.
賓進, 東北面, 辭洗. 主人
坐奠爵于篚, 興對. 賓反
位.

⑫ 주인은 술잔을 다 씻으면 동쪽 계단의 아래로
가서 서쪽을 향해 서서는 빈에게 1번 읍하고 1번 사
양하며 빈과 함께 당에 오른다. ⑬ 빈은 서쪽 계단
위쪽 당에서 북쪽을 향하여 술잔을 씻어 온 것을
사례하는 의미로 주인에게 절한다. ⑭ 주인은 동쪽

主人卒洗, 壹揖, 壹讓, 以
賓升. 西階上北面拜洗. 主
人阼階上北面奠爵, 遂答
拜, 乃降. 賓降, 主人辭
降, 賓對.

---

32 술잔[爵, 작]: 고대의 술잔. 1승(升)을 담을 수 있으며, 준(尊)·이(彝)보다는 작다.

33 세(洗)가……내려간다: 이때 주인을 돕는 사람들도 주인을 따라 함께 동쪽 계단으로 내려간다.

34 빈은 내려간다: 이때 빈은 주인이 자신을 위해 번거롭게 수고하는 일에 대한 답례로 함께 세(洗)로 내려가
며, 개(介)와 중빈(衆賓) 등도 빈을 따라 내려간다.

계단 위쪽 당에서 북쪽을 향하여 술잔을 자리에 놓고서야 답례로 절한다. ⑮ 그제야 당에서 내려간다. ⑯ 빈이 주인을 따라 내려가면 주인이 빈에게 따라오지 말라고 사양한다. ⑰ 빈은 답례를 하고 주인을 말린다.

⑱ 주인이 손 씻기를 마치고 나서 동쪽 계단 아래에 와서 서쪽을 향하여 선다. ⑲ 빈에게 1번 읍하고 1번 사양하며 당에 오른다. ⑳ 빈은 당에 올라 서쪽 계단의 위쪽 당에서 바른 자세로 움직이지 않고[疑] 서 있는다.

主人卒盥, 壹揖、壹讓升. 賓升, 西階上疑立.

㉑ 주인은 앉아서 술잔을 든 다음 빈의 자리 앞에서 술을 채운다. ㉒ 그리고 서북쪽을 향해 서서 빈에게 술잔을 올린다[獻]. ㉓ 빈은 서쪽 계단의 위쪽 당에서 북쪽을 향하여 절한다. ㉔ 그러면 주인은 조금 물러난다. ㉕ 빈이 앞으로 나아가 자신의 자리 앞에서 술잔을 받는다. ㉖ 원래의 자리로 돌아간다. ㉗ 주인은 동쪽 계단 위쪽 당으로 와서 절하여 술잔을 보낸다.[35] ㉘ 그러면 빈은 조금 물러난다.

主人坐取爵, 實之賓席之前, 西北面獻賓. 賓西階上北面拜. 主人少退. 賓進受爵于席前, 復位. 主人阼階上拜送爵, 賓少退.

㉙ 포와 고기젓갈을 바친다[薦]. ㉚ 빈은 자신의 자리에 오르는데, 서쪽으로 올라간다. ㉛ 그제서야 유사는 빈의 자리 앞에 절조(折俎)를 가져다 놓는다. ㉜ 주인은 동쪽 계단 위쪽 당의 동쪽에서 바른 자세로 움직이지 않고 서 있는다.

薦脯醢. 賓升席, 自西方. 乃設折俎. 主人阼階東疑立.

---

35 절하여……보낸다 : 상대가 술잔을 받아 자기 자리로 돌아갈 때 주인이 절하여 경의를 표하는 절차이다. 주인이 이미 술잔을 보낸 뒤에 절하는 것인데, 상대가 그 술잔을 받아 돌아갈 때까지 주인의 행위가 이어지므로 이렇게 표현한 것이다. 이하의 "拜送"도 모두 이 뜻으로 옮겼다.

㉝ 자신의 자리에 서 있던 빈은 이제 자리에 앉아서[坐] 왼손으로는 술잔을 잡고 오른손으로는 포와 고기젓갈을 고수레[祭]한다. ㉞ 포와 고기젓갈의 서쪽에 술잔을 놓아두고 일어난다. ㉟ 희생제기에 놓인 허파를 잡는다. ㊱ 자리에 앉아 허파의 끝을 떼어 고수레하되, 왼손을 높여 허파고기를 잡는다. ㊲ 이어서 허파를 조금 맛본다. ㊳ 일어나 허파고기를 희생제기에 얹어 놓는다. ㊴ 빈은 자리에 앉아서 수건으로 손을 닦는다.

㊵ 술잔을 잡고 이어서 술을 고수레한다. ㊶ 빈은 일어났다가 자리 끄트머리에 앉아 술을 조금 맛본다[啐]. ㊷ 빈은 자신의 자리에서 내려와 앉으면서 술잔을 놓아두고 주인에게 절한 다음 '술맛이 좋습니다[旨].'라 고한다. ㊸ 술잔을 들고 일어난다. ㊹ 주인은 자신의 위치인 동쪽 계단 위에서 답례로 절한다. ㊺ 빈은 술잔을 가지고 당의 서쪽 계단 위쪽에 와서 북쪽을 향해 앉는다. ㊻ 빈은 그 술잔의 술을 다 비우고 일어난다. ㊼ 빈은 다시 앉으면서 술잔을 놓고 그제서야 사례하는 의미로 주인에게 절한다. ㊽ 빈은 술잔을 잡고 일어난다. ㊾ 주인은 당의 동쪽 계단 위쪽에서 답례로 절한다.[36]

賓坐, 左執爵, 右祭脯醢.
奠爵于薦西, 興. 取肺, 坐
絕祭, 尙左手, 嚌之. 興,
加于俎. 坐挩手.

執爵, 遂祭酒. 興, 席末坐
啐酒. 降席, 坐奠爵, 拜,
告旨, 執爵, 興. 主人阼階
上答拜. 賓西階上北面坐,
卒爵, 興, 坐奠爵, 遂拜.
執爵, 興. 主人阼階上答
拜.

【이상은 주인이 빈에게 술잔을 올리는 의례이다】　【右主人獻賓】

---

36 이상의 (4)는 《儀禮注疏》 卷11 〈鄕射禮〉(《十三經注疏整理本》 10, 206~207쪽)에 보인다.

(5) 빈이 주인에게 보답으로 술잔을 올리다[賓酢主人]

① 빈은 자신이 비운 술잔을 가지고 자리에서 나와 세(洗)로 내려간다. ② 주인이 따라 내려간다. ③ 빈은 서쪽 계단 앞에서 동쪽을 향하여 앉아서 술잔을 내려놓고 일어나 주인이 자신을 따라 내려오는 행동을 사양한다. ④ 주인은 이에 대답한다. ⑤ 빈은 앉아서 술잔을 들고 세(洗)로 간다. ⑥ 북쪽을 향하여 앉아서 술잔을 당 아래에 있는 비(篚)에 놓아두고 일어나 손을 씻고 술잔을 씻는다. ⑦ 주인은 동쪽 계단의 동쪽에서 남쪽을 향하여 서서 빈이 술잔 씻는 의례를 하지 말라고 말린다. ⑧ 그러면 빈은 앉아서 술잔을 비(篚)에 놓아두고, 일어나 주인에게 괜찮다고 답례한다. ⑨ 주인은 자기 자리로 돌아온다.

賓以虛爵降. 主人降. 賓西階前東面坐奠爵, 興, 辭降. 主人對. 賓坐取爵, 適洗. 北面坐, 奠爵于篚下, 興, 盥洗. 主人阼階之東, 南面辭洗. 賓坐奠爵于篚, 興對. 主人反位.

⑩ 빈은 술잔 씻기를 마친 뒤에 처음 오를 때와 같이 주인과 1번 읍하고 1번 사양하며 당에 오른다. ⑪ 빈이 술잔을 씻어온 것을 사례하는 의미로 주인이 빈에게 절한다. ⑫ 빈은 앉아서 씻어 온 술잔을 주인의 앞에 놓고 답례로 절한다. ⑬ 빈은 그 술잔을 들기 전에 일어나 다시 내려가 손을 씻는데, 이 의례는 앞서 주인이 행했던 예(禮)와 같이 한다. ⑭ 빈은 당에 올라 술잔을 든 다음 주인의 자리 앞에서 술을 채운다. ⑮ 그리고 동남쪽을 향해 서서 주인에게 보답하여 술잔을 올린다[酢].

賓卒洗, 揖讓如初, 升. 主人拜洗. 賓答拜. 興, 降盥, 如主人之禮. 賓升, 實爵主人之席前, 東南面酢主人.

⑯ 주인은 동쪽 계단 위쪽 당에서 빈에게 절한다. ⑰ 그러면 빈은 조금 물러난다. ⑱ 주인은 앞으로 나아가 술잔을 받고서 원래의 자리로 돌아간다. ⑲ 빈은 서쪽 계단 위의 당으로 와서 절하여 술잔을

主人阼階上拜, 賓少退. 主人進受爵, 復位. 賓西階上拜送爵, 薦脯醢. 主人升席, 自北方. 乃設折俎. 祭

보낸다. ⑳ 유사는 포와 고기젓갈을 주인에게 바친 如賓禮. 不告旨.
다. ㉑ 주인이 자신의 자리에 오르되, 북쪽으로 올
라간다. ㉒ 그제서야 유사는 주인의 자리 앞에 절조
(折俎)를 가져다 놓는다. ㉓ 이후 주인이 고수레하는
의례는 빈이 행했던 의례와 같이 한다. ㉔ 빈이 올린
술잔의 술을 마신 주인은 '술맛이 좋습니다.'라 고하
지 않는다.

　㉕ 주인은 술잔을 가지고 주인의 자리 앞으로부터 自席前適阼階上北面坐.
당의 동쪽 계단 위로 가서 북쪽을 향해 앉는다. ㉖ 주 卒爵, 興. 坐奠爵, 遂拜.
인은 그 술잔의 술을 다 비우고 일어난다. ㉗ 다시 앉 執爵, 興. 賓西階上北面答
으면서 술잔을 놓고 그제서야 사례하는 의미로 빈에 拜. 主人坐奠爵于序端, 阼
게 절한다. ㉘ 술잔을 잡고서 일어난다. ㉙ 빈은 당의 階上再拜崇酒. 賓西階上
서쪽 계단 위에서 북쪽을 향하여 서서 답례로 절한 答再拜.
다. ㉚ 주인은 앉아서 술잔을 동서(東序, 당 위의 동쪽 벽)
의 남쪽 끝에 놓는다. ㉛ 주인은 당의 동쪽 계단 위에
서, 술이 썩 좋지 못하지만 술을 가득 채워준[崇] 것에
대해 감사의 의미로 2번 절한다. ㉜ 빈은 당의 서쪽
계단 위쪽 당에서 답례로 2번 절한다.[37]

　【이상은 빈이 주인에게 보답으로 술잔을 올리는 【右賓酢主人】
의례이다】

(6) 주인이 빈에게 술을 권하다[主人酬賓]
　① 주인은 앉아서 비(篚)에 놓여 있는 술잔[觶, 치] 主人坐取觶于篚, 以降.
을 든다. ② 세(洗)로 내려간다. ③ 빈이 따라 내려 賓降. 主人奠觶, 辭降. 賓

37　이상의 (5)는 《儀禮注疏》卷11〈鄕射禮〉(《十三經注疏整理本》10, 207~209쪽)에 보인다.

간다. ④ 주인은 술잔을 내려놓고 빈이 자신을 따라 내려오는 행동을 사양한다. ⑤ 빈은 이에 대답하고, 동쪽을 향하여 선다. ⑥ 주인은 앉아서 술잔을 들고 씻는다. ⑦ 빈은 주인이 술잔을 씻는 일을 말리지 않는다.

對, 東面立. 主人坐取觶, 洗. 賓不辭洗.

⑧ 주인은 술잔을 다 씻고 나서 빈에게 1번 읍하고 1번 사양하며 당에 오른다. ⑨ 빈은 서쪽 계단 위쪽 당에서 바른 자세로 움직이지 않고 서 있는다. ⑩ 주인은 술잔에 술을 채워 빈에게 술을 권한다. ⑪ 주인은 동쪽 계단 위쪽 당에서 북쪽을 향하여 앉아서 자리에 술잔을 놓고 이어서 빈에게 절한다. ⑫ 술잔을 잡고 일어난다. ⑬ 빈은 서쪽 계단 위쪽 당에서 북쪽을 향하여 서서 답례로 절한다.

卒洗, 揖讓升. 賓西階上疑立. 主人實觶酬之, 阼階上北面坐奠觶, 遂拜. 執觶興. 賓西階上北面答拜.

⑭ 주인은 앉아서 술을 고수레하고 이어서 술을 마신다. ⑮ 주인이 술잔의 술을 다 비우고 일어난다. ⑯ 주인은 다시 앉으면서 술잔을 놓고 이어서 빈에게 절한다. ⑰ 술잔을 잡고 일어난다. ⑱ 그러면 빈은 서쪽 계단 위쪽 당에서 북쪽을 향하여 답례로 절한다. ⑲ 주인이 세(洗)로 내려간다. ⑳ 빈이 따라 내려간다. ㉑ 주인은 빈이 따라 내려오는 행동을 사양한다. ㉒ 이 의례는 주인이 빈에게 술잔을 올리는 의례[獻禮]와 같이 한다. ㉓ 주인과 빈이 당에 오른 뒤에, 술잔을 씻어 온 일을 사례하는 의미로 빈이 주인에게 절하지는 않는다.

主人坐祭, 遂飲, 卒觶, 興, 坐奠觶, 遂拜, 執觶, 興. 賓西階上北面答拜. 主人降洗, 賓降, 辭, 如獻禮. 升, 不拜洗.

㉔ 빈은 서쪽 계단의 위쪽 당에 선다. ㉕ 주인은 빈의 자리 앞에서 술잔에 술을 채운다. ㉖ 그리고 북쪽을 향해서 빈에게 술잔을 올린다. ㉗ 빈은 서쪽

賓西階上立, 主人實觶賓之席前, 北面. 賓西階上拜. 主人坐奠觶于薦西.

계단의 위쪽 당에서 주인에게 절한다. ㉘ 주인은 빈의 자리로 나아가 앉아서 술잔을 포와 고기젓갈의 서쪽에 놓는다.

㉙ 빈은 주인이 빈의 자리로 나아가 술잔을 놓는 것에 대해 사양한다. ㉚ 빈은 자리에 앉아서 술잔을 들고 일어난 다음 원래의 자리로 돌아간다. ㉛ 이때 주인은 동쪽 계단의 위쪽 당으로 가서 절하여 술잔을 보낸다. ㉜ 빈은 북쪽을 향하여 앉아서 술잔을 포와 고기젓갈의 동쪽에 내려놓고 자기 자리로 돌아간다.[38]

賓辭, 坐取觶以興, 反位. 主人阼階上拜送, 賓北面坐奠觶于薦東, 反位.

【이상은 주인이 빈에게 술을 권하는 의례이다】

【右主人酬賓】

(7) 주인이 중빈에게 술잔을 올리다[主人獻衆賓]

① 주인은 읍하고 당에서 내려간다. ② 빈은 따라 내려가서 서쪽 계단의 서쪽 서서(西序)에 해당하는 곳에서 동쪽을 향하여 선다. ③ 주인은 서남쪽을 향해 서서 중빈에게 3번 절한다. ④ 중빈은 모두 답례로 1번 절한다. ⑤ 주인은 중빈에게 1번 읍하고 당에 올라간다. ⑥ 앉아서 당의 동쪽 벽의 남쪽 끝에서 잔을 들고 세(洗)로 내려간다. ⑦ 씻기를 마친 잔을 들고 당에 올라 술을 술잔에 채운다. ⑧ 서쪽 계단의 위쪽 당에서 중빈들에게 술잔을 올린다. 중빈의 연장자[長] 가운데 당에 올라 술잔을 받은 것에

主人揖, 降. 賓降, 東面, 立于西階西, 當西序. 主人西南面三拜衆賓, 衆賓皆答壹拜. 主人揖升, 坐取爵于序端, 降洗. 升實爵, 西階上獻衆賓. 衆賓之長升拜受者三人.

---

38 이상의 (6)은 《儀禮注疏》 卷11 〈鄕射禮〉 (《十三經注疏整理本》 10, 209쪽)에 보인다.

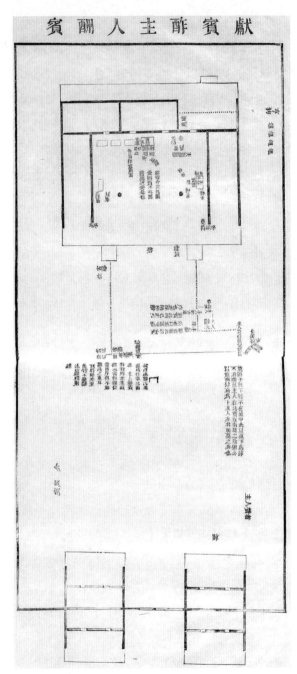

헌빈수주인수빈(獻賓酬主人酬賓, 빈에게 술잔을 올리고, 주인에게 술을 권하고, 빈에게 술을
권하는 그림)(《의례도》)

대해 절하는 사람은 3명[39]이다.

⑨ 주인은 절하여 중빈의 연장자에게 술잔을 보낸다. ⑩ 중빈의 연장자 3명은 앉아서 고수레를 한다. ⑪ 서서 술을 마신다. 술을 다 마신[旣] 것에 대해 절하지 않는다. ⑫ 술잔을 주인에게 돌려주고 당에서 내려와 자리로 돌아간다. ⑬ 3명 이외의 중빈이 술잔을 받으면 중빈은 모두 술잔을 받은 것에 대해 절하지 않는다. ⑭ 그 자리에 앉아서 고수레를 한다. ⑮ 서서 술을 마신다. ⑯ 중빈의 3명 중 1명씩 술잔을 받으면 그 자리에 포와 고기젓갈을 올린다. ⑰ 나머지 중빈들에게도 주인이 술잔을 올릴 때마다 두루[辯] 포와 고기젓갈을 올린다. ⑱ 주인은 빈 술잔을 가지고 당을 내려가 비(篚)에 놓는다.[40]

主人拜送. 坐祭, 立飮, 不拜旣爵. 授主人爵, 降復位. 衆賓皆不拜受爵, 坐祭, 立飮. 每一人獻, 則薦諸其席. 衆賓辯有脯醢. 主人以虛爵降, 奠于篚.

【이상은 주인이 중빈에게 술잔을 올리는 의례이다】　【右主人獻衆賓】

(8) 주인을 돕는 사람(거치자)이 술잔을 들어 올리다
[一人擧觶]

① 주인은 빈과 1번 읍하고 1번 사양하면서 당에 오른다. ② 빈은 중빈에게 염(厭, 맞잡은 손을 몸쪽으로 당겨 하는 인사)하고 당에 오른다. ③ 중빈들이 모두 당에 올라 자신의 자리로 나아간다. ④ 주인을 돕는 사람 1명[41]이 세(洗)에서 술잔을 씻어 빈에게 들어 올린다.

揖讓升. 賓厭衆賓升. 衆賓皆升, 就席. 一人洗, 擧觶于賓.

39　3명 : 삼빈(三賓)이라고도 일컫는데, 중빈들 가운데 학식과 덕망이 높은 3명이다.

40　이상의 (7)은 《儀禮注疏》 卷11 〈鄕射禮〉(《十三經注疏整理本》10, 209~211쪽)에 보인다.

41　주인을……1명 : 일상(一相)을 말한다. 여기서는 치(觶)를 드는 사람이란 의미로, 거치자(擧觶者)라 부르기도 한다.

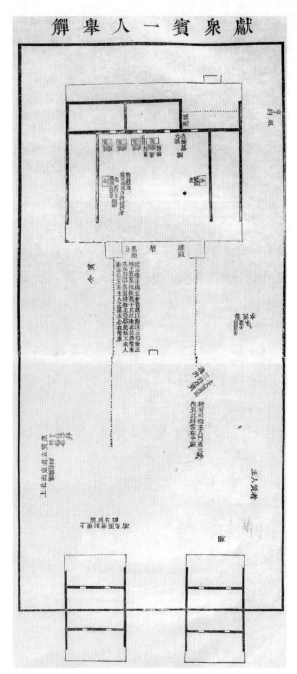

헌중빈일인거치(獻衆賓一人擧觶, 중빈에게 술잔을 올리고, 주인을 돕는 사람이 술잔을 들어 올리는 그림)《의례도》

⑤ 주인을 돕는 사람 1명은 당에 올라 술잔에 술을 채운다. ⑥ 서쪽 계단의 위쪽 당으로 가 앉아서 술잔을 놓고 빈에게 절한다. ⑦ 주인을 돕는 사람 1명은 술잔을 잡고 일어난다. ⑧ 빈은 자리의 끝에서 답례로 절한다. ⑨ 거치자(擧觶者, 술잔을 든 사람)는 앉아서 술을 고수레하고 이어서 술을 마신다. ⑩ 술잔의 술을 다 비우고 나면 일어난다. ⑪ 앉아서 술잔을 내려놓고 빈에게 절한다. ⑫ 거치자는 술잔을 잡고 일어난다.

⑬ 빈은 그에게 답례로 절한다. ⑭ 거치자는 술잔[觶]을 들고 세(洗)로 내려가 술잔을 씻는다. ⑮ 다시 당에 올라가 술잔에 술을 채운다. ⑯ 서쪽 계단의 위쪽 당에서 북쪽을 향하여 선다. ⑰ 빈은 그에게 절한다. ⑱ 거치자는 빈의 자리 앞으로 나아가 앉고서 술잔을 포와 고기젓갈의 서쪽에 둔다. ⑲ 그러면 빈은 술잔을 사양하다가 앉아서 그것을 들고 일어선다. ⑳ 거치자는 서쪽 계단의 위쪽 당에서 빈에게 절하여 술잔을 보낸다. ㉑ 빈은 술잔이 원래 있었던 자리[其所]로 되돌려놓는다. ㉒ 거치자는 당을 내려간다.[42]

升, 實觶. 西階上坐奠觶, 拜, 執觶興. 賓席末答拜. 擧觶者坐祭, 遂飲. 卒觶, 興. 坐奠觶, 拜. 執觶興.

賓答拜. 降洗. 升實之. 西階上北面. 賓拜. 擧觶者進, 坐奠觶于薦西. 賓辭, 坐取以興. 擧觶者西階上拜送. 賓反奠于其所. 擧觶者降.

【이상은 주인을 돕는 사람(거치자)이 술잔을 들어 올리는 의례이다】

【右一人擧觶】

---

42 이상의 (8)은 《儀禮注疏》卷11 〈鄕射禮〉(《十三經注疏整理本》10, 211쪽)에 보인다.

(9) 준자가 들어오고, 준자에게 술잔을 올리다[遵入,
    獻酢]

① 대부(大夫) 중에서 준자(遵者)가 있다면 문으로 들어가 왼쪽에 선다.

【주】 준자(遵者)란, 이 향촌 사람으로 대부가 된 사람을 말한다. 그를 '준자(遵者)'라 하는 것은 이제 막 예악(禮樂)으로 백성을 교화시키려고 할 때 그를 따르고[遵] 본받게 하고자 하는 사람이기 때문이다. 준자의 신분이 사(士)인 경우에는 여수(旅酬)[43]의 예를 행할 때에야 들어온다. 향대부와 사(士)가 향인(鄉人, 해당 향촌 사람)이 아닌 경우에도 예(禮)는 또한 그렇게 한다】

大夫若有遵者, 則入門左.

【注】 謂此鄉之人爲大夫者也. 謂之"遵者", 方以禮樂化民, 欲其遵法之也. 其士也, 於旅乃入. 鄉大夫、士非鄉人, 禮亦然】

② 주인은 당에서 내려온다.

【주】 대부를 문 안에서 맞이하는 것이다. 문 밖으로 나가지 않는 이유는 빈과 구별하기 위해서이다】

主人降.

【注】 迎大夫於門內也. 不出門, 別於賓】

③ 빈과 중빈들은 모두 당에서 내려와, 처음 들어왔을 때의 위치로 돌아간다.

【주】 감히 당에 머물러 있으면서 대부가 들어오기를 기다릴 수 없기 때문이다. 처음 들어왔을 때의 위치란 문 안에 들어와 동쪽을 향하여 섰던 곳을 말한다】

賓及衆賓皆降, 復初位.

【注】 不敢居堂, 俟大夫入也. 初位, 門內東面】

④ 주인은 3번 읍하고 3번 사양하고 대부와 함

主人揖讓, 以大夫升, 拜

---

43 여수(旅酬) : 주인과 빈이 술잔을 주고받은 뒤에 모든 사람들이 술잔을 돌려 가며 술을 마시는 예.

께 당에 올라가서 향사례에 와준 것에 대해 절한다. ⑤ 대부는 답례로 절한다. ⑥ 주인은 술잔을 가지고 당에서 내려간다. ⑦ 대부는 따라 내려간다. ⑧ 주인은 대부가 자신을 따라 내려오는 행동을 사양한다. ⑨ 대부는 주인이 술잔 씻는 의례를 하지 말라고 말리되, 빈이 행했던 예와 같이 한다. ⑩ 대부의 자리는 술항아리의 동쪽에 마련한다.

【주】 대부의 자리가 술항아리의 동쪽에 있다는 말은 빈과 함께 술항아리를 양쪽에서 끼고 있다는 것을 밝히기 위함이다. 동쪽을 상석으로 한다고 말하지 않은 이유는 그 자리가 술항아리를 통제하기 때문이다】

⑪ 대부와 주인은 당에 올라간다. ⑫ 대부는 주인이 술잔을 씻어 온 것을 사례하는 의미로 절하지 않는다. ⑬ 주인은 술잔에 술을 채워 자리 앞으로 나아가 대부에게 올린다. ⑭ 대부는 서쪽 계단의 위쪽 당에서 절한다. ⑮ 앞으로 나아가 술잔을 받은 다음 자기 자리로 돌아온다. ⑯ 주인은 대부의 오른쪽에 가서 절하여 술잔을 보낸다. ⑰ 대부는 자리를 덧까는 일을 말린다. ⑱ 주인은 이에 대답하지만 덧깐 자리를 걷어 내지 않는다.

【주】 자리를 덧까는 일을 말리는 이유는 겸양으로 자신의 신분이 높다고 해서 현자보다 자리를 더 깔지 않기 위함이다. 덧까는 자리를 치우지 않는 이유는 대부는 자리를 2겹으로 까는 것이 바른 예이기 때문이다. 빈의 자리는 1겹으로 깐다】

至. 大夫答拜. 主人以爵降. 大夫降. 主人辭降. 大夫辭洗, 如賓禮. 席于尊東.

【注】 尊東, 明與賓夾尊也. 不言東上, 統於尊也】

升. 不拜洗. 主人實爵, 席前獻于大夫. 大夫西階上拜. 進受爵, 反位. 主人大夫之右拜送. 大夫辭加席. 主人對, 不去加席.

【注】辭之者, 謙不以己尊加賢者也. 不去者, 大夫再重席, 正也. 賓一重席】

⑲ 그제야 대부에게 포와 고기젓갈을 올린다. ⑳ 대부는 자리에 오른다. ㉑ 대부의 자리 앞에 절조(折俎)를 가져다 놓는다. ㉒ 고수레는 빈이 행했던 예와 같게 하지만, 희생의 허파를 조금 맛보는 일은 하지 않고, 술을 조금 맛보는 일을 하지 않으며, "술맛이 좋습니다."라 고하지도 않는다. ㉓ 서쪽 계단의 위쪽 당에서 그 술잔의 술을 다 비우고 절한다. ㉔ 주인이 답례로 절한다.

【주】이 대부인 준자가 '하지 않는다[不]'라 한 일들은 모두 빈의 경우보다 예가 줄었기 때문이다. 대부는 동쪽에서 자리에 오른다】

乃薦脯醢. 大夫升席. 設折俎. 祭如賓禮, 不嚌肺, 不啐酒, 不告旨. 西階上卒爵, 拜. 主人答拜.

【注】凡所不者, 殺於賓也. 大夫升席由東方】

㉕ 대부는 당에서 내려가 술잔을 씻는다.

【주】술잔을 씻어서 주인에게 보답하여 올리려 하기 위함이다. 대부가 만약 여러 명이라면 주인은 여러 대부들에게 두루 술잔을 올리고, 대부 가운데 연장자가 그제서야 주인에게 보답의 술잔을 올린다】

大夫降洗.

【注】將酢主人也. 大夫若衆則辯獻, 長乃酢】

㉖ 주인은 동쪽 계단 위쪽 당으로 되돌아가서 읍하고 동쪽 계단으로 내려간다. ㉗ 대부는 주인이 자신을 따라 내려오는 행동을 사양하는데, 이 의례는 처음과 같이 한다. ㉘ 대부가 술잔을 다 씻으면 주인은 손을 씻는다.

【주】주인이 손을 씻는 이유는 비록 스스로 술을 따라 마시겠지만 대부를 존중하여 감히 무람없게

主人復阼階, 揖[2]降. 辭如初. 卒洗, 主人盥.

【注】盥者, 雖將酌自飲, 尊大夫, 不敢褻】

---

[2] 揖: 저본에는 없음. 《儀禮注疏·鄕射禮》에 근거하여 보충.

하지 않으려는 것이다】

㉙ 주인과 대부는 1번 읍하고 1번 사양하며 당에 오른다. ㉚ 대부는 당 위의 동쪽과 서쪽 두 기둥 사이에서 주인에게 술잔을 주고 원래의 자리로 돌아간다. ㉛ 주인은 술잔에 술을 채우고 서쪽 계단의 위쪽 당에서 대부에게 보답하여 술잔을 올리는 의례를 행한다. ㉜ 주인은 앉아서 술잔을 놓고 대부에게 절한다. ㉝ 대부는 답례로 절한다. ㉞ 주인은 앉아서 술을 고수레하고 그 술잔의 술을 다 비우고 대부에게 절한다. ㉟ 대부는 답례로 절한다. ㊱ 주인은 자리에 앉아 서쪽 기둥의 남쪽에 술잔을 놓는다. ㊲ 술이 썩 좋지는 못하지만 술을 가득 채워준[崇] 것에 대한 감사의 의미로 2번 절한다. ㊳ 대부는 답례로 절한다. ㊴ 주인은 동쪽 계단 위쪽 당으로 돌아가 읍하고 동쪽 계단으로 내려간다.

揖讓升. 大夫授主人爵于兩楹間, 復位. 主人實爵, 以酢于西階上. 坐奠爵, 拜. 大夫答拜. 坐祭, 卒爵, 拜. 大夫答拜. 主人坐奠爵于西楹南. 再拜崇酒. 大夫答拜. 主人復阼階, 揖降.

【소 술잔을 서쪽 기둥의 남쪽에 놓는 이유는 여수(旅酬)의 예를 행할 때에야 들어오는 사(士)를 위함이니, 사에게 술을 올리는 의례를 헤아려 서쪽 기둥의 남쪽에 술잔을 놓는 것이다】

【疏 爲士於旅乃入, 擬獻士, 故奠爵於西楹南】

㊵ 대부는 주인을 따라 내려가 빈의 남쪽에 선다.

大夫降, 立于賓南.

【주 비록 신분이 높을지라도 다른 사람의 바른 예를 빼앗을 수 없기 때문이다】

【注 雖尊, 不奪人之正禮】

㊶ 주인은 1번 읍하고 1번 사양하며 빈과 함께 당에 오른다. ㊷ 대부와 중빈들도 모두 당에 올라 자

主人揖讓, 以賓升. 大夫及衆賓皆升, 就席.

기 자리로 나아간다.[44]

【이상은 준자가 들어오고, 준자에게 술잔을 올리 　【右遵入、獻酢之禮】
는 의례이다】

(10) 음악을 합악으로 연주하여 빈을 즐겁게 하고,
　　당 위의 슬(瑟)과 생(笙)에게 술을 올리며, 사정
　　(司正)을 세우다[合樂樂賓, 獻工與笙, 立司正]

　① 서쪽 계단의 위쪽 당에서 약간 동쪽에 악공 　　席工于西階上少東. 樂正
의 자리를 마련한다. ② 악정(樂正)은 먼저 당에 올라 　先升, 北面, 立于其西.
북쪽을 향하여 악공들 자리의 서쪽에 선다.

　【주 약간 동쪽이라고 말한 이유는 악정의 서쪽 　【注 言少東者, 明樂正西側
곁이 계단임을 밝히기 위함이다. 너무 동쪽으로 치 　階, 不欲大東, 辟射位】
우치지 않도록 하여 활을 쏘는 위치를 피한 것이다】

　③ 악공은 4명이다. 그 중 2명은 슬(瑟, 슬을 연주하 　　工四人, 二瑟, 瑟先, 相者
는 악공)이다. 슬이 먼저 들어오면, 슬을 돕는 사람[相 　皆左何瑟, 面鼓. 執越, 內
者, 상자]들은 모두 왼쪽 어깨에 슬을 매고 슬의 머리 　弦. 右手相.
부분이 앞쪽으로 가도록 한다. 왼손으로 슬의 월(越,
바닥 부분의 구멍)을 잡은 다음 줄을 안쪽으로 한다. 오
른손으로는 악공을 부축하여 돕는다.

　④ 악공과 상자는 들어와 서쪽 계단으로 당에 　　入, 升自西階, 北面, 東上.
올라 북쪽을 향하여 서되, 동쪽을 상석으로 한다. 　工坐. 相者坐授瑟, 乃降.
⑤ 악공들은 자리에 앉는다. ⑥ 상자는 앉아서 악공 　笙入, 立于縣中, 西面.
에게 슬을 주고 그제서야 당을 내려간다. ⑦ 생(笙, 생

---

44 이상의 (9)는《儀禮注疏》卷11〈鄕射禮〉《十三經注疏整理本》10, 211~214쪽)에 보인다.

황을 연주하는 악공)은 문 안으로 들어가 걸어둔 악기의
가운데[縣中]에 서서 서쪽을 향한다.

【주】 당 아래에서 연주하는 악공[堂下樂]과 그 상
자들도 슬을 연주하는 악공의 절차를 따른다. 현중
(縣中)에 선다는 말은 경쇠가 매달린 곳의 동쪽에 서
서 서쪽을 향하는 것이다】

【注】堂下樂、相從也. 縣
中, 磬東立, 西面】

⑧ 그제야《시경(詩經)》〈국풍(國風)〉·〈주남(周南)〉의
〈관저(關雎)〉·〈갈담(葛覃)〉·〈권이(卷耳)〉와《시경》〈국
풍〉·〈소남(召南)〉의 〈작소(鵲巢)〉·〈채번(采蘩)〉·〈채빈
(采蘋)〉을 합악(合樂)으로 연주한다.

乃合樂《周南·關雎》、《葛
覃》、《卷耳》,《召南·鵲巢》、
《采蘩》、《采蘋》.

【주】 노래를 부르지 않고, 생황을 연주하지 않으
며, 번갈아 가며 연주하지도 않는 이유는 그 뜻이
활쏘기에 있어서 음악을 간략하게 했기 때문이다. 합
악 연주를 생략하지 않는 이유는 〈주남〉과 〈소남〉의
국풍(國風, 각 나라의 풍속을 읊은 시)은 향악(鄕樂)이기 때
문에 향악의 정악(正樂)은 생략할 수 없기 때문이다】

【注】不歌, 不笙, 不間, 志
在射, 略於樂也. 不略合
樂者,《周南》、《召南》之
風, 鄕樂也, 不可略其正
也】

【소】 향음주례(鄕飮酒禮)와 연례(燕禮)에서는 음악
을 4가지 절차로 연주한다.45 그러나 지금 향사례에
서는 노래를 부르지 않고, 생황을 연주하지 않으며,
번갈아 가며 연주하지도 않고 오직 합악으로만 연주
한다. 그러므로 "뜻이 활쏘기에 있어서 음악을 간략
하게 했기 때문이다."라 한 것이다. 〈주남〉과 〈소남〉
은 대부와 사(士)의 향악이고 자신에게는 정악이기

【疏】鄕飮酒禮、燕禮作樂
四節. 今不歌, 不笙, 不間,
唯有合樂, 故云"志在射,
略於樂也". 二南是大夫、士
之鄕樂, 己之正樂, 故云
"不可略其正也."】

---

45 4가지……연주한다 : 향음주례와 연례에서는 악공(樂工)이 당에 올라 〈녹명(鹿鳴)〉·〈사모(四牡)〉·〈황황 자
화(皇皇者華)〉 3편을 노래하고, 이를 마치면 생(笙)이 들어와서 〈남해(南陔)〉·〈백화(白華)〉·〈화서(華黍)〉

도 하다. 그러므로 "향악의 정악은 생략할 수 없기 때문이다."라 한 것이다】

⑨ 악공은 일어나지 않고 악정에게 "정가(正歌)46를 모두 연주했습니다."라 고한다. ⑩ 악정은 빈에게 "정가를 모두 연주했습니다."라 고하고 그제야 당에서 내려간다. ⑪ 주인은 당 위에 있는 비(篚)에서 술잔을 들어 악공(樂工)에게 올린다. ⑫ 태사(大師)가 참석했을 경우에는 그를 위해 술잔을 씻는다. ⑬ 이때 빈은 주인을 따라 당에서 내려온다. ⑭ 주인은 빈이 자신을 따라 내려오는 행동을 사양한다.

【주 이때 대부(大夫)는 내려오지 않으니, 신분이 높기 때문이다】

工不興, 告于樂正曰 : "正歌備." 樂正告于賓, 乃降. 主人取爵于上篚, 獻工. 大師則爲之洗. 賓降. 主人辭降.

【注 大夫不降, 尊也】

⑮ 악공(樂工)은 주인이 술잔을 씻는 일을 말리지 않는다. ⑯ 주인은 술잔을 다 씻으면 당에 올라 술잔에 술을 채운다. ⑰ 악공들은 일어나지 않고 슬(瑟)을 왼쪽으로 치우고 한 사람이 절하고 술잔을 받는다.

工不辭洗. 卒洗, 升實爵. 工不興, 左瑟, 一人拜受爵.

⑱ 이때 주인은 동쪽 계단의 위쪽 당으로 가서 절하여 술잔을 악공에게 보낸다. ⑲ 악공에게 포와 고기젓갈을 올리고 사람을 시켜 악공의 고수레를 돕게 한다. ⑳ 악공은 술을 마신다. 그러나 술잔의 술

主人阼階上拜送爵. 薦脯醢. 使人相祭. 工飲. 不拜旣爵. 授主人爵. 衆工不拜受爵, 祭飲. 辯有脯醢,

이 3편을 연주하고, 이를 마치면 당상과 당하에서 교대로 연주하는 간가(間歌)를 3번 연주하고, 이를 마치면 합악(合樂)을 3번 연주하는 것을 말한다.
46 정가(正歌) : 승가(升歌)를 말한다. 승가는 제사를 지내거나 연회의 자리에서 당에 오를 때 악가(樂歌)를 연주하고 여기에 맞춰 노래하는 것이다.

을 비운 것에 대해 절하지 않는다. ㉑ 주인에게 술잔
을 돌려준다. ㉒ 나머지 악공들도 절하지 않고 잔을
받은 다음 술을 고수레하고 마신다. ㉓ 모든 악공에
게 두루 포와 고기젓갈을 올린다. 하지만 악공들은
포와 고기젓갈을 고수레하지 않는다.

㉔ 주인은 술잔을 씻지 않고 이어서 서쪽 계단의
위쪽 당으로 가서 생(笙)에게 술잔을 올린다. ㉕ 생
중 1명이 당 아래에서 절하고 계단을 끝까지 올라오
되, 당에까지는 오르지 않고 술잔을 받는다. ㉖ 주
인은 절하여 술잔을 보낸다. ㉗ 생은 계단 앞에 앉
아서 술을 고수레하고 서서 마신다. ㉘ 생은 술잔의
술을 다 비우고 절을 하지는 않는다. ㉙ 생은 당에
올라 주인에게 술잔을 준다.

㉚ 나머지 생은 절하지 않고 술잔을 받는다. ㉛ 앉
아서 고수레를 하고 서서 마신다. ㉜ 그들에게 두루
포와 고기젓갈을 차려주지만 그들은 포와 고기젓갈
을 고수레하지 않는다. ㉝ 주인은 술잔을 들고 당에
서 내려와 비(篚)에 놓는다. ㉞ 주인은 당으로 되돌
아 올라가서 자기 자리로 나아간다.

㉟ 주인은 자리에서 남쪽으로 내려간다. ㊱ 주인
은 혼자서[側] 내려온다. ㊲ 주인은 일상(一相)을 시
켜 사정(司正)으로 삼는다. ㊳ 사정은 예(禮)로 1번 사
양하고 허락한다. ㊴ 주인은 사정에게 2번 절한다.
㊵ 사정은 답례로 절한다. ㊶ 주인은 당에 올라가
자신의 자리로 나아간다. ㊷ 사정은 술잔[觶]을 씻은
다음 서쪽 계단으로 당에 올라간 뒤 기둥의 안쪽을
지나 동쪽 계단 위쪽 당으로 나아가 북쪽을 향하여

不祭.

不洗, 遂獻笙于西階上. 笙
一人拜于下, 盡階, 不升堂,
受爵, 主人拜送爵. 階前坐
祭, 立飮, 不拜旣爵. 升授
主人爵.

衆笙不拜, 受爵, 坐祭, 立
飮, 辯有脯醢, 不祭. 主人
以爵降, 奠于篚. 反升, 就
席.

主人降席自南方. 側降. 作
相爲司正. 司正禮辭許諾.
主人再拜. 司正答拜. 主人
升就席. 司正洗觶, 升自西
階, 由楹內適阼階上, 北
面, 受命于主人.

서서 주인에게 명을 받는다.

㊸ 사정은 서쪽 계단의 위쪽 당으로 가서 북쪽을 향하여 빈에게 편안하게 계실 것을 청한다. ㊹ 빈은 예(禮)로 1번 사양하고 허락한다. ㊺ 사정은 이를 주인에게 고하고 이어서 기둥 사이에 서서 주인과 빈이 서로 절하도록 돕는다. ㊻ 주인은 동쪽 계단의 위쪽 당에서 2번 절한다. ㊼ 빈은 서쪽 계단의 위쪽 당에서 답례로 2번 절한다. ㊽ 주인과 빈 모두 읍하고 자기 자리로 나아간다.

西階上北面, 請安于賓. 賓禮辭許. 司正告于主人, 遂立于楹間以相拜. 主人阼階上再拜, 賓西階上答再拜. 皆揖就席.

㊾ 사정은 술잔에 술을 채워 서쪽 계단으로 당에서 내려온다. ㊿ 뜰의 한가운데에서 북쪽을 향하여 앉고 술잔을 놓은 뒤 일어난다. (51) 뒤로 물러나 잠시 서 있는다. (52) 사정은 앞으로 나가 앉아서 술잔을 들고 일어난다. (53) 뒤로 물러났던 자리로 가서 앉는다. (54) 술을 고수레하지 않고 이어서 술잔에 든 술을 다 비우고 일어난다. (55) 다시 앉아서 술잔을 내려놓고 주인에게 절한다. (56) 술잔을 잡고 일어나 술잔을 씻고 북쪽을 향하여 앉아서 뜰 한가운데의 그 자리에 술잔을 놓는다. (57) 일어나서 조금 뒤로 물러나 술잔의 남쪽에서 북쪽을 향하여 선다. 아직 여수(旅酬)의 예를 행하지 않는다.[47]

司正實觶, 降自西階, 中庭北面坐奠觶, 興. 退, 少立. 進, 坐取觶, 興. 反坐. 不祭, 遂卒觶, 興. 坐奠觶, 拜. 執觶, 興, 洗, 北面坐奠于其所. 興, 少退, 北面立于觶南. 未旅.

【이상은 음악을 합악으로 연주하여 빈을 즐겁게 하고, 당 위의 슬과 생에게 술을 올리며, 사정을 세

【右合樂樂賓, 獻工與笙, 立司正】

47 이상의 (10)은 《儀禮注疏》 卷11 〈鄕射禮〉(《十三經注疏整理本》10, 214~220쪽)에 보인다.

우는 의례이다】48

(11) 빈에게 활쏘기를 청하고, 활쏘기 도구[射器]를
들여놓고, 삼우(三耦)의 순서를 정하고, 과녁을
펴고, 악공(樂工)과 악기(樂器)의 자리를 옮기다
[請射, 納射器, 比耦, 張侯, 遷樂]

① 삼우(三耦)49는 당의 서쪽에서 남쪽을 향하여
서서 활쏘기를 기다린다. 동쪽을 상석으로 한다.

【주】 사정(司正)을 세운 뒤에 사사(司射)50는 빈의
제자들 중에서 덕행(德行, 도덕과 품행)과 도예(道藝, 학문
과 기예)가 높은 사람을 뽑아 삼우를 정한다. 그들에
게 이곳에서 활쏘기를 기다리게 한다】

三耦俟于堂西, 南面, 東
上.

【注】 司正旣立, 司射選弟
子之中德行、道藝之高者,
以爲三耦. 使俟事於此】

② 사사(司射)는 당의 서쪽으로 가서 상의 왼쪽을 벗
고[袒], 활깍지를 끼고[決]51, 활팔찌를 찬다[遂]54. ③ 계
단의 서쪽에서 활을 집어든다. ④ 아울러 화살 4개[乘

司射適堂西, 袒、決、遂.
取弓于階西, 兼挾乘矢, 升
自西階. 階上北面, 告于

활깍지《임원경제지 유예지(林園經濟志 遊藝志)》

---

48 이상은……의례이다:〈향사례〉에서 처음의 '빈에게 고하는 의례'부터 여기 '사정을 세우는 의례'까지의 절
차는 〈향음주례〉의 해당 절차와 대동소이하다.

49 삼우(三耦):활쏘기를 할 때 빈의 제자(弟子) 중에서 덕행(德行)과 도예(道藝)가 높은 사람 6명을 뽑아 2명
씩 짝을 지어 정해 놓은 3쌍의 짝을 말한다.

50 사사(司射):향사례에서 주인을 보좌하는 사람. 활쏘기 의식을 전체적으로 주관한다.

51 활깍지를 끼고[決]:활깍지는 활줄을 당기기 위해 엄지손가락에 끼는 도구. 짐승뼈나 상아로 만든다.

52 활팔찌를 찬다[遂]:활팔찌는 가죽으로 만들어 활줄이 스치는 왼팔 부위에 차는 도구. 주로 활줄이 옷에
쏠리지 않기 위한 용도로 착용한다.

활팔찌(국립민속박물관)

활팔찌를 차고 활을 쏘는 모습((기산풍속도), 국립민속박물관)

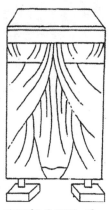

임시거처[次, 옷 갈아입는 곳]
《삼례도》

矢]를 활시위에 메긴 채로 서쪽 계단으로 당 위에 오른다. ⑤ 계단 위쪽 당에서 북쪽을 향하여 빈에게 "활과 화살이 이미 갖추어졌으니 유사(有司)들이 활쏘기를 청합니다."라 고한다.

【주】 사사는 주인의 속리(屬吏, 배속 관리)이다. 당의 서쪽에서 상의 왼쪽을 벗고, 활깍지를 끼고, 활팔찌를 차는 까닭은 주인에게는 옷 갈아입는 곳[次]53이 없어서 사사의 몸을 가리기 위함일 뿐이다. 단(袒)이란 상의 왼쪽을 벗는 것이다. 결(決)이란 깍지[韘]라는 말과 같으니, 상아로 만든다. 오른손 엄지손가락에 끼워 활시위를 걸어 당기면서 활의 몸체를 여는 도구이다. 수(遂)는 사구(射韝, 활팔찌)로, 가죽으로 만든다. 활시위를 당길 때 옷소매에 걸리지 않도록 차는 토시이다. 활을 쏘지 않을 때는 그냥 팔찌라는

賓, 曰: "弓矢旣具, 有司請射."

【注】 司射, 主人之吏也. 於堂西袒, 決, 遂者, 主人無次, 隱蔽而已. 袒, 左免衣也. 決③猶韘也, 以象骨爲之. 著右大擘指以鉤弦韘體也. 遂, 射韝也, 以韋爲之, 所以遂弦者也. 其非射時則謂之拾.

---

53 옷 갈아입는 곳[次] : 다른 사람의 시선을 피해 옷을 갈아입을 수 있는 공간으로, 현대의 간이 탈의실과 같은 시설이다. 다음 절차를 기다리는 빈객이 대기하는 공간으로도 쓰였다.

③ 決 : 《儀禮注疏·鄕射禮》에는 "貴".

뜻의 습(拾)이라 부른다.

습(拾)은 거두어 정돈한다는 말이니, 살갗을 가리고 옷소매를 거두어 정돈하는 용도이다. 이제 막 활시위에 화살을 메기려는 동작을 '협(挾)'이라 한다. '승시(乘矢)'는 4개의 화살이다. 《의례(儀禮)》〈대사(大射)〉에는 "4개의 화살을 활시위에 메기고, 화살촉이 줌통[拊]54의 바깥으로 나오도록 하여 오른손 엄지손가락으로 시위를 당긴다."55라 했다】

拾, 斂也, 所以蔽膚斂衣也. 方持弦矢曰"挾". 乘矢, 四矢也.《大射》曰:"挾乘矢, 於弓外見鏃於拊, 右巨指鉤弦."】

【疏】 대사례(大射禮)는 제후(諸侯)의 예(禮)라서 대사정(大射正)이 우두머리이고, 사인(射人)이 그 다음이며, 사사(司射)가 그 다음이고, 소사정(小射正)이 또 그 다음이다. 이들 모두 사(士)가 맡는다. 그렇다면 이 향사례는 대부와 사의 예(禮)이므로 사(士)에게 그 자리를 맡길 수 없다. 그러므로 주인의 속리들이 맡게 됨을 알 수 있다】

【疏】 大射, 諸侯禮, 有大射正爲長, 射人次之, 司射又次之, 小射正又次之, 皆是士爲之, 則此大夫士禮, 不得用士, 故知是主人之吏】

⑥ 빈은 대답하기를 "제가 잘하지 못하지만 여러분들을 위해 허락합니다."라 한다.

【주】 '제가 잘하지 못한다'고 말하는 것은 겸사(謙辭)이다. 여러분이란 중빈(衆賓) 이하의 사람을 말한다】

賓對曰:"某不能, 爲二三子許諾."

【注】言某不能, 謙也. 二三子, 謂衆賓已下】

⑦ 사사가 동쪽 계단 위쪽 당으로 가서 동북쪽을 향하여 주인에게 "빈께 활쏘기를 청했더니 빈께서 허락하셨습니다."라 고한다. ⑧ 사사는 서쪽 계단으

司射適阼階上, 東北面告于主人曰:"請射于賓, 賓許." 司射降自西階. 階前西

---

54 줌통[拊] : 활의 한가운데 손으로 쥐는 부분.
55 4개의……당긴다:《儀禮注疏》卷16〈大射〉(《十三經注疏整理本》10, 370쪽).

술잔받침(《흠정의례의소(欽定儀禮義疏)》)

화살통(《삼례도》)

로 당에서 내려온다. ⑨ 사사는 계단 앞에서 서쪽을 향하여 제자(弟子)에게 활쏘기 도구[射器]를 안으로 들여올 것[納]을 명한다.

【주】제자(弟子)는 빈의 무리들 가운데 젊은이들이다. 납(納)은 안으로 들인다는 말이다. 활쏘기 도구[射器]는 활·화살·활깍지[決]·활팔찌[拾]·깃발[旌]56·녹중(鹿中)·산가지[籌]57·화살통[楅]58·술잔받침[豐]59이다. 빈의 무리들은 동쪽을 향하여 서고, 주인의 속리들은 서쪽을 향하여 선다】

⑩ 그런 뒤라야 빈의 제자들이 활쏘기 도구를 안으로 들여와서 모두 당의 서쪽에 갖다 놓는다. ⑪ 빈과 대부의 활은 당 위의 서쪽 벽[西序]에 기대어 놓는

面, 命弟子納射器.

【注】弟子, 賓黨之少者也. 納, 內也. 射器, 弓、矢、決、拾、旌、中、籌、楅、豐也. 賓黨東面, 主人之吏西面】

乃納射器, 皆在堂西. 賓與大夫之弓倚于西序. 矢在弓下, 北括. 衆弓倚于堂西,

---

56 깃발[旌]：활살이 과녁에 맞았는지의 여부를 알리는 깃발.
57 산가지[籌]：과녁에 화살이 명중했을 때 그 수를 기록하기 위하여 쓰는 산가지.
58 화살통[楅]：화살을 담는 통.
59 술잔받침[豐]：옛날 예식에서 사용하는 술잔인 작(爵)이나 치(觶)를 받치는 도구.

다. ⑫ 화살은 활 아래에 두되, 오늬[60]가 북쪽을 향 | 矢在其上.

하도록 놓는다. ⑬ 중빈(衆賓)의 활은 당의 서쪽에 기

대어 놓고, 화살을 그 위쪽에[上] 놓는다.

【주】 그 위쪽이란 당의 서쪽 모퉁이 위쪽이다. 화 | 【注】上, 堂西廉. 矢亦北

살은 또한 오늬가 북쪽을 향하도록 놓는다】 | 括】

【소】 서(序)는 당 위에 있으므로[61] 당 위에서는 화 | 【疏】序在堂上, 故矢在弓

살이 활의 아래에 있다. 당의 서쪽은 당의 아래에 | 下. 堂西在堂下, 故矢隨其

있으므로 당 아래에서는 화살이 활의 위에 있다. 중 | 弓而在堂西廉稜之上也[4]】

빈의 화살이 그 활이 놓인 곳을 따라 당의 서쪽 모

퉁이 위쪽에 있는 것이다】

⑭ 주인의 활과 화살은 당 위의 동쪽 벽[東序, 동 | 主人之弓矢在東序東.

서]의 동쪽에 놓는다.

【주】 주인의 활도 당 위의 동쪽 벽에 기대어 놓는 | 【注】亦倚於東序也. 矢在

다. 주인의 화살은 그 아래에 두되, 오늬가 북쪽을 | 其下, 北括】

향하도록 놓는다】

⑮ 사사(司射)는 활과 화살을 풀지 않고 손에 든 | 司射不釋弓矢, 遂以比三

채로 당의 서쪽에서 삼우를 뽑아서 그들의 짝을 맞 | 耦于堂西. 三耦之南, 北

춘다[比]. ⑯ 사사는 삼우의 남쪽에서 북쪽을 향하 | 面, 命上射曰"某御于子".

여 상사(上射)[62]에게 "하사(下射)[63]인 아무개가 그대를 | 命下射曰"子與某子射".

60　오늬:화살을 활시위에 쉽게 걸 수 있도록 "ㄷ"자 모양으로 파낸 화살의 머리 부분.

61　서(序)는……있으므로:《임원경제지 향례지》권1 〈통례(通禮)〉 "향음주례(鄕飮酒禮)" '주나라의 향음주례'의
　　주(注) 내용 중에 "당 위에 있는 동쪽과 서쪽의 벽을 서(序)라고 한다(東西牆謂之序)."라는 부분이 있다.

62　상사(上射):삼우(三耦)는 2명씩 짝을 지은 3짝이란 의미인데, 한 짝 안에서 나이가 많은 사람을 상사(上
　　射)라 한다.

63　하사(下射):삼우(三耦)의 한 짝 안에서 나이가 적은 사람을 하사(下射)라 한다.

[4]　堂西……上也:《儀禮注疏·鄕射禮》에는 "堂西矢在堂上, 隨其弓在堂下, 隨其所宜而已".

모시고 활을 쏠 것이오."라 명한다. ⑰ 하사에게 "그
대는 상사인 아무개와 활을 쏘시오."라 명한다.

【주 비(比)란 활쏘기 실력이 서로 비슷한 사람끼
리 뽑아서 순서를 정하는 것이다】

【注 比, 選次其才相近者
也】

⑱ 사정(司正)을 사마(司馬)⁶⁴로 삼는다.

【주 직책을 겸하게 하는 이유는 편의를 위해서이
다. 사정(司正)을 세우는 이유는 술을 따르고 마시는
일을 감독하게 하기 위함이다. 지금 활쏘기에서는
사정이 할 일이 없기 때문에 사마를 겸하게 하는 것
이다】

【注 兼官, 由便也. 立司
正, 爲茘酒爾, 今射, 司正
無事】

⑲ 사마는 과녁을 펼치라고 명한다. ⑳ 제자는 과
녁의 묶인 부분을 풀어 왼쪽 아래의 강(綱)을 과녁지
지대에 매어 놓는다.

【주 활을 쏘는 일이 시작된 것이다】

司馬命張侯. 弟子說束, 遂
繫左下綱.

【注 事至也】

㉑ 사마는 또 획자에게 명하여 과녁의 한가운데
에 깃발을 기대어 놓도록 명한다.

【주 획자가 마땅히 과녁을 등지고 있도록 하기
위함이다. 획자 역시 빈의 제자가 맡는다. '획자'라
부르는 이유는 그가 하는 일로 이름을 삼았기 때문
이다】

司馬又命獲者倚旌于侯中.

【注 爲當負侯也. 獲者亦弟
子也. 謂之"獲者", 以事名
之】

---

64 사마(司馬): 본래는 병사(兵士)를 관장하는 벼슬 이름인데, 여기서는 사장(射場)의 일을 맡아서 한다는 의
미이다.

㉒ 획자는 서쪽으로 간 뒤, 앉아서 깃발을 집어 든다. ㉓ 과녁의 한가운데에 기대어 놓고서야 물러 난다. ㉔ 악정(樂正)은 서쪽으로 가서 빈의 제자들에 게 명하여 악공(樂工)을 도와[贊] 악기들을 당 아래로 옮기게 한다[遷].

獲者由西方坐取旌, 倚于 侯中乃退. 樂正適西方, 命 弟子贊工, 遷樂于下.

【주】 악공이 물러나는 이유는 활쏘는 자리를 피 해야 하기 때문이다. 찬(贊)은 돕는다는 뜻이다. 천 (遷)은 옮긴다는 뜻이다】

【注】 當辟射也. 贊, 佐也. 遷, 徙也】

㉕ 제자들은 악공을 도와 그들이 처음 사장(射場) 에 들어올 때와 같은 순서로 내려간다. ㉖ 서쪽 계단 으로 당에서 내려와 동쪽 계단 아래의 동남쪽으로 간다. ㉗ 당의 앞쪽에 화살대[笴] 3개의 길이만큼 떨 어진 곳으로 가되, 서쪽으로 향하며 북쪽을 상석으 로 하여 앉는다.

弟子相工, 如初入. 降自西 階, 阼階下之東南, 堂前三 笴, 西面, 北上坐.

【주】 가(笴)란 시간(矢幹, 화살대)이다】

【注】 笴, 矢幹也】

【소】《주례(周禮)》〈시인(矢人)〉의 주(注)에는 "시간 (矢幹)의 길이는 3척이다."[65]라 했으니, 이곳은 당으 로부터의 거리가 9척이다】

【疏】《矢人》注 "矢幹長三 尺", 是去堂九尺也】

㉘ 악정(樂正)은 북쪽을 향하여 악공(樂工)들의 남 쪽에 선다.

樂正北面立于其南.

【주】 북쪽을 향하여 선다는 말은 당을 향하여 선 다는 뜻이니, 악공(樂工)들과 순서를 함께하지 않기

【注】 北面, 鄕堂, 不與工 序】

---

65 시간(矢幹)의……3척이다 :《周禮注疏》卷41〈冬官考工記 下〉 "矢人"(《十三經注疏整理本》7, 1324쪽).

청사납사기삼우사(請射納射器三耦俟, 활쏘기를 청하고, 활쏘기 도구를 안으로 들여오고, 삼우가 활쏘기를 기다리는 그림)(《의례도》)

위함이다66)67)

【이상은 빈에게 활쏘기를 청하고, 활쏘기 도구[射
器]를 들여놓고, 삼우의 순서를 정하고, 과녁을 펴고,
악공(樂工)과 악기(樂器)의 자리를 옮기는 의례이다】

【右請射, 納射器, 比耦, 張
侯, 遷樂】

(12) 삼우가 자기 자리에 나아가고, 사사가 활쏘기의
　　 시범을 보이다[三耦就位, 司射誘射]

① 사사(司射)는 여전히[猶] 4개의 화살을 활시위
에 메긴 채로 삼우에게 명하기를, "각자 자신의 짝
과 함께 읍하고 사양하면서 활과 화살을 집어들되,
번갈아 가면서 하시오[拾]."라 한다.

司射猶挾乘矢, 以命三耦：
"各與其耦讓取弓矢, 拾."

【주 유(猶)는 이유가 있다는 말이다. 습(拾)은 번
갈아 가면서 하는 것[更]이다】

【注 猶, 有故之辭. 拾, 更
也】

【소 경(更)이란, 활과 화살을 번갈아 가며 들어
위의(威儀)를 보이는 것이니, 활깍지인 결(決)과 활팔
찌인 습(拾)을 말할 때의 습(拾)이 아니다】

【疏 更, 遞取弓矢, 見威儀
也, 非決、拾之拾】

② 삼우는 모두 상의 왼쪽을 벗고, 활깍지를 끼
고, 활팔찌를 찬다. ③ 유사(有司)는 왼손으로 활의
줌통을 쥐고 오른손으로 활시위를 잡고 와서 삼우
에게 활을 준다.

三耦皆袒、決、遂. 有司左
執弣, 右執弦而授弓.

【주 유사(有司)는 빈의 제자로, 활쏘기 도구를 들
여왔던 사람이다】

【注 有司, 弟子, 納射器者
也】

66　악공(樂工)들과……위함이다：서쪽을 바라보는 악공은 북쪽이 상석이며, 북쪽을 바라보는 악정은 동서의
　　열을 이루므로 서로 순서를 함께하지 않는다.
67　이상의 (11)은《儀禮注疏》卷11〈鄉射禮〉《十三經注疏整理本》10, 220~224쪽)에 보인다.

허리춤에 화살을 꽂고 활을 쏘는 모습(국립민속박물관)

④ 이어서 화살을 준다. ⑤ 삼우는 모두 활을 잡은 다음 3개의 화살은 허리띠 오른쪽에 꽂고[搢] 1개의 화살은 활시위에 메긴다.

【주】 진(搢)이란, 꽂는다는 말이다. 허리띠의 오른쪽에 꽂는 것을 말한다】

⑥ 사사(司射)는 먼저 녹중(鹿中)을 놓은 곳의 서남쪽에 동쪽을 향하여 선다. ⑦ 삼우는 모두 나아가 사사의 서쪽을 거쳐 사사의 서남쪽에 서되, 동쪽을 향하며 북쪽을 상석으로 하여 기다린다. ⑧ 사사는 삼우의 북쪽에서 동쪽을 향하여 서서 3개의 화살은 허리띠의 오른쪽에 꽂고 1개의 화살은 활시위에 메긴다. ⑨ 읍하고 앞으로 나아가 계단과 마주하는 곳에 이르면 북쪽을 향하여 읍한다. ⑩ 계단에 이르러 읍하고 당에 올라 읍한다. ⑪ 예(豫)[68]에서 쏠 때는

遂授矢. 三耦皆執弓, 搢三而挾一个.

【注】搢, 插也, 插於帶右】

司射先立于所設中之西南, 東面. 三耦皆進, 由司射之西, 立于其西南, 東面, 北上而俟. 司射東面立于三耦之北, 搢三而挾一个. 揖進, 當階, 北面揖. 及階, 揖, 升堂, 揖. 豫則鉤楹內. 堂則由楹外.

---

68 예(豫) : 서(序)를 다르게 부르는 말. 고대(古代)의 학교인 서(序)는 옥(屋)만 있고 실(室)이 없었는데, 이렇게 실(室)이 없는 건물을 활쏘는 건물이란 뜻으로 사(榭)라 하였다. 예(豫)자는 사(榭)자와 통용하여 쓰였다.

기둥의 안쪽으로 돌아 동쪽의 활쏘는 자리에 간다
[鉤楹]. ⑫ 당(堂)에서 쏠 때는 기둥의 바깥쪽으로 활
쏘는 자리에 간다.

【주 구영(鉤楹)이란, 기둥을 끼고 돌아 동쪽으로
가는 것이다. 서(序)에는 실(室, 방)이 없어서 깊이 들
어갈 수 있다. 예(豫)는 "주나라 선왕(宣王)의 사(榭)가
불탔다."⁶⁹라 할 때의 사(榭)와 같은 뜻으로 읽는다.
《주례(周禮)》에는 '서(序)'로 되어 있다. 일반적으로 건
물에 실(室)이 없는 것을 '사(榭)'라 한다】

【注 鉤楹, 繞楹而東也. 序
無室, 可以深也. 豫, 讀如
"成周宣榭災"之榭. 《周禮》
作"序". 凡屋無室曰"榭"】

⑬ 왼쪽 사대[射物]⁷⁰와 마주하는 곳에 이르러
북쪽을 향하여 읍한다. ⑭ 사대에 이르러 읍한다.
⑮ 왼발로 사대를 밟고서 왼발과 나란하지[方] 않도
록 오른발을 돌린다. ⑯ 과녁의 중앙을 보고 나서
아래로 굽어보아 발의 자세가 바른지 살핀다.⁷¹

當左物, 北面揖. 及物, 揖.
左足履物, 不方足, 還. 視
侯中, 俯正足.

사대((《의례도》))

부정불팔(不丁不八) 자세(《임원경제지 유예지》)

69 주나라……불탔다:《春秋穀梁注疏》卷12 〈宣公〉(《十三經注疏整理本》22, 237쪽).
70 사대[射物]:활을 쏘는 위치를 표시하기 위한 나무 표식.
71 왼쪽……살핀다:《유예지》권1 〈사결〉에서는 '정(丁)자도 팔(八)자도 아닌 자세'로 선다고 설명한다. 이를
부정불팔(不丁不八)이라 한다. 풍석 서유구 지음, 임원경제연구소 옮김, 《임원경제지 유예지》1, 풍석문화
재단, 2017, 126쪽.

전국 시대의 청동기에서 탁본하여 재구성한 사례(射禮)의 모습.

【주】 방(方)은 나란히 한다[倂]와 같다. 뜻이 활쏘기에 있으니, 왼발은 사대를 밟고, 오른발은 돌린다. 두 발이 나란하게 되면 이것은 서는 것이다. 남쪽을 향하여 과녁의 중앙을 본 뒤라야 아래로 굽어보아 두 발의 자세가 바르게 되었는지 살펴본다】

【注】 方猶倂也. 志在於射, 左足至, 右足還, 倂足則是立也. 南面視侯之中, 乃俯視倂正其足】

⑰ 과녁에 기대놓은 깃발을 치우지 않는다.

不去旌.

【주】 사사가 시범으로 활을 쏠 때는 획자가 '명중'이라고 외치지 않기 때문이다】

【注】 以其不獲】

⑱ 사사가 활쏘기의 시범을 보이며 가르치려 한다[誘].

誘射.

【주】 유(誘)란, 가르친다는 말과 같다】

【注】 誘猶敎也】

⑲ 4개의 화살을 쏜다[將].

將乘矢.

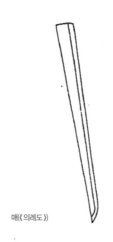

매《의례도》

【주 장(將)은 실행한다는 말이다. 4개의 화살을 　【注 將, 行也. 行四矢】
쏘는 것이다】

⑳ 활을 들고 화살은 활시위에 메기지 않은 채로 　執弓不挾,
【주 화살은 활시위에 메기지 않았다는 말은 가지 　【注 不挾, 矢盡】
고 있던 화살을 다 쏘았다는 뜻이다】

㉑ 오른손으로 시위를 잡는다. ㉒ 남쪽을 향해 　右執弦. 南面揖, 揖如升
읍하되, 읍은 당에 올라 활을 쏠 때와 똑같이 한다. 　射. 降, 出于其位南, 適堂
㉓ 당에서 내려와 산가지통이 있는 자리 남쪽을 벗 　西. 改取一个, 挾之. 遂適
어나 당의 서쪽으로 간다. ㉔ 화살 1개를 다시 집어 　階西, 取扑, 搢之以反位.
들어 활시위에 메긴다. ㉕ 이어서 계단 서쪽으로 간
뒤 매[扑]를 집어들어 허리띠에 꽂고 자기 자리로 돌
아간다.

【주 매[扑]는 가르침을 어긴 사람을 때리는 도구 　【注 扑, 所以撻犯敎者.
이다. 《서경(書經)》에 “매는 학교에서의 처벌도구로 　《書》云:"扑作敎刑."】

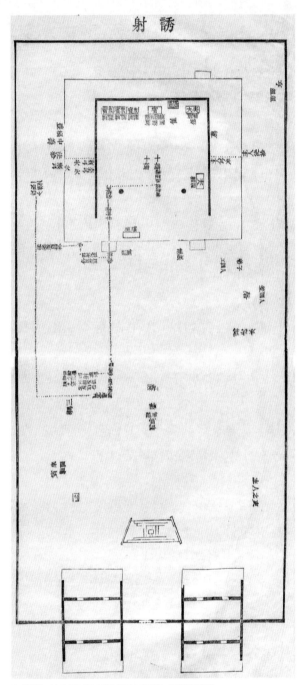

유사(誘射, 사사가 활쏘기의 시범을 보이며 가르치는 그림)(《의례도》)

삼는다."72라 했다]73

【이상은 삼우가 자기 자리에 나아가고, 사사가 활 【右三耦就位, 司射誘射】
쏘기의 시범을 보이는 의례이다】

(13) 삼우가 처음으로 활을 쏘다[三耦初射]

　① 사마는 획자에게 깃발을 들고 과녁을 등지고 司馬命獲者執旌以負侯.
서도록 명한다.

　【주 이렇게 하는 이유는 활을 쏘는 사람으로 하 【注 欲令射者見侯與旌,
여금 과녁과 깃발을 보도록 하여 적중시키는 데에 深有志於中】
집중하도록 하기 위함이다】

　② 획자는 과녁에 나아가 깃발을 든 뒤 과녁을 등 獲者適侯執旌, 負侯而俟.
지고 서서 기다린다[俟].

　【주 사(俟)는 기다린다는 말이다】 【注 俟, 待也】

　③ 사사는 왼쪽으로 몸을 돌려[還] 상우(上耦)74와 司射還, 當上耦, 西面作上
마주하고 서쪽을 향하여 서서 상우로 하여금 활을 耦射.
쏘게 한다[作].

　【주 환(還)은 왼쪽으로 몸을 돌린다는 말이다. 【注 還, 左還也. 作, 使
작(作)은 시킨다는 말이다】 也】

　④ 사사는 자기 자리로 돌아온다. ⑤ 상우의 상사 司射反位. 上耦揖進. 上射

72　매[扑]는……삼는다:《尚書正義》卷3〈虞書〉"舜典"(《十三經注疏整理本》2, 77쪽).
73　이상의 (12)는《儀禮注疏》卷12〈鄉射禮〉(《十三經注疏整理本》10, 225~228쪽)에 보인다.
74　상우(上耦):삼우(三耦) 중에서 첫 번째 짝을 말함.

와 하사는 읍하고 앞으로 나아간다. ⑥ 상사는 왼쪽
에 서서 하사와 나란히 함께 나아간다. ⑦ 계단을 마
주하면 북쪽을 향하여 읍하고 계단에 이르면 읍한
다. ⑧ 상사는 먼저 3계단을 오른다. ⑨ 하사도 따라
오르되, 계단을 오를 때 간격을 둔다[中].

【주 중(中)은 간격을 둔다는 말과 같다】

在左, 竝行. 當階, 北面揖,
及階, 揖. 上射先升三等.
下射從之, 中等.

【注 中猶間也】

⑩ 상사는 당에 올라 조금 왼쪽으로 선다. ⑪ 하사
가 당에 오른다. ⑫ 상사가 읍하고 하사와 나란히[竝]
동쪽으로 나아간다.

【주 병(竝)은 나란히 한다는 말이니, 동쪽으로 나
아간다는 의미이다】

上射升堂, 少左. 下射升.
上射揖, 竝行.

【注 竝, 倂也, 倂東行】

⑬ 상사와 하사 모두 자신이 활을 쏠 사대를 마
주하고 북쪽을 향하여 읍한다. ⑭ 사대에 이르러 읍
한다. ⑮ 두 사람 모두 왼발로 사대를 밟고, 오른발
을 돌린다. ⑯ 과녁의 중앙을 보고 두 발의 자세가
바른지 확인하고 기다린다. ⑰ 사마는 당의 서쪽으
로 가서 활깍지와 활팔찌를 하지 않고, 상의 왼쪽만
벗은 채 활을 잡는다.

【주 활깍지와 활팔찌를 하지 않는 이유는 활을 쏘
지 않기 때문에 이 도구들을 준비하지 않은 것이다】

皆當其物, 北面揖. 及物,
揖. 皆左足履物, 還. 視
侯中, 合足而俟. 司馬適堂
西, 不決、遂, 袒, 執弓.

【注 不決、遂, 因不射, 不
備】

⑱ 사마는 사사(司射)의 남쪽으로 나와 서쪽 계단
으로 당에 올라간다. ⑲ 기둥의 안쪽으로 돌아 동
쪽으로 간다. ⑳ 상사의 뒤를 지나 서남쪽을 향하여
사대와 사대 사이에 선다. ㉑ 오른손으로 소(簫, 활고

出于司射之南, 升自西階.
鉤楹, 由上射之後, 西南面
立于物間. 右執簫, 南揚
弓. 命去侯.

자)를 잡고 남쪽으로 활을 치켜든다. ㉒ 획자에게 과
녁에서 떨어지라 명한다.

【주】기둥의 안쪽으로 돌아 동쪽으로 가는 이유
는 상사의 뒤를 거쳐야 하기 때문이다. 소(簫)는 활의
끝부분이다. 《의례(儀禮)》〈대사(大射)〉에 "왼손으로
줌통을 잡는다."75라 했다. 양(揚)은 치켜든다는 말과
같다】

【注】鉤楗, 以當由上射者
之後也. 簫, 弓末也.《大
射》曰:"左執弣." 揚猶擧
也】

㉓ 획자는 깃발을 들고서 "예"하고 대답하되, 소
리가 끊이지 않도록 길게 내면서 화살막이로 간다.
㉔ 앉아서 동쪽을 향하여 깃발을 눕힌다[偃]. ㉕ 일
어나서 기다린다.

【주】언(偃)은 눕힌다는 말과 같다】

獲者執旌許諾, 聲不絕以
至于乏. 坐, 東面偃旌. 興
而俟.

【注】偃猶仆也】

㉖ 사마는 하사의 남쪽으로 나간다. ㉗ 하사의
뒤로 돌아서 서쪽 계단으로 내려온다. ㉘ 다시 사사
의 남쪽을 거쳐 당의 서쪽으로 간다. ㉙ 활을 풀고
상의 왼쪽을 바르게 입는다. ㉚ 자기 자리로 돌아와
사사의 남쪽에 선다.

【주】하사의 주위를 돌아 내려오는 이유는 상우
두 사람을 위해 획자에게 과녁에서 떨어지라고 명했
다는 사실을 밝히기 위함이다】

司馬出于下射之南. 還其
後, 降自西階. 反由司射之
南, 適堂西. 釋弓, 襲. 反
位, 立于司射之南.

【注】圍下射者, 明爲二人
命去侯】

㉛ 사사는 나아가 사마와 계단 앞에서 교차하되,
서로 상대를 왼쪽에 둔다. ㉜ 사사는 당 아래를 거

司射進, 與司馬交于階前,
相左. 由堂下西階之東. 北

---

75 왼손으로……잡는다:《儀禮注疏》卷17〈大射〉(《十三經注疏整理本》10, 375쪽).

쳐 서쪽 계단의 동쪽으로 간다. ㉝ 북쪽을 향하여 상
사를 보면서 명하기를 "획자를 쏘지[射獲] 마시오! 과
녁 밖으로 쏘지[獵] 마시오."라 한다. ㉞ 상사는 읍한
다. ㉟ 사사는 물러나 자기 자리로 돌아온다.

【주】 사획(射獲)은 화살이 사람을 맞추는 것이다.
렵(獵)은 화살이 과녁의 옆으로 빠지는 것이다】

【소】 서로 상대를 왼쪽에 둘 때는 서쪽 계단의 서
쪽에서 사마는 북쪽을 거쳐 서쪽으로 가고, 사사
(司射)는 남쪽을 거쳐 동쪽으로 가서 각자의 왼쪽
이 서로 가까우므로 "서로 상대를 왼쪽에 둔다."라
했다】

面視上射, 命曰: "無射獲,
無獵獲." 上射揖. 司射退,
反位.

【注】 射獲, 謂矢中人也.
獵, 矢從傍】

【疏】 相左之時, 在西階之
西, 司馬由北而西行, 司
射由南而東行, 各以左相
近[5], 故云"相左"也】

㊱ 그제야 활을 쏜다. ㊲ 상사는 활을 쏜 다음, 두
번째 화살을 메겨 활과 함께 잡는다. ㊳ 그 뒤에[后]
하사가 활을 쏜다. ㊴ 이렇게 번갈아 가며 4발씩 활
을 쏜다.

【주】 후(后)는 뒤이다】

乃射. 上射旣發, 挾弓矢,
而后下射射. 拾發, 以將乘
矢.

【注】 后, 後也】

㊵ 화살이 과녁에 적중하면 획자는 앉아서 "획
(獲)"이라 외친다.

【주】 활을 쏜 사람이 과녁을 적중시키면 획자는 큰
소리로 "획(獲)"이라 외친다. 획(獲)은 얻는다는 말이
다. 활쏘기는 무예를 연마하고 사냥을 익히는 종류의
일이므로 이 때문에 명중을 '획'이라고 표현한다】

獲者坐而獲.

【注】 射者中則大言獲. 獲,
得也. 射, 講武、師田之類,
是以中爲獲也】

---

[5] 近:《儀禮注疏·鄕射禮》에는 "迎".

④ 깃발을 들 때는 궁음(宮音)으로 "획"이라 외친다. ④ 깃발을 내려놓을 때는 상음(商音)으로 "획"이라 외친다.

擧旌以宮. 偃旌以商.

【주】 궁음(宮音)은 임금을 상징하고, 상음(商音)은 신하를 상징한다. 외치는 소리가 율려(律呂)[76]의 상생(相生)처럼 조화를 이룬다】

【注】宮爲君, 商爲臣. 聲和律呂相生】

④ "획"이라 외치기만 하고 맞힌 화살의 개수는 헤아리지 않는다.

獲而未釋獲.

【주】 다만 "획"이라 크게 외치지만 그 산가지를 놓고 개수를 헤아리지는 않는다】

【注】但大言獲, 未釋其算】

④ 활쏘기를 마치면 두 사람 모두 활을 잡되, 화살을 메기지 않는다. ④ 남쪽을 향하여 읍한다. ④ 읍은 당에 올라 활을 쏘려고 할 때와 같은 절차로 한다.

卒射, 皆執弓, 不挾. 南面揖. 揖如升射.

【주】 화살을 메기지 않는다는 말은 또한 오른손으로 활시위를 잡는다는 뜻이니, 사사가 했던 것처럼 한다】

【注】不挾, 亦右執弦, 如司射】

④ 상사는 3계단 내려온다[降]. ④ 하사는 조금 오른쪽에서 그를 따라 내려오되, 간격을 두고 나란히 간다. ④ 이때 상사는 왼쪽에 선다.

上射降三等. 下射少右, 從之, 中等竝行. 上射於左.

---

76 율려(律呂):육률(六律)과 육려(六呂)의 12율(律). 양성(陽聲)에 속하는 6가지 소리인 황종(黃鍾)·태주(太簇)·고선(姑洗)·유빈(蕤賓)·이칙(夷則)·무역(無射)과 음성(陰聲)에 속하는 6가지 소리인 대려(大呂)·협종(夾鍾)·중려(仲呂)·임종(林鍾)·남려(南呂)·응종(應鍾)을 말한다. 이 중에서 황종이 임종을 생하고, 임종은 또 태주를 생한다고 한다.

【주 강(降)은 계단을 내려온다는 말이다】

【소 여기서 상사와 하사가 당에 오르내릴 때는 모두 상사가 먼저 한다. 또 상사는 오르내릴 때 모두 왼쪽에 선다】

⑤⑩ 상우(上耦)는 당 위에 올라 활을 쏘려는 다음 사람들과 서로를 왼쪽에 두고 계단 앞에서 교차하면서 서로 읍한다. ⑤⑪ 상우는 사마의 남쪽을 거쳐 당의 서쪽으로 간다. ⑤⑫ 활을 풀고 활깍지와 활팔찌를 벗는다. ⑤⑬ 상의 왼쪽을 바르게 입고 당의 서쪽에서 기다리되, 남쪽을 향하며 동쪽을 상석으로 한다. ⑤⑭ 삼우가 활을 다 쏠 때까지 모두 이와 같이 한다. ⑤⑮ 삼우가 활을 다 쏘고 나면 사사는 꽂고 있던 매를 풀어서 서쪽 계단의 서쪽에 기대 놓는다. ⑤⑯ 당에 올라 북쪽을 향하여 빈에게 "삼우가 활쏘기를 마쳤습니다."라 고한다.

【주 매를 풀어 놓고서야 당에 오르는 이유는 감히 형벌 도구를 차고 존귀한 사람의 곁으로 나아가지 못하기 때문이다】

⑤⑰ 빈은 읍한다.

【주 읍하여 알았다고 수긍하는 뜻이다】77

【이상은 삼우가 처음으로 활을 쏘는 의례이다】

【注 降, 下】

【疏 此上射、下射升與降, 皆上射爲先. 又上射升降 皆在左】

與升射者相左, 交于階前, 相揖. 由司馬之南, 適堂 西. 釋弓, 說決、拾. 襲而 俟于堂西, 南面, 東上. 三 耦卒射, 亦如之. 司射去 扑, 倚于西階之西. 升堂, 北面告于賓曰"三耦卒射".

【注 去扑乃升, 不敢佩刑 器卽[6]尊者之側】

賓揖.

【注 以揖然之】

【右三耦初射】

---

77 이상의 (13)은《儀禮注疏》卷12〈鄕射禮〉(《十三經注疏整理本》10, 228~232쪽)에 보인다.

[6] 卽 : 저본에는 "則". 오사카본·《儀禮注疏·鄕射禮》에 근거하여 수정.

삼우사(三耦射. 삼우가 활쏘는 그림)(《의례도》)

(14) 화살통을 설치하고 화살을 가져오다[設楅取矢]

① 사사는 당에서 내려와서 매[扑]를 허리에 꽂고 자신의 자리로 돌아간다. ② 사마는 당 아래의 서쪽으로 간다. ③ 상의 왼쪽을 벗고 활을 잡는다. ④ 자신의 자리 남쪽을 거쳐 나아간다. ⑤ 이때 사사와 계단 앞에서 교차하되, 서로 상대를 왼쪽에 둔다. ⑥ 사마는 서쪽 계단으로 당에 오른다. ⑦ 기둥의 안쪽으로 돌아 동쪽으로 간다. ⑧ 오른쪽 사대의 뒤로부터 가서 오른쪽 사대와 왼쪽 사대 사이에 선다. ⑨ 서남쪽을 향하여 활을 내밀며[揖] 제자에게 화살을 가져오라 명한다.

【주】읍(揖)이란 손을 들어 내민다는 말이다】

司射降, 搢扑, 反位. 司馬適堂西. 袒, 執弓. 由其位南進. 與司射交于階前, 相左. 升自西階. 鉤楹. 自右物之後, 立于物間. 西南面, 揖弓, 命取矢.

【注】揖, 推之也】

⑩ 획자는 깃발을 잡고 "예"라고 대답하되, 소리가 끊어지지 않게 한다. ⑪ 깃발을 들고 가서 과녁을 등진 채로 기다린다.

【주】제자들이 화살을 가져오기를 기다리며 깃발로 가리켜 과녁의 위치를 알려준다】

獲者執旌許諾, 聲不絕. 以旌負侯而俟.

【注】俟弟子取矢, 以旌指教之】

⑫ 사마는 왼쪽 사대의 남쪽으로 나왔다가 그 뒤로 돌아서 서쪽 계단으로 내려간다. ⑬ 이어서 당 앞으로 나아가 북쪽을 향하여 화살통[楅]을 놓을 곳 남쪽에 선다. ⑭ 제자에게 화살통을 설치하라고 명한다.

【주】복(楅)은 뜻이 폭(幅, 직물을 말아 감싸는 용도의 직물 가장자리 폭)과 같으니, 화살대를 받쳐서 화살을 가지런히 놓는 도구이다】

司馬出于左物之南, 還其後, 降自西階. 遂適堂前, 北面立于所設楅之南. 命弟子設楅.

【注】楅猶幅也, 所以承笴齊矢者】

⑮ 그제야 제자가 마당 가운데에 화살통을 설치하되, 남쪽으로 세(洗)와 마주하고 동쪽을 향하여 놓는다.

【주 동쪽을 향하여 놓는 이유는 빈에게 통제되도록 하기 위함이다】

⑯ 사마는 사사의 남쪽을 거쳐 물러난다. ⑰ 당 아래의 서쪽에서 활을 풀고, 왼쪽 상의를 바르게 입은 다음 자신의 자리로 돌아간다. ⑱ 제자는 화살을 가져와 북쪽을 향하여 앉아서 화살통에 화살을 놓는다. ⑲ 이때 화살의 오늬가 북쪽을 향하도록 놓고[北括] 그제야 물러난다. ⑳ 사마는 왼쪽 상의를 바르게 입고 나아가 화살통의 남쪽과 마주하여 북쪽을 바라보고 앉는다. ㉑ 왼손과 오른손으로 화살을 매만져서[撫] 4개씩 묶음을 만들어 놓는다.

【주 무(撫)는 매만진다[拊]는 말이다. 화살이 놓인 곳으로 나아가 왼손과 오른손으로 매만져 화살을 각각 4개씩 세어 나누는 것이다. 앞에서 이미 상의를 바르게 입는다고 하고서 반복해서 말한 이유는 일이 있어서 상의 왼쪽을 벗은 것으로 오해할 염려가 있기 때문이다. 모든 일을 할 때는 당에 올라간 뒤라야 상의 왼쪽을 벗는다】

【소 오늬가 북쪽을 향하도록 놓는 이유는 활을 쏠 때 화살이 남쪽으로 향하여 날아가기 수월하도록 하기 위함이다】

㉒ 만약 화살이 준비되지 않았다면 사마가 또 처

乃設楅于中庭, 南當洗, 東肆.

【注 東肆, 統於賓】

司馬由司射之南退. 釋弓于堂西, 襲, 反位. 弟子取矢, 北面坐, 委于楅. 北括, 乃退. 司馬襲進, 當楅南, 北面坐. 左右撫矢而乘之.

【注 撫, 拊之也. 就委矢, 左右手撫而四四數分之也. 上旣言襲矢, 復言之者, 嫌有事卽袒也. 凡事升堂乃袒】

【疏 北括者, 順射時矢南行也】

若矢不備, 則司馬又袒執

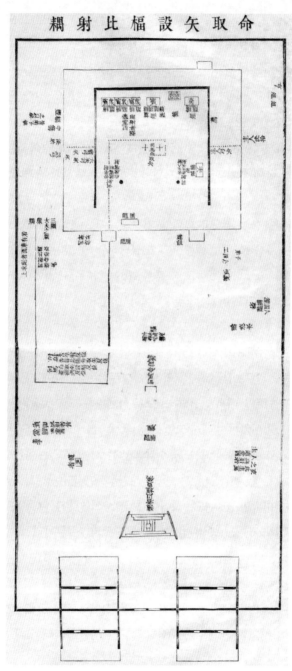

명취시설복비사우(命取矢設楅比射耦. 화살을 가져오고, 화살통을 설치하고, 삼우를 뽑아서
순서를 정하라고 명하는 그림)(《의례도》)

음에 했던 것처럼 상의 왼쪽을 벗은 다음 활을 잡는 다. ㉓ 당에 올라 "화살을 가져오되, 모두 가져오지 는 마시오."라 명한다.

【주 색(索)은 다하다는 말과 같다】

㉔ 제자들이 서쪽에서 "예"라 대답한다. ㉕ 그제 야 다시 화살을 구해와 화살통에 추가한다.⁷⁸

【이상은 화살통을 설치하고 화살을 가져오는 의 례이다. 이로써 활을 쏘는 첫 번째 의례가 끝났다】

弓, 如初. 升, 命曰"取矢不 索".

【注 索猶盡也】

弟子自西方應曰"諾". 乃復 求矢, 加于楅.

【右設楅取矢, 第一番射事 竟】

(15) 중우들의 짝을 짓고 이들이 삼우를 이어서 서다
[此衆耦繼三耦而立]

① 사사는 매를 계단의 서쪽에 기대어 두고 당에 올라 빈에게 처음과 같이 활쏘기를 청한다. ② 빈은 허락한다. ③ 빈·주인·대부가 만약[若] 모두 함께 활 을 쏘는 경우라면 이어서 빈에게 고한 다음 동쪽 계 단 위쪽으로 가서 주인에게 고하고, 주인과 빈은 서 로 짝이 된다.

【주 만약[若]이라 말한 이유는 그들이 활을 쏘거 나 쏘지 않거나의 여부는 당시 각자의 마음에 달려 있기 때문이다】

【소 활을 쏘는 예(禮)는 3번을 쏘고 그친다. 첫 번째는 단지 사사가 삼우에게 활쏘기 시범을 보이 는 경우라서 적중한 화살 개수를 계산하지 않는다.

司射倚扑于階西, 升, 請射 于賓如初. 賓許諾. 賓、主 人、大夫若皆與射, 則遂告 于賓, 適阼階上, 告于主 人, 主人與賓爲耦.

【注 言若者, 或射或否, 在 時欲耳】

【疏 射禮三而止. 第一番, 直司射與三耦誘射, 不釋 算；第二番, 三耦與衆耦俱

---

78 이상의 (14)는《儀禮注疏》卷12〈鄉射禮〉《十三經注疏整理本》10, 232~233쪽)에 보인다.

두 번째는 삼우와 중우(衆耦)[79]가 모두 활을 쏘기 때문에 적중한 화살 개수를 계산한다. 세 번째는 음악 연주를 겸하여 활을 쏘는 절도로 삼는다. 빈과 주인과 대부는 활을 쏘거나 쏘지 않을 수 있다】

射, 釋算;第三番, 兼有作樂爲射節. 賓、主、大夫則或射或否】

④ 이어서 대부에게 고한다. 대부가 비록 여러 명일지라도 모두 사(士)와 짝이 되도록 한다. ⑤ 대부에게 짝을 고할 때 "아무개가 선생님을 모시고 활을 쏠 것입니다."라 한다.

遂告于大夫. 大夫雖衆, 皆與士爲耦. 以耦告于大夫曰"某御于子".

【주】 대부가 모두 사와 짝이 되는 이유는 겸손하기 위함이다. 향사례를 관람하러 왔다가 같은 관작(官爵)을 가진 사람끼리 서로 짝을 이루면 자기들끼리 높여 구별한다고 여길까 염려되기 때문이다. 대부가 하사(下射)가 되었어도 대부에게 "선생님을 모시고"라 표현하는 이유는 대부를 존중하기 위함이다. 사(士)는 당 아래 있는 중빈(衆賓)과 여러 사(士)들 가운데 향사례를 관람하러 온 사람을 말한다. 《주례(周禮)》〈당정(黨正)〉에서는 "1명(命)[80] 이하의 사람은 향리(鄕里)에서 나이대로 순서를 정한다"[81]라 했다】

【注】大夫皆與士爲耦, 謙也. 來觀禮, 同爵自相與耦, 則嫌自尊別也. 大夫爲下射而云"御于子", 尊大夫也. 士謂衆賓之在下者及群士來觀禮者也. 《禮》:"一命已下, 齒於鄕里"】

⑥ 사사는 서쪽 계단 위쪽 당에서 북쪽을 향하며

西階上北面作衆賓射.

---

79 중우(衆耦):삼우 이외의 사람들이, 활쏘기에 참여하기 위해 이룬 짝.

80 명(命):작위(爵位)나 작위의 사령서.

81 1명(命)……정한다:《周禮注疏》卷12〈地官司徒〉"黨正"《十三經注疏整理本》7, 358쪽). "일명은 향리에서 나이대로 순서를 정하고, 재명은 친족들 사이에서 나이대로 순서를 정하고, 삼명은 나이대로 순서를 정하지 않는다(壹命齒于鄕里, 再命齒于父族, 三命而不齒)."라 했다. 《周禮》에 나오는 작위는 매우 다양한데, 여기서는 일명(一命)은 하사(下士), 재명(再命)은 중사(中士), 삼명(三命)은 상사(上士)를 뜻한다. 그러므로 일명은 비록 명을 받았지만 당 아래에서 보통사람들과 나이대로 순서를 정하고, 재명은 당 위에 올라가 친족들 사이에서 나이대로 순서를 정하고, 삼명은 나이대로 순서를 정하지 않는다는 의미이다.

중빈들로 하여금 활을 쏘게 시킨다[作].

【주】작(作)은 시킨다는 뜻이다】

【注 作, 使】

⑦ 사사(司射)는 당에서 내려와 매를 다시 허리에 꽂고 사마의 남쪽을 거쳐서 당 아래의 서쪽으로 가서 중우들의 짝을 맞춘다.

【주】중우란 대부의 짝과 중빈이다. 사사는 대부의 짝에게 명하기를 "선생님과 아무개 선생님께서는 활을 쏘십시오."라 한다. 중우에게 명하는 내용은 삼우에게 명하는 내용과 같다】

司射降, 搢扑, 由司馬之南適堂西, 立, 比衆耦.

【注 衆耦, 大夫耦及衆賓也. 命大夫之耦曰："子與某子射." 其命衆耦, 如三耦】

⑧ 중빈 중에서 장차 활쏘기에 참여할 사람은 모두 당에서 내려가 사마의 남쪽을 거쳐 당의 서쪽으로 가서 삼우를 이어서 선다. ⑨ 동쪽을 상석으로 한다. ⑩ 대부가 포함된 짝을 상석으로 한다. ⑪ 만약 사람이 많아서 동쪽을 향해 서는 사람이 있으면[若有] 북쪽을 상석으로 한다.

【주】'만약……있으면[若有]'이라 말하는 이유는 향사례를 구경하러 온 사대부들, 그리고 중빈들이 많아서 수를 셀 수 없는 경우를 뜻한다】

衆賓將與射者皆降, 由司馬之南適堂西, 繼三耦而立. 東上, 大夫之耦爲上. 若有東面者則北上.

【注 言若有者, 大夫、士來觀禮及衆賓多, 無數也】

⑫ 이때 빈과 주인과 대부는 모두 당에서 아직 내려가지 않는다.

【주】당 아래로 아직 내려가지 않는다고 말하는 이유는 그 뜻이 활쏘기에 있음을 보이기 위함이다】

賓、主人與大夫皆未降.

【注 言未降者, 見其志在射】

⑬ 사사는 그제야 중우의 짝을 짓고 순서를 정하

司射乃比衆耦, 辯.

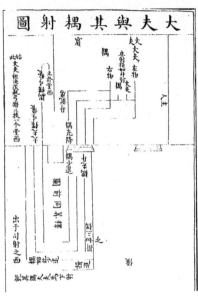

대부여기우사도(大夫與其耦射圖. 대부가 그의 짝과 함께 활을
쏘는 그림)《儀禮圖》

는데, 두루 정한다.

【주 중빈(衆賓)으로서 활을 쏘려는 사람은 당에서　【注 衆賓射者降比之, 耦
내려가 짝을 짓는데, 짝이 그제야 두루 갖추어진다】[82]　乃偏】

【이상은 중우들의 짝을 짓고 이들이 삼우를 이어　【右比衆耦繼三耦而立】
서 서는 의례이다】

(16) 삼우가 화살을 번갈아 집어들고 나아가거나 물
　　러날 때 서로 상대를 왼쪽에 두고 비껴가다[三耦
　　拾取矢進退相左]

　① 이어서 사사는 삼우에게 화살을 번갈아 집으　逐命三耦拾取矢, 司射反

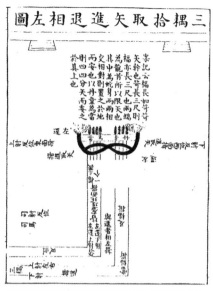

삼우습취시진퇴상좌도(三耦拾取矢進退相左圖, 삼우가 화살을 번 갈아 집어들고, 나아가거나 물러날 때 서로 상대를 왼쪽에 두고 비껴 가는 그림)(《의례도》)

라고 명하고, 자신의 자리로 돌아간다.

【주】 사사가 자신의 자리로 돌아오는 이유는 삼우 가 상의 왼쪽을 벗고, 활깍지를 끼고, 활팔찌를 차 기를 기다렸다가 오기 위함이다】

② 삼우는 화살을 번갈아 집어든 다음 모두 상의 왼쪽을 벗고, 활깍지를 끼고, 활팔찌를 차고, 활을 잡은 뒤 사마의 서남쪽으로 나아가 선다. ③ 사사는 상우(上耦)[83]에게 화살을 집도록 시킨다. ④ 사사는 자신의 자리로 돌아간다. ⑤ 상우는 읍하고 나아가 화살통이 마주보이는 곳에서 북쪽을 향해 서서 읍

位.

【注】反位者, 俟其袒、決、 遂, 來】

三耦拾取矢, 皆袒、決、遂, 執弓, 進立于司馬之西南. 司射作上耦取矢. 司射反 位. 上耦揖進, 當楅北面 揖, 及楅, 揖. 上射東面, 下射西面. 上射揖進, 坐,

---

83 상우(上耦) : 중우(衆耦) 중에서 가장 상위(上位)의 짝이라는 의미인데, 대부가 포함된 짝을 말한다.

하고, 화살통에 이르러 읍한다. ⑥ 상사(上射)는 동
쪽을 향하고 하사(下射)는 서쪽을 향한다. ⑦ 상사
는 읍하고 나아가 앉아서 왼손으로 활을 가로로 눕
혀 든다[橫弓]. ⑧ 이어서 오른손바닥이 위를 향하도
록 하여 활의 아래쪽에서 화살 1개를 집은 다음 줌
통에 겹쳐서 쥐고 오른손으로 궁깃[羽]84을 쓰다듬는
동시에 일어난다[且興]. ⑨ 그 다음 시위를 잡고 왼쪽
으로 돌아선 뒤 물러나 자신의 자리로 돌아가 동쪽
을 향해 읍한다.

【주】왼손으로 활을 눕혀 든다[橫弓]는 말은 남쪽
으로 활을 눕힌다는 뜻이다. 오른손바닥이 위를 향
하도록 하여 활의 아래쪽에서 화살을 집는다는 말
은 왼손이 활의 바깥쪽[表, 활등쪽]에 있으므로 오른
손이 활의 안쪽[裏, 활시위쪽]에서 화살을 잡아야 편리
하다는 뜻이다. 화살을 활의 줌통과 함께 잡을 때
궁깃을 쓰다듬어야 하고, 그 다음에 시위를 잡아야
한다. 궁깃을 쓰다듬는 동작은 손을 위에서 아래로

橫弓. 卻手自弓下取一个,
兼諸弣, 順羽, 且興. 執弦
而左還, 退反位, 東面揖.

【注】橫弓者, 南[7]踣弓也.
卻手由弓下取矢者, 以左
手在弓表, 右手從裏取之,
便也. 兼竝矢於弣, 當順
羽, 旣又當執弦也. 順羽
者, 手放而下, 備不整理
也】

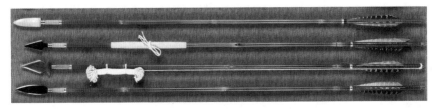
궁깃을 장착한 화살들(국립민속박물관)

쓸어내리면서 정리되지 않은 궁깃을 정돈한다】

【소】표(表)는 활의 등이다. 동시에 일어난다[且興] 는 말은 오른손으로 궁깃을 쓰다듬을 때에 일어나 기 때문에 '동시에[且]'라 했다. 왼쪽으로 돈다는 말 은 왼손을 바깥으로 향하게 하여 서쪽으로 돈다는 뜻이다. 동쪽을 향해 읍하는 이유는 하사(下射)에게 읍하여 화살을 집도록 시키기 위함이다】

【疏】表, 弓背也. 且興者, 謂以右手順羽之時則興, 故云"且"也. 左還者, 以左 手向外而西回. 東面揖者, 揖下射, 使取矢】

⑩ 하사는 나아가 앉아서 왼손으로 활을 눕혀 든 다. ⑪ 오른손바닥이 위를 향하도록 하여 활의 위쪽 에서 화살 1개를 집은 다음 일어난다. 그 나머지는 상사와 같다.

下射進, 坐, 横弓, 覆手自 弓上取一个, 興. 其他如上 射.

【주】오른손바닥이 위를 향하도록 하여 활의 위 쪽에서 화살을 집는다는 말은 왼손이 활의 안쪽에 있으므로 오른손이 활의 바깥쪽에서 화살을 잡아 야 역시 편리하다는 뜻이다】

【注】覆手由弓上取矢者, 以 左手在弓裏, 右手從表取 之, 亦便】

⑫ 두 사람은 모두 4개의 화살을 번갈아 집고 나 면 읍한다. ⑬ 두 사람 모두 왼쪽으로 돌아선 뒤 남 쪽을 향해 읍한다. ⑭ 두 사람 모두 조금 나아가 화 살통의 남쪽이 마주보이는 곳에서 모두 왼쪽으로 돌아선 뒤 북쪽을 향해 3개의 화살은 허리띠 오른 쪽에 꽂고 1개의 화살은 활시위에 메긴다.

既拾取乘矢, 揖. 皆左還, 南面揖. 皆少進, 當福南, 皆左還, 北面, 搢三挾一 个.

【주】화살통의 남쪽이란 이전에 화살통이 마주보 이던 자리이다】

【注】福南, 鄉當福之位】

⑮ 읍하고 두 사람 모두 왼쪽으로 돌아선 뒤 상사

揖, 皆左還, 上射於右.

가 오른쪽에 선다.

【주】 상사가 돌아선 뒤 오른쪽에 서는 이유는 자신의 자리로 돌아가기 편하기 때문이다. 하사는 왼쪽으로 돌아선 뒤 조금 남쪽으로 간 뒤에야 서쪽을 향한다】

【注】 上射轉居右, 便其反位也. 下射左還, 少南行, 乃西面】

⑯ 상사와 하사는 그 다음에 화살을 집으러 나오는 짝과 서로 상대를 왼쪽에 두고 비껴가며[相左], 서로 읍하고 자신의 자리로 돌아간다.

與進者相左, 相揖, 反位.

【주】 서로 상대를 왼쪽에 두고 비껴간다는 말은, 상우(上耦)의 상사와 하사 모두가 화살을 집으러 나오는 차우(次耦)의 상사와 하사의 북쪽으로 지나간다는 뜻이다】

【注】 相左, 皆由進者之北】

⑰ 삼우가 화살을 번갈아 집을 때도 역시 이와 같이 한다. ⑱ 마지막으로 화살을 집는 사람은 이어서 사사(司射)가 활쏘기의 시범을 보이며 가르쳐[誘]줄 때 사용한 화살을 집어들고 아울러 4개의 화살을 집어든 다음 서쪽으로 가서 유사에게 준 뒤에 자신의 자리로 돌아간다.

三耦拾取矢, 亦如之. 後者遂取誘射之矢, 兼乘矢而取之, 以授有司于西方, 而後反位.

【주】 사사(司射)가 활쏘기의 시범을 보이며 가르쳐[誘]줄 때 사용한 화살을 더 집어 총 5개의 화살을 활시위에 메기고서 가면, 제자는 그를 동쪽을 향한 위치의 뒤쪽에서 맞이하며 그 화살을 받는다】[85]

【注】 取誘射之矢, 挾五个, 弟子逆受於東面位之後】

---

85 이상의 (16)은 《儀禮注疏》卷12〈鄕射禮〉(《十三經注疏整理本》10, 236~238쪽)에 보인다.

【이상은 삼우가 화살을 번갈아 집어들고 나아가거나 물러날 때 서로 상대를 왼쪽에 두고 비껴가는 의례이다】

【右三耦拾取矢進退相左】

(17) 중빈이 활과 화살을 받고 순서대로 서다[衆賓受弓矢序立]

① 중빈(衆賓)은 번갈아 화살을 집는 의례를 행하지 않는다[未]. ② 모두 상의 왼쪽을 벗고, 활깍지를 끼고, 활팔찌를 찬 다음 활을 잡고 3개의 화살은 허리띠 오른쪽에 꽂고 1개의 화살은 활시위에 메긴다. ③ 당의 서쪽 끝을 거쳐 앞으로 나아가 삼우의 남쪽을 이어서 동쪽을 향하여 서며, 북쪽을 상석으로 한다. ④ 대부가 포함된 짝이 가장 상석에 선다.

衆賓未拾取矢. 皆袒、決、遂, 執弓, 搢三挾一个. 由堂西進, 繼三耦之南而立, 東面, 北上. 大夫之耦爲上.

【주 미(未)란 '하지 않는다[不]'라는 뜻과 같다. 중빈들이 번갈아 화살을 집는 의례를 행하지 않는 이유는 아직 활을 쏘지 않아서 화살통 위에 화살이 없기 때문이다. 이를 말한 까닭은 중빈과 삼우가 같은 부류로 여겨질까 염려해서이다. 처음 활을 쏜 이가 있고 난 뒤에야 비로소 다른 중빈도 쏠 때 번갈아 화살을 집는 것이 예(禮)이다】[86]

【注 未猶不也. 衆賓不拾者, 未射, 無福上矢也. 言此者, 嫌衆賓、三耦同倫. 初時有射者, 後乃射有拾取矢, 禮也】

【이상은 중빈이 활과 화살을 받고 순서대로 서는 의례이다】

【右衆賓受弓矢序立】

---

[86] 이상의 (17)은 《儀禮注疏》卷12 〈鄕射禮〉《《十三經注疏整理本》10, 238쪽)에 보인다.

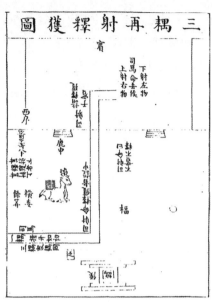

삼우재사석획도(三耦再射釋獲圖, 삼우가 2번째로 활을 쏘고 과녁
을 맞힌 화살의 개수를 계산하는 그림)(《의례도》)

(18) 삼우가 2번째로 활을 쏘고 과녁을 맞힌 화살의
   개수를 계산하다[三耦再射釋獲]

① 사사는 처음과 같이 활을 쏘도록 시킨다. ② 첫
번째 짝[一耦]은 읍하고 처음과 같이 당에 오른다.
③ 사마는 획자(獲者)에게 과녁에서 떨어지라고 명하
고, 획자는 "예"라고 대답한다. ④ 사마는 당을 내려
와 활을 풀어 놓고 자신의 자리로 돌아온다. ⑤ 사
사는 여전히[猶] 1개의 화살을 활시위에 메긴 채 매
를 풀어 놓고 사마와 계단 앞에서 교차하며 당에 오
른다. ⑥ 과녁에 맞힌 화살의 수를 계산한다고[釋獲]
빈에게 청한다.

【주】 여전히[猶]란 이유가 있다는 뜻이다. 사사가
이미 활쏘기의 시범을 보였어도, 항상 활을 들고 화

司射作射如初. 一耦揖升
如初. 司馬命去侯, 獲者許
諾. 司馬降, 釋弓反位. 司
射猶挾一个, 去扑, 與司馬
交于階前, 升, 請釋獲于
賓.

【注】 猶, 有故之辭. 司射
旣誘射, 恒執弓挾矢以掌

살을 활시위에 메기고서 활 쏘는 일을 관장하며 아
직 활쏘는 예를 모르는 이를 대비하여 그에게 가르
쳐주어야 하기 때문이다. 이제 삼우가 모두 활쏘기
를 마쳤으니 사장(射場)의 모든 사람들은 활 쏘는 예
를 충분히 알 것이다. 그런데 여전히 화살을 활시위
에 메기고 있는 이유는 군자(君子)는 활쏘는 법을 모
두가 알았다고 확신하지 않고 만일을 대비하기 때문
이다】

射事, 備尙未知, 當敎之
也. 今三耦卒射, 衆足以
知之矣. 猶挾之者, 君子不
必也】

⑦ 빈이 허락하면 사사는 당에서 내려와 다시 매
를 차고 서쪽을 향해 서서 녹중(鹿中, 사슴모양 산가지통)
을 설치할 곳의 동쪽에 선다. ⑧ 북쪽을 향해 석획
자에게 녹중을 설치하라고 명하고 이어서 제대로 되
었는지 살펴본다.

賓許, 降, 搢扑, 西面立于
所設中之東. 北面命釋獲
者設中, 遂視之.

【주】 살펴보는 이유는 가르쳐야 하기 때문이다】

【注】視之, 當敎之】

⑨ 석획자는 녹중을 들고, 다른 한 사람은 산가
지를 들고 그를 따라간다.

釋獲者執鹿中, 一人執算以
從之.

【주】 녹중(鹿中)은 사(榭)[87]에서 활을 쏠 때 쓰는 산
가지통을 말하며, 상(庠)[88]에서 활을 쏠 때는 시중(兕
中)[89]을 써야 한다】

【注】鹿中, 謂射於榭也, 於
庠[8]當兕中】

87 사(榭) : 향리의 정자. 주로 높은 언덕이나 대(臺) 위에 설립한 정자를 의미한다.
88 상(庠) : 중국 은(殷)나라 이후로 지방에 설치된 향학(鄕學).
89 시중(兕中) : 코뿔소 모양으로 생긴 산가지통으로, 녹중(鹿中)과 같은 용도로 쓰이는 도구이다. '兕'는 보통
   외뿔소를 말하지만, 뿔이 양쪽에 달린 소도 포함된다.
8 庠 : 저본에는 "榭". 《儀禮注疏·鄕射禮》에 근거하여 수정.

시중(《의례도》)   시중 모양의 목기

⑩ 석획자는 녹중을 설치하는데 남쪽으로는 화살통을 마주하고, 서쪽으로는 서서(西序)를 마주하고 있으며, 동쪽을 향해 앉아 있다가 일어나 산가지를 받고, 앉아서 8개의 산가지를 녹중에 채운다. ⑪ 나머지 산가지는 녹중의 서쪽에 가로로 놓는데 끝이 남쪽을 향하게 한다. ⑫ 일어나 공수(拱手)[90]한 채 기다린다.

【주】일어나서 몸을 돌리고 북쪽을 향해 서서 산가지를 받고 다시 몸을 돌려 동쪽을 향해 녹중에 산가지를 채운다】

釋獲者坐設中, 南當楅, 西當西序, 東面, 興受算, 坐實八算于中. 橫委其餘于中西, 南末. 興, 共而俟.

【注】興還, 北面受算, 反東面實之】

⑬ 사사는 이어서 앞으로 나아가 당 아래를 거쳐 북쪽을 향해 서서 "과녁을 맞추지[貫] 못하면 명중으로 세지 마시오."라 명한다.

【주】관(貫)이란 중(中, 적중)과 같다. 과녁의 한가운데를 적중시키지 못한 화살은 계산하지 않는다】

司射遂進, 由堂下, 北面命曰 : "不貫不釋."

【注】貫猶中也. 不中正不釋算也】

---

90 공수(拱手) : 왼손을 오른손 위에 놓고 두 손을 마주잡는 공손한 자세.

⑭ 상사는 읍한다. ⑮ 사사는 물러나 자리로 돌아 간다. ⑯ 석획자는 녹중에 들어있는 8개의 산가지를 앉아서 집어들고, 다시 녹중에 8개의 산가지를 바꾸어 채운 다음 일어나서 산가지를 들고 기다린다.

【주 처음 집어든 산가지를 든다는 말이다】

⑰ 그제야 삼우들이 활을 쏜다. ⑱ 만약 적중하면 석획자는 앉아서 석획을 하되, 1개의 화살이 적중할 때마다 1개의 산가지를 녹중에 넣는다. ⑲ 상사의 산가지는 오른쪽에 넣고, 하사의 산가지는 왼쪽에 넣는다. ⑳ 만약 남은 산가지가 있으면 녹중 서쪽에 되돌려 놓는다[委之].

【주 남은 산가지를 놓는 이유는 예(禮)에서는 서로 다름을 숭상하기 때문이다. '놓는다[委之]'라는 말은 녹중의 서쪽에 산가지에 합하여 놓아둔다는 뜻이다】

㉑ 또 녹중에서 8개의 산가지를 집어든 다음, 다시 녹중에 8개를 바꾸어 채우고 일어나서 처음 집어든 산가지를 들고 기다린다. ㉒ 이와 같이 삼우가 모두 활쏘기를 마친다.[91]

【이상은 삼우가 2번째로 활을 쏘고 과녁을 맞힌 화살의 개수를 계산하는 의례이다】

上射揖. 司射退反位. 釋獲者坐取中之八算, 改實八算于中, 興, 執而俟.

【注 執所取算】

乃射. 若中則釋獲者坐而釋獲, 每一个釋一算. 上射於右, 下射於左. 若有餘算, 則反委之.

【注 委餘算, 禮尙異也. 委之, 合於中西】

又取中之八算, 改實八算于中, 興, 執而俟. 三耦卒射.

【右三耦再射釋獲】

---

91 이상의 (18)은《儀禮注疏》卷12〈鄕射禮〉《《十三經注疏整理本》10, 236~240쪽)에 보인다.

(19) 빈과 주인이 활을 쏘다[賓主人射]

① 빈과 주인과 대부는 읍하고 모두 자신이 이용하는 계단으로 내려와 읍한다. ② 주인은 당의 동쪽에서 상의 왼쪽을 벗고, 활깍지를 끼고, 활팔찌를 찬 다음, 활을 잡고 3개의 화살은 허리에 꽂고 1개의 화살은 활시위에 메긴다. ③ 빈은 당의 서쪽에서 또한 이와 같이 한다. ④ 빈과 주인 모두 자신이 이용하는 계단을 거치되, 계단 아래에서 읍하고 당에 올라서도 읍한다.[92]

⑤ 주인은 하사(下射)가 된다. ⑥ 모두 자신들의 사대[物]를 마주보는 곳에 이르러 북쪽을 향해 서서 읍하고 사대에 이르러 읍한 다음 그제야 활을 쏜다. ⑦ 활쏘기가 끝나면 남쪽을 향해 서서 읍한다. ⑧ 모두 자신들이 이용하는 계단을 거치되, 계단 위쪽에서 읍하고 계단을 내려와서도 읍한다. ⑨ 빈은 서(序)의 서쪽에 서고, 주인은 서의 동쪽에 선다. ⑩ 모두 활을 놓고 활깍지와 활팔찌를 빼고 상의를 바르게 입은 다음 자신의 자리로 돌아간다. ⑪ 당으로 오를 때는 계단에 이르러 읍하고 당에 올라서도 읍한 다음 모두 자신의 자리로 간다.[93]

【이상은 빈과 주인이 활을 쏘는 의례이다】

賓、主人、大夫揖, 皆由其階降, 揖. 主人堂東袒[9]、決、遂、執弓, 搢三挾一个. 賓于堂西亦如之. 皆由其階, 階下揖, 升堂揖.

主人爲下射. 皆當其物, 北面揖, 及物揖, 乃射. 卒, 南面揖. 皆由其階, 階上揖, 降階揖. 賓序西, 主人序東. 皆釋弓, 說決、拾, 襲, 反位. 升, 及階揖, 升堂揖, 皆就席.

【右賓、主人射】

---

92 빈과……읍한다 : 정현(鄭玄)의 주에 의하면 이때 "대부는 당 아래 서쪽에 머물러 있는다(大夫止於堂西)."라 했다. 《儀禮注疏》卷12〈鄕射禮〉《十三經注疏整理本》10, 240쪽).

93 이상의 (19)는《儀禮注疏》卷12〈鄕射禮〉《十三經注疏整理本》10, 240~241쪽)에 보인다.

9 袒 : 저본에는 "祖". 오사카본·《儀禮注疏·鄕射禮》에 근거하여 수정.

(20) 대부가 그 짝과 더불어 활을 쏘다[大夫與耦射]

① 대부는 상의 왼쪽을 벗고, 활깍지를 끼고, 활팔찌를 찬 다음, 활을 잡고 3개의 화살은 허리에 꽂고 1개의 화살은 활시위에 메긴 뒤, 당의 서쪽을 거쳐 사사(司射)의 서쪽으로 나가 자신의 짝에게로 간다. ② 대부가 하사(下射)가 되어 읍하고 나아가면 그 짝은 조금 물러난다. 읍은 삼우가 하듯이 한다. ③ 계단에 이르면 그 짝이 먼저 당에 올라간다.

④ 활쏘기가 끝나면 당에 올라 활을 쏠 때처럼 읍한다. ⑤ 짝이 먼저 당에서 내려온다. ⑥ 계단을 내려오면 짝은 조금 뒤로 물러난다. ⑦ 두 사람 모두 당의 서쪽에 활을 놓고 상의를 바르게 입는다. ⑧ 짝은 이어서 당 아래 서쪽에 그대로 머물러 있는다. ⑨ 대부는 당에 올라 자신의 자리로 나아간다.

【주 대부의 짝이 뜰에서 대부와 나란히 걷지 않는 이유는 대부를 존중하기 때문이다】[94]

大夫袒、決、遂、執弓、搢三挾一个, 由堂西出于司射之西, 就其耦. 大夫爲下射, 揖進, 耦少退. 揖如三耦. 及階, 耦先升.

卒射, 揖如升射. 耦先降. 降階, 耦少退. 皆釋弓于堂西, 襲. 耦遂止于堂西. 大夫升就席.

【注 耦於庭, 不竝行, 尊大夫也】

【이상은 대부가 그 짝과 더불어 활을 쏘는 의례이다】

【右大夫與耦射】

(21) 중빈(衆賓)이 이어서 활을 쏘고 석획자가 활쏘기가 끝났음을 고하다[衆賓繼射, 釋獲告卒射]

① 중빈(衆賓)은 이어서 활을 쏜 다음 과녁을 맞힌 화살 수를 계산하되[釋獲], 모두 처음과 같이 한다. ② 사사(司射)가 시키는 대상은 오직 상우(上耦)뿐이다.

衆賓繼射, 釋獲皆如初. 司射所作, 唯上耦.

---

94 이상의 (20)은 《儀禮注疏》卷12 〈鄕射禮〉(《十三經注疏整理本》10, 241쪽)에 보인다.

【주】 여기에서 오직 상우(上耦)뿐이라 말한 이유
는 빈과 주인이 활을 쏠 때에도 사사가 그들에게 시
킨다고 여길까 염려되기 때문이다. 《의례》〈대사(大
射)〉에 "삼우가 활쏘기를 끝내면 사사(司射)는 공(公)
과 빈에게 활쏘기를 청한다."[95]라 했다】

【주】 於是言唯上耦者, 嫌
賓、主人射亦作之. 《大射》
三耦卒射, 司射請于公及
賓】

【소】 《의례》〈향사례〉[96]에는 "빈과 주인이 활을
쏠 경우에는 사사는 그들을 안내하여 당에 오르고
내려온다."[97]라 했다. 이것은 비록 사사가 시키는 일
은 아니지만 그래도 안내하여 오르내리는 것을 도울
뿐 단지 청하지는 않는다는 말이다】

【疏】 《記》云 : "賓、主人射,
則司射擯升降." 是雖不作,
猶爲擯相之, 但不請也】

③ 활을 다 쏘고 나면 석획자는 이어서 남은 산가
지를 들고 서쪽 계단으로 당에 오르되, 계단이 끝나
는 곳에서 당에 오르지 않은 채 빈에게 "좌우(左右)의
사람들이 활쏘기를 마쳤습니다."라 고한다. ④ 그리
고 당에서 내려가 자신의 자리로 돌아간 다음 앉아
서 녹중의 서쪽에 남은 산가지[餘獲]를 놓아두고 일
어나 두 손을 모은 채 기다린다.

卒射, 釋獲者遂以所執餘
獲, 升自西階, 盡階, 不升
堂, 告于賓曰 : "左右卒射."
降, 反位, 坐委餘獲于中
西, 興, 共而俟.

【주】 사사가 활쏘기를 마쳤다고 고하지 않은 이유
는 석획자가 이때에 일을 담당하므로 그로 하여금
마치게 해야 하기 때문이다. 여획(餘獲)이란 남은 산
가지이다. 남은 산가지가 없으면 빈손으로 있을 뿐
이다. '기다린다[俟]'라는 말은 숫자 세기를 기다린다

【注】 司射不告卒射者, 釋
獲者於是有事, 宜終之也.
餘獲, 餘算也. 無餘算則空
手耳. 俟, 俟數也】

95 삼우가……청한다 : 《儀禮注疏》卷13〈大射〉(《十三經注疏整理本》10, 385쪽).
96 《의례》〈향사례〉: 원문에는 "記"로 표기되어 있으나, 착오로 판단하여 일반적인 용례에 따라 옮겼다.
97 빈과……내려온다 : 《儀禮注疏》卷13〈鄕射禮〉(《十三經注疏整理本》10, 276쪽).

는 뜻이다】[98]

【이상은 중빈(衆賓)이 이어서 활을 쏘고, 석획자가 활쏘기가 끝났음을 고하는 의례이다】

【右衆賓繼射, 釋獲告卒射】

(22) 사마가 화살들을 가져오라 명하고 화살 묶음을 만들다[司馬命取矢, 乘矢]

① 사마는 상의 왼쪽을 벗고, 활깍지를 끼고, 활을 들고 당에 올라 처음과 같이 화살을 가져오라고 명한다. ② 획자(獲者)는 "예"라 대답하고, 깃발을 든 다음 처음과 같이 과녁을 등지고 선다. ③ 사마는 당에서 내려와 활을 놓고 자신의 자리로 돌아간다. 제자들은 처음과 같이 화살을 거두어 놓는다. ④ 대부의 화살 4개는 모아서 띠풀로 묶되, 화살 위의 손으로 집는 부분[握]의 위쪽을 묶어둔다.

【주 대부가 쏜 화살을 모아서 묶는 이유는 대부를 우대하기 때문이다. 그렇기 때문에 번갈아 집어들지 않는다. 손으로 집는 부분의 위를 띠로 묶으면 여러 화살을 함께 집어 궁깃을 가지런히 하는 데 편리하다. 손으로 집는 부분[握]은 화살의 중앙을 말한다. 주인의 화살을 묶지 않는 이유는 빈과 예를 달리할 수 없기 때문이다. '대부의 화살'이라 말한 이유는 화살에 표시가 되어 있기 때문이다. 숙신씨

司馬袒、決、執弓升、命取矢如初. 獲者許諾, 以旌負侯如初. 司馬降, 釋弓, 反位. 弟子委矢如初. 大夫之矢則兼束之以茅, 上握焉.

【注 兼束大夫矢, 優之. 是以不拾也. 束於握上, 則兼取之, 順羽便也. 握, 謂中央也. 不束主人矢, 不可以殊於賓也. 言大夫之矢, 則矢有題識也. 肅慎氏貢楛[10]矢, 銘其括】

---

98 이상의 (21)은 《儀禮注疏》卷12〈鄕射禮〉(《十三經注疏整理本》10, 241~242쪽)에 보인다.
[10] 楛 : 저본에는 "楷". 오사카본·《儀禮注疏·鄕射禮》에 근거하여 수정.

(肅愼氏)[99]가 호시(楛矢, 싸리나무화살)를 공물로 바쳤을 때 화살의 오늬에 표시를 새겼다】

⑤ 사마는 처음과 같이 화살 묶음을 만든다.[100]

司馬乘矢如初.

【이상은 사마가 화살을 가져오라 명하고 화살 묶음을 만드는 의례이다】

【右司馬命取矢乘矢】

(23) 산가지를 세다[數獲]

① 사사는 이어서 서쪽 계단의 서쪽으로 가서 활을 풀어 놓고 매를 풀어 놓은 다음 상의를 바르게 입는다. ② 녹중의 동쪽을 거쳐 앞으로 나아가 녹중의 남쪽에서 북쪽을 향해 서서 산가지 세는 일을 살핀다.

司射遂適西階西, 釋弓去扑, 襲. 進由中東, 立于中南, 北面視算.

【주 활을 풀어 놓고 매를 풀어 놓는 이유는 활쏘기가 끝났기 때문이다】

【注 釋弓去扑, 射事已】

③ 석획자는 동쪽을 향해 녹중의 서쪽에 앉아서 먼저 오른쪽 산가지(상사의 산가지)를 센다.

釋獲者東面于中西坐, 先數右獲.

【주 이미 동쪽을 향하고 있는데 다시 말하는 이유는 조금 남쪽에서 오른쪽 산가지 쪽으로 갔기 때문이다】

【注 固東面矣, 復言之者, 爲其少南就右獲】

---

99 숙신씨(肅愼氏) : 고대부터 만주 동쪽에 거주하던 이민족. 말갈(靺鞨)과 읍루(挹婁)의 조상으로 추정된다. 식신(息愼) 또는 직신(稷愼)으로도 표기한다. 싸리나무로 만든 화살인 호시(楛矢)를 중국 조정에 공물(貢物)로 바쳤다고 한다.

100 이상의 (22)는 《儀禮注疏》卷12 〈鄕射禮〉(《十三經注疏整理本》10, 242쪽)에 보인다.

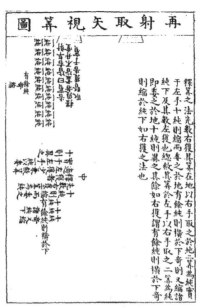

재사취시시산도(再射取矢視算圖, 2번째로 활을 쏘고 화살을
가져와서 산가지 세는 일을 살피는 그림)(《의례도》)

④ 산가지 2개를 1순(純, 쌍)이라 한다.

【주】 순(純, 쌍)이란 전(全, 완전함)과 같다. 음(陰)과
양(陽)이 짝을 이루었다는 의미이다】

二算爲純.

【注】純猶[11]全也. 耦陰陽】

⑤ 1쌍씩 맞추어 왼손에 합하여 쥐었다가, 10순
이 되면 세로로[縮] 놓아둔다.

【주】 축(縮)이란 세로로 놓는다는[從] 뜻이다. 수
를 세는 사람에게는 동서(東西) 방향이 세로이다】

一純以取, 實于左手, 十純
則縮而委之.

【注】縮, 從也. 於數者東西
爲從】

⑥ 매 번 놓을 때마다 종횡을 달리하여 둔다.

【주】 숫자를 비교하기 쉽게 하기 위함이다】

每委異之.

【注】易校數】

---

[11] 猶 : 저본에는 "酒". 오사카본·《儀禮注疏·鄕射禮》에 근거하여 수정.

⑦ 남은 순이 있으면 아래쪽에 가로로 놓는다.

【주】또 종횡을 달리하여 두기 위함이니, 수를 세는 사람에게서 가까운 쪽이 아래이다】

有餘純, 則橫於下.

【注】又異之也, 自近爲下】

⑧ 1개의 산가지를 기(奇, 나머지)라 한다. 기는 순(純)의 아래에 세로로 놓아둔다.

【주】기(奇)는 휴(虧, 부족함)와 같다. 또 세로로 놓아둔다】

一算爲奇. 奇則又縮諸純下.

【注】奇猶虧也. 又從之】

⑨ 석획자는 일어나서 세어 놓은 산가지의 앞으로부터 왼쪽으로 가 동쪽을 향해 선다.

【주】일어나서 녹중의 동쪽을 거쳐 왼쪽 산가지(하사의 산가지)로 나아가니 예전에 있던 자리에서 조금 북쪽[少北於故]으로 가서 동쪽을 향해 선다】

【소】'예전에 있던 자리에서 조금 북쪽[少北於故]'이라 하였는데, 예전에 있던 자리란 조금 전의 오른쪽 산가지가 있던 곳이다. 이제 자리를 옮겨 왼쪽 산가지 뒤에 이르러 동쪽을 향해 서는데, 이 때문에 '예전 자리에서 조금 북쪽'이라 한 것이다】

興, 自前適左, 東面.

【注】起由中東就左獲, 少北於故, 東面鄕之】

【疏】云"少北於故", 故則右算也. 又移至左算之後, 東面鄕之, 是以云"少北於故"】

⑩ 석획자는 앉아서 산가지를 거두어 모아서 왼손에 합해서 쥔다. ⑪ 1순씩 놓아 10순이 되면 다르게 둔다.

【주】오른쪽 산가지를 셀 때와 다르게 하기 위함이다】

【소】오른쪽의 산가지를 셀 때는 산가지 하나하나를 집어들어 왼손으로 합쳐 들었다. 그런데 여기

坐, 兼斂算, 實于左手. 一純以委, 十則異之.

【注】變於右】

【疏】右則一一取之於地, 實于左手. 此則總斂於左

서는 왼손으로 전체를 모아서 들고, 왼손에 있는 산가지 하나하나를 오른손으로 집어들어 땅에 놓는다. 예(禮)에서는 그 방법을 다르게 하는 일을 공경함으로 여긴다】

手, 一一取之於左手, 委於地. 禮以變爲敬也】

⑫ 그 나머지의 의례는 오른쪽 산가지를 셀 때와 같다.

【주 산가지를 세로로 놓고 가로로 놓는 일을 말한다】

其餘如右獲.

【注 謂所縮所橫】

⑬ 사사는 자신의 자리로 돌아온다. ⑭ 석획자는 이어서 앞으로 나와 더 잘 쏜 사람의 산가지[賢獲]를 집어들고 서쪽 계단으로 오르되 계단이 끝나는 곳에서 당으로 오르지 않은 채 빈에게 승부의 결과를 고한다.

【주 현획(賢獲)이란 이긴 쪽의 산가지를 말한다. 양쪽의 산가지를 나란히 늘어놓아 남은 것이 있는 쪽의 산가지를 드는 것이다】

司射復位. 釋獲者遂進取賢獲, 執以升自西階, 盡階, 不升堂, 告于賓.

【注 賢獲, 勝黨之算也. 齊之而取其餘】

⑮ 만약 오른쪽이 이겼다면 "오른쪽이 왼쪽보다 훌륭합니다[賢]."라 하고, 왼쪽이 이겼다면 "왼쪽이 오른쪽보다 훌륭합니다."라 한 다음 산가지 순의 수를 함께 고한다. ⑯ 만약 기(奇)가 있는 경우라면 또한 "기"라 한다.

【주 현(賢, 훌륭하다)이란 이긴다[勝]는 뜻과 같다. 훌륭하다고 말하는 이유는 활쏘기는 적중(的中)을 훌륭한 일로 여기기 때문이다. 가령 오른쪽이 이겼

若右勝則曰"右賢於左", 若左勝則曰"左賢於右", 以純數告. 若有奇者, 亦曰"奇".

【注 賢猶勝也. 言賢者, 射之以中爲雋也. 假如右勝, 告曰"右賢於左若干純若干

다면 "오른쪽이 왼쪽보다 몇 순(純) 몇 기(奇)가 더 훌륭합니다."라 고한다】

⑰ 만약 왼쪽과 오른쪽이 똑같다면 녹중의 왼쪽과 오른쪽에서 산가지를 1개씩 들고 가서 "왼쪽과 오른쪽이 똑같습니다[鈞]."라 고한다. ⑱ 그런 다음 계단에서 내려와 자신의 자리로 돌아간다. ⑲ 앉아서 산가지를 모아서 8개의 산가지를 녹중에 담아 놓는다. ⑳ 그 나머지는 녹중의 서쪽에 놓아두고 일어나서 두 손을 모으고 기다린다.[101]

奇"】

若左右鈞, 則左右皆執一算以告曰"左右鈞". 降復位. 坐兼斂算, 實八算于中. 委其餘于中西, 興, 共而俟.

【이상은 산가지를 세는 의례이다】

【右數獲】

(24) 활쏘기에서 진 사람들에게 술을 마시게 하다[飮不勝者]

① 사사는 당의 서쪽으로 가서 제자에게 명하여 술잔받침[豐]을 진설하게 한다.

司射適堂西, 命弟子設豐.

【주】 활쏘기에서 이기지 못한 사람들에게 술을 마시게 하기 위해 술잔받침[豐]을 놓으니, 이는 술잔을 받치는 도구이다. 술잔받침의 모양은 대체로 두(豆)와 비슷하지만 높이가 낮다】

【注】 將飮不勝者, 設豐, 所以承其爵也. 豐形蓋似豆而卑】

② 진 사람들의 제자들은 술잔받침을 받들고 당에 올라와 서쪽 기둥 서쪽에 진설하고 그제야 당에서 내려간다. ③ 이긴 사람들의 제자들은 술잔을 씻

弟子奉豐升, 設于西楹之西, 乃降. 勝者之弟子洗觶, 升酌, 南面坐奠于豐

---

101 이상의 (23)은 《儀禮注疏》卷12〈鄕射禮〉(《十三經注疏整理本》10, 242~244쪽)에 보인다.

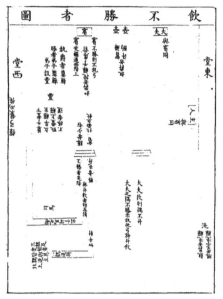

음불승자도(飲不勝者圖, 활쏘기에서 이기지 못한 사람들에게 술을 마시게 하는 그림)(《의례도》)

음불승자도(《의례역주(儀禮譯註)》)

은 다음 들고 당에 올라가서 술을 따르고 남쪽을 향해 앉아서 술잔받침 위에 놓는다. ④ 이어서 당에서 내려간 다음 상의 왼쪽을 벗고 활을 들고서 자신의 자리로 돌아간다.

【주】 이긴 사람들의 제자들이란 그들 중의 젊은 사람이다. 이긴 편의 짝이 술을 따르지 않는 이유는 활쏘기에 진 무능한 사람을 낮추기 위함이다. 술을 따르는 사람이 술잔을 주지 않는 이유는 그 의례를 생략한 것이다. 활을 들고 다시 활쏘기 전의 자리로 돌아가서 자기 쪽 사람들을 기다리지 않는 이유는 이미 술을 따랐으며 활 쏘는 일이 있기 때문이다】

⑤ 사사는 이어서 상의 왼쪽을 벗고 활을 든 다

上. 降, 袒, 執弓, 反位.

【注】勝者之弟子, 其少者也. 耦不酌, 下無能也. 酌者不授爵, 略之也. 執弓, 反射位, 不俟其黨, 已酌有事】

司射遂袒, 執弓, 挾一个,

음 화살 1개를 활시위에 메기고 매를 찬 뒤 북쪽을 향해 삼우의 남쪽에서, 삼우와 중빈(衆賓) 중에 이긴 사람에게 "모두 상의 왼쪽을 벗고, 활깍지를 끼고, 활팔찌를 찬 다음, 시위를 얹은 활을 잡으시오[執張弓]."라 명한다.

【주】'시위를 얹은 활을 잡으시오'라는 말은 이를 사용할 수 있음을 뜻한다. 오른손으로 시위를 잡는데, 활쏘기를 끝냈을 때처럼 한다】

搢扑, 北面于三耦之南, 命三耦及衆賓勝者, "皆袒、決、遂、執張弓."

【注】執張弓, 言能用之也. 右手執弦, 如卒射】

⑥ 이기지 못한 사람들에게는 "모두 상의를 바르게 입고 활깍지와 활팔찌를 벗은 다음, 왼손 손바닥을 위로 향하게 하고, 오른손으로 시위를 푼 활을 왼손에 올린 뒤 두 손으로 줌통[弣]을 잡으시오."라 한다.

【주】이미 상의를 바르게 입고 활깍지와 활팔찌를 뺐는데, 다시 이를 말하는 이유는 이긴 사람의 기분을 돋우기 위함이다. '시위 푼 활을 잡는다[執弛弓]'는 말은 활을 쓸 수 없음을 뜻한다. 두 손으로 줌통을 잡고 있으니, 다시 시위를 잡을 수 없다】

不勝者, "皆襲, 說決、拾, 卻左手, 右加弛弓于其上, 遂以執弣."

【注】固襲, 說決、拾矣, 復言之者, 起勝者也. 執弛弓, 言不能用之也. 兩手執弣, 又不得執弦】

⑦ 사사는 먼저 자신의 자리로 돌아간다.
【주】앞에 있으면서 명을 받은 사람들이 오기를 기다리기 위함이다】

司射先反位.
【注】居前俟所命來】

⑧ 삼우와 활을 쏜 여러 사람들은 모두 그 짝과 함께 활을 쏘기 전 서 있는 위치로 나아가 서되, 북쪽을 상석으로 한다. ⑨ 사사는 당에 올라가 술을 마

三耦及衆射者, 皆與其耦進立于射位, 北上. 司射作升飲者, 如作射. 一耦進,

시도록 시키니, 활을 쏘도록 시킬 때와 같이 한다.
⑩ 일우(一耦)가 앞으로 나와 읍하고 당에 올라 활을
쏠 때처럼 한다. ⑪ 계단에 이르면 이긴 사람들이
먼저 당에 올라가되, 당에 올라서는 약간 오른쪽에
선다.

揖如升射. 及階, 勝者先
升, 升⑫堂, 少右.

【주】 먼저 당에 오르는 이유는 더 잘 쏜 이를 존
중하기 때문이다. 약간 오른쪽에 서는 이유는 술을
마시러 올라오는 사람을 위해 피하는 행동으로, 또
한 서로 술을 마시는 자리이기도 하기 때문이다】

【注】 先升, 尊賢也. 少右,
辟飲者也, 亦相飲之位】

【소】 서로 술을 마시는 사람이 모두 서쪽 계단에
서 북쪽을 향해 서니, 술을 주는 사람은 동쪽에 있
고 술을 마시는 사람은 서쪽에 있는 것이다】

【疏】 相飲者皆北面於西階,
授者在東, 飲者在西】

⑫ 이기지 못한 사람들은 앞으로 나와 북쪽을 향
해 앉아서 술잔받침 위에 놓인 술잔을 들고 일어난
다. ⑬ 조금 뒤로 물러나 선 채로 술잔의 술을 다 비
운다. ⑭ 이어서 앞으로 나온 다음 앉아서 술잔받침
아래에 술잔을 놓고 일어나 읍한다.

不勝者進, 北面坐, 取豐
上之觶, 興. 少退, 立卒
觶, 進, 坐奠于豐下, 興,
揖.

【주】 선 채로 술잔의 술을 다 비우고 고수레를 하
지 않고 절을 하지 않는 이유는 벌주를 받았기 때문
에 예(禮)를 갖추지 못하는 것이다】

【注】 立卒觶, 不祭不拜, 受
罰爵, 不備禮也】

⑮ 이기지 못한 사람들은 먼저 당에서 내려온다.
⑯ 이때 술을 마시려고 올라오는 사람과 서로 상대
를 왼쪽에 두고 계단 앞에서 교차하여 지날 때 서로

不勝者先降. 與升飲者相
左, 交于階前, 相揖. 出于
司馬之南, 遂適堂西, 釋

---

⑫ 升 : 저본에는 없음.《儀禮注疏·鄕射禮》에 근거하여 보충.

읍한다. ⑰ 사마의 남쪽으로 나간 다음 이어서 당 아래의 서쪽으로 가서 활을 놓고 상의를 바르게 입고 기다린다. 이때 집작자(執爵者, 의례시 잔을 건네는 사람)가 있다.

【주】 주인은 찬자(贊者)에게 이긴 쪽의 제자를 대신해서 술을 따르게 한다】

⑱ 집작자는 앉아서 술잔을 든 다음 거기에 술을 채운 뒤 다시 술잔받침 위에 올려놓는다. ⑲ 당 위에 올라 술을 마시는 사람들은 모두 처음과 같이 한다. ⑳ 삼우 중 이기지 못한 사람은 벌주를 다 마신다. 빈과 주인과 대부가 이기지 못했으면 시위 푼 활을 들지 않는다.

㉑ 집작자는 술잔을 들고 세(洗)로 내려가서 씻은 다음 당으로 올라와 술을 채운 뒤 그들의 자리 앞에서 술잔을 준다. ㉒ 그러면 술잔을 받아 든 사람은 서쪽 계단 위쪽으로 가서 북쪽을 향해 선 채로 마신다. ㉓ 술잔의 술을 다 비우고 집작자에게 술잔을 준 다음 다시 자신의 자리로 나아간다.

㉔ 대부가 술을 마시게 되면 그 짝은 당에 오르지 않는다. ㉕ 만약 대부의 짝이 이기지 못했으면 그 역시 시위를 푼 활을 잡고 혼자 당에 올라 술을 마신다. ㉖ 중빈(衆賓) 중 이기지 못한 사람들이 이어서 술을 마시되, 벌주 마시는 사람이 두루 다 마신 다음, 그제야 술잔받침과 술잔을 거둔다.[102]

弓, 襲而俟. 有執爵者.

【注】主人使贊者代弟子酌也】

執爵者坐取觶, 實之, 反奠于豊上. 升飮者如初. 三耦卒飮. 賓、主人、大夫不勝, 則不執弓.

執爵者取觶, 降洗, 升實之, 以授于席前. 受觶, 以適西階上, 北面立飮. 卒觶, 授執爵者, 反就席.

大夫飮則耦不升. 若大夫之耦不勝, 則亦執弛弓, 特升飮. 衆賓繼飮, 射爵者辯, 乃徹豊與觶.

---

102 이상의 (24)는 《儀禮注疏》 卷12 〈鄕射禮〉(《十三經注疏整理本》10, 244~246쪽)에 보인다.

【이상은 활쏘기에서 진 사람들에게 술을 마시게 　【右飮不勝者】
하는 의례이다】

(25) 사마가 획자에게 술잔을 올리고 사사가 석획자
　　에게 술잔을 올리다[司馬獻獲者, 司射獻釋獲者]

　① 사마는 술잔[爵]을 씻고 당에 올라 술잔에 술　司馬洗爵, 升實之以降, 獻
을 따르고 당에서 내려온 다음 과녁이 있는 곳에 가　獲者于侯.
서 획자(獲者)에게 술잔을 올린다.

　【주】 향인(鄕人) 중에서 획자(獲者)를 맡는 사람은 신　【注】 鄕人獲者賤, 明其主
분이 낮지만 그가 과녁을 주관한 공이 있어서 사마가　以侯爲功得獻也】
올리는 술잔을 받을 수 있음을 밝힌 것이다】

　② 획자(獲者)에게 포와 고기젓갈을 차려주고 절　薦脯醢, 設折俎. 俎與薦
조(折俎)를 차려준다. ③ 획자는 절조와 포와 고기젓　皆三祭.
갈 모두 3번씩 고수레한다.

　【주】 모두 3번 고수레하는 이유는 과녁에 고수레하　【注】 皆三祭, 爲其將祭侯
려 하기 때문이다. 과녁에 고수레할 때는 3곳에 한다】　也. 祭侯三處也】

　④ 획자는 과녁을 등지고서[負侯] 북쪽을 향해 절　獲者負侯, 北面拜受爵. 司
한 다음 술잔을 받는다. ⑤ 사마가 서쪽을 향해 절　馬西面拜送爵.
하여 술잔을 보낸다.

　【주】 과녁을 등진다[負侯]는 말은 과녁의 중앙을　【注】負侯, 負侯中也. 拜送
등진다는 뜻이다. 절하여 술잔을 보내면서 같은 방　爵不同面者, 辟正主也. 其
향으로 향하지 않는 이유는 향사례(鄕射禮)의 정식　設薦俎, 西面錯, 以南爲
주인과 똑같이 한다는 혐의를 피하기 위함이다. 포　上, 爲受爵于侯, 薦之於
와 고기젓갈과 절조를 차릴 때 서쪽을 향해 섞어서　位】
차리며, 남쪽을 상석으로 하는 일은 술잔을 과녁에

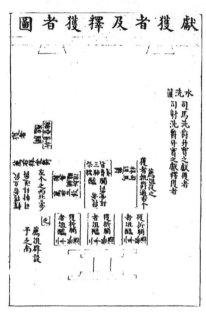

헌획자급석획자도(獻獲者及釋獲者, 획자와 석획자에게 술잔을 올리는 그림)(《의례도》)

서 받으므로 그 자리에 음식을 차리는 것이다】

⑥ 획자(獲者)는 술잔을 들고, 다른 사람을 시켜 획자의 포와 고기젓갈과 절조를 들고 획자를 따르게 한다. ⑦ 다른 사람은 과녁의 오른쪽 부분[右个]으로 가서 포와 고기젓갈과 절조를 차리도록 시킨다.

【주 획자(獲者)는 과녁을 주관한 공이 있으므로 이 때문에 그에게 술잔을 올린다. 다른 사람이란 주인의 찬자(贊者)로서 당 위에서 포와 고기젓갈과 절조를 차린 사람이다. 포를 담은 변(籩)은 동쪽에 차리고, 고기젓갈을 담은 두(豆)는 서쪽에 차리니, 절조는 북쪽에 차려야 한다. 차리도록 시킨다고 말한 이유는 새로 차려주기 때문이다】

獲者執爵, 使人執其薦與俎從之. 適右个, 設薦俎.

【注 獲者以侯爲功, 是以獻焉. 人, 謂主人贊者, 上設薦俎者也. 爲設籩在東, 豆在西, 俎當其北也. 言使設, 新之】

⑧ 획자는 남쪽을 향해 앉아서 왼손으로 술잔을 든 채 포와 고기젓갈을 고수레한다. ⑨ 술잔을 들고 일어나 절조 위의 폐(肺)를 집은 다음 앉아서 고수레하고 이어서 술을 고수레한다.

【주】 과녁을 위하여 고수레를 하니, 역시 두 손으로 술을 고수레하되, 술잔을 뒤집어 붓는 일은 대사례(大射禮)와 같이 한다】

獲者南面坐, 左執爵, 祭脯醢. 執爵興, 取肺, 坐祭, 遂祭酒.

【注】 爲侯祭也, 亦二手祭酒, 反注, 如大射】

⑩ 일어나 과녁의 왼쪽 부분[左个]으로 가고, 과녁 중앙으로 가서 고수레하는 의례도 역시 이와 마찬가지로 한다.

【주】 먼저 과녁의 왼쪽 부분[左个]에 고수레하고 나중에 과녁 중앙에 고수레하는 이유는 밖으로부터 나아가 안으로 이르기 위함이니, 이는 마치 신(神)이 중앙에 있는 듯하기 때문이다】

興, 適左个, 中亦如之.

【注】 先祭左个, 後中者, 以外卽之, 至中, 若神在中也】

⑪ 과녁의 왼쪽 부분[左个]의 서북쪽으로 3보 간 곳에서 동쪽을 향해 포와 고기젓갈과 절조를 차린다. ⑫ 획자는 포와 고기젓갈의 오른쪽에서 동쪽을 향해 서서 술을 마시되, 술을 다 마신 데 대해 절하지 않는다.

【주】 화살막이[乏]로 나아가지 않는 이유는 과녁에 고수레한 나머지를 드렸음을 밝히기 위함이다. 포와 고기젓갈의 오른쪽에 서서 술을 마시는 이유는 사마가 가깝게 있기 때문이니, 이때 사마는 북쪽을 향하고 있다】

左个之西北三步, 東面設薦俎. 獲者薦右東面立飮, 不拜旣爵.

【注】 不就乏者, 明其享侯之餘也. 立飮薦右, 近司馬, 於是司馬北面】

⑬ 사마는 술잔을 받아서 비(篚)에 놓고 자신의 자리로 돌아간다. ⑭ 획자는 자신의 포와 고기젓갈을 들고, 다른 사람을 시켜 절조를 들고 자신을 따르게 한 다음 자신이 일을 하는 자리를 피하여 화살막이의 남쪽에 차려 놓는다.

【주】 포와 고기젓갈과 절조를 화살막이로 나아가서 자리를 옮겨 차리게 하는 일은 자기가 받은 예(禮)라는 점을 밝히기 위함이다. 자리를 피한다는 말은 자신의 자리와 마주하지 않도록 하여 깃발을 들었다가 눕혔다가 하는 자리를 피한다는 뜻이다. 화살막이의 남쪽에 차린다는 말은 오른쪽에 차린다는 뜻이다. 일반적으로 다른 사람들의 포와 고기젓갈과 절조는 모두 그들의 자리 앞에 마주하도록 차린다】

司馬受爵, 奠于篚, 復位. 獲者執其薦, 使人執俎從之, 辟設于乏南.

【注】 遷設薦俎就乏, 明己所得禮也. 言辟之者, 不使當位, 辟擧旌偃旌也. 設于南, 右之也. 凡他薦俎, 皆當其位之前】

⑮ 획자는 과녁을 등지고 기다린다.
【소】 3번째 활쏘기를 기다리는 것이다】

獲者負侯而俟.
【疏】 俟第三番射也】

⑯ 사사는 계단의 서쪽으로 가서 활과 화살을 놓고 매를 풀어 놓은 다음, 활깍지와 활팔찌를 빼고, 상의를 바르게 입고, 세(洗)로 간다. ⑰ 술잔을 씻어서 당에 오르고 술잔에 술을 채운다. ⑱ 이어서 당을 내려가 석획자 자리의 약간 남쪽에서 석획자에게 술잔을 올린다. ⑲ 포·고기젓갈·절조를 차리고 고수레를 한다.

【주】 석획자의 자리를 마주하는 자리에서 헌례를 하지 않는 이유는 녹중[中]을 피하기 위함이다】

司射適階西, 釋弓矢, 去扑, 說決、拾, 襲, 適洗. 洗爵, 升實之. 以降, 獻釋獲者于其位少南. 薦脯醢、折俎, 有祭.

【注】 不當其位, 辟中】

⑳ 석획자는 포와 고기젓갈의 오른쪽에서 동쪽을 향해 절을 하고 술잔을 받는다. ㉑ 사사는 북쪽을 향해 절을 하여 술잔을 보낸다. ㉒ 석획자는 자신의 포와 고기젓갈을 차려둔 곳으로 나아가 앉아서 왼손으로 술잔을 들고 오른손으로 포와 고기젓갈을 고수레한 다음 일어난다. ㉓ 절조 위의 폐(肺)를 집은 다음 앉아서 고수레하고 이어서 술을 고수레한다. ㉔ 일어나서 사사의 서쪽으로 간 다음 북쪽을 향해 선 채로 술을 마시되, 술을 다 마신 데 대해 절하지 않는다. ㉕ 사사는 술잔을 받아 비(篚)에 놓는다. ㉖ 석획자는 포와 고기젓갈을 약간 서쪽으로 옮겨 놓고 자신의 자리로 돌아간다.

【주】 포와 고기젓갈을 약간 서쪽으로 옮겨 놓는 이유는 다시 활을 쏘면 사사가 산가지 세는 일을 살피러 오는 데에 방해가 되기 때문이다. 절조도 자리를 옮겨 놓는다】[103]

【이상은 사마가 획자에게 술잔을 올리고 사사가 석획자에게 술잔을 올리는 의례이다. 2번째 활쏘기가 끝났다】

(26) 삼우와 빈과 주인이 번갈아 화살을 집어든다[三耦、賓、主人拾取矢]

① 사사는 당의 서쪽에 가서 상의 왼쪽을 벗고, 활깍지를 끼고, 활팔찌를 찬 다음, 계단 서쪽에 놓

釋獲者薦右東面拜受爵.
司射北面拜送爵. 釋獲者
就其薦坐, 左執爵, 祭脯
醢, 興. 取肺, 坐祭, 遂祭
酒. 興, 司射之西, 北面立
飮, 不拜旣爵. 司射受爵,
奠于篚. 釋獲者少西辟薦,
反位.

【注 辟薦少西之者, 爲復
射妨司射視算也, 亦辟俎】

【右司馬獻獲者, 司射獻釋
獲者, 第二番射事竟】

司射適堂西, 袒、決、遂,
取弓于階西, 挾一个, 搢扑

---

103 이상의 (25)는 《儀禮注疏》卷12 〈鄕射禮〉(《十三經注疏整理本》10, 246~249쪽)에 보인다.

아둔 활을 들어 화살 1개를 활시위에 메기고 매를 허리에 꽂고서 자신의 자리로 돌아간다.

【주 앞으로 다시 활을 쏘기 위함이다】

以, 反位.

【注 爲將復射】

② 사사는 매를 풀어 놓고 계단 서쪽에 기대어 놓은 다음 당에 올라 빈에게 처음과 같이 활쏘기를 청한다. ③ 빈이 허락한다. ④ 사사는 당에서 내려와 다시 매를 허리에 꽂고 사마의 남쪽을 거쳐 당의 서쪽으로 가서 삼우와 중빈(衆賓)에게 "모두 상의 왼쪽을 벗고, 활깍지를 끼고, 활팔찌를 찬 다음, 활을 들고 자신의 자리로 가시오."라 명한다.

司射去扑, 倚于階西, 升, 請射于賓如初. 賓許. 司射降, 搢扑, 由司馬之南適堂西, 命三耦及衆賓:"皆袒、決、遂、執弓, 就位."

⑤ 사사는 먼저 자신의 자리로 돌아간다. ⑥ 삼우와 중빈은 모두 상의 왼쪽을 벗고, 활깍지를 끼고, 활팔찌를 찬 다음, 활을 들고 각자 자신의 짝과 함께 나아가 활을 쏘기 전 서 있던 자리로 돌아온다.

司射先反位. 三耦及衆賓皆袒、決、遂、執弓, 各以其耦進, 反于射位.

⑦ 사사는 번갈아 화살을 집으라고 시킨다. ⑧ 삼우는 처음과 같이 번갈아 화살을 집어 자신의 자리로 돌아간다. ⑨ 빈과 주인과 대부는 당에서 내려와 처음과 같이 읍한다. ⑩ 주인은 당의 동쪽에 서고, 빈은 당의 서쪽에 선다. ⑪ 두 사람 모두 상의 왼쪽을 벗고, 깍지를 끼고, 활팔찌를 찬 다음, 활을 든다.

司射作拾取矢. 三耦拾取矢如初, 反位. 賓、主人、大夫降揖如初. 主人堂東, 賓堂西. 皆袒、決、遂、執弓.

⑫ 모두가 앞으로 나아가 계단 앞에서 읍하고 화살통에 이르면 읍한다. ⑬ 번갈아 화살을 집는 일은 삼우와 같이 한다. ⑭ 화살을 다 집은 다음 북쪽을 향하고, 3개의 화살은 허리띠의 오른쪽에 꽂고, 1개의 화살은 활시위에 메긴 뒤 읍하고 물러난다. ⑮ 빈은 당 아래의 서쪽에서, 주인은 당 아래의 동

皆進, 階前揖, 及楅揖. 拾取矢如三耦. 卒, 北面, 搢三挾一个, 揖退. 賓堂西, 主人堂東, 皆釋弓矢, 襲, 及階揖, 升堂揖, 就席.

쪽에서, 모두 활과 화살을 놓고 상의를 바르게 입고
계단에 이르러 읍한 다음, 당에 올라 읍하고 자신의
자리로 나아간다.[104]

【이상은 삼우와 빈과 주인이 번갈아 화살을 집어　【右三耦、賓、主人拾取矢】
드는 의례이다】

(27) 대부와 중빈이 번갈아 화살을 집어든다[大夫衆
　　　賓拾取矢]

① 대부는 상의 왼쪽을 벗고, 활깍지를 끼고, 활　大夫袒、決、遂, 執弓, 就
팔찌를 찬 다음, 활을 들고 자신의 짝에게 나아간다.　其耦.

【주】 대부는 당에서 내려가 당의 서쪽에서 상의　【注 降, 袒、決、遂於堂西,
왼쪽을 벗고, 활깍지를 끼고, 활팔찌를 찬 다음, 활　就其耦於射位, 與之拾取
쏘는 자리에 서 있는 자신의 짝에게 나아가서 그와　矢】
함께 번갈아 화살을 집어든다】

② 대부와 짝은 읍하고 모두 화살통으로 나아가　揖皆進, 如三耦. 耦東面,
는데, 삼우의 경우와 같이 한다. ③ 대부의 짝은 동　大夫西面. 大夫進坐, 說矢
쪽을 향해 서고, 대부는 서쪽을 향해 선다. ④ 대부　東.
는 앞으로 나가 앉아서 묶은 화살을 푼다.

【주】 묶은 화살을 푼다는 말은 자신의 짝에게 낮　【注 說矢束者, 下耦, 以
추는 일이니, 번갈아 화살을 집어들 수 있도록 하기　將拾取】
위함이다】

【소】 대부는 서쪽을 향해 선다고 말하는 이유는　【疏 云"大夫西面"者, 爲下
대부가 하사(下射)이기 때문이다】　射故也】

---

104 이상의 (26)은 《儀禮注疏》 卷12 〈鄉射禮〉 《十三經注疏整理本》10, 249~250쪽)에 보인다.

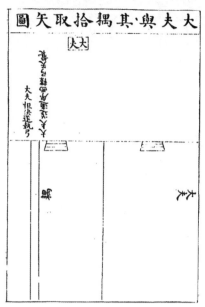

대부여기우습취시도(大夫與其耦拾取矢圖. 대부가 그 짝과 함께
번갈아 화살을 집어드는 그림)(《의례도》)

⑤ 대부는 일어나 자신의 자리로 돌아간다. ⑥ 짝
은 대부에게 읍하고 앞으로 나아간다. ⑦ 앉아서
4개의 화살을 한꺼번에 집어든 다음 궁깃을 쓰다듬
으며 일어난다. ⑧ 이어서 자신의 자리로 돌아가 읍
한다.

【주】 4개의 화살을 한꺼번에 집어든 이유는 대부
를 존중하여 감히 대부와 같이 번갈아 집어들지 못
하기 때문이다. 서로 자신을 낮추고 상대를 높이는
일은 군자가 서로를 대하는 방법이다】

⑨ 대부는 앞으로 나가 앉아서 또한 그의 짝처럼
4개의 화살을 한꺼번에 집어든다. ⑩ 그리고 북쪽
을 향해 서서 3개의 화살은 허리띠의 오른쪽에 꽂고

興, 反位. 而后耦揖進. 坐
兼取乘矢, 順羽而興, 反
位, 揖.

【注】兼取乘矢者, 尊大夫,
不敢與之拾也. 相下相尊,
君子之所以相接也】

大夫進坐, 亦兼取乘矢,
如其耦. 北面, 搢三挾一
个.

1개의 화살은 활시위에 메긴다.

【주 이 또한 삼우가 있던 곳에서 한다】　　　　【注 亦於三耦爲之位】

⑪ 대부는 읍하고 물러난다. ⑫ 짝은 자신의 자　　揖退. 耦反位. 大夫遂適
리로 돌아간다. ⑬ 대부는 이어서 서쪽 벽으로 가서　序西, 釋弓矢, 襲, 升卽席.
활과 화살을 놓고 상의를 바르게 입고 당에 올라 자
신의 자리로 나아간다.

【주 대부가 당 아래에서 순서대로 서지 않는 이　【注 大夫不序於下, 尊也】
유는 높여주기 위해서이다】

⑭ 중빈은 이어서 번갈아 화살을 집어들되, 모두　衆賓繼拾取矢, 皆如三耦,
삼우와 같이 하고 자신의 자리로 돌아간다.[105]　以反位.

【이상은 대부와 중빈이 번갈아 화살을 집어드는　【右大夫衆賓拾取矢】
의례이다】

(28) 사사가 악절에 맞춰 활쏘기를 청하다[司射請以樂
節射]

① 사사는 여전히 화살 1개를 활시위에 메긴 채　司射猶挾一个以進, 作上
로 나아가[進] 상사(上射)에게 처음과 같이 활쏘기를　射如初. 一耦揖升如初.
하도록 시킨다. ② 일우(一耦)가 처음과 같이 읍하고
당에 오른다.

【주 나아감[進]이란 앞으로 나가는 것이다. 이전　【注 進, 前也. 曏言“還,
에는 “왼쪽으로 돌아 상우(上耦)와 마주하고 서쪽을　當上耦, 西面”, 是言‘進’,
향하여 선다.”라 말하고, 여기서는 ‘나아간다’고 하　終始互相明也】

---

105 이상의 (27)은《儀禮注疏》卷12〈鄕射禮〉(《十三經注疏整理本》10, 250~252쪽)에 보인다.

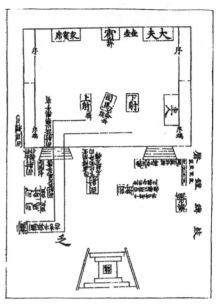

삼사이악위절도(三射以樂爲節圖. 삼사가 음악 연주를 활을 쏘는 절도로 삼는 그림)(《의례도》)

삼사이악낙빈도(三射以樂樂賓圖. 삼사가 음악으로 빈을 즐겁게 하는 그림)(《의례주소》)

였으니 처음과 끝을 서로 분명하게 밝히는 것이다】

③ 사마는 당에 올라 획자에게 과녁에서 물러나라고 명한다. ④ 획자는 "예"라고 대답한다. ⑤ 사마는 당을 내려가 활을 놓고 자신의 자리로 돌아간다. ⑥ 사사는 사마와 계단 앞에서 교차하여 지나간다. ⑦ 이어서 매를 내려 놓고 상의를 바르게 입은 다음 당에 오른다. ⑧ 빈에게 음악으로 즐겁게 할 수 있기를 청한다. ⑨ 빈이 허락한다. ⑩ 사사는 당에서 내려와 매를 다시 꽂고 동쪽을 향해 서서[東面] 악정에게 "음악으로 즐겁게 할 수 있기를 청하니 빈께서 허락하였소."라 명한다.

【주】 '동쪽을 향해 서서[東面]'라는 말은 서쪽 계단

司馬升, 命去侯. 獲者許諾. 司馬降, 釋弓, 反位. 司射與司馬交于階前. 去扑, 襲, 升. 請以樂樂于賓. 賓許諾. 司射降, 搢扑, 東面命樂正曰 : "請以樂樂于賓, 賓許."

【注】 東面, 於西階之前也.

의 앞에 있다는 뜻이다. 악정에게 나아가 명하지 않는 이유는 신분이 높은 사람의 명을 신분이 낮은 사람에게 전할 때는 멀리서 호령(號令)하면 되기 때문이다. 악정이 허락한 뒤에도 그대로 북쪽을 향하고서 몸을 서쪽으로 돌리지 않는 이유는 빈이 당에 있기 때문이다】

不就樂正命之者, 傳尊者之命於賤者, 遙號令之可也. 樂正亦許諾, 猶北面不還, 以賓在堂】

⑪ 사사는 이어서 양쪽 계단 사이로 간 다음 당 아래에서 북쪽을 향해 서서 "음악에 맞춰 쏘지 않으면 계산하지 않습니다."라 명한다.

司射遂適階間, 堂下北面命曰:"不鼓不釋."

【주】 음악을 연주하는 악절에 맞추어 활을 쏘지 않으면 산가지로 계산하지 않는다. 향사례에서 음악은 5절(節)을 연주하고 노래는 5악장[終]을 부른다. 8개의 화살을 쏘려 하므로 1절(節)을 연주하는 사이에 화살을 1번씩 번갈아 쏘아야 한다. 4절(節)을 연주하면 4번씩 번갈아 화살을 쏜다. 제 1절(節)은 먼저 듣기만 한다】

【注】 不與鼓節相應, 不釋算也. 鄕射之鼓五節, 歌五終. 所以將八矢, 一節之間當拾發, 四節四拾, 其一節先以聽也】

【소】《주례(周禮)》〈사인(射人)〉에는 "왕(王)은 〈추우(騶虞)〉106 9절을 연주하고, 제후(諸侯)는 〈이수(貍首)〉107 7절을 연주하며, 경(卿)·대부는 〈채빈(采蘋)〉108 5절을 연주하고, 사(士)는 〈채번(采蘩)〉 5절을

【疏】《射人》云:"王以《騶虞》九節, 諸⑬侯以《貍首》七節, 卿⑭、大夫以《采蘋》五節, 士以《采蘩》五節."

---

106 추우(騶虞):《시경(詩經)》〈국풍(國風)〉 "소남(召南)"에 나오는 시편. 사냥터의 신에게 기도하는 사냥꾼의 노래이다.
107 이수(貍首):《시경(詩經)》 중 일시(逸詩)의 편명이다. 옛날 사례(射禮)를 행할 때, 제후들이 〈이수(貍首)〉를 연주하며 쏘는 자를 위해 박자를 맞추어 주었다.
108 채빈(采蘋):《시경(詩經)》〈소남(召南)〉의 편명이다.
⑬ 諸 : 저본에는 "請".《儀禮注疏·鄕射禮》에 근거하여 수정.
⑭ 卿 : 저본에는 "鄕", 오사카본·《儀禮注疏·鄕射禮》에 근거하여 수정.

연주한다."109라 했다. 경과 대부와 사는 똑같이 5절이다. 신분이 높은 사람과 낮은 사람은 음악의 절이 비록 많기도 하고 적기도 하여 같지 않지만 4절을 연주하는 동안 4개의 화살을 모두 쏘는 점은 같다. 그 나머지 악절은 모두 듣기만 한다.

왕의 9절의 경우 5절을 먼저 듣고, 제후의 7절의 경우 3절을 먼저 들으며, 경·대부·사의 5절의 경우 1절을 먼저 들으니, 모두 4절의 음악에 맞추어 4개의 화살을 번갈아 쏜다. 다만 신분이 높은 사람은 먼저 듣는 악절이 많고, 신분이 낮은 사람은 먼저 듣는 악절이 적은 이유는 신분이 높은 사람을 우대하여 먼저 음악을 듣는 동안 활쏘기 의례를 자세히 알도록 하기 위함이다】

卿⑮、大夫、士同五節. 尊 俾樂節雖多少不同, 四節 以盡乘矢則同. 其餘外皆 以聽.

王九節者, 五節先以聽；諸 侯七節者, 三節先以聽； 卿⑯、大夫、士五節者, 一 節先以聽, 皆以四節拾發 乘矢. 但尊者先以聽則多, 卑者先以聽則少, 優尊者, 先知審故也】

⑫ 상사(上射)는 읍을 한다. ⑬ 사사는 물러나 자신의 자리로 돌아간다. ⑭ 악정(樂正)이 동쪽을 향해 서서 태사(大師, 악공의 우두머리)에게 "〈추우(騶虞)〉를 연주하되, 각 악절을 중복하여 하라[間若一].”라 명한다.

【주 동쪽을 향해 서서라는 말은 앞으로 나아가 몸을 돌려 태사를 향한다는 뜻이다. 〈추우(騶虞)〉는 《시경(詩經)》〈국풍(國風)〉“소남(召南)”의 시편(詩篇)이다. 《예기(禮記)》〈사의(射義)〉에는 “〈추우(騶虞)〉는 관원이 갖추어져 있음을 즐거워하는 것이다.”110라

上射揖. 司射退反位. 樂正 東面命大師曰："奏《騶虞》, 間若一."

【注 東面者, 進還鄕大師 也.《騶虞》,《國風·召南》 之詩篇也.《射義》曰："《騶 虞》者, 樂官備也." 其詩有 “一發五豝、五豵, 于嗟騶

---

109 왕(王)은······연주한다:《周禮注疏》卷30〈射人〉(《十三經注疏整理本》8, 947쪽).
110 추우(騶虞)는······것이다:《禮記正義》卷62〈射義〉(《十三經注疏整理本》15, 1914쪽).
⑮ 卿: 저본에는 “鄕”. 오사카본·《儀禮注疏·鄕射禮》에 근거하여 수정.
⑯ 卿: 저본에는 “鄕”. 오사카본·《儀禮注疏·鄕射禮》에 근거하여 수정.

했다. 그 시의 내용에 "화살을 1발 쏘아 5마리 암
돼지와 5마리 새끼돼지를 잡으니, 아 사냥꾼[騶虞]
이여."[111]라는 구절이 있다. 이 구절은 훌륭한 인재
를 많이 얻어서 즐거워하고 지극히 어진 사람으로
그 관직을 채운 일을 찬탄한다는 의미이니, 이것
은 천자(天子)가 활을 쏠 때 연주하는 악절이다. 그
런데 여기 향사례에서 연주하는 이유는 이제 훌륭
한 인재를 얻어 즐거워하는 뜻이 있어 그 뜻의 적
절함을 취하였기 때문이다. 그 나머지 빈객과 향
대부(鄕大夫)가 활을 쏠 때는 〈채빈(采蘋)〉을 노래한
다. 간약일(間若一)이란 같은 악절을 중복하는 것
이다】

虞"之言. 樂得賢者衆多,
嘆思至仁之人以充其官,
此天子之射節也. 而用之
者, 方有樂賢之志, 取其宜
也. 其他賓客、鄕大夫則歌
《采蘋》. 間若一者, 重節】

【疏】 "간약일(間若一)이란 악절을 중복[重節]하는
것이다."라는 말은, 5절의 사이에 길고 짧음과 성
기고 잦은[希數] 악절이 모두 한결같게 하라는 의
미이니, 그렇다면 이는 악절(樂節)을 중복하는 것
이다】

【疏】 云 : "間若一者, 重節"
者, 謂五節之間, 長短希數
皆如一, 則是重樂節也】

⑮ 태사는 일어서지 않은 채 대답한다. ⑯ 악정은
물러나 자신의 자리로 돌아온다.[112]

大師不興許諾. 樂正退反
位.

【이상은 사사가 악절에 맞춰 활쏘기를 청하는 의
례이다】

【右司射請以樂節射】

---

111 화살을……사냥꾼[騶虞]이여 : 《毛詩正義》卷2〈國風〉"召南"'騶虞'《十三經注疏整理本》4, 125쪽).
112 이상의 (28)은 《儀禮注疏》卷12〈鄕射禮〉《十三經注疏整理本》10, 252~254쪽)에 보인다.

(29) 삼우·빈·주인·대부·중빈이 음악에 맞춰 활을
　　쏘다[三耦, 賓, 主人, 大夫, 衆賓以樂射]

　① 그제야 〈추우(騶虞)〉를 연주하며 악절에 맞추
어 활을 쏜다. ② 삼우가 활쏘기를 마치면 빈·주인·
대부·중빈이 이어서 활을 쏘고, 석획자는 처음과 같
이 과녁에 맞힌 화살을 계산한다. ③ 활쏘기를 마치
면 당에서 내려간다.

　【주】 모두 음악 연주와 노래의 악절에 맞춰 활을
쏜 뒤라야 산가지를 땅에 놓고 명중시킨 화살의 수
를 헤아린다. 당에서 내려가는 사람은 중빈이다】

乃奏《騶虞》以射. 三耦卒
射, 賓, 主人, 大夫, 衆賓繼
射, 釋獲如初. 卒射, 降.

【注】 皆應鼓與歌之節, 乃
釋算. 降者, 衆賓】

　④ 석획자는, 계산하고 남은 산가지를 들고 처음
과 같이 당에 올라 "좌우(左右)의 사람들이 활쏘기를
마쳤습니다[卒]."라 고한다.

　【주】 졸(卒)이란 끝났다는 뜻이다】[113]

釋獲者執餘獲, 升告"左右
卒射"如初.

【注】 卒, 已也】

　【이상은 삼우·빈·주인·대부·중빈이 음악에 맞
춰 활을 쏘는 의례이다】

【右三耦, 賓, 主人, 大夫,
衆賓以樂射】

(30) 음악에 맞춰 활을 쏜 뒤 화살을 취하여 맞힌 화
　　살을 세다[樂射取矢數矢]

　① 사마는 당에 올라 화살을 가져오라고 명한다.
② 획자는 "예"라고 대답한다. ③ 사마는 당에서 내
려가 활을 놓고 자신의 자리로 돌아간다. ④ 제자가

司馬升, 命取矢. 獲者許
諾. 司馬降, 釋弓, 反位.
弟子委矢, 司馬乘之, 皆如

---

113 이상의 (29)는 《儀禮注疏》卷12 〈鄕射禮〉(《十三經注疏整理本》10, 254쪽)에 보인다.

화살을 내려놓으면 사마는 화살을 4개씩 묶어서 두 되, 모두 처음과 같이 한다.[114]

初.

【이상은 음악에 맞춰 활을 쏜 뒤 화살을 취하여 화살을 세는 의례이다】

【右樂射取矢數矢】

(31) 음악에 맞춰 활을 쏜 뒤 산가지 세기를 살핀 다음 그 숫자를 고하다[樂射、視算、告獲]

① 사사는 활을 놓고 처음과 같이 석획자가 산가지로 명중시킨 화살의 수를 세는[算] 일을 살핀다.

司射釋弓, 視算如初.

【주 세기[算]란 명중시킨 화살의 개수를 세는 일이다】

【注 算, 獲算也】

② 석획자는 더 잘 쏜 쪽의 산가지나 성적이 같을 때의 산가지를 들고서 처음과 같이 고한다. ③ 그런 다음 당에서 내려와 자신의 자리로 돌아간다.[115]

釋獲者以賢獲與鈞, 告如初. 降復位.

【이상은 음악에 맞춰 활을 쏜 뒤, 산가지 세기를 살핀 다음 그 숫자를 고하는 의례이다】

【右樂射、視算、告獲】

(32) 음악에 맞춰 활을 쏜 뒤 진 사람에게 술을 마시게 하다[樂射飮不勝者]

① 사사는 술잔받침을 진설하라고 명한다. ② 이긴 쪽의 제자는 처음과 같이 술잔받침을 진설하고

司射命設豐. 設豐實觶如初. 遂命勝者執張弓, 不勝

---

114 이상의 (30)은《儀禮注疏》, 위와 같은 곳에 보인다.
115 이상의 (31)은《儀禮注疏》, 위와 같은 곳에 보인다.

술잔에 술을 채운다. ③ 이어서 사사는 이긴 사람에게는 시위를 얹은 활을 잡게 하고, 이기지 못한 사람에게는 시위를 푼 활을 잡고 처음과 같이 당으로 올라 벌주를 마시게 한다.116

者執弛弓, 升飮如初.

【이상은 음악에 맞춰 활을 쏜 뒤 진 사람에게 술을 마시게 하는 의례이다】

【右樂射飮不勝者】

(33) 번갈아 화살을 집어들어 유사에게 주다[拾取矢授有司]

① 사사는 여전히 상의 왼쪽을 벗고, 활깍지를 끼고, 활팔찌를 찬 다음, 왼손으로 활을 들고 오른손으로 화살 1개를 집어 화살촉이 위를 향하도록[面] 시위와 함께 쥔다.

司射猶袒、決、遂, 左執弓, 右執一个、兼諸弦、面鏃.

【주 면(面)이란 위를 향한다[尙]는 뜻과 같다. 시위와 함께 화살을 쥐며 그 화살촉을 위로 향하도록 하는 일은 이제 활쏘기를 마치게 되어 활쏘기 할 때의 모습을 바꾼 것이다】

【注 面猶尙也. 并矢於弦, 尙其鏃, 將止, 變於射也】

② 사사는 당의 서쪽으로 가서 삼우 등에게 처음과 같이 번갈아 화살을 집어들도록 명한다. ③ 사사는 자신의 자리로 돌아간다. ④ 삼우·빈·주인·대부·중빈은 모두 상의 왼쪽을 벗고, 활깍지를 끼고, 활팔찌를 찬 다음, 처음과 같이 번갈아 화살을 집는

適堂西, 以命拾取矢如初. 司射反位. 三耦及賓、主人、大夫、衆賓皆袒⑰、決、遂, 拾取矢如初. 矢不挾、兼諸弦㧙以退, 不反位, 遂授有

---

116 이상의 (32)는 《儀禮注疏》 卷12 〈鄕射禮〉(《十三經注疏整理本》 10, 254쪽)에 보인다.
⑰ 袒 : 저본에는 "但". 오사카본·《儀禮注疏·鄕射禮》에 근거하여 수정.

다. ⑤ 화살은 활시위에 메기지 않고 모두 시위와 줌통에 함께 쥔 채로 물러나되, 자신의 자리로 돌아가지 않고, 이어서 당의 서쪽에서 유사에게 활과 화살을 준다. ⑥ 두루 번갈아 화살을 집어들고 나면 읍하고 모두 당에 올라 자신의 자리로 나아간다.

【주】이는 빈·대부 및 중빈을 말한 것이다. 당의 서쪽에서 서로 기다리다가 앞으로 나가 서쪽 계단의 앞에 선다. 주인은 빈과 함께 읍하며 당에 오르고 대부와 중빈이 따라 오른다. 서 있을 때 중빈은 대부보다 조금 뒤로 물러난다. 삼우와 제자는 원래대로 당 아래에 머무른다】117

【이상은 번갈아 화살을 집어들어 유사에게 주는 의례이다】

(34) 활쏘기가 끝나다[射事畢]

① 사사는 그제야 당의 서쪽으로 가서 활을 놓고 매를 풀어 놓은 다음, 활깍지와 활팔찌를 빼고 상의를 바르게 입은 뒤 자신의 자리로 돌아간다. ② 사마는 제자에게 명하여 과녁의 왼쪽 아래 끈을 벗겨 과녁을 풀도록 한다. ③ 사마는 획자에게 명하여 깃발을 들고[以] 물러나라고 한다. ④ 다른 제자에게 명하여 화살통에서 물러나라고 한다. ⑤ 사사는 석획자에게 명하여 녹중과 산가지에서 물러나서 기다리도록 한다.

司于堂西. 辯拾取矢, 搢, 皆升就席.

【注】謂賓、大夫及衆賓也. 相俟堂西, 進立于西階之前. 主人以賓揖升, 大夫及衆賓從升. 立時少退于大夫. 三耦及弟子自若留下】

【右拾取矢授有司】

司射乃適堂西, 釋弓, 去扑, 說決、拾、襲, 反位. 司馬命弟子說侯之左下綱而釋之. 命獲者以旌退. 命弟子退楅. 司射命釋獲者退中與算而俟.

---

117 이상의 (33)은《儀禮注疏》卷12〈鄉射禮〉(《十三經注疏整理本》10, 254~255쪽)에 보인다.

【주】 여러 곳에 있는 사람들에게 물러나라고 하는 이유는 당의 서쪽에서 기다리며 다시 활쏘기를 대비하기 위함이다. 정(旌)을 말하면서 '들고[以]'라 한 이유는 정(旌)은 항상 들고 있기 때문이다. 획자와 석획자도 자신의 포와 고기젓갈과 절조에서 물러난다】

【注】 諸所退, 皆俟堂西, 備復射也. 旌言'以'者, 旌恒執也. 獲者․釋獲者亦退其薦俎】

⑥ 사마는 다시 사정(司正)이 되어 물러나 술잔의 남쪽으로 가서 선다.

【주】 여수(旅酬, 술을 권함)를 감독해야 하기 때문이다】

司馬反爲司正, 退復觶南而立.

【注】 當監旅酬】

⑦ 악정(樂正)은 제자에게 명하여 악공(樂工)들을 도와 악공이 있던 자리로 가게 한다. ⑧ 제자는 처음 내려올 때처럼 악공을 돕는다. ⑨ 악공은 서쪽 계단으로 올라가 원래의 자리로 돌아가 앉는다.

【주】 악공을 돕는다는 말은 악기(樂器)를 옮기는 일이다. 내려올 때는 마치 처음 들어올 때처럼 한다. 악정은 서쪽 계단의 동쪽으로 돌아가 북쪽을 향해 선다】[118]

樂正命弟子贊工卽位. 弟子相工如其降也. 升自西階, 反坐.

【注】 贊工, 遷樂也. 降時如初入. 樂正反于西階東, 北面】

【이상은 활쏘기가 끝나는 의례이다】

【右射事畢】

(35) 여수하다[旅酬]

① 빈은 북쪽을 향해 앉아서 조(俎, 희생을 올려놓는 도마)의 서쪽에 있는 술잔을 들고 일어나 동쪽 계단

賓北面坐取俎西之觶, 興, 阼階上北面酬主人. 主人

---

118 이상의 (34)는《儀禮注疏》卷12〈鄕射禮〉(《十三經注疏整理本》10, 255~256쪽)에 보인다.

위로 가 북쪽을 향해 주인에게 보답으로 술을 권한다. ② 주인은 주인의 자리에서 내려와 빈의 동쪽에 선다. ③ 빈은 앉아서 술잔을 놓고 절한 다음 술잔을 잡고 일어난다. ④ 주인은 답례로 절한다. ⑤ 빈은 고수레하지 않고 술잔의 술을 다 비우면 절하지 않고 술잔을 씻지 않는다. ⑥ 빈은 술잔에 술을 채워서 주인 앞으로 나아가 동남쪽을 향해 선다.

降席, 立于賓東. 賓坐奠觶, 拜, 執觶興. 主人答拜. 賓不祭, 卒觶, 不拜不洗. 實之, 進東南面.

【주】 의례 중 몇 가지를 하지 않는 이유는 술을 권하는[酬] 예식이므로 예가 줄었기 때문이다. 빈은 서서 술을 마신다】

【注 所不者, 酬而禮殺也. 賓立飮】

【소】 조(俎)의 서쪽에 있는 술잔을 든다는 말은 앞에서 하나하나 빈에게 술잔을 들어 권했던 술잔으로, 빈이 포와 고기젓갈의 서쪽에 놓아두었던 술잔이다】

【疏 取俎西之觶者, 謂上一一舉觶于賓, 賓奠于薦西者也】

⑦ 주인은 동쪽 계단 위에서 북쪽을 향해 빈에게 절한다. ⑧ 빈은 조금 뒤로 물러난다. ⑨ 주인은 앞으로 나와 술잔을 받는다. ⑩ 빈은 주인의 서쪽에서 북쪽을 향해 절하며 술잔을 보낸다. ⑪ 빈은 읍하고 자신의 자리로 나아간다. ⑫ 주인은 술잔을 들고 서쪽 계단 위에서 대부에게 보답으로 술을 권한다. ⑬ 대부는 남쪽으로부터 자리에서 내려와 주인의 서쪽에 서되, 빈이 주인에게 보답으로 술을 권하는 예와 마찬가지로 한다. ⑭ 주인은 읍하고 자신의 자리로 나아간다.

主人阼階上北面拜. 賓少退. 主人進受觶. 賓主人之西, 北面拜送. 賓揖, 就席. 主人以觶適西階上酬大夫. 大夫降席, 立于主人之西, 如賓酬主人之禮. 主人揖, 就席.

⑮ 만약 대부가 없다면 나이가 가장 많은 사람이 주인이 권하는 술을 받되, 그 의례 역시 앞의 경우

若無大夫, 則長受酬, 亦如之. 司正升自西階, 相旅.

와 같다. ⑯ 사정은 서쪽 계단으로 당에 올라 여(旅) 의례를 돕는다. ⑰ 술잔을 받는 사람에게 "아무개가 아무개 선생님께 술을 권합니다."라 하도록 한다. ⑱ 술잔을 받는 사람은 자신의 자리에서 내려온다. ⑲ 사정은 물러나 당 위의 서쪽 담벽[西序, 서서]의 남쪽 끝에 서고 동쪽을 향한다.

⑳ 술잔을 받는 중빈(衆賓)의 나머지 사람들은 절한 다음 일어나 술을 마시되, 모두 빈이 주인에게 보답으로 술을 권하는 의례와 같이 한다. ㉑ 두루 술을 권한다[辯]. ㉒ 이어서 당의 아래에 있는 사람들에게까지 모두 술잔을 권하는데, 그들 모두는 당 위에 올라와 서쪽 계단 위에서 술잔을 받는다. ㉓ 술잔을 받은 모든 사람이 그 술잔을 다 비우면 그 술잔을 들고 내려간 뒤 세(洗)에 있는 비(篚)에 잔을 놓는다.

사정은 당에서 내려와 자신의 자리로 돌아간다.[119]

作受酬者曰："某酬某子." 受酬者降席. 司正退立于西序端, 東面.

衆受酬者拜, 興飮, 皆如賓酬主人之禮. 辯. 遂酬在下者, 皆升, 受酬于西階上. 卒受者以觶降, 奠于篚.

司正降, 復位.

【이상은 여수하는 의례이다】

【右旅酬】

(36) 주인을 돕는 2명이 술잔[觶]을 들어 올리다[二人舉觶]

① 사정은 두 사람을 시켜 빈과 대부에게 술잔을 올리게 한다. ② 거치자(舉觶者)는 세(洗)로 내려가서 술잔을 씻고 당에 오른다. ③ 술잔을 채우고 서쪽

使二人舉觶于賓與大夫. 舉觶者皆洗觶, 升. 實[18]之, 西階上北面, 皆坐奠

---

119 이상의 (35)는 《儀禮注疏》卷13〈鄕射禮〉（《十三經注疏整理本》10, 256~258쪽)에 보인다.

[18] 實：저본에는 "賓".《儀禮注疏·鄕射禮》에 근거하여 수정.

계단 위에서 모두 북쪽을 향해 앉아 자리에 술잔을 놓고 절한다. ④ 술잔을 잡고 일어난다. ⑤ 빈과 대부는 모두 자리의 끝에서 답례로 절한다.

⑥ 거치자는 모두 앉아서 고수레하고 이어서 마신다. ⑦ 거치자는 술잔의 술을 다 비우고 일어난다. ⑧ 거치자는 다시 앉아서 술잔을 놓고 빈과 대부에게 절한다. ⑨ 술잔을 잡고 일어난다. ⑩ 빈과 대부는 모두 답례로 절한다. ⑪ 거치자는 당에 오르던 순서의 반대로 세(洗)로 내려와 술잔을 씻는다. ⑫ 씻은 잔을 들고 당에 올라 술잔을 채운다. ⑬ 모두 서쪽 계단 위에 서서 북쪽을 향하며, 동쪽을 상석으로 한다. ⑭ 빈과 대부는 절한다.

⑮ 거치자는 모두 빈과 대부의 자리 앞으로 나아가 앉아서 포와 고기젓갈의 오른쪽에 술잔을 놓아둔다. ⑯ 그러면 빈과 대부는 술잔을 사양하다가 앉아서 술잔을 받고 일어선다. ⑰ 거치자가 물러나 자신의 자리로 돌아가면 모두 절하여 술잔을 보내고 나서야 내려온다. ⑱ 빈과 대부는 앉아서 술잔을 본래 있었던 자리에 돌려놓고 일어난다. ⑲ 만약 대부가 없다면 빈에게만 술잔을 올린다.[120]

觶, 拜. 執觶興. 賓與大夫皆席末答拜.

舉觶者皆坐祭, 遂飮. 卒觶, 興. 坐奠觶, 拜. 執觶, 興. 賓與大夫皆答拜. 舉觶者逆降, 洗. 升實觶. 皆立于西階上, 北面, 東上. 賓與大夫拜.

舉觶者皆進, 坐奠于薦右. 賓與大夫辭, 坐受觶以興. 舉觶者退反位, 皆拜送乃降. 賓與大夫坐, 反奠于其所, 興. 若無大夫則唯賓.

【이상은 주인을 돕는 2명이 술잔[觶]을 들어 올리는 의례이다】

【右二人舉觶】

---

120 이상의 (36)은《儀禮注疏》卷13〈鄕射禮〉(《十三經注疏整理本》10, 258~259쪽)에 보인다.

(37) 희생제기[俎]를 물리다[徹俎]

① 사정은 서쪽 계단을 거쳐 당에 올라 동쪽 계단 위에서 주인에게 명을 받는다. ② 서쪽 계단 위쪽으로 가서 북쪽을 향해 빈에게 앉으시라고 청한다. ③ 빈은 조(俎, 희생제기)가 앞에 있어서 앉기를 사양한다. ④ 사정은 주인에게 돌아가 빈의 말을 전한다. ⑤ 주인은 "조(俎) 물리기를 요청합니다."라 한다. ⑥ 빈은 허락한다.

⑦ 사정은 서쪽 계단으로 당에서 내려와 계단 앞에서 제자(弟子)에게 조(俎) 물릴 준비를 하라고 명한다. ⑧ 사정은 당에 올라 서쪽 벽의 남쪽 끝에 선다. ⑨ 빈은 자신의 자리에서 내려와 북쪽을 향해 선다. ⑩ 주인은 자신의 자리의 남쪽으로부터 내려와 동쪽 계단 위에서 북쪽을 향해 선다. ⑪ 대부는 자신의 자리에서 내려와 자리의 동쪽 끝에서 남쪽을 향해 선다.

⑫ 빈은 조(俎)를 잡고 몸을 돌려 사정에게 준다. ⑬ 사정은 이것을 가지고 서쪽 계단으로 내려간다. ⑭ 빈은 사정을 따라 당에서 내려가 이어서 계단의 서쪽에서 동쪽을 향해 선다. ⑮ 사정은 절조를 들고 나가서 빈의 집안에서 따라온 사람에게 준다.

⑯ 주인이 조를 잡고 몸을 돌려 제자에게 준다. ⑰ 제자는 그것을 가지고 서쪽 계단을 거쳐서 내려가 동쪽으로 간다. ⑱ 주인은 동쪽 계단을 거쳐 내려가 서쪽을 향해 선다. ⑲ 대부는 조를 잡고 몸을 돌려 또 다른 제자에게 준다. ⑳ 그 제자는 조를 잡고 서쪽 계단으로 당에서 내려가 이어서 밖으로 나가서

司正升自西階, 阼階上受命于主人. 適西階上, 北面請坐于賓. 賓辭以俎. 反命于主人. 主人曰: "請徹俎." 賓許.

司正降自西階, 階前命弟子俟徹俎. 司正升, 立于序端. 賓降席, 北面. 主人降席自南方, 阼階上北面. 大夫降席, 席東南面.

賓取俎, 還授司正. 司正以降自西階. 賓從之降, 遂立于階西, 東面. 司正以俎出, 授從者.

主人取俎, 還授弟子. 弟子受俎, 降自西階以東. 主人降自阼階, 西面立. 大夫取俎, 還授弟子. 弟子以降自西階, 遂出授從者. 大夫從之降, 立于賓南. 衆賓皆

대부의 집안에서 따라온 사람에게 준다. ㉑ 대부는 빈의 제자를 따라 내려가 빈의 남쪽에 선다. ㉒ 중빈은 모두 조를 주고 내려가 대부의 남쪽에서 서되, 약간 뒤로 물러나며, 북쪽을 상석으로 한다.[121]

降, 立于大夫之南, 少退, 北上.

【이상은 조(俎)를 물리는 의례이다】

【右徹俎】

(38) 신발을 벗고 당에 올라 자리에 앉다[說屨升坐]

① 주인은 빈과 함께 읍하고 사양하며 신발을 벗고 당에 오른다. ② 대부와 중빈도 모두 신발을 벗고 당에 올라 자리에 앉는다.[122]

主人以賓揖讓, 說屨乃升. 大夫及衆賓皆說屨, 升, 坐.

【이상은 신발을 벗고 당에 오르고 앉는 의례이다】

【右說屨升坐】

(39) 자리에 앉아 잔치를 벌이면서 활쏘기 뒤의 술 마시는 예가 끝나다[坐燕射後飲酒禮竟]

① 그제야 음식을 올린다. ② 술잔의 수를 정하지 않으며 음주례를 행한다. ③ 속리 2명을 시켜 술잔을 들어 올리게 한다. ④ 빈과 대부는 일어나지 않고서 놓여 있던 술잔을 들어 마신다. ⑤ 술잔의 술을 다 비우고 절하지 않는다.

乃羞. 無算爵. 使二人擧觶. 賓與大夫不興, 取奠觶飲. 卒觶, 不拜.

⑥ 집치자는 빈과 대부가 비운 술잔을 받고 이어서 술을 채운다. ⑦ 빈의 술잔을 가지고 가 주인에게 주고, 대부의 술잔은 가장 나이가 많은 중빈이

執觶者受觶, 遂實之. 賓觶以之主人, 大夫之觶, 長受而錯, 皆不拜. 辯, 卒受者

---

121 이상의 (37)은 《儀禮注疏》 卷13 〈鄕射禮〉 《十三經注疏整理本》 10, 259~260쪽)에 보인다.

122 이상의 (38)은 《儀禮注疏》 卷13 〈鄕射禮〉 《十三經注疏整理本》 10, 260쪽)에 보인다.

받는다. 이어서 번갈아가며 술잔을 주는데, 모두 절하지 않는다. ⑧ 두루 술잔을 받았으면 마지막으로 술잔을 받은 사람이 일어나 서쪽 계단 위쪽에서 당 아래에 있는 사람에게 술을 권하여 여수(旅酬)의 예를 행한다.

興, 以旅在下者于西階上.

⑨ 그들 중에 연장자가 술잔을 받는다. ⑩ 술잔을 주는 사람은 절을 하지 않는다. ⑪ 술잔을 받은 연장자는 바로 술을 마셔 술잔의 술을 다 비우고 술잔에 술을 채운다. ⑫ 술잔을 받는 사람은 절하지 않고 받는다. ⑬ 두루 술잔이 오가는데, 모두 절하지 않는다.

長受酬. 酬者不拜. 乃飮, 卒觶, 以實之. 受酬者不拜, 受. 辯旅, 皆不拜.

⑭ 집치자도 모두 여기에 참여하여 술잔을 주고받는다. ⑮ 마지막으로 술잔을 받은 사람은 빈 술잔을 들고 당에서 내려가 비(篚)에 놓아둔다. ⑯ 집치자는 세(洗)로 내려가서 술잔을 씻고 당에 오른다. ⑰ 술잔을 채우고 빈과 대부의 앞에 술잔을 되돌려 놓는다. ⑱ 연주하고 부르는 악가의 횟수나 순서를 정하지 않는다.

執觶者皆與旅. 卒受者以虛觶降, 奠于篚. 執觶者洗升. 實觶, 反奠于賓與大夫. 無算樂.

【주】 향악(鄕樂)을 합주하는데, 순서나 횟수가 따로 없다】[123]

【注】 合鄕樂無次數

【이상은 자리에 앉아 잔치를 벌이면서 활쏘기 뒤에 술 마시는 예가 끝나는 의례이다】

【右坐燕射後飮酒禮竟】

---

[123] 이상의 (39)는 《儀禮注疏》卷12〈鄕射禮〉《十三經注疏整理本》10, 261~263쪽)에 보인다.

(40) 빈이 나가다[賓出]

① 빈이 일어나면 악정(樂正)이 〈해하(陔夏)〉를 연주하라고 명한다. ② 빈은 자리에서 내려가 계단에 이르면 〈해하〉를 연주한다. ③ 빈이 나가면 중빈도 모두 나간다. ④ 주인은 문 밖에서 빈을 전송하면서 2번 절한다.124

賓興, 樂正命奏《陔》. 賓降及階,《陔》作. 賓出, 衆賓皆出. 主人送于門外, 再拜.

【이상은 빈이 나가는 의례이다】

【右賓出】

(41) 향사례를 베풀어준 일에 대해 절하다[拜賜]

① 다음날 빈은 조복(朝服)을 입고 주인에게 가서 문 밖에서 배사(拜賜)한다. ② 주인은 빈을 만나보지는 않는다. ③ 주인은 빈과 같은 옷을 입고 이어서 그를 따라가 빈의 집 문 밖에서 몸을 굽혀 찾아준 일에 대해 절을 하고시야 물러난다.125

明日, 賓朝服以拜賜于門外. 主人不見. 如賓服, 遂從之, 拜辱于門外乃退.

【이상은 향사례를 베풀어준 일에 대해 절하는 의례이다】

【右拜賜】

(42) 사정을 위로하다[息司正]

① 주인은 조복을 벗고 그제야 사정을 위로한다. ② 이 위로잔치에는 개(介)를 두지 않는다. ③ 희생을 죽이지 않는다. ④ 사람을 시켜 빈을 초대하고 문 밖에서 맞이하되 절은 하지 않는다. ⑤ 빈은 문 안으

主人釋服, 乃息司正. 無介, 不殺. 使人速, 迎于門外, 不拜. 入升. 不拜至. 不拜洗.

---

124 이상의 (40)은《儀禮注疏》卷12〈鄕射禮〉《十三經注疏整理本》10, 263~264쪽)에 보인다.
125 이상의 (41)은《儀禮注疏》卷12〈鄕射禮〉《十三經注疏整理本》10, 264쪽)에 보인다.

로 들어가 당에 오른다. ⑥ 주인은 빈이 찾아준 일
에 대해 절하지 않는다. ⑦ 빈은 주인이 술잔을 씻어
주는 일에 대해 절하지 않는다.

⑧ 포와 고기젓갈은 마련하여 주지만 절조는 없
다. ⑨ 이때 빈은 주인에게 술잔을 돌리는 작(酢)을
한다. ⑩ 주인은 술을 더 채우라고 하지도 않고 중빈
에게 절하지도 않는다. ⑪ 중빈에게 술잔을 올리면,
중빈 가운데 한 사람이 술잔을 들어 올린다. ⑫ 이
어서 술잔을 헤아리지 않고 주고받는다.

⑬ 사정을 세우지 않는다. ⑭ 빈은 사정을 위로
하는 예에 참여하지 않는다. ⑮ 오직 사정이 참석
을 원하는 사람만 부른다. ⑯ 그 고을에 사는 나이
가 지긋한 선생이나 군자들에게 알려도 된다. ⑰ 음
식은 오직 주인이 가지고 있는 것만으로 차려낸다.
⑱ 향악(鄕樂)을 연주하고 부르되, 오직 원하는 것만
으로 한다.[126]

薦脯醢, 無俎. 賓酢主人.
主人不崇酒, 不拜衆賓. 既
獻衆賓, 一人舉觶. 遂無算
爵.

無司正. 賓不與. 徵唯所
欲, 以告于鄕先生、君子可
也. 羞唯所有. 鄕樂唯欲.

【이상은 사정을 위로하는 의례이다】《의례(儀禮)》[127]   【右息司正】《儀禮》

---

126 이상의 (42)는 《儀禮注疏》卷12〈鄕射禮〉《十三經注疏整理本》10, 264~265쪽)에 보인다.
127 《儀禮注疏》卷12〈鄕射禮〉《十三經注疏整理本》10, 199~265쪽).

2) 우리나라의 향사례

매년 3월 3일에【가을에는 9월 9일】개성부(開城府) 및 모든 도(道)의 주(州)·부(府)·군(郡)·현(縣)에서 향사례를 행한다.

향사례를 행하기 1일 전날 주인은【소재지 관아의 수령이 맡는다】빈(賓)을 초청한다[戒賓]【빈은 효성스럽고 공손하며, 충성스럽고 신의가 있으며, 예를 좋아하여 질서를 어지럽히지 않을 사람을 고른다】.

그 날에는 주인의 자리를 단(壇)128의 동쪽에 마련하고, 서쪽을 향하게 한다【학당(學堂)에서 가까운 곳에 땅을 정리하여 단을 만든다】. 빈이 2품 이상이면 단의 서쪽에 앉되, 동쪽을 향하며 북쪽을 상석으로 한다. 중빈(衆賓) 3품 이하면 남쪽 줄에 앉되, 동쪽을 상석으로 한다【만약 2품 이상이 없으면 6품 이상은 서쪽에 자리를 두고, 참외관(參外官, 7품 이하)은 남쪽 줄에 동쪽·서쪽으로 나누어 앉고, 중앙(中央)은 넓게 비워둔다】.

서인(庶人)들은 단 아래의 동쪽과 서쪽에서 서로 마주 보고 서되, 북쪽을 상석으로 한다. 술상[酒卓]을 단의 남쪽에 마련하되, 동쪽에 가깝게 한다. 단에 오르지 않는 사람들에게는 술상을 그 앞에 마련한다. 그런 다음 과녁을 펼치니, 단으로부터의 거리는 90보(步)이다.

① 빈 이하가 시간에 맞게 도착하여 모이면 주인

國朝儀

每年三月三日【秋則九月九日】, 開城府及諸道州、府、郡、縣行其禮.

前一日, 主人【所在官司】戒賓【擇孝悌忠信, 好禮不亂者】.

其日, 設主人位於壇東, 西向【學堂近處, 除地爲壇】. 賓二品以上, 坐於壇西, 東向, 北上. 衆賓三品以下, 坐於南行, 東上【若無二品以上, 則六品以上在西, 參外於南行, 分東西[19]而坐, 廣開中央】.

庶人於壇下東西相向, 北上. 設酒卓於壇南, 近東. 不陞者, 酒卓於其前. 乃張侯, 去壇九十步.

賓以下依時刻集到, 主人出

---

128 단(壇): 활쏘기를 할 때 활쏘는 사람이 올라서는 사단(射壇)을 말한다.
[19] 西: 저본에는 "北". 《國朝五禮儀·軍禮·鄕射儀》·《世宗實錄·五禮·軍禮儀式》에 근거하여 수정.

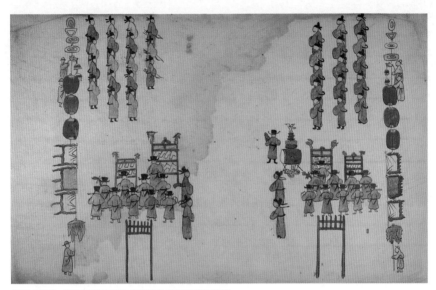

음악을 연주하는 악공들(《대사례의궤(大射禮儀軌)》, 규장각한국학연구원)

은 문 밖으로 나가 이들을 맞이한다【빈과 주인이 예를 행할 때는 모두 상자(相者, 의례 절차를 돕는 사람)가 방향을 가리켜주고 인도한다】. ② 주인은 읍하고 사양한 다음 먼저 들어간다. ③ 빈은 그제야 들어간다. ④ 중빈은 따라간다.

⑤ 단에 이르면 주인은 동쪽에 서고, 빈은 서쪽에 선다. ⑥ 빈은 2번 절한다. ⑦ 주인은 답례로 2번 절한다. ⑧ 그 다음 중빈은 위의 의례대로 예를 행한다【참외관들은 주인의 자리 앞으로 나아가 예를 행한다. 만약 서인이 뜰에서 예를 행하면 주인은 답례하지 않는다】.

⑨ 주인과 빈 이하는 모두 자신의 자리에 나아간다. ⑩ 악공은 금(琴)과 슬(瑟)을 가지고 단에 올라가 술상의 남쪽에서 앉되, 동쪽을 상석으로 한다.

迎于門外【賓主行禮皆相者指導】. 揖讓先入. 賓乃入. 衆賓從之.

至于壇, 主人在東, 賓在西. 賓再拜. 主人答再拜. 次衆賓行禮, 如上儀【參外就主人座前, 庶人在庭行禮, 主人無答】.

主人與賓以下皆就座. 工執琴瑟, 陞坐於酒卓之南, 東上. 奏樂如常【本無樂

⑪ 음악 연주는 일상적인 의례와 같다【본래 음악을 연주하지 않는 부분에서는 굳이 음악을 사용하지는 않는다】.

⑫ 집사자(執事者)는 탁자를 마련하고 술을 따른다. ⑬ 주인은 빈에게 술을 올린다. ⑭ 빈은 주인에게 보답하여 술잔을 올리되, 일상적인 의례와 같다【중빈도 같다. 오직 뜰에 있는 사람만 집사자가 술을 돌린다】.

⑮ 술을 3번 돌리고 나면 그제야 술상을 물린다. ⑯ 사사(司射)는 빈에게 활쏘기를 청한다. ⑰ 빈이 허락하면, 이어서 사사는 빈이 허락한 사실을 주인에게 고한다. ⑱ 고하기를 마치면 사사는 서쪽 계단을 거쳐 단에서 내려가 제자들에게 명하여 활쏘기에 사용되는 기물을 들이게 한다. ⑲ 사사는 활을 들고 4개의 화살을 오른쪽 허리에 꽂고서 다시 단에 올라 활을 쏜다. ⑳ 사사가 활쏘기를 마치면 빈과 주인은【이때가 되어 짝을 정하고 차례를 정한다】3개의 화살은 오른쪽 허리에 꽂고 1개의 화살은 시위에 메겨 순서대로 활을 쏜다【화살이 발사될 때마다 모두 음악을 연주하고, 활을 쏠 때는 반드시 음악의 악절[節]에 맞춰야 한다】.

㉑ 활쏘기가 끝나면 사사는 제자들에게 명하여 술상에 술잔을 놓는다. ㉒ 과녁을 맞추지 못한 사람은 술잔에 술을 채우고 조금 뒤로 물러난다. ㉓ 이어서 선 채로 술잔의 술을 다 비운 다음 술잔을 술상 위에 되돌려 놓는다. ㉔ 중빈 중에서 과녁을 맞

處, 不必用樂】.

執事者設卓, 酌酒. 主人獻賓. 賓酢主人, 如常禮【衆賓同. 惟在庭者, 執事者行酒】.

酒三遍, 乃徹卓. 司射請射于賓. 賓許, 司射遂告于主人. 訖, 降自西階, 命弟子納射器. 司射執弓搢乘矢, 還陞壇, 射. 訖, 賓主【臨時比耦】搢三挾一, 以次而射【每發矢皆樂, 作射必中節】.

射畢, 司射命弟子, 設觶於酒卓. 不中者取觶實之, 少退, 立, 卒觶, 反置于卓. 衆賓不中者, 以次繼飮. 若主人及二品以上賓不中⑳,

추지 못한 사람도 차례대로 이어서 술을 마신다. ㉕ 만약 주인과 2품 이상인 빈이 과녁을 맞추지 못하면 제자가 술잔을 씻어서 올린다. ㉖ 주인과 빈은 술잔을 받아서 선 채로 술을 마신다.

㉗ 활을 쏘아 과녁을 맞추지 못한 사람이 모두 술을 마셨으면 그제야 술잔을 치운다. ㉘ 빈과 주인이 모두 일어나 처음처럼 2번 절하는 의례를 행한다. ㉙ 빈이 단에서 내려와 문 밖으로 나가면 중빈도 빈을 따라 나간다. ㉚ 주인은 문 밖에서 배웅하되, 평상시의 의례와 같다.

【① 사사는 여러 사람이 추앙하여 따르는 사람이 맡는다.

② 치적(置籍)129·예청(禮請)130·구장(具狀)131·예책(禮責)132·제적(除籍)133·상자(相者)·지판(支辦)134 등은 모두 향음주례(鄕飮酒禮)의 의례와 같다】《국조오례의(國朝五禮儀)135》136

則弟子洗觶以進, 受觶, 立飮.

飮遍乃徹觶. 賓主皆興, 行再拜禮如初. 賓降出, 衆賓隨之. 主人送于門外, 如常禮.

【一. 司射以衆所推服者爲之.

一. 置籍、禮[21]請、具狀、禮責、除籍、相者、支辦等事, 竝同鄕飮酒儀】.《五禮儀》

---

129 치적(置籍) : 향사례에 참석하는 사람의 명부를 비치하는 일.
130 예청(禮請) : 지위가 높거나 나이가 많은 사람에게는 예를 갖추어 참석을 청하는 일.
131 구장(具狀) : 향사례 날짜가 정해졌는데 참석하지 못하는 경우 문서를 갖추어 미리 사유를 알리는 일.
132 예책(禮責) : 예를 행할 때 행동을 함부로 하는 사람을 꾸짖는 일.
133 제적(除籍) : 예를 잃은 사람을 명부에서 삭제하는 일.
134 지판(支辦) : 향사례에 필요한 물품을 나누어 마련하는 일.
135 국조오례의(國朝五禮儀) : 조선 세조(世祖, 재위 1455~1468)때 왕명으로 강희맹(姜希孟, 1424~1483) 등에게 명하여 편찬을 시작했고, 조선 성종(成宗) 5년(1474)에 신숙주(申叔舟, 1417~1475) 등이 완성한 예서. 오례(五禮)에 대하여 규정한 것으로 중국의 예제와 조선의 예법을 가감하여 정리한 책이다.
136《國朝五禮儀》卷6〈軍禮〉"鄕射儀"《國朝五禮儀》5, 26~28쪽) ;《世宗實錄》卷133〈五禮〉"軍禮儀式" '鄕射儀', 60b~61a면.
⑳ 中 : 저본에는 "衆". 오사카본·《國朝五禮儀·軍禮·鄕射儀》·《世宗實錄·五禮·軍禮儀式》에 근거하여 수정.
㉑ 籍禮 : 저본에는 "禮籍".《世宗實錄·五禮·軍禮儀式》에 근거하여 수정.

3) 새로 정한 향사례

新定儀

(1) 빈을 세우다[立賓]

① 해마다 계춘(季春, 음력 3월)에 도성에서는 태학 (太學, 성균관)에서, 지방에서는 향학(鄕學, 향교)에서 길 일을 골라 향사례(鄕射禮)를 행하는데, 각 관청의 책 임자가 주인이 된다. ② 나이가 많고 덕이 있는 사람 을 빈으로 삼고 나머지 사람들을 중빈으로 삼는다. ③ 씩씩하고 위엄이 있어서 여러 사람들이 추앙하고 따르는 사람을 사정(司正)으로 삼고, 예의(禮儀)를 익 힌 사람을 찬홀(贊笏)137과 찬인(贊引)138으로 삼는다.

每年季春, 內而太學, 外而 鄕學, 擇吉辰行禮. 官長爲 主人. 有齒德者爲賓, 餘爲 衆賓. 莊嚴衆所推服者爲 司正, 習禮儀者爲贊笏、贊 引.

【이상은 빈(賓)을 세우는 의례이다】

【右立賓】

(2) 자리를 마련하고 그릇과 도구를 진설하다[設席陳器]

① 향사례를 거행하는 날에 날이 밝으면 집사자 는 당(堂)의 북쪽 두 기둥 사이의 약간 서쪽에 빈의 자리를 마련하되, 남쪽을 향한다. ② 주인의 자리는 동쪽 계단 위쪽의 동쪽 기둥의 안쪽에 마련하되, 서 쪽을 향한다. ③ 중빈 중에 나이 60세 이상인 사람 의 자리는 빈의 자리 서쪽에 마련하되, 남쪽을 향하 며 동쪽을 상석으로 한다.

質明, 執事者設賓席于堂 北兩楹之間㉒少西, 南面. 主人席于阼階上東楹之內, 西面. 衆賓六十以上人席 于賓席之西, 南面, 東上.

④ 자리는 모두 이어서 늘어놓되 서로 닿지는 않 도록 한다【중빈이 많으면 또 자리를 당 위의 서쪽

皆連席, 不屬【多則又席于 西序, 東面, 北上】. 五十以

---

137 찬홀(贊笏) : 의례의 절차를 기록한 홀기(笏記)를 크게 읽으면서 의례를 진행시키는 사람.
138 찬인(贊引) : 의례를 할 때 빈(賓) 등을 예의 절차에 맞게 돕고 안내하는 사람.
㉒ 間 : 저본에는 "門". 오사카본·규장각본·《楓石全集·金華知非集·雜著》에 근거하여 수정.

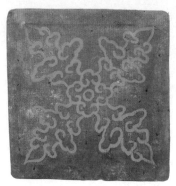

보(국립고궁박물관)

담에 마련하되, 동쪽을 향하며 북쪽을 상석으로 한다】. ⑤ 나이가 50세 이하인 사람은 당 아래 서쪽 계단의 서쪽에 자리를 마련하고, 동쪽을 향하며 북쪽을 상석으로 한다. ⑥ 찬홀의 위치는 동쪽 계단 위쪽에서 약간 동쪽에 마련하되, 서쪽을 향한다. ⑦ 사정의 위치는 당 아래 동쪽 계단의 남쪽에 마련하되, 북쪽을 향한다. ⑧ 찬인의 위치는 동쪽 계단의 동쪽에 마련하되, 서쪽을 향하며 북쪽을 상석으로 한다【빈과 주인의 찬인은 자리가 같다】.

下人席于堂下西階之西, 東面, 北上, 贊笏位于阼階上少東, 西面. 司正位于堂下阼階之南, 北面, 贊引位于阼階之東, 西面, 北上【賓主之贊引同席】.

⑨ 술동이[尊] 2개를 빈(賓)의 자리 동쪽의 약간 북쪽에 마련한다. ⑩ 현주(玄酒)를 담은 항아리는 서쪽에 두되, 2개의 술동이에 모두 국자를 올려놓고 보[冪]139를 덮는다. ⑪ 비(篚)는 두 술동이의 남쪽에 두고, 술주전자는 비(篚)의 동쪽에 두되, 모두 탁자 위에 둔다. ⑫ 술잔을 씻는 곳[爵洗]은 동쪽 계단 아래 동남쪽에 둔다. ⑬ 비(篚) 1개를 술잔을 씻는 곳

設兩尊于賓席之東少北. 玄酒在西, 竝加勺, 冪. 篚在其南, 酒注在篚東, 皆安于卓. 爵洗于阼階下東南. 篚一于洗西, 實以爵觶. 盥洗于爵洗之東, 亦皆以卓安之.

---

139 보[冪] : 술동이 덮개. 네모난 철판 위에 삼베를 씌워 술동이를 덮는다.

의 서쪽에 두고 거기에는 술잔인 작(爵)과 치(觶)를 담아둔다. ⑭ 손 씻는 대야[盥洗]는 술잔을 씻는 곳[爵洗]의 동쪽에 두되, 이것들도 모두 탁자 위에 진설한다.

【이상은 자리를 마련하고 그릇과 도구를 진설하는 의례이다】

【右設席陳器】

(3) 빈을 맞이하다[迎賓]

① 고깃국[羹]이 다 끓으면 주인은 제자에게 명하여 빈을 부른다. ② 빈 이하의 사람들은 각각 자신의 직분에 맞는 옷을 입는다【조정 관리는 흑단령(黑團領)을 입고, 유생(儒生)은 유건과 도포를 입는다】. ③ 빈 이하의 사람들이 향학(鄕學)의 문 밖에 이르면 동쪽을 향하되, 북쪽을 상석으로 한다. ④ 주인은 먼저 동쪽 계단 아래에 서서 서쪽을 향한다. ⑤ 사정과 찬홀과 찬인은 각자 자신의 위치에 선다【빈의 찬인은 빈을 따라 문 밖에 있다】.

羹定, 主人命弟子速賓. 賓以下, 各服其服【朝官黑團領, 儒生巾、袍】. 至學門外, 東面, 北上. 主人先立于阼階下, 西面, 司正及贊笏、贊引各立其位【賓之贊引隨賓在門外】.

⑥ 찬인이 주인을 인도하면 주인은 향학(鄕學)의 문밖으로 나가 서쪽을 향하여 선다. ⑦ 주인은 읍한다. ⑧ 빈 이하의 사람은 모두 답례로 읍한다. ⑨ 찬인이 주인을 인도하면 주인은 먼저 문으로 들어가 동쪽으로 가서 서쪽을 향하여 선다. ⑩ 빈은 중빈에게 읍한다.

贊引導主人, 出學門外, 西面立. 主人揖. 賓以下皆答揖. 贊引導主人, 先入門而東, 西面立. 賓揖衆賓.

⑪ 찬인이 빈을 인도하면 빈은 문으로 들어가 서쪽으로 간다. ⑫ 중빈은 빈을 따라 차례로 들어가 동쪽을 향하되, 북쪽을 상석으로 하여 선다. ⑬ 주

贊引導賓, 入門而西. 衆賓從賓序入, 東面, 北上立. 主人揖. 賓以下皆答揖. 主

인은 읍한다. ⑭ 빈 이하의 사람은 모두 답례로 읍한다. ⑮ 주인과 빈은 동서로 나누어 나란히 간다. ⑯ 중빈은 빈을 따라 차례로 간다.

⑰ 계단에 이르면 주인과 빈은 3번 사양한다. ⑱ 주인은 동쪽 계단으로 당에 오른다. ⑲ 빈은 서쪽 계단으로 당에 오른다. ⑳ 모두 상인방 아래를 마주보는 곳 아래에 이르면 북쪽을 향하여 2번 절하고 일어난다. ㉑ 중빈은 서쪽 계단 아래에서 멈추고 동쪽을 향하여 선다. ㉒ 빈의 찬인과 주인의 찬인은 모두 자신의 위치에 나아가 선다.

【이상은 빈을 맞이하는 의례이다】

人與賓分東西儳行. 衆賓從賓序行.

及階, 主人與賓三讓. 主人由阼階升. 賓由西階升. 俱當楣下, 北面, 再拜, 興. 衆賓止西階下, 東面立. 賓主之贊引俱就位立.

【右迎賓】

(4) 주인이 빈에게 술을 올리다[主人獻賓]

① 찬인이 주인을 인도하면 주인은 동쪽 계단으로부터 당에서 내려간다. ② 주인은 손 씻는 자리에 가서 손을 씻는다. ③ 그 다음 술잔을 씻는 자리에 가서 술잔을 씻고 이를 집사자에게 준다. ④ 이어서 당에 올라 술동이가 있는 곳으로 간다. ⑤ 집사자는 술잔을 들고 따라가 술잔을 놓고 보를 들어올린다. ⑥ 주인은 술잔을 잡고 국자로 술을 떠서 따른 다음 집사자에게 술잔을 준다.

贊引導主人, 降自阼階, 詣盥洗位, 盥手. 次詣爵洗位, 洗爵, 以授執事者. 升詣尊所. 執事者執爵從之, 奠爵舉冪. 主人執爵酌酒, 以授執事者.

⑦ 이어서 주인은 빈의 자리 앞의 서쪽으로 가서 북쪽을 향하여 선다. ⑧ 집사자는 술잔을 잡고 주인을 따른다. ⑨ 찬인이 빈을 인도하면 빈은 빈의 자리 끝의 동쪽으로 나아가 남쪽을 향하여 선다. ⑩ 주인은 꿇어앉아 술잔을 잡고 빈에게 술을 올린다.

仍詣賓席前西, 北面立. 執事者執爵從之. 贊引導賓, 就賓席末東, 南面立. 主人跪, 執爵以獻賓.

⑪ 빈은 꿇어앉아 술잔을 받고 술잔의 술을 다 비운다. ⑫ 집사자는 포와 고기젓갈을 올린다. ⑬ 빈은 일어나 절한다. ⑭ 주인은 답례로 절한다. ⑮ 집사자는 술잔을 술잔 씻는 자리의 광주리 위에 되돌려 놓는다. ⑯ 주인은 물러나 동쪽 계단 위쪽에 서서 북쪽을 향한다. ⑰ 빈은 물러나 서쪽 계단 위쪽에 서서 북쪽을 향한다.

賓跪, 受爵, 卒爵. 執事者薦脯醢. 賓興拜. 主人答拜. 執事者以爵還奠于爵洗位篚上, 主人退立于阼階上, 北面. 賓退立于西階上, 北面.

【이상은 주인이 빈에게 술을 올리는 의례이다】

【右主人獻賓】

(5) 빈이 주인에게 보답으로 술을 올리다[賓酢主人]

① 찬인이 빈을 인도하면 빈은 서쪽 계단으로부터 당에서 내려간다. ② 주인은 손 씻는 자리로 가서 손을 씻는다. ③ 그 다음 술잔 씻는 자리로 가서 술잔을 씻고 집사자에게 술잔을 준다. ④ 이어서 당에 올라가 술동이가 있는 곳으로 간다. ⑤ 집사자는 술잔을 잡고 주인을 따라가 술잔을 놓고 보를 들어올린다. ⑥ 빈은 술잔을 잡고 국자로 술을 떠서 따른 다음 집사자에게 술잔을 준다.

贊引導賓, 降自西階. 詣盥洗位, 盥手. 次詣爵洗位, 洗爵, 以授執事者. 升詣尊所. 執事者執爵從之, 奠爵擧冪. 賓執爵酌酒, 以授執事者.

⑦ 이어서 빈이 주인의 자리 앞 동쪽으로 가서 남쪽을 향하여 선다. ⑧ 집사자는 술잔을 잡고 빈을 따른다. ⑨ 찬인이 주인을 인도하면 주인은 주인의 자리 끝의 서쪽으로 나아가 북쪽을 향하여 선다. ⑩ 빈은 꿇어앉아 술잔을 잡고 주인에게 보답으로 술을 올린다.

仍詣主人席前東, 南面立. 執事者執爵從之. 贊引導主人, 就主人席末西, 北面立. 賓跪執爵, 以酢主人,

⑪ 주인은 꿇어앉아 술잔을 받아 술잔의 술을 다 비운다. ⑫ 집사자는 포와 고기젓갈을 올린다. ⑬ 주

主人跪, 受爵, 卒爵. 執事者薦脯醢. 主人興拜. 賓答

인은 일어나 절한다. ⑭ 빈은 답례로 절한다. ⑮ 집사자는 술잔을 술동이가 있는 곳의 광주리 위에 되돌려 놓는다. ⑯ 빈은 물러나 빈의 자리 끝에 서서 남쪽을 향한다. ⑰ 주인은 물러나 동쪽 계단 위쪽에 서서 북쪽을 향한다.

【이상은 빈이 주인에게 보답으로 술을 올리는 의례이다】

(6) 주인이 중빈에게 술을 올리다[主人獻衆賓]

① 찬인이 주인을 인도하면 주인은 동쪽 계단으로부터 당에서 내려가 서남쪽을 향하여 중빈에게 3번 읍한다. ② 중빈은 모두 답례로 1번 읍한다. ③ 찬인이 주인을 인도하면 주인은 술동이가 있는 곳으로 올라간다. ④ 집사자는 보를 들어올린다. ⑤ 주인은 술잔을 잡고 국자로 술을 떠서 따른 다음 집사자에게 술잔을 준다.

⑥ 이어서 주인은 서쪽 계단 위쪽으로 가서 남쪽을 향하여 선다. ⑦ 집사자는 술잔을 잡고 주인을 따른다. ⑧ 찬인이 중빈 가운데 연장자를 인도하면 중빈 가운데 연장자는 서쪽 계단 위쪽으로 올라가 북쪽을 향하여 선다. ⑨ 주인은 꿇어앉아 술잔을 잡고 중빈 가운데 연장자에게 술을 올린다.

⑨ 중빈 가운데 연장자는 꿇어앉아 술잔을 받고 일어나, 서서 술잔의 술을 다 마시고 술잔을 비운다. ⑪ 빈의 서쪽 자리 끝으로 나아가 남쪽을 향하여 선다. ⑫ 중빈 가운데 60세 이상인 사람은 차

拜. 執事者以爵還奠于尊所籩上. 賓退立于賓席末, 南面. 主人退立于阼階上, 北面.

【右賓酢主人】

贊引導主人, 降自阼階, 西南面, 三揖衆賓. 衆賓皆答一揖. 贊引導主人, 升詣尊所. 執事者舉冪. 主人執爵酌酒, 以授執事者.

仍詣西階上, 南面立. 執事者執爵從之. 贊引導衆賓之長, 升西階上, 北面立. 主人跪, 執爵, 以獻衆賓之長.

衆賓之長跪, 受爵, 興, 立飮, 卒爵, 就賓西之席末, 南面立. 衆賓六十以上, 以次升, 受爵, 卒爵, 就席,

레로 당에 올라가 술잔을 받고 술잔의 술을 다 비우고 자리로 나아가되, 모두 중빈 가운데 연장자가 한 의례와 같이 한다.【서쪽 담에 선 사람은 동쪽을 향한다】.

⑬ 50세 이하인 사람은 차례로 당에 올라가 술잔을 받고 술잔의 술을 다 비운다. ⑭ 이어서 다시 당을 내려가 자신의 위치로 나아간 다음 동쪽을 향하여 선다【뜰의 남쪽에 선 사람은 북쪽을 향한다. 집사자는 먼저 술동이가 있는 곳에 가서 술주전자에 술을 채운 다음 술주전자를 잡고 서쪽 계단 위쪽으로 간다. 이어서 중빈 1명이 당에 올라올 때마다 매번 술잔에 술을 따라 주인에게 준다】.

⑮ 중빈들이 자신의 위치로 나아가는 일을 마치면, 집사자는 포와 고기젓갈을 모두 올린다【당 아래의 중빈 또한 포와 고기젓갈이 모두 있다】. ⑯ 술잔을 술동이가 있는 곳의 광주리 위에 되돌려 놓는다. ⑰ 주인은 뒤로 물러나 자신의 자리로 간다.

【이상은 주인이 중빈에게 술을 올리는 의례이다】

(7) 주인이 준(僎)에게 술을 올리다[主人獻僎]

① 집사자는 준(僎)[140]의 자리를 빈의 자리 동쪽에 진설하되, 남쪽을 향한다【준이 없으면 자리를 진설

竝如賓長儀【立西序者東面】.

五十以下, 以次升, 受爵, 卒爵, 還降就位, 東面立【立庭南者, 北面. 執事者先詣尊所, 實酒于酒注, 執注詣[23]西階上. 每衆賓一人升, 輒斟酒于爵以授主人】.

就位畢, 執事者遍薦脯醢【堂下衆賓, 亦遍有脯醢】. 以爵還奠于尊所篚上. 主人退, 就席.

【右主人獻衆賓】

執事者設僎席于賓席東, 南面【無僎則不設】. 贊引導

---

140 준(僎) :《향례지》권1〈향음주례〉"주나라의 향음주례" '희생제기[俎]를 물리다'에 이에 대한 설명이 자세히 보인다.

[23] 詣 :《楓石全集·金華知非集·雜著》에는 "者".

하지 않는다】. ② 찬인이 준을 인도하면 준은 문으로 들어가 서쪽으로 간다. ③ 찬인이 주인을 인도하면 주인은 동쪽 계단으로부터 당에서 내려가 문 안에서 준을 맞이한다. ④ 빈 이하는 모두 당에서 내려가 서쪽 계단 아래에 서서 동쪽을 향하되, 북쪽을 상석으로 한다.

⑤ 주인과 준은 나란히 가서 계단에 이르면 3번씩 사양한다. ⑥ 주인은 동쪽 계단으로 당에 올라간다. ⑦ 준은 서쪽 계단으로 당에 올라간다. ⑧ 주인과 준 모두 자리에 나아간다. ⑨ 주인은 2번 절하고 일어난다. ⑩ 준은 답례로 2번 절하고 일어난다. ⑪ 빈 이하는 모두 당에 올라 자기 위치로 돌아가 선다.

⑫ 찬인이 주인을 인도하면 주인은 술동이가 있는 곳으로 간다. ⑬ 집사자는 보를 들어올린다. ⑭ 주인은 술잔을 잡고 국자로 술을 떠서 따른 다음 집사자에게 술잔을 준다. ⑮ 이어서 주인은 준의 자리 앞 동쪽으로 가서 북쪽을 향하여 선다. ⑯ 집사자는 술잔을 잡고 주인을 따라간다. ⑰ 주인은 꿇어앉아 술잔을 잡고 준에게 술을 올린다.

⑱ 준은 꿇어앉아 술잔을 받고 술잔의 술을 다 비운다. ⑲ 집사자는 포와 고기젓갈을 올린다. ⑳ 준은 일어나 절한다. ㉑ 주인은 답례로 절한다. ㉒ 집사자는 술잔을 술동이가 있는 곳의 광주리에 되돌려놓는다. ㉓ 빈과 주인 이하는 각자 자신의 위치에 앉는다.

【이상은 주인이 준에게 술을 올리는 의례이다】

儐, 入門西. 贊引導主人, 降自阼階, 迎于門內. 賓以下皆降, 立西階下, 東面, 北上.

主人與儐竝行, 及階, 三讓. 主人由阼階升. 儐由西階升. 俱就席. 主人再拜, 興. 儐答再拜, 興. 賓以下俱升, 復位立.

贊引導主人, 詣尊所. 執事者擧冪. 主人執爵酌酒, 以授執事者. 仍詣儐席前東, 北面立. 執事者執爵從之. 主人跪, 執爵以獻儐.

儐跪, 受爵, 卒爵. 執事者薦脯醢. 儐興拜. 主人答拜. 執事者以爵還奠于尊所篚上. 賓主以下, 各坐其位.

【右主人獻儐】

(8) 사정이 술잔[觶]을 들어 올리다[司正揚觶]

　① 찬인이 사정을 인도하면 사정은 손 씻는 자리로 가서 손을 씻는다. ② 다음으로 술잔 씻는 자리로 가서 술잔[觶]을 씻는다. ③ 술잔을 잡고 서쪽 계단으로 당에 올라가 술동이가 있는 곳으로 간다. ④ 집사자는 보를 들어올린다. ⑤ 사정은 국자로 술을 떠서 따른 다음 술잔을 잡고 당 남쪽의 두 기둥 사이로 가서 북쪽을 향하여 선다. ⑥ 빈과 주인 이하가 모두 일어나 손을 모으고 자신의 위치에 선다.

　⑦ 사정은 그제야 술잔을 들고 다음과 같이 말한다. "삼가 생각하건대 조정(朝廷)에서 옛 전장(典章, 제도와 문물)을 따라서 예교(禮敎)를 돈독하게 숭상하고 향사례를 거행했다. 모든 우리 연장자와 젊은이는 각자 서로 부지런히 힘써 신하된 사람은 나라에 충성을 다하고 자식된 사람은 부모에게 효도하며, 안으로는 집안에서 화목하고, 밖으로는 마을에서 친하여 혹시라도 잘못되거나 게을러져 욕되는 일이 생기지 않도록 해야 한다."

　⑧ 사정은 말을 마치면 앉아서 술잔을 놓고 일어나 2번 절한다. ⑨ 빈과 주인 이하는 모두 2번 절하고 일어난다. ⑩ 사정은 꿇어앉아 술잔을 들어 술을 다 마시고 일어나 술잔을 집사자에게 준다. ⑪ 집사자는 술잔을 술동이가 있는 곳의 광주리 위에 되돌려 놓는다. ⑫ 사정은 당에서 내려가 자신의 위치로 돌아간다. ⑬ 빈과 주인 이하는 각자 자신의 위치에 앉는다.

【이상은 사정이 술잔을 들어 올리는 의례이다】

贊引導司正, 詣盥洗位, 盥手. 次詣爵洗位, 洗觶. 執觶, 升自西階, 詣尊所. 執事者擧羃. 司正酌酒實觶, 執觶, 詣堂南兩楹之間, 北面立. 賓主以下皆興, 拱立于其位.

司正乃擧觶而言曰："恭惟朝廷率由舊章, 敦崇禮敎, 擧行鄕射. 凡我長幼, 各相勸勉, 爲臣竭忠, 爲子盡孝, 內睦於閨門, 外比於鄕黨, 毋或愆墮以忝所生."

言畢, 坐奠觶, 興, 再拜. 賓主以下皆再拜, 興. 司正跪, 取觶, 卒飮, 興, 以觶授執事者. 還奠于尊所篚上. 司正降復位. 賓主以下各坐其位.

【右司正揚觶】

(9) 사사가 활쏘기를 청하다[司射請射]

① 찬인은 주인을 인도하여 동쪽 계단으로부터 당에서 내려가도록 한다. ② 찬인은 빈을 인도하여 서쪽 계단으로부터 당에서 내려가도록 한다. ③ 준 이하의 사람들은 빈을 따라 당에서 내려간다. ④ 문에 이르러 주인이 읍한다. ⑤ 빈이 답례로 읍한다. ⑥ 주인은 문 밖으로 나가 동쪽에 선다. ⑦ 빈은 문밖으로 나가 서쪽에 선다. ⑧ 준 이하의 사람들은 빈을 따라 차례대로 가서 모두 사단(射壇)[141]으로 간다【향학(鄕學)의 문 밖에 평평하고 넓은 곳을 골라 땅을 정리하여 단(壇)을 만든다】.

贊引導主人, 降自阼階. 贊引導賓, 降自西階. 儐以下從賓以降. 及門, 主人揖. 賓答揖. 主人出門東. 賓出門西. 儐以下從賓序行, 俱詣射壇【學門外擇平曠處, 除地爲壇】.

⑨ 집사자는 행사일보다 먼저 단 위의 서북쪽에 남쪽을 향하도록 빈의 자리를 마련한다. ⑩ 단 위의 동남쪽에 서쪽을 향하도록 주인의 자리를 마련한다. ⑪ 빈의 자리 동쪽에 남쪽을 향하도록 준의 자리를 마련한다. ⑫ 사위(射位)[142]는 양쪽 계단 위에 남쪽을 향하도록 마련한다【상사(上射)[143]의 자리는 서쪽에서 약간 동쪽에 있고, 하사(下射)의 자리는 동쪽에서 약간 서쪽에 있다. 서로의 거리는 1보(步)이다】.

執事者先期設賓席于壇上西北, 南面. 主人席于壇上東南, 西面. 儐席于賓席之東, 南面. 射位于兩階之上, 南面【上射在西少東, 下射在東少西, 相去一步】.

⑬ 찬홀(贊笏)은 동쪽 계단 위에서 약간 동쪽에 자리를 마련하며 서쪽을 향한다. ⑭ 찬인은 단 아래

贊笏位于阼階上少東, 西面. 贊引位于壇下阼階之

---

141 사단(射壇) : 향사례를 행하려고 넓은 빈터에 흙으로 단을 쌓아 놓은 곳. 향학(鄕學)에서 가까운 곳에 만든다.
142 사위(射位) : 활을 쏘는 자리. 단(壇) 위에서 주인이 오르내리는 동쪽 계단과 빈 이하의 사람들이 오르내리는 서쪽 계단 사이의 자리를 말한다.
143 상사(上射) : 활쏘기 하는 두 짝 중에 더 높은 자. 향사례에서 활쏘기를 할 때에는 2명이 짝을 맞춰 활쏘기를 한다. 이때 주로 나이가 많은 사람이 상사가 되고, 나이가 어린 사람이 하사(下射)가 된다.

동쪽 계단의 동쪽에 자리를 마련하며 서쪽을 향한다. ⑮ 사사(司射)는 서쪽 계단의 서남쪽에 자리를 마련하고, 사마(司馬)¹⁴⁴는 사사의 남쪽에 자리를 마련하며, 모두 동쪽을 향한다. ⑯ 그 다음 술동이 1개, 술잔 1개, 술주전자 1개를 빈의 자리와 준의 자리 사이에서 약간 북쪽에 놓되, 탁자 위에 진설한다.

⑰ 주인의 활과 화살은 단의 동쪽에 기대어 놓고, 중빈의 활과 화살은 단의 서쪽에 기대어 놓으며, 사사의 활과 화살은 서쪽 계단의 서쪽에 기대어 놓는다. ⑱ 과녁[侯]은 사단(射壇)의 남쪽으로 90보 거리에 펼쳐 놓고, 화살막이[乏]는 과녁의 서북쪽에 설치한다【화살막이는 과녁에서 북쪽으로 30보, 서쪽으로 5보 나온 곳에 있다】.

⑲ 획자(獲者) 3명은 징[鉦] 1개, 북[鼓] 1개, 깃발[旌] 1개를 가지고 화살막이 남쪽에 선다. ⑳ 주인과 빈은 계단에 이르면 3번 사양한다. ㉑ 주인은 동쪽 계단으로 단에 오른다. ㉒ 빈은 서쪽 계단으로 단에 오른다. ㉓ 준은 빈을 따라 단에 오른다. ㉔ 그 다음 각자 자신의 자리로 가서 앉는다. ㉕ 중빈은 단에 오르지 않고 단의 서쪽에서 기다린다.

㉖ 그제야 빈(賓) 쪽의 사람들 가운데 나이가 젊고 활을 잘 쏘는 사람 1명을 뽑아서 사사(司射)로 삼는다. ㉗ 사정(司正)이 사마(司馬)가 된다. 각자 자신의

東, 西面. 司射位于西階之西南, 司馬位于司射之南, 俱東面. 設尊一、觶一、酒注一于賓席、僎席之間少北, 以卓安之.

主人之弓矢倚于壇東, 衆賓之^㉔弓矢倚于壇西, 司射之弓矢倚于西階之西. 張侯于射壇南九十步, 設乏于侯之西北【在侯之北三十步, 西出五步】.

獲者三人持鉦一、鼓一、旌一, 在乏之南. 主人與賓及階三讓, 主人由阼階升, 賓由西階升, 僎從賓以升, 各就位坐. 衆賓不升, 待于壇西.

乃擇賓黨之年少能射者一人爲司射, 司正爲司馬, 各就位立.

---

144 사마(司馬) : 병사(兵士)를 관장하는 벼슬 이름. 여기서는 사장(射場)의 일을 맡아서 한다는 의미로 쓰인다.
㉔ 賓之 : 저본에는 없음. 《楓石全集·金華知非集·雜著》에 근거하여 보충.

위치로 나가 선다.

㉘ 사사는 활깍지[決]를 끼고, 활팔찌[拾]를 찬 다음, 활을 들고 화살 4개를 허리띠 오른쪽에 꽂는다. ㉙ 서쪽 계단으로부터 단에 오르고 북쪽을 향하여 빈에게 "활과 화살이 이미 준비되었으니 유사(有司)가 활쏘기를 청합니다."라 고한다. 그러면 빈이 허락한다. ㉚ 사사는 그 다음으로 동쪽 계단 위로 가서 북쪽을 향하여 주인에게 "빈께 활쏘기를 청하였더니 빈께서 허락하셨습니다."라 고한다. ㉛ 그제야 동쪽 계단 위에서 내려와 단의 서쪽으로 가서 활쏘기를 할 차례를 정하고 재예(才藝)가 비슷한 사람끼리 삼우(三耦)를 정한다.

【이상은 사사가 활쏘기를 청하는 의례이다】

司射決、拾、執弓挾乘矢，升自西階，北面，告于賓曰：“弓矢旣具，有司請射.” 賓許. 次詣阼階上，北面，告于主人曰：“請射于賓，賓許.” 乃降詣壇西，選次應射人才相近者，以比三耦.

【右司射請射】

(10) 사사가 활쏘기 시범을 보이다[誘射]

① 삼우(三耦)는 활깍지를 끼고 활팔찌를 차고 활을 든 다음 화살 3개는 허리띠 오른쪽에 꽂고, 화살 1개는 시위에 메긴다. ② 서쪽 계단의 서쪽에 서되, 동쪽을 향하며 북쪽을 상석으로 한다. ③ 사사가 서쪽 계단으로부터 단에 올라 하사의 자리를 마주하는 곳으로 나아가 북쪽을 향하여 읍하고 남쪽을 향하여 서면 그제서야 활을 쏜다. ④ 활쏘기가 끝나면 활을 들고 남쪽을 향하여 읍한 다음 단을 내려와 자신의 자리로 돌아간다.

【이상은 사사가 활쏘기 시범을 보이는 의례이다】

三耦決、拾、執弓，搢三矢挾一个，立于西階之西，東面，北上. 司射升自西階，進當下射位，北面揖，南面立，乃射. 卒射，執弓，南面揖，降復位.

【右誘射】

(11) 삼우가 활을 쏘다[三耦射]

① 사사는 삼우의 동쪽으로 나아가 서쪽을 향하여 제 일우(一耦, 첫째 짝)에게 활쏘기를 명하고 그제서야 자신의 자리로 돌아온다. ② 제 일우는 나란히 앞으로 가서 서쪽 계단으로 단에 올라 사위(射位)를 마주하는 곳으로 나아간다. ③ 두 사람 모두 북쪽을 향하여 읍하고 남쪽을 향하여 선다.

④ 사사는 화살통의 서쪽으로 나아가 서되 북쪽을 향한 다음 집사자에게 석획자의 자리를 마련하도록 명한다. ⑤ 석획자는 왼쪽과 오른쪽 사람의 명부를 들고【왼쪽과 오른쪽에서 활을 쏘는 사람의 이름을 쓴 것이다. 《의례(儀禮)》에서는 녹중(鹿中, 사슴모양 산가지통)을 썼는데, 지금은 장부로 그것을 대신한다】, 동쪽을 향하고 앉아서 기다린다. ⑥ 사사는 자신의 자리로 돌아간다. ⑦ 제 일우는 그제야 활을 쏜다【상사(上射)가 화살을 쏘고 활을 낀 뒤에 하사(下射)가 화살을 쏜다. 삼우와 빈과 주인과 나머지 여러 우(耦)들의 활쏘기도 모두 이와 같다】.

⑧ 화살이 과녁에 명중하면 획자(獲者)는 깃발을 들고 북을 울리며, 명중하지 못하면 깃발을 눕히고 징을 울린다【아래의 경우도 이와 같다】.

⑨ 석획자는 명중한 화살 수를 기록할 때 장부에 획을 그어 넣는다【가장자리를 맞추면 1획을 긋고 정곡(正鵠)을 맞추면 2획을 긋는다. 삼우(三耦)와 빈과 주인과 중빈이 쏘았을 때 명중한 화살 수 세는 방법도 모두 이와 같다】.

⑩ 활쏘기가 끝나면 두 사람 모두 활을 들고 남

司射進三耦之東, 西面, 命第一耦射, 乃復位. 第一耦俶行, 升自西階, 進當射位, 俱北面揖, 南面立.

司射進立于楅西北面, 命執事者設釋獲者位, 釋獲者執左右簿【書左右射人姓名,《儀禮》用鹿中, 今以簿代之】, 東面坐而俟. 司射復位, 第一耦乃射【上射發矢挾弓, 而後下射發矢. 三耦及賓、主、衆耦之射竝倣此】.

中則獲者擧旌鳴鼓, 不中則偃旌鳴鉦【下倣此】.

釋獲者記其中, 畫于簿【中邊則一畫, 中鵠則二畫. 三耦及賓、主、衆賓射皆釋獲倣此】.

卒射, 俱執弓, 南面揖, 降

설치된 과녁과 획자들((대사례의궤), 규장각한국학연구원)

쪽을 향하여 읍하고 단에서 내려가 자신의 자리로 돌아간다. ⑪ 제 이우(二耦)와 제 삼우(三耦)도 순서대로 단(壇)에 올라 활을 쏜다. ⑫ 활쏘기가 끝나면 단에서 내려가 다시 자신의 자리로 돌아가니, 모두 제일우가 했던 의례와 같다.

【이상은 삼우가 활을 쏘는 의례이다】

(12) 빈과 주인이 활을 쏘다[賓主人射]

　① 찬인은 주인을 인도하여 동쪽 계단으로 단에서 내려와 단의 동쪽으로 가도록 한다. ② 찬인은 빈을 인도하여 서쪽 계단으로 단에서 내려와 단의 서쪽으로 가도록 한다. ③ 두 사람 모두 활깍지를 끼고, 활팔찌를 차고, 활을 든 다음 화살 3개는 허리띠 오른쪽에 꽂고 화살 1개는 시위에 메긴다. ④ 준은 빈을 따라 단에서 내려가 단의 서쪽에서 활을 쏠차례를 기다린다.

復位. 第二耦、第三耦以次升射. 卒射, 降復位, 竝如第一耦儀.

【右三耦射】

贊引導主人, 降自阼階, 詣壇東. 贊引導賓, 降自西階, 詣壇西. 俱決、拾、執弓, 搢三矢挾一个. 僕從賓以降, 待射于壇西.

⑤ 주인은 동쪽 계단으로 단에 올라 하사(下射)의 위치와 마주하는 곳으로 나아간다. ⑥ 빈은 서쪽 계단으로 단에 올라 상사(上射)의 위치와 마주하는 곳으로 나아간다. ⑦ 두 사람 모두 북쪽을 향하여 읍하고 남쪽을 향하여 선 다음 그제야 활을 쏜다. ⑧ 활쏘기가 끝나면 두 사람 모두 활을 들고 남쪽을 향하여 읍한다. ⑨ 빈은 단에서 내려가 단의 서쪽으로 가고, 주인은 단에서 내려가 단의 동쪽으로 간다. ⑩ 두 사람 모두 활깍지와 활팔찌를 빼고, 활을 풀어놓은 다음 다시 단에 올라 자신의 자리로 가서 앉는다.

主人升自阼階, 進當下射位. 賓升自西階, 進當上射位. 俱北面揖, 南面立, 乃射. 卒射, 俱執弓, 南面揖. 賓降詣壇西, 主人降詣壇東. 俱說決, 拾, 釋弓, 還升復位坐.

【이상은 빈과 주인이 활을 쏘는 의례이다】   【右賓主人射】

(13) 준과 중빈이 활을 쏘다[僎與衆賓射]

① 사사는 단의 서쪽으로 가서 중빈 중에서 활쏘기를 할 차례를 정하고 재예(才藝)가 비슷한 사람끼리 중우(中耦)의 짝을 짓는다. ② 준이 만약 활쏘기에 참여한다면 중빈 가운데 사(士)와 짝을 짓는다. ③ 두 사람 모두 활깍지를 끼고, 활팔찌를 차고, 활을 든 다음 화살 3개는 허리띠의 오른쪽에 꽂고 화살 1개는 시위에 메긴다. ④ 그 다음 삼우(三耦)의 남쪽으로 나아가 선다.

司射詣壇西, 選次衆賓中應射人才相近者, 以比衆耦. 僎若與射, 則與衆賓中士爲耦. 俱決, 拾, 執弓, 搢三矢挾一个. 進立于三耦之南.

⑤ 준과 그의 짝이 먼저 서쪽 계단으로 단에 오른다. ⑥ 준은 하사(下射)의 위치와 마주하는 곳으로 나아간다. ⑦ 그의 짝은 상사(上射)의 위치와 마주하는 곳으로 나아간다. ⑧ 두 사람 모두 북쪽을 향하여 읍하고 남쪽을 향하여 선 다음 그제야 활을 쏜

僎與其耦先由西階升. 僎進當下射位, 其耦進當上射位. 俱北面揖, 南面立, 乃射. 卒射, 俱執弓, 南面揖.

다. ⑨ 활쏘기가 끝나면 두 사람 모두 활을 들고 남쪽을 향하여 읍한다.

⑩ 준은 단에서 내려가 단의 서쪽으로 가서 활깍지와 활팔찌를 빼고, 활을 풀어놓은 다음 다시 단에 올라 자신의 자리로 돌아간다. ⑪ 준의 짝은 단에서 내려가 자신의 자리로 돌아간다. ⑫ 중우(衆耦)가 차례대로 단에 올라 활을 쏜다. ⑬ 활쏘기가 끝나면 단에서 내려와 자신의 자리에 돌아간다. 이는 모두 삼우(三耦)가 했던 의례와 같다.

僎降詣壇西, 說决、拾, 釋弓, 還升復位. 僎之耦降復位. 衆耦以次升射. 卒射, 降復位, 竝如三耦儀.

【이상은 준과 중빈이 활을 쏘는 의례이다】

【右僎與衆賓射】

(14) 활쏘기에서 진 사람들에게 술을 마시게 하다[飲不勝者]

① 사마(司馬)는 화살을 가져와 4개씩 묶음을 만들 것을 명하니, 모두 처음에 행했던 의례와 같이 한다. ② 사사는 활을 놓고 석획자의 남쪽에 나아가 서고 북쪽을 향하여 석획자에게 장부를 살펴서 과녁을 맞힌 수를 헤아리라고 명한다【과녁을 맞힌 수를 헤아리는 방법은 삼우와 빈과 주인과 중빈이 맞힌 것을 합하여 전체를 헤아린다. 이때 오직 좌사(左射)와 우사(右射)만 나누고 각각의 우(耦)를 구분하지 않는다】. ③ 사사는 그제야 자신의 자리로 돌아간다.

司馬命取矢乘矢, 竝如初儀, 司射釋弓, 進立于釋獲者之南, 北面, 命釋獲者按簿計量【計畫之法, 合三耦及賓、主、衆賓而統計之, 惟分左右, 不分各耦】, 乃復位.

④ 석획자는 장부를 들고 서쪽 계단으로 단에 올라 빈에게 고한다. 만약 우사가 이겼으면 "우사가 좌사보다 더 잘 쏘았습니다."라 하고, 좌사가 이겼으면 "좌사가 우사보다 더 잘 쏘았습니다."라 하고, 좌사

釋獲者執簿升自西階, 告于賓. 右勝則曰"右賢於左", 左勝則曰"左賢於右", 左右均則曰"左右均", 降復

와 우사가 똑같다면 "좌사와 우사가 똑같습니다."라 한 뒤, 단에서 내려와 자신의 자리로 돌아간다.

⑤ 사사는 집사자에게 서쪽 계단 위의 서쪽에서 약간 북쪽으로 술잔받침대[豐]를 놓으라고 명한다. ⑥ 집사자 1명은 술동이가 있는 곳으로 가서 술잔을 들고 술잔받침대의 북쪽으로 간다. 남쪽을 향하여 앉은 다음, 술잔받침대에 술잔을 놓는다. ⑦ 다른 1명은 술주전자를 들고 앞의 집사자를 따라가 술잔에 술을 채운다.

⑧ 사사는 활을 들고 삼우의 동쪽으로 나아가 서쪽을 향한 다음 삼우와 중우 가운데 이긴 사람에게 명한다. ⑨ 그러면 이긴 사람은 명에 따라 활깍지와 활팔찌를 차고 시위를 얹은 활을 든다. ⑩ 이기지 못한 사람은 모두 활깍지와 활팔찌를 빼고 시위를 벗긴 활을 든다. ⑪ 사사는 자신의 자리로 돌아간다. ⑫ 삼우와 중우 가운데 이기지 못한 사람은 단의 서쪽으로 가서 활깍지와 활팔찌를 빼고 시위를 벗긴 활을 들어 자신의 자리로 돌아간다. ⑬ 사사는 삼우의 동쪽에 나아가 서쪽을 향한 다음, 이기지 못한 사람들에게 단에 올라 술을 마실 것을 명한 뒤, 그제야 자신의 자리로 돌아간다.

⑭ 제 일우가 서쪽 계단으로 단에 오르면 이긴 사람은 약간 동쪽에 선다. ⑮ 이기지 못한 사람은 술잔받침대 앞으로 가서 북쪽을 향하여 앉는다. ⑯ 이어서 왼손으로 활을 들고 오른손으로 술잔을 든 다음 일어나서 약간 뒤로 물러난다. ⑰ 선 채로 술을 마셔 술잔의 술을 다 비우고, 앞으로 나아가 앉아서

位.

司射命執事者設豐于西階上之西少北, 執事者一人詣尊所, 取觶詣豐北南面坐, 奠于豐. 一人取酒注從之, 實酒于觶.

司射執弓, 進三耦之東, 西面, 命三耦及衆耦勝者, 仍決·拾, 執張弓, 不勝者皆說決·拾, 執弛弓. 司射復位. 三耦及衆耦之不勝者詣壇西, 說決·拾, 執弛弓, 還復位. 司射進三耦之東, 西面, 命升飲, 乃復位.

第一耦升自西階, 勝者少東立, 不勝者進當豐前, 北面坐, 左執弓, 右取觶, 興少退, 立飲, 卒觶, 進坐奠觶于豐, 興揖. 勝者·不勝者俱降自西階. 勝者復位, 不

술잔을 술잔받침대 위에 놓고 일어나 읍한다. ⑱ 이긴 사람과 이기지 못한 사람은 모두 서쪽 계단으로 단에서 내려온다. ⑲ 이긴 사람은 자신의 자리로 돌아간다. ⑳ 진 사람은 단의 서쪽으로 가서 활깍지와 활팔찌를 차고 시위를 얹은 활을 들어 자신의 자리로 돌아간다.

㉑ 제 이우와 제 삼우와 중우는 순서대로 단에 올라 술을 마신 다음 단에서 내려와 자신의 자리로 돌아가니, 모두 제 일우가 했던 의례와 같이 한다【한우(耦)가 단에 오를 때마다 집사자는 술주전자를 들고 술잔에 술을 채운다】.

㉒ 빈과 주인과 준 가운데 이기지 못한 사람이 있으면 집사자가 술잔에 술을 채워 이기지 못한 사람의 자리 앞으로 나아가서 술잔을 준다. ㉓ 이때 이기지 못한 사람은 일어나서 술잔을 받고 서쪽 계단 위로 가서 북쪽을 향한 다음 선 채로 술을 마셔 술잔의 술을 다 비운 뒤에 술잔을 집사자에게 준다. ㉔ 집사자는 술잔받침대 위에 술잔을 되돌려 놓는다. ㉕ 이기지 못한 사람은 자신의 자리로 돌아온다【준이 술을 마시면 그 짝은 단에 오르지 않고, 준의 짝이 이기지 못했으면 활깍지를 빼고, 활팔찌를 빼고, 시위를 벗긴 활을 들고, 혼자서 단에 올라 술을 마신다】.

㉖ 술 마시기가 모두 끝나면 집사자는 술잔받침대를 거두고 술잔을 가지고 술동이가 있는 곳에 되돌려 놓는다. ㉗ 사사는 삼우의 동쪽에 나아가서 서쪽을 향하여, 삼우에게 번갈아 화살을 집어들 것을 명한다. ㉘ 삼우가 차례대로 화살통과 마주한 곳으

勝者詣壇西, 決、拾、執張弓, 復位.

第二耦、第三耦、衆耦以次升飮, 降復位, 竝如第一耦儀【每一耦升, 執事者執酒注實觶】.

賓、主人、僕有不勝者, 則執事者實酒于觶, 進授于不勝者席前. 不勝者興受觶, 詣西階上, 北面, 立飮, 卒觶, 以觶授執事者, 還奠于豐. 復位【僕飮則其耦不升, 僕之耦不勝, 則說決、拾執弛弓, 特升飮】.

飮畢, 執事者徹豐取觶, 還奠于尊所. 司射進三耦之東, 西面, 命拾取矢, 三耦以次進當福前, 拾取矢, 搢三挾一个, 復位【賓、主

승부를 겨룬 뒤에 벌주를 마시는 모습(《대사례의궤》, 규장각한국학연구원)

로 나아간 다음 화살을 번갈아 집어들어 3개의 화
살은 허리띠의 오른쪽에 꽂고 1개는 시위에 메긴 뒤,
자신의 자리로 돌아간다【빈·주인·준의 화살은 제
삼우의 하사가 번갈아 집어들어 집사자에게 준다.
그러면 집사자는 주인의 화살을 단의 동쪽에 기대어
놓고 빈·준의 화살을 단의 서쪽에 기대어 놓는다】.

及僎之矢, 第三耦下射拾
取以授執事者, 倚于壇之
東西】.

㉙ 중우는 차례대로 화살통과 마주한 곳으로 나
아간 다음 번갈아 화살을 집어들고 자신의 자리로
돌아간다. 이는 모두 삼우가 행했던 의례와 같이 한
다. ㉚ 삼우와 중우는 모두 단의 서쪽으로 가서 활깍
지와 활팔찌를 빼고 활과 화살을 놓는다. ㉛ 사마는
집사자에게 화살통을 물리라고 명하고, 획자(獲者)
에게는 과녁을 치우고 징과 북을 치우라고 명한다.
㉜ 사사는 석획자에게 왼쪽과 오른쪽의 장부를 물리

衆耦以次進當楅前, 拾取
矢, 復位, 並如三耦儀. 三
耦及衆耦皆詣壇西, 說決、
拾, 釋弓矢. 司馬命執事
者退楅, 命獲者去侯去鉦、
鼓. 司射命釋獲者退左右
筭, 司馬還爲司正.

라고 명한다. ㉝ 사마는 다시 사정의 역할이 된다.

【이상은 활쏘기에 진 사람이 술을 마시는 의례이
다】

【右飮不勝者】

(15) 연회를 하다[燕]

① 찬인은 주인을 인도하여 동쪽 계단으로부터 단
에서 내려가 서쪽을 향하여 서도록 한다. ② 찬인은
빈을 인도하여 서쪽 계단으로부터 단에서 내려가도
록 한다. ③ 준은 빈을 따라 단에서 내려간 다음 빈
과 준은 동쪽을 향하며 북쪽을 상석으로 하여 선다.

④ 주인이 읍하면 빈이 답례로 읍한다. ⑤ 두 사
람 모두 향학(鄕學)의 당(堂)으로 나아간다. ⑥ 준과
그 이하의 사람들은 모두 빈을 따라 순서대로 나아
가 향학의 문 밖에 이른다. ⑦ 주인이 읍하면 빈이
답례로 읍한다. ⑧ 주인은 문으로 들어가 동쪽에 선
다. ⑨ 빈 이하는 문으로 들어가 서쪽에 선다.

⑩ 계단에 이르러 주인과 빈은 3번 사양한다.
⑪ 주인은 동쪽 계단으로 당에 오른다. ⑫ 빈은 서쪽
계단으로 당에 오른다. ⑬ 준과 중빈으로 60세 이상
인 사람은 빈을 따라 순서대로 당에 올라 모두 자신
의 자리로 나아가 앉는다. ⑭ 사정과 찬인과 중빈으
로 50세 이하인 사람은 각각 자신의 자리에 앉는다.

⑮ 집사자는 당 위와 당 아래의 각 자리에 그릇
[豆, 두]145을 진설한다. 나이 60세인 사람에게는 그릇

贊引導主人, 降自阼階, 西
面立. 贊引導賓, 降自西
階. 僎從賓以降, 東面, 北
上立.

主人揖, 賓答揖, 俱詣學
堂. 僎以下從賓序行, 至學
門外. 主人揖, 賓答揖. 主
人入門而東, 賓以下入門而
西.

及階, 主人與賓三讓. 主人
升自阼階, 賓升自西階, 僎
及衆賓六十以上從賓序升,
俱就位坐. 司正, 贊引及衆
賓五十以下, 各於其位坐.

執事者設豆于堂上、堂下各
位. 六十者三豆, 七十者四

---

145 그릇[豆, 두]: 음식을 담는 그릇의 일종. 굽이 높고 뚜껑이 있다.

두(豆)(국립고궁박물관)

3개, 70세인 사람에게는 그릇 4개, 80세인 사람에게는 그릇 5개, 90세인 사람에게는 그릇 6개【빈·주인·준은 모두 그릇 6개이다】, 나머지 사람들은 모두 그릇 2개이다. ⑯ 술은 3번 돌린다.

豆, 八十者五豆, 九十者六豆【賓、主人、僎竝六豆】, 餘皆二豆. 行酒三遍.

【이상은 연회를 하는 의례이다】

【右燕】

(16) 그릇을 치우고 빈이 나가다[徹豆賓出]

① 집사자는 모두 나아가 그릇을 거둔다. ② 빈이 일어난다. ③ 주인과 준과 중빈이 모두 일어난다【당 아래에 있는 사람들도 일어난다】. ④ 주인은 읍한다. ⑤ 빈은 답례로 읍한다. ⑥ 찬인이 빈을 인도하면 빈은 서쪽 계단으로 당에서 내려간다. ⑦ 준이하는 모두 빈을 따라 내려간다. ⑧ 찬인이 주인을 인도하면 주인은 동쪽 계단으로 당에서 내려간 다음 문을 나가 동쪽으로 가서 서쪽을 향하여 선다. ⑨ 빈 이하는 문을 나가 서쪽으로 가서 동쪽을 향하

執事者齊進徹豆. 賓興, 主人及僎、衆賓皆興【在堂下者亦興】. 主人揖. 賓答揖. 贊引導賓, 降自西階. 僎以下皆從賓以降. 贊引導主人, 降自阼階, 出門而東, 西面立. 賓以下出門而西, 東面, 南上立. 主人揖. 賓以下皆答揖退.

되, 남쪽을 상석으로 하여 선다. ⑩ 주인은 읍한다.
⑪ 빈 이하는 모두 답례로 읍하고 물러간다.

　【이상은 그릇을 치우고 빈이 나가는 의례이다】　【右徹豆賓出】《楓石集》
《풍석전집(楓石全集)》[146]

향례지 권제2 끝　　　　　　　　　　　　　　　　鄕禮志卷第二

146《楓石全集》〈金華知非集〉卷9 "雜著" '題新定鄕飮鄕射儀', 251~255쪽.

3

향례지 권제 3

鄉禮志 卷第三

임원십육지 90

林園十六志九十

I. 통례(通禮)

일반적으로 자기보다 20살 이상 많으면 존자(尊者)이고, 자기보다 10살 이상 많으면 장자(長者)이다. 길에서 사창계 계원인 존자를 뵈면 말에서 내린다【존자가 말에 타고 있으라고 강하게 청하면 말 위에서 고개를 숙이고 엎드린다】. 일반적으로 존자를 뵈면 반드시 절을 하고, 장자를 뵈면 공손히 읍(揖)을 한다【동네에서 자기보다 15살 많은 사람에게도 절을 한다】.

- I -

통례

通禮

1 향약(鄕約)

1. 향약(鄕約)[1]

鄕約

1) 증손여씨향약(增損呂氏鄕約)[2]

일반적으로 향촌의 규약은 4가지이다. 첫째는 덕(德)과 업(業) 서로 권하기(덕업상권), 둘째는 잘못 서로 규제하기(과실상규), 셋째는 예에 맞는 풍속으로 서로 사귀기(예속상교), 넷째는 환난(患難, 근심과 재난)을 서로 구호하기(환난상휼)이다.

여러 사람이 나이 많고 덕 있는 사람[齒德者, 치덕자] 1명을 추천하여 도약정(都約正, 향약의 총 책임자)으로 삼고, 학문과 덕행이 있는 사람[學行者, 학행자] 2명을 부약정(副約正)으로 삼아 도약정을 보좌하도록 한다. 향약 회원 중에서 1개월에 1명씩 돌아가며 직월(直月, 간사)을 삼는다【여기에 도약정과 부약정은 참여하지 않는다】.

향약에는 장부[籍] 3개를 둔다. 일반적으로 향약에 들어오기를 원하는 사람들을 장부 1개에 기록하고, 덕과 업(業)이 볼 만한 사람들을 다른 장부 1개

增損呂氏鄕約

凡鄕之約四:一曰德業相勸, 二曰過失相規, 三曰禮俗相交, 四曰患難相恤.

衆推有齒德者一人, 爲都約正, 有學行者二人副之. 約中月輪一人爲直月【都、副正不與】.

置三籍. 凡願入約者書于一籍, 德業可觀者書于一籍, 過失可規者書于一籍,

---

1 향약(鄕約) : 향촌사회의 자치 규약. 조선에서는 이황(李滉)·이이(李珥)에 의하여 본격적으로 실시되었다.
2 증손여씨향약(增損呂氏鄕約) : 중국 남송(南宋)의 주희(朱熹, 1130~1200)가 증보·가감한 여씨향약(呂氏鄕約). 주자증손여씨향약(朱子增損呂氏鄕約)이라고도 한다. 여씨향약은 북송(北宋) 때 남전(藍田)의 여대충(呂大忠, 1020~1096), 여대방(呂大防, 1027~1097), 여대균(呂大鈞, 1029~1080), 여대림(呂大臨, 1042~1092) 등 여씨 4형제가 최초로 실시한 향약이다.

주자증손여씨향약언해(朱子增損呂氏鄕約諺解. 증손여씨향약의 언해본)(국립중앙박물관)

에 기록하며, 잘못을 규제할 만한 사람들을 또 다른 장부 1개에 기록하여 직월이 관리한다. 월말이면 직월이 그 내용을 약정(도약정·부약정)에게 알리고 그 다음 직월에게 인계해 준다.

直月掌之. 月終則以告于 約正, 而授于其次.

1-1) 덕(德)과 업(業) 서로 권하기(덕업상권)

덕(德)이란 다음과 같은 덕목을 말한다. 좋은 일을 보면 반드시 행하고, 자신의 잘못을 지적하는 말을 들으면 반드시 고친다. 또 자신의 몸을 잘 관리하고, 자신의 집안을 잘 관리하며, 부형(父兄, 부모와 형·누나)을 잘 섬기고, 자제(子弟, 자식과 동생)를 잘 가르치며, 노비를 잘 다룬다. 명령할 때는 엄숙하게 잘 하고, 연장자나 윗사람을 잘 모시며, 친척이나 친구들과 화목하게 지내고, 친구를 잘 골라서 사귀며, 청렴과 절개를 잘 지킨다. 은혜를 널리 베풀고, 의지해야 할 사람을 잘 받아주며, 환난을 잘 구호하고, 다른 사람을 착하게 살도록 잘 이끌며, 다른 사람의 잘못을 잘 규제한다. 다른 사람을 위하여 일을

德業相勸

德, 謂見善必行, 聞過必改, 能治其身, 能治其家, 能事父兄, 能敎子弟, 能御童僕, 能肅政敎, 能事長上, 能睦親故, 能擇交遊, 能守廉介, 能廣施惠, 能受寄託, 能救患難, 能導人爲善, 能規人過失, 能爲人謀事, 能爲衆集事, 能解鬪爭, 能決是非, 能興利除害, 能居官擧職.

잘 도모하고, 여러 사람을 위해 일을 잘 이루며, 싸움을 잘 화해시키고, 잘잘못을 잘 판단한다. 이로운 일을 잘 벌이고 해로운 일을 잘 마무리하며, 공직에 있을 때는 직무를 잘 수행한다.

업(業)이란 다음과 같은 덕목을 말한다. 집에 있을 때는 부형을 섬기고, 자제를 가르치고, 처첩(부인과 첩)을 응대하며, 밖에 있을 때는 연장자나 윗사람을 모시고, 친구와 사귀고, 후배를 가르치고, 노비를 다루는 일이다. 또한 독서하고 농사를 짓고, 가문을 경영하고 다른 사람을 구제하며, 법령을 경외하여 잘 지키고 삼가 조세(세금)를 내는 일까지도 해당한다. 예(禮)·음악·활쏘기·수레 몰기·글씨 쓰기·계산 등 육예(六藝)의 부류를 좋아하는 일은 모두 해도 괜찮지만, 이러한 부류가 아닌 일을 좋아하면 모두 이로움이 없다.

業, 謂居家則事父兄, 敎子弟, 待妻妾 ; 在外則事長上, 接朋友, 敎後生, 御僮僕. 至于讀書治田, 營家濟物, 畏法令, 謹租賦. 好禮、樂、射、御、書、數之類, 皆可爲之, 非此之類, 皆爲無益.

이상의 덕과 업은 향약을 함께 하는 사람들이 각각 자발적으로 나아가 수양하기도 하고 서로 권장하기도 한다. 향약 회원들이 모이는 날에는 서로 덕업을 잘 실천한 사람을 추천하고 장부에 기록하여 실천을 잘 하지 못한 사람들에게 경고를 주고 권장한다.

右件德業, 同約之人各自進修, 互相勸勉. 會集之日, 相與推擧其能者, 書于籍, 以警勵其不能者.

1-2) 잘못 서로 규제하기(과실상규)

잘못이란 도리를 어긴 잘못 6가지, 향약을 어긴 잘못 4가지, 수양하지 않는 잘못 5가지를 말한다.

過失相規

過失, 謂犯義之過六、犯約之過四、不修之過五.

(1) 도리를 어긴 잘못

① 술주정·노름·싸움·소송

【술주정은 멋대로 술을 마시고 시끄럽게 떠드는 일이고, 노름은 도박으로 재물을 거는 일이다. 싸움은 다투면서 욕설을 하는 일이고, 소송은 다른 사람의 죄악을 고발하되, 남을 해치려는 마음을 품고 무고한 일로 소송을 다투어 그만둘 수 있는데도 그만두지 않는 일이다. 만약 사건에 연루되어 죄를 뒤집어쓰거나 다른 사람의 모함을 받아서 소송한다면 이 경우는 해당하지 않는다】

② 행동거지가 예에 지나치거나 법을 위반한 경우

【예에 지나치고 법을 위반하여 사람들이 미워하는 경우가 모두 이것이다】

③ 행실이 공손하지 않은 경우

【나이 많고 덕 있는 사람을 모욕하는 경우, 다른 사람의 장단점을 꼬투리로 잡는 경우, 자신의 강함을 믿고 다른 사람을 능욕하는 경우, 잘못을 알면서도 고치지 않는 경우, 충고를 듣고도 잘못을 더욱 심하게 하는 경우】

④ 말이 진실되지 않고 믿음직스럽지 않은 경우

【다른 사람을 위하여 일을 도모할 때 그 사람을 나쁜 지경에 빠뜨리거나, 다른 사람과 중요한 약속을 하고서 물러나는 즉시 배반하거나, 일의 사정을 거짓되게 말하여 청중에게 혼란을 일으키는 경우】

⑤ 말을 지어내어 다른 사람을 무고하여 해치는 경우

【다른 사람의 잘못을 무고하여 없는 일을 있다고

犯義之過：

一曰酗、博、鬪、訟,

【酗, 謂縱酒喧競；博, 謂賭博財物；鬪, 謂鬪毆罵詈；訟, 謂告人罪惡, 意在害人, 誣賴爭訴, 得已不已者. 若事干負累及爲人侵損而訴之者非】

二曰行止踰違,

【踰禮違法衆惡皆是】

三曰行不恭遜,

【侮慢齒德者, 持人短長者, 恃強凌人者, 知過不改, 聞諫愈甚者】

四曰言不忠信,

【或爲人謀事, 陷人於惡；或與人要約, 退即背之；或妄說事端, 熒惑衆聽者】

五曰造言誣毁,

【誣人過惡, 以無爲有, 以

하거나, 작은 일을 크다고 하거나, 앞에서는 옳다고 하나 뒤에서는 틀리다 하거나, 남을 조롱하는 시나 익명의 글을 지어 그 사람이 사적으로 감춘 일을 드러내기까지 하거나, 확인할 수 있는 증거가 없는데도 다른 사람의 옛 잘못을 즐겨 입에 담기까지 하는 경우】

⑥ 사적인 이익을 매우 심하게 탐하는 경우

【다른 사람과 물건을 바꾸면서 지나치게 이익을 남기려는 경우, 성공에만 힘쓰면서 다른 사람의 사정을 불쌍히 여기지 않는 경우, 별다른 이유 없이 돈을 빌려달라고 요구하기를 좋아하는 경우, 다른 사람이 맡긴 것을 받아놓고 속이는 경우】

(2) 향약을 어긴 잘못

① 덕(德)과 업(業) 서로 권하지 않는 경우.

② 잘못 서로 규제하지 않는 경우.

③ 예에 맞는 풍속으로 서로 사귀지 않는 경우.

④ 환난 서로 구호하지 않는 경우.

(3) 수양하지 않는 잘못

① 적합하지 않은 사람과 사귀는 경우

【사귀는 사람은 사족(士族)이나 서인(庶人)으로 제한하지 않는다. 다만 성격이 흉악하면서 놀기만 하고 게을러서 좋은 행실이 없으며, 많은 사람들이 함께 어울리지 않으려는[不齒] 사람일 뿐인데도 아침저녁으로 그와 어울린다면, 이것이 적합하지 않은 사람과 사귀는 경우이다. 만약 부득이하게 잠시 왕래

小爲大, 面是背非, 或作嘲詠匿名文書, 及發揚人之私隱, 無狀可求, 及喜談人之舊過者】

六曰營私太甚.

【與人交易, 傷於掊克者; 專務進取, 不恤餘事者; 無故而好干求假貸者, 受人寄托而有所欺者】

犯約之過:

一曰德業不相勸.

二曰過失不相規.

三曰禮俗不相交.

四曰患難不相恤.

不修之過:

一曰交非其人,

【所交不限士庶. 但凶惡及游惰無行, 衆所不齒者而已, 朝夕與之遊處則爲交非其人. 若不得已而暫往還者非】

한 경우는 이 경우가 아니다】

② 할 일 없이 놀고[游戲] 게으른[怠惰] 경우

【유(游)는 별다른 이유 없이 들락거리고 사람들이나 만나며, 힘써야 할 일은 멈추고 빈둥거리는 경우를 말한다. 희(戲)는 놀고 웃는 일에 정도가 없고, 다른 사람을 모욕하는 데 뜻을 두거나, 간혹 말을 타며 격구(擊鞠)³를 하거나 도박으로 재물을 거는 경우를 말한다. 태타(怠惰)는 생업에 힘쓰지 않고, 집안일을 돌보지 않으며 집 주변이 깨끗하지 않은 경우를 말한다】

二曰游戲怠惰,

【游, 謂無故出入及謁見人, 止務閑適者. 戲, 謂戲笑無度及意在侵侮, 或馳馬擊鞠, 而博賭財物者. 怠惰, 謂不修事業及家事不治, 門庭不潔者】

③ 행동에 예의(禮儀)가 없는 경우

【나아가고 물러나는 행동거지가 지나치게 거칠고 세련되지 않으며 공손하지 않은 경우, 말을 하지 말아야 하는데 말을 하거나, 말을 해야 하는데 말을 하지 않는 경우, 의관(옷과 관)을 지나치게 화려하게 꾸미거나 의관 전체가 완전하게 정돈되지 않은 경우, 의관을 제대로 갖추지 않고 저자거리로 나가는 경우를 말한다】

三曰動作無儀,

【謂進退太疏野及不恭者, 不當言而言及當言而不言者, 衣冠太華飾及全不完整者, 不衣冠而入街市者】

④ 일을 대할 때 삼가지 않는 경우

【일을 주관하면서 망쳐놓거나 자기 책임을 잊어버리거나, 모임을 약속했는데 시간에 늦거나, 일을 대할 때 게으른 경우】

四曰臨事不恪,

【主事廢忘, 期會後時, 臨事怠慢者】

⑤ 씀씀이를 절제하지 않는 경우

【소유한 재산을 헤아리지 않고 지나치게 사치하거나 낭비하는 경우, 가난함을 편안히 받아들이지

五曰用度不節.

【謂不計有無, 過爲侈費者; 不能安貧, 非道營求者】

---

3 격구(擊鞠) : 말을 타고 이동하면서 큰 막대기로 공을 치는 운동을 말한다.

못하고 옳지 않은 방법으로 이익을 구하는 경우를
말한다】

　이상의 잘못은 향약을 함께 하는 사람들이 각각
스스로 성찰하고 서로 규제하고 경계한다. 잘못이
작으면 은밀하게 타이르고, 크면 여러 사람이 공개
적으로 훈계한다. 그래도 듣지 않으면 회원들이 모
이는 날에 직월이 약정에게 알리고, 약정은 의리(義
理)로 가르치고 일깨운다. 잘못을 사과하고 고치겠
다고 약속하면 장부에 적고서 기다려 준다. 향약의
조치에 말다툼을 해가며 변명하고 승복하지 않는
경우와 끝내 개선의 여지가 없는 경우는 모두 그들
에게 향약을 나가도록 처리한다.

右件過失, 同約之人, 各自
省察, 互相規戒. 小則密規
之, 大則衆戒之. 不聽則
會集之日, 直月以告于約
正, 約正以義理誨諭之. 謝
過請改則書于籍以俟. 其
爭辨不服與終不能改者,
皆聽其出約.

1-3) 예에 맞는 풍속으로 서로 사귀기(예속상교)

　예에 맞는 풍속으로 사귈 때의 조목은 ① 어른과
어린 사람의 순서를 짓는 일이고, ② 상대를 방문할
때 절하고 읍하는 일이며, ③ 상대를 초청하여 마중
하고 배웅하는 일이고, ④ 상대의 경조사에 경축하
거나 조문하며 적당한 선물을 보내는 일이다.

禮俗相交

禮俗之交, 一曰尊幼輩行,
二曰造請拜揖, 三曰請召
送迎, 四曰慶弔贈遺.

(1) 어른과 어린 사람의 순서는 모두 5등급이다.
　① 존자(尊者)【자기보다 20살 이상 많으면서 아버
지 항렬에 있는 사람을 말한다】.
　② 장자(長者)【자기보다 10살 이상 많으면서 형의
항렬에 있는 사람을 말한다】.
　③ 적자(敵者)【위아래로 10살이 차이나지 않는 사

尊幼輩行, 凡五等.
曰尊者【謂長於己二十歲以
上, 在父行者】.
曰長者【謂長於己十歲以
上, 在兄行者】.
曰敵者【謂年上下不滿十歲

복두(幞頭)(국립민속박물관)

람을 말한다. 나보다 나이가 많으면 초장자(稍長者)라 하고, 적으면 초소자(稍少者)라 한다】.

④ 소자(少者)【자기보다 10살 이상 적은 사람을 말한다】.

⑤ 유자(幼者)【자기보다 20살 이상 적은 사람을 말한다】.

(2) 상대를 방문할 때 뵙고 절하고 읍하는 일은 모두 3조목이다.

① 일반적으로 소자나 유자는 존자나 장자에게 1월 1일, 동지(冬至), 1·4·7·10월(4계절의 첫날)의 1일에 찾아뵙고 하례할 때 모두 예의로 뵌다【모두 붉은 종이에 쓴 명함[門狀]을 지참하고 복두(幞頭)[4]·관복[公服]·허리띠·가죽신·홀(笏)[5]을 갖춘다. 관직이 없는 사람은 명함[名紙]을 지참하고 복두·난삼(襴

者, 長者爲稍長, 少者爲稍少】.

曰少者【謂少於己十歲以下者】.

曰幼者【謂少於己二十歲以下者】.

造請拜揖, 凡三條.

曰凡少者、幼者, 於尊者、長者, 歲首、冬至、四孟月朔, 辭見賀謝, 皆爲禮見【皆具門狀, 用幞頭、公服、腰帶、靴笏. 無官具名紙, 用幞頭、襴衫、腰帶、

4　복두(幞頭) : 의례에서 격식을 갖추기 위해 착용하는 관.
5　홀(笏) : 관리가 관복을 갖춰입고 손에 지니는 물건. 수판(手板)이라고도 한다. 옥이나 상아, 나무 등으로 만드는데 왕의 홀은 옥으로 만들며 규(圭)라 하였다. 원래는 왕의 교지를 적는 실용적인 용도를 띤 것이었으나 후에는 단순한 의례용으로 제도화되었다.

衫)⁶·허리띠·계혜(繫鞋, 끈을 매는 가죽신)를 갖춘다. 오직 1·4·7·10월에만 모자·조삼(皁衫, 검은색 예복)·허리띠를 모두 갖춘다. 일반적으로 예를 행해야 하는데 우환[差故]이 생기면 모두 먼저 사람을 시켜 뵐 분께 그 사정을 아뢴다. 더러 비나 눈이 오면 존자나 장자는 먼저 사람을 시켜 하례하러 오려는 사람에게 오지 말라고 알린다】.

이 밖에 일상생활에 대해서 안부를 묻거나, 의심난 문제를 여쭙거나, 일을 아뢰거나, 초청받은 곳에 가는 일은 모두 정해진 날이 없이 평소에 찾아뵙는[燕見] 것이다【심의(深衣)⁷나 양삼(涼衫)⁸ 모두 입을 수 있으며 존자나 장자가 벗으라고 명하면 벗는다】.

존자는 소자나 유자의 하례를 받아도 답례하지

繫鞋. 唯四孟通用帽子、皁衫、腰帶. 凡當行禮而有差故, 皆先使人白之. 或遇雨雪, 則尊長先使人諭止來者】.

此外候問起居, 質疑白事及赴請召, 皆爲燕見【深衣、涼衫皆可, 尊長令免卽去之】.

尊者受謁不報【歲首、冬至

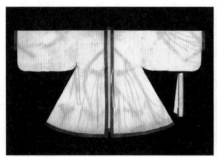

심의(국립민속박물관)

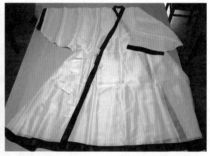

《섬용지·복식도구·심의제도》에 따라 재현한 심의를 펼친 모습
(임원경제연구소)

6 난삼(襴衫):중국에서 유래한 선비의 예복. 조선 시대에는 가장자리가 둥근 형태가 주류였다.
7 심의(深衣):조선 시대 유학자들의 의례복과 일상복. 《임원경제지 섬용지》2, 풍석문화재단, 2016, 55~96쪽에 심의의 제도에 관한 설명이 자세히 보인다.
8 양삼(涼衫):중국 남송 시대 사대부의 흰색 평상복. 본래는 최복(衰服)을 벗고 입는 상복(喪服)이었으나, 남송(南宋) 이래로 평상복이 되었다.

않는다【1월 1일과 동지에는 존자 자신의 명함[名榜子]을 지참하여 자제에게 답례하게 하는데, 존자와 복식을 같게 한다】.

장자는 1월 1일과 동지에 명함을 지참하여 소자나 유자에게 답례하게 하는데, 장자와 복식을 같게 한다. 1월 1일과 동지의 하례가 아닌 나머지 경우에는 장자 자신의 명함으로 자제에게 답례를 대행하게 한다. 일반적으로 적자는 1월 1일과 동지에 찾아뵙고 하례할 때 서로 직접 오간다【문장(門狀, 사대부들의 명함)이나 명함[名紙]의 이용 사례는 위와 같다. 다만 복장으로는 모자만 쓴다】.

일반적으로 존자나 장자가 특별한 일 없이 소자나 유자의 집에 갈 때는 다만 평소의 복식을 한다【심의·양삼·도포·배자(背子, 덧옷)를 입으면 된다. 적자가 평소에 찾아뵐 때도 그러하다】.

② 일반적으로 존자나 장자를 찾아뵐 때는 문 밖에서 말에서 내린 다음 밖에 있는 옷 갈아입는 곳[次, 임시거처]에서 기다린 뒤라야 이름을 알린다【일반적으로 사람을 찾아뵐 때는 문에 들어가서 반드시 주인이 식사했는지를 묻고, 다른 손님이 있는지를 묻고, 다른 일이 있는지를 묻는다. 그래서 방해되지 않는다는 사실을 알았으면 그제야 명함을 드리라고 이르고, 방해되는 일이 있으면 조금 기다리거나 물러간다. 아래의 경우도 모두 이와 같다】.

주인은 주인의 명을 받든 사람에게 먼저 문 밖에 나가 손님을 마중하도록 하고, 손님은 그를 따라 종종걸음으로 들어온다. 무(廡, 곁채) 사이에 이르면 주

具己名榜子, 令子弟報之, 如其服】.

長者歲首、冬至具榜子報之, 如其服. 餘令子弟以己名榜子代行. 凡敵者歲首、冬至辭見賀謝相往還【門狀、名紙同上. 唯止服帽子】.

凡尊者、長者無事而至少者、幼者之家, 唯所服【深衣、涼衫、道服、背子可也. 敵者燕見, 亦然】.

曰:凡見尊者、長者, 門外下馬, 俟於外次, 乃通名【凡往見人, 入門必問主人食否, 有他客否, 有他幹否. 度無所妨, 乃命展刺, 有妨則少俟或且退. 後皆倣此】.

主人使將命者先出迎客, 客趨入. 至廡間, 主人出, 降階. 客趨進, 主人揖之, 升

인이 나가 계단을 내려간다. 손님이 종종걸음으로 주인에게 나아가면 주인은 읍하고 당에 오른다. 날짜가 정해진 예로 뵐[禮見] 때는 4번 절한 다음 앉고, 평소에 뵐 때[燕見]는 절하지 않는다.

堂. 禮見四拜而後坐, 燕見不拜.

【여러 사람이 뵐 때는 모두 절한다. 이때 소자나 유자는 각자 1열을 만들어서 한다. 유자가 절하면 주인은 꿇어앉아 손을 바닥에 짚고, 소자가 절하면 주인은 꿇어앉아 손을 바닥에 짚고 답례로 반절을 한다. 만약 존자나 장자의 나이와 덕이 소자나 유자와 매우 많은 차이가 나면 소자나 유자는 절을 받으시라고 굳게 청한다. 존자가 이를 허락하면 존자는 서서 절을 받고, 장자가 이를 허락하면 장자는 꿇어앉아 손을 바닥에 짚는다. 소자나 유자는 절을 마쳤으면 읍하고 물러난다. 하지만 주인이 앉으라고 명하면 소자와 유자는 사례를 마친 다음 읍하고 앉는다】

【旅見則旅拜. 少者、幼者自爲一列. 幼者拜則跪而扶之, 少者拜則跪扶而答其半. 若尊者、長者齒德殊絶, 則少者、幼者堅請納拜. 尊者許則立而受之, 長者許則跪而扶之. 拜訖則揖而退. 主人命之坐, 則致謝訖, 揖而坐】

손님이 물러가면【일반적으로 서로 찾아 뵐 때 주인이 말을 마치고 다시 말 할 기미가 없으면 물러갈 것을 고한다. 또는 주인에게 피곤한 기색이 있거나, 이때 다른 일을 처리하여 기다리는 사람이 있으면 모두 물러간다고 고해야 좋다. 아래의 경우도 모두 이와 같다】주인은 무(廡)의 아래쪽에서 손님을 배웅한다. 만약 주인이 손님에게 말에 오르라고 명하면 3번 사양한다. 그래서 주인이 손님의 사양을 허락하면 손님은 읍하고 물러나 대문에서 나간 다음에라야 말에 오른다. 주인이 허락하지 않으면 그 명에 따라 말에 오른다.

退【凡相見, 主人語終不更端, 則告退. 或主人有倦色, 或方幹事而有所俟者, 皆告退可也. 後皆倣此】則主人送于廡下. 若命之上馬則三辭. 許則揖而退, 出大門乃上馬. 不許則從其命.

일반적으로 적자를 찾아뵐 때는 문 밖에서 말에

凡見敵者, 門外下馬, 使

서 내리고, 사람을 시켜 이름을 알린 다음 무(廡)의 아래쪽이나 청(廳, 방과 방 사이에 있는 큰 마루) 옆에서 기다린다. 날짜가 정해진 예로 뵐 때는 2번 절하고【초소자(稍少者, 나이가 적은 사람)가 먼저 절한다. 여러 사람이 찾아와 뵐 때는 1번만 절한다】, 손님이 물러가려고 하면 주인은 계단으로 가서 손님에게 말에 오르라고 청한다【손님이 도보로 가는 경우면 주인은 문 밖에서 손님을 배웅한다】.

　일반적으로 소자 이하를 방문할 때는 먼저 사람을 보내 이름을 알린다. 주인은 의관을 갖추어 손님을 기다린다. 손님이 문에 들어와 말에서 내리면 주인은 종종걸음으로 나가 손님을 마중하여 읍하고 함께 당에 오른다. 와서 답례하는 경우라면 2번 절하여 사례한다【손님이 절을 하지 말라 하면 하지 않는다】. 손님이 물러갈 때는 계단으로 가서 말에 오른다【손님이 도보로 오면 대문 밖에서 마중한다. 배웅도 이와 마찬가지로 하되, 이때는 손님 뒤로 몇 걸음 따라가고, 손님이 읍하면 따라가기를 멈춘다. 손님이 멀리 가는 것을 바라보다가 그제야 집으로 들어간다】.

　③ 일반적으로 존자나 장자를 길에서 뵈었을 때 피차가 모두 걸어가고 있으면 종종걸음으로 나아가서 읍한다. 존자나 장자가 말을 하면 대답하고 그렇지 않으면 길옆에 서서 기다린다. 존자나 장자가 지나간 뒤에야 읍하고 가던 길을 간다. 혹시 모두 말을

人通名, 俟于廡下或廳側. 禮見則再拜【稍少者先拜, 旅見則特拜】, 退則主人請就階上馬【徒行則主人送于門外】.

凡見[1]少者以下, 則先遣人通名, 主人具衣冠以俟. 客入門下馬則趨出, 迎揖, 升堂. 來報禮則再拜謝【客止之則止】. 退則就階上馬【客徒行則迎于大門之外. 送亦如之, 仍隨其行數步, 揖之則止, 望其行遠乃入】.

曰凡遇尊長於道, 皆徒行則趨進, 揖. 尊長與之言則對, 不則立於道側以俟. 尊長已過, 乃揖而行. 或皆乘馬, 於尊者則回避之, 於長

---

[1] 見: 저본에는 없음.《晦庵先生朱文公文集·雜著·增損呂氏鄉約》에 근거하여 보충.

타고 갈 때 존자를 만났으면 말을 피해드리고, 장자를 만났으면 길옆에 말을 세우고 읍한 다음 장자가 지나가기를 기다렸다가 그제야 읍하고 길을 간다.

　만약 자신은 걸어가고 존자나 장자가 말을 탔으면 피해드린다【일반적으로 걸어가다가 말을 타고 가는 지인을 만났을 때는 모두 이와 같이 한다】. 만약 자신은 말을 타고 가는데 존자나 장자가 걸어가는 상황에서 멀리서 이 분을 보았으면 말에서 내리고 그 앞으로 가서 읍을 한다. 존자나 장자가 자신을 피할 때도 그렇게 한다. 존자나 장자가 지나가 멀어지고 나서야 말에 오른다. 만약 존자나 장자가 말에 타라고 명하면 굳게 사양한다.

　적자를 만났을 때 모두 말을 타고 있으면 길을 나누어 서로 읍하고 지나간다. 상대방이 걸어가면서 미처 나를 피하지 못했다면 말에서 내려서 읍하고, 상대방이 지나가면 말에 오른다.

　소자 이하를 만났을 때 모두 말에 타고 있고 상대방이 미처 나를 피하지 못했으면 읍하고 지나간다. 상대방이 걸어가면서 미처 나를 피하지 못했으면 말에서 내려 읍한다【유자를 만났으면 굳이 내리지 않아도 된다】.

(3) 상대를 초대하여 마중하고 배웅하는 일은 모두 4조목이다.

　① 일반적으로 존자나 장자를 초대하여 음식을 대접할 때는 직접 가서 초대장을 드린다【예를 간소하게 할 때는 굳이 초대장을 드리지 않아도 된다. 다

者則立馬道側揖之, 俟過, 乃揖而行.

若己徒行, 而尊長乘馬, 則回避之【凡徒行遇所識乘馬者, 皆倣此】. 若己乘馬, 而尊長徒行, 望見則下馬前揖, 己避亦然. 過旣遠, 乃上馬. 若尊長令上馬, 則固辭.

遇敵者, 皆乘馬則分道相揖而過. 彼徒行, 而不及避, 則下馬揖之, 過則上馬.

遇少者以下, 皆乘馬, 彼不及避, 則揖之而過. 彼徒行, 不及避, 則下馬揖之【於幼者則不必下可也】.

請召迎送, 凡四條.

日凡請尊長飮食, 親往投書【禮薄則不必書. 專召他客, 則不可兼召尊長】. 旣

른 손님만을 초대하면 존자나 장자를 함께 초대할 수 없다】. 존자나 장자가 초대 자리에 왔으면 주인은 다음날 직접 가서 사례한다.

적자를 초대할 때는 서신으로 하고, 초대 자리에 온 다음날 서로 사람을 시켜 사례한다. 소자를 초대할 때는 손님의 명단으로 하고, 다음날 손님이 직접 주인에게 가서 사례한다.

② 일반적으로 모임에 모일 때 모두 향인(鄕人, 향촌 사람)이면 나이 순서대로 앉는다【사족(士族)이 아니면 그렇게 하지 않는다】. 만약 친척이 있으면 별도의 친족 서열대로 한다. 만약 다른 손님 중에 벼슬한 사람이 있으면 벼슬 순서대로 앉는다【서로 거리끼지 않는다면 나이 순서대로 앉는다】.

만약 높은 벼슬[異爵]을 가진 사람이 있으면 비록 그가 그 향촌사람이더라도 나이 순서대로 앉지 않는다【'높은 벼슬'은 명을 받은 사대부 이상을 뜻하지만, 지금은 조회에 참여하는 관원을 말한다】.

만약 특별히 초대했거나 위로하는 자리나 전별(餞別)⁹할 때는 모두 오로지 주빈으로 초대된 사람이 상객(上客, 상손님)이 된다. 만약 혼례일 때는 인가(姻家, 사돈 집안)가 상객이 된다. 이런 경우는 모두 나이나 벼슬로 순서를 정하지 않는다.

③ 일반적으로 연회에서 처음 앉을 때는 두 기둥 사이에 따로 탁자를 설치하고, 그 위에 큰 잔을 놓

來赴, 明日親往謝之.

召敵者, 以書簡, 明日交使相謝 ; 召少者, 用客目, 明日客親往謝.

日凡聚會, 皆鄕人則坐以齒【非士類則不】. 若有親則別敍, 若有他客, 有爵者則坐以爵【不相妨者, 坐②以齒】.

若有異爵者, 雖鄕人亦不以齒【"異爵", 謂命士大夫以上, 今陞朝官是】.

若特請召, 或迎勞出餞, 皆以專召者爲上客. 如婚禮則姻家爲上客, 皆不以齒爵爲序.

日凡燕集, 初坐, 別設卓子於兩楹間, 置大杯於其

---

9 전별(餞別) : 떠나는 사람을 위로하기 위해 보내는 쪽에서 잔치를 열어 예를 갖춰 작별하는 자리.
② 坐 : 《晦庵先生朱文公文集 · 雜著 · 增損呂氏鄕約》에는 "猶".

는다. 주인이 자리에서 내려가 탁자 동쪽에 서서 서쪽을 향하면, 상객도 자리에서 내려가 탁자 서쪽에 서서 동쪽을 향한다. 주인은 잔을 잡고 직접 씻고 상객은 사양한다. 주인은 탁자 위에 잔을 놓은 다음 직접 술주전자를 잡고 술을 따른다. 주인이 술잔[器]을 집사자(執事者)에게 주면 이어서 집사자는 잔을 잡고 상개에게 올린다. 상객은 잔을 받아 다시 탁자 위에 놓는다.

주인이 서쪽을 향하여 2번 절하면, 상객은 동쪽을 향하여 2번 절하고 일어나 술을 가지고 동쪽을 향하여 꿇어앉아 고수레하고 나서 술을 마신다. 상객이 잔을 찬자(贊者)에게 주고 나서 절하면 주인이 답례로 절한다【만약 소자 이하가 상객일 때 술을 마시고 나서 절하면 주인은 평상시처럼 꿇어앉아 절을 받는다】.

상객이 앞의 의례처럼 주인에게 술잔을 돌리면, 주인은 그제야 중빈(衆賓)에게 앞의 의례처럼 술을 올리되, 오직 술을 올리기만 하고 절하지 않는다【만약 중빈 중에 나이가 많으면서 벼슬한 사람이 있으면 특별히 상객의 의례처럼 술을 올린다. 이때 주인에게 잔을 돌리지는 않는다】. 만약 혼례 모임에 인가가 상객이 되면 비록 소자라도 그의 절에 답례로 절한다.

④ 일반적으로 멀리 나가거나 멀리서 돌아온 사람이 있으면 그를 마중하거나 배웅한다. 소자나 유자가 마중하거나 배웅할 때는 5리를 넘지 않으며, 적자가 마중하거나 배웅할 때는 3리를 넘지 않는다. 각자 한 곳에서 모이기로 약속한 뒤 예(禮)에 맞게 절

上. 主人降席, 立於卓東, 西向 ; 上客亦降席, 立於卓西, 東向. 主人取杯親洗, 上客辭. 主人置杯卓子上, 親執酒斟之, 以器授執事者, 遂執杯以獻上客. 上客受之, 復置卓子上.

主人西向再拜, 上客東向再拜, 興, 取酒東向跪祭, 遂飮. 以杯授贊者, 遂拜, 主人答拜【若少者以下爲客, 飮畢而拜, 則主人跪受如常】.

上客酢主人如前儀, 主人乃獻衆賓如前儀, 唯獻酒不拜【若衆賓中有齒爵者, 則特獻如上客之儀, 不酢】. 若婚會, 姻家爲上客, 則雖少亦答其拜.

曰凡有遠出、遠歸者, 則迎送之. 少者, 幼者不過五里, 敵者不過三里. 各期會於一處, 拜揖如禮. 有飮食則就飮食之. 少者以下, 俟

하고 읍한다. 음식이 있으면 나아가서 음식을 먹는다. 소자 이하가 멀리 나가거나 멀리서 돌아왔을 때는 돌아올 때를 기다렸다가 또한 그 집에 가서 안부를 묻는다.

其既歸, 又至其家省之.

(4) 상대의 경조사에 경축하거나 조문하며 적당한 선물을 보내는 일은 모두 4조목이다.

慶弔贈遺, 凡四條.

① 일반적으로 같은 향약 회원에게 길사(吉事)가 있으면 경축하고【자식의 관례(冠禮), 자식을 낳았을 때, 관직에 천거되었을 때, 과거에 급제했을 때, 관직에 나아갔을 때와 같은 일의 종류는 모두 하례할 만하다. 혼례에는 비록 하례하지 않는다고 하지만, 《통전(通典)》〈예(禮)〉에 "결혼하는 사람에게 하례한다."[10]라 했다. 대개 하객을 대접하는 데 드는 비용을 물건으로 도울 뿐이다】, 흉사(凶事)가 있으면 조문한다【상례(喪禮)·장례(葬禮)·수재(水災)·화재(火災)와 같은 일의 종류이다】. 집집마다 가장 1명과 같은 향약 회원이 함께 참석하며, 서신[書問]도 참석자의 수와 함께 한다. 만약 가장에게 사정이 있거나, 경사나 흉사가 있는 사람과 서로 만날 수 없으면, 다음 지위의 사람이 담당한다.

曰凡同約有吉事則慶之【冠子、生子、豫薦、登弟、進官之屬, 皆可賀. 婚禮雖曰不賀, 然《禮》亦曰"賀娶妻者". 蓋但以物助其賓客之費而已】, 有凶事則弔之【喪葬、水火之類】. 每家長一人與同約者俱往, 其書問亦如之. 若家長有故, 或與所慶弔者不相接, 則其次者當之.

② 일반적으로 경사(慶事)의 예(禮)는 일상적인 의례(儀禮)대로 하고, 선물이 있다【선물은 비단[幣帛]·술·음식·과일과 같은 종류를 쓴다. 여러 사람이 의논하고 재력을 헤아려 액수를 정하는데, 많아도

曰凡慶禮如常儀, 有贈物【用幣帛、酒食、果實之屬. 衆議量力定數, 多不過三五千, 少至一二百. 如

---

10 결혼하는……하례한다:《通典》卷59〈禮〉19 "婚禮不賀議"(《文淵閣四庫全書》603, 722쪽).

3,000~5,000푼[分]을 넘지 않고, 적게는 100~200 푼이 된다.[11] 만약 친분의 정도가 다르면 그 정도를 따른다】. 간혹 경사가 있는 집의 재력이 부족하면 같은 향약 회원이 그를 위하여 기물을 빌려주고 행사를 대신 주관한다.

일반적으로 조문의 예는 초상(初喪)을 듣고 나서【초상은 문상(聞喪)과 같다】상주들이 아직 상복으로 갈아입지 않았으면 같은 향약 회원을 모아서 심의(深衣)를 입고 초상집에 가서 곡하고 조문한다【일반적으로 돌아가신 존자(尊者)를 조문할 때는 가장 높은 사람이 말을 하고 나서 모두 절한다. 적자이하를 조문할 때는 절하지 않는다. 상주가 절하면 답례로 절하는데, 상주가 소자 이하면 절하지 않고 바닥에 손을 짚기만 한다. 죽은 사람만 알고 살아있는 사람을 알지 못하면 조문하지 않고, 죽은 사람을 알지 못하면 곡하지 않는다】. 여기에 더하여 상례를 치루는 모든 일을 돕는다.

상주가 성복(成服)[12]을 했으면 서로 함께 모여 흰 복두(幞頭)·흰 난삼(襴衫)·흰 허리띠를 착용하고【모두 흰 생 사견(紗絹)[13]으로 만든다】, 술·과일·음식을 가지고 가서 올린다【죽은 사람이 적자(敵者) 이상이

情分厚薄不同, 則從其厚薄】. 或其家力有不足, 則同約爲之借助器用, 及爲營幹.

凡弔禮, 聞其初喪【聞喪同】, 未易服, 則率同約者深衣而往哭弔之【凡弔尊者則爲首者致辭而旅拜. 敵以下則不拜. 主人拜則答之, 少者以下則扶之. 不識生者則不弔, 不識死者則不哭也】. 且助其凡百經營之事.

主人既成服, 則相率素幞頭、素襴杉、素帶【皆以白生紗絹爲之】, 具酒、果、食物而往奠之【死者是敵以上

---

11 많아도……된다 : 돈의 단위를 확정할 확실한 근거는 찾지 못하지만, 당시의 일반적인 엽전 단위인 푼[分]으로 보는 것이 타당하다고 생각된다. 조선 시대 화폐단위에서 엽전 1닢을 1문(文) 혹은 1푼이라 했으며, 10푼을 1돈[錢], 10돈을 1냥(兩)이라 했다.

12 성복(成服) : 초상(初喪)이 난 뒤 4일 만에 처음으로 상복(喪服)을 착용하는 절차. 상복의 종류에는 참최(斬衰)·자최(齊衰)·대공(大功)·소공(小功)·시마(緦麻)의 5가지 복장이 있어서 형태와 옷감의 재료가 각기 다르다.

13 사견(紗絹) : 얇고 가벼운 비단과 명주실로 거칠게 짠 비단.

면 절하고 올리고, 적자 아래이면 올리기만 하고 절하지는 않는다. 상주가 성복하지 않았으면 조문하는 사람 또한 성복하지 않고, 상주가 곡하지 않으면 조문하는 사람 또한 곡하지 않는다. 죽은 사람과 정이 두터웠다면 비록 상주가 성복과 곡을 하지 않아도 또한 성복하고 곡한다. 부조[賻禮]는 돈이나 비단을 쓰며 여럿이 그 액수를 의논하는데, 이는 경사의 예와 같다】.

장례를 치를 때가 되면 또 서로 모여서 부조한다[賵]. 발인을 하면 소복을 입고 발인 행렬을 보낸다【봉(賵)은 부조[賻禮]와 같다. 술과 음식으로 일꾼들을 위로하거나 일을 맡아서 한다】. 졸곡(卒哭)[14]이나 소상(小祥)[15]이나 대상(大祥)[16]이 되면 모두 평상복을 입고 조문한다.

③ 일반적으로 상가에서는 술과 음식과 의복을 잘 갖추어 조문객을 대접하면 안 되고, 조문객도 이를 받아서는 안 된다.

④ 일반적으로 아는 사람의 상을 들었는데, 간혹 멀어서 조문갈 수 없으면 사람을 보내 부조를 올리고, 자신은 밖에 있는 옷 갈아 입는 임시 거처로 나아가 조복(弔服)을 입고 2번 절한 다음 곡을 하여 고인을 보낸다【매우 가까운 친족이나 돈독한 벗만 그렇게 한다】. 기년(朞年, 1년)이 지났으면 곡하지 않지

則拜而奠, 以下則奠而不拜. 主人不易服, 則亦不易服;主人不哭, 則亦不哭. 情重則雖主人不變不哭, 亦變而哭之. 賻禮用錢帛, 衆議其數, 如慶禮】.

及葬, 又相率致賵. 俟發引則素服而送之【賵如賻禮, 或以酒食犒其役夫及爲之幹事】. 及卒哭, 及小祥, 及大祥, 皆常服弔之.

曰凡喪家, 不可具酒食、衣服以待弔客, 弔客亦不可受.

曰凡聞所知之喪, 或遠不能往, 則遣使致奠, 就外次衣弔服, 再拜, 哭而送之【唯至親、篤友爲然】. 過朞年則不哭, 情重則哭其墓.

---

14 졸곡(卒哭):장례를 마치고 삼우제(三虞祭)를 지낸 뒤에 수시로 하는 곡을 그치는 제사.
15 소상(小祥):고인이 사망한 날로부터 1년이 되는 첫 기일에 행하는 상례의 한 절차.
16 대상(大祥):고인이 사망한 날로부터 만 2년이 되는 두 번째 기일에 행하는 상례의 한 절차.

만, 죽은 사람과 정이 두터웠다면 그 묘에 가서 곡
한다.

이상은 예에 맞는 풍속으로 서로 사귀는 일로, 직월이 주관한다. 직월은 날짜를 약속할 것이 있으면 날짜를 약속하고, 회원들이 모여야 할 경우에는 모임을 어기거나 모임에 늦지 않도록 독려한다. 일반적으로 향약대로 실행하지 않은 사람은 약정에게 알리고 꾸짖으며, 또 이런 사실을 장부[籍]에 적는다.

右禮俗相交之事, 直月主之. 有期日者爲之期日, 當糾集者督其違慢. 凡不如約者, 以告于約正而詰之, 且書于籍.

1-4) 환난 서로 구호하기(환난상휼)

환난에 속하는 일은 7가지이다.

① 수재(水災)와 화재(火災)

【피해가 작으면 사람을 보내 구제하고, 심하면 직접 가되, 사람을 많이 모아서 구제하고 위문한다】

② 도적

【가까이 있는 사람은 힘을 합쳐 도적을 쫓아가서 잡고, 힘이 있는 사람은 관청에 고한다. 도둑맞은 집이 가난하면 금품을 모아서 돕는다】

③ 질병

【병이 가벼우면 사람을 보내 문안하고, 심하면 의원과 약을 찾아준다. 병든 사람이 가난하면 치료할 비용을 돕는다】

④ 초상

【고인이 향약과 관계된 사람이면 장사지내는 일을 도와주고, 재물이 모자라면 부조하고 재물을 빌려준다】

患難相恤

患難之事七.

一日水火,

【小則遣人救之, 甚則親往, 多率人救且弔之】

二日盜賊,

【近者同力追捕, 有力者爲告之官司. 其家貧則爲之助出募賞】

三日疾病,

【小則遣人問之, 甚則爲訪醫藥. 貧則助其養疾之費】

四日死喪,

【關人則助其幹辨, 乏財則賻贈借貸】

⑤ 고아

【홀로 남겨져 의지할 데가 없는 사람이다. 만약 스스로 재물을 충당할 수 있으면 그를 위하여 일을 안배하고 처리하여 재물의 출납을 살펴준다. 관아에 알리거나, 가르칠 사람을 골라 가르쳐주거나,[17] 혼인할 사람을 구해주기도 한다. 그 아이가 가난하면 힘을 모아 구제하여 거처를 잃지 않도록 해준다. 만약 그 아이에게 해를 끼치거나 속이는 사람이 있으면 여러 사람이 힘껏 처리해준다. 만약 이 아이가 조금 자라서 탈선하거나 자신을 단속하지 않으면 또한 잘 보살펴주고 규율로 통제하여 옳지 않은 일에 빠지지 않도록 한다】

⑥ 억울한 무고

【잘못이 있는 것처럼 다른 사람에게 억울한 무고를 당하여 스스로 억울함을 해결할 수 없는 사람은 상황을 보아 관청에 보고할 수 있으면 그를 위하여 말해준다. 좋은 해결책이 있어 그를 구제하여 풀어줄 수 있으면 그를 위하여 풀어준다. 또는 그 집이 무고로 인하여 거처를 잃어버렸으면 여러 사람이 함께 재물을 내어 구제한다】

⑦ 가난

【가난함을 편안히 여기고 분수를 지키지만 사는 형편이 매우 넉넉하지 못한 사람은 여러 사람이 재

五曰孤弱,

【孤遺無依者, 若能自瞻, 則爲之區處, 稽其出內. 或聞于官司, 或擇人敎之, 及爲求婚姻. 貧者恊力濟之, 無令失所. 若有侵欺之者, 衆人力爲之辨理. 若稍長而放逸不檢, 亦防察約束之, 無令陷於不義】

六曰誣枉,

【有爲人誣枉過惡, 不能自伸者, 勢可以聞於官府, 則爲言之. 有方略可以救解, 則爲解之. 或其家因而失所者, 衆共以財濟之】

七曰貧乏.

【有安貧守分而生計大不足者, 衆以財濟之, 或爲之假

---

17 가르칠……가르쳐주거나 : 《주희집(朱熹集)》 권74 〈잡저(雜著)〉 "증손여씨향약(增損呂氏鄕約)" '환난상휼(患難相恤)'에는 "또는 가까운 친척이나 마을에 의탁할 만한 사람을 골라 책임지게 하여 다른 사람에게 기망을 당하는 일이 없게 해야 한다. 가르칠 만하면 가르칠 사람을 골라 가르쳐준다(或擇近親與隣里可託者主之, 無令人欺罔. 可敎者或擇人敎之)."라 했다.

물을 내어 구제하거나, 재물을 빌려주어 재산을 만들게 한 다음 차차 갚아 나가도록 한다】

貸置産, 以歲月償之】

　이상은 환난을 서로 구호하는 일이다. 일반적으로 구호해야 하는 사람이 있으면 그 집에서 약정에게 알리고, 사정이 급하면 같은 향약 회원 중에서 가까운 사람이 그 사람을 위해 약정에게 알리면, 약정은 직월에게 명해 향약 회원 모두에게 알리도록 한다. 또한 약정은 그 사람을 위해 향약 회원을 모으고 재물 모으기를 독려한다.

右患難相恤之事. 凡有當救恤者, 其家告于約正, 急則同約之近者爲之告約正, 命直月徧告之. 且爲之糾集而程督之.

　일반적으로 같은 향약 회원끼리는 재물·기물·수레·말·노비에 대해서 모두 있는 사람이 없는 사람에게 서로 빌려준다. 그러나 만약 급하지 않은 용도나 방해되는 일이 있다면 굳이 빌려줄 필요가 없다. 빌려줄 수 있는데도 빌려주지 않거나, 기일이 넘었는데도 돌려주지 않거나, 빌린 물건을 훼손시킨 사람은 향약을 어긴 잘못처럼 논죄하여 장부에 기록한다.

凡同約者, 財物、器用、車馬、人僕, 皆有無相假, 若不急之用及有所妨者, 則不必借. 可借而不借及踰期不還及損壞借物者, 論如犯約之過, 書于籍.

　이웃마을에 위급한 일[緩急]이라도 있으면 비록 같은 향약 회원이 아니라도 먼저 사정을 듣고 안 사람이 또한 구제하고 도와야 한다. 간혹 그 사람을 구제하여 도울 수 없으면 같은 향약 회원에게 알려 도울 방법을 모색한다. 이와 같은 일을 잘하는 사람이 있으면 또한 그 선행을 장부에 기록하여 향촌 사람들에게 알린다.

鄰里或有緩急, 雖非同約, 而先聞知者, 亦當救助. 或不能救助, 則爲之告于同約而謀之. 有能如此者, 則亦書其善於籍以告鄕人.

　이상의 향약4조(鄕約四條, 향약의 4가지 조목)는 본래

以上鄕約四條, 本出藍田

남전(藍田)의 여씨(呂氏)[18]에게서 나왔다. 이제 그 밖의 다른 책에서 취하고서 거기에 내 생각을 붙이고, 내용을 조금 더하거나 빼서 이 시대에 통하도록 했다.

또 매달 초 모임에서 향약을 읽는 의례는 아래와 같다.

일반적으로 향약에 참여하는 사람들은 매달 1일에 모두 모인다【1일에 사정이 생기면 기한 3일 전에 따로 하루를 정하고, 직월이 모일 사람들에게 알린다. 멀리 사는 사람은 각 계절의 첫 달 1일[孟朔]에만 모임에 가고, 더 멀리 사는 사람은 1년에 1~2번만 와도 된다】.

직월은 돈을 모아 음식을 갖춘다【사람마다 100~200푼을 넘지 않게 모은다. 각 계절의 첫 달 1일에는 술과 과일을 3순배 돌 수 있고, 밀가루 음식과 밥을 1번 먹을 만큼 갖춘다. 나머지 달에는 술과 과일을 빼며, 또는 밥만 차려도 된다】.

모이는 날에는 일찍 일어나 약정·부약정·직월이 본가에서 예(禮)를 올린다. 만약 모였던 친족이 파하면 이들은 모두 심의를 입고 향교에서 기다린다. 선성(先聖)과 선사(先師)의 초상을 북쪽 벽 아래에 설치하고【향교가 없으면 따로 넓고 한가한 곳을 고른다】, 먼저 나이 순서대로 동서(東序)에서 절한다【일반적으로 절할 때 존자는 꿇어앉아 바닥에 손을 짚고, 장자는 꿇어앉아 답례로 반절을 하고, 초장자

呂氏, 今取其他書及附己意, 稍增損之以通于今.

而又爲月朝集會讀約之禮如左方.

曰凡豫約者, 月朔皆會【朔日有故, 則前期三日別定一日, 直月報會者. 所居遠者, 惟赴孟朔, 又遠者, 歲一再至可也】.

直月率錢具食【每人不過一二百, 孟朔具酒、果三行、麵飯一會. 餘月則去酒、果, 或直設飯可也】.

會日夙興, 約正、副正、直月本家行禮. 若會族罷, 皆深衣俟于鄉校. 設先聖、先師之像于北壁下【無鄉校則別擇一寬閑處】, 先以長少叙拜於東序【凡拜, 尊者跪而扶之, 長者跪而答其半, 稍長者俟其俯伏而答之】.

18 남전(藍田)의 여씨(呂氏): 중국 남송의 학자인 여대충(呂大忠)·여대방(呂大防)·여대균(呂大鈞)·여대림(呂大臨) 4형제를 가리킨다.

는 상대가 엎드리는 것을 기다렸다가 답례하여 절
한다】.

같은 향약 회원은 같은 복장을 하고 향교에 온
다【사정이 생기면 1일 전에 사람을 시켜 직월에게
알린다. 향약 회원 가정의 자제는 비록 장부에 들어
가지 못했더라도 사람들을 따라 순서대로 절할 수
있다. 순서대로 절할 수 없는 경우라도 어른들을 모
시고 서서 예를 참관할 수 있다. 다만 음식을 먹는
모임에는 참여하지 않는다. 간혹 따로 돈을 모아 다
른 곳에다 간략하게 점심상을 차려주기도 한다】.

향약 회원들은 향교의 옷 갈아입는 곳[次]에서 기
다렸다가 향약 회원이 다 모이면 나이 순서대로 문
밖에 서되, 동쪽을 향하며 북쪽을 상석으로 한다.
먼저 와 있던 약정 이하는 문 밖으로 나가서 서쪽을
향하며 남쪽을 상석으로 한다【약정과 나이가 가장
많은 존자는 정면으로 서로를 마주한다】.

읍으로 마중하고 문으로 들어간다. 뜰 가운데에
이르면 북쪽을 향하고 모두 2번 절한다. 약정은 당
에 올라 향을 올리고 내려온 다음 자리에 있는 사
람들과 모두 2번 절한다【약정이 당에 오르내릴 때
는 모두 동쪽 계단을 통해 한다】. 이어서 읍한 다음
동서로 나누어 마주보고 선다【문 밖에서의 위치와
같다】.

약정은 3번 읍하고 손님인 존자는 3번 사양한다.
그런 다음 약정이 먼저 계단에 오르고 손님은 따라
간다【약정 이하 부약정과 직월은 동쪽 계단으로 올
라가고, 나머지 향약 회원은 서쪽 계단으로 올라간

同約者如其服而至【有故
則先一日使人告于直月. 同
約之家子弟, 雖未能入籍,
亦許隨衆序拜. 未能序拜,
亦許侍立觀禮. 但不與飮
食之會. 或別率錢, 略設點
心於他處】.

俟於外次. 既集, 以齒
爲序, 立於門外, 東向北
上. 約正以下出門, 西向南
上【約正與齒最尊者正相
向】.

揖迎, 入門. 至庭中, 北面,
皆再拜. 約正升堂上香,
降, 與在位者皆再拜【約正
升降, 皆自阼階】, 揖, 分東
西向立【如門外之位】.

約正三揖, 客三讓. 約正先
升, 客從之【約正以下升自
阼階, 餘人升自西階】. 皆
北面立【約正以下西上, 餘

다】. 모두 북쪽을 향하여 선다【약정 이하는 서쪽을 상석으로 하고, 나머지 향약 회원은 동쪽을 상석으로 한다】.

약정이 조금 나아가 서쪽을 향하여 서면 부약정과 직월이 차례대로 약정의 오른쪽에서 조금 물러난다. 직월은 존자를 인도하되 동쪽을 향하며 남쪽을 상석으로 하고, 장자를 안내하되 서쪽을 향하며 남쪽을 상석으로 한다【존자와 장자는 모두 약정의 나이를 기준으로 미루어 정한다. 이후에도 이와 같다. 서쪽을 향한 사람은 그 자리가 약정의 오른쪽에서 조금 나아가 있고, 나머지 향약 회원은 전과 같다】.

약정이 2번 절하면 자리에 있는 모든 사람도 모두 2번 절한다【이는 존자에게 절하는 것이다】. 존자는 의례(儀禮)대로 배례를 받고【오직 약정의 나이를 기준으로 배례를 받는 절목을 정한다】, 북쪽 벽 아래로 물러나 남쪽을 향하며 동쪽을 상석으로 하여 선다. 직월은 장자를 안내하되, 동쪽을 향하니, 처음 행한 예와 같다. 물러나면 존자의 서쪽에 서고, 동쪽을 상석으로 한다【이는 장자에게 절하는 것이다. 절할 때 오직 존자만 절하지 않는다】.

직월은 또 초장자(稍長者)를 안내하되, 동쪽을 향하며, 남쪽을 상석으로 한다. 약정과 함께 자리에 있는 사람들은 모두 2번 절한다. 초장자는 답례로 절한 다음 물러나 서쪽 담에 서서 동쪽을 향하며, 북쪽을 상석으로 한다【이는 초장자에게 절하는 것이다. 절할 때 존자와 장자는 절하지 않는다】.

직월은 또 초소자(稍少者)를 안내하되, 동쪽을 향

人東上】.

約正少進, 西向立, 副正、直月次其右, 少退. 直月引尊者, 東向南上, 長者西向南上【皆以約正之年推之, 後倣此. 西向者, 其位在約正之右少進, 餘人如故】.

約正再拜, 凡在位者皆再拜【此拜尊者】. 尊者受禮如儀【唯以約正之年爲受禮之節】, 退北壁下, 南向東上立. 直月引長者, 東面, 如初禮. 退則立於尊者之西, 東上【此拜長者. 拜時唯尊者不拜】.

直月又引稍長者, 東向南上. 約正與在位者皆再拜. 稍長者答拜, 退立于西序, 東向北上【此拜稍長者. 拜時尊者、長者不拜】.

直月又引稍少者東面北上,

하며, 북쪽을 상석으로 한 다음 약정에게 절하도록 한다. 약정이 답례로 절하면 초소자는 물러나 초장자의 남쪽에 선다. 직월이 다음으로 소자들을 차례대로 안내하되, 동북쪽을 향하며 서북쪽을 상석으로 한 다음 약정에게 절하도록 한다. 약정은 의례대로 배례를 받는다. 절한 사람은 각자의 자리로 돌아간다. 또 직월은 유자를 안내하기를 위와 같이 한다. 의례가 다 끝나면 읍하고 각자 옷 갈아 입는 곳[次]으로 나아간다【연배가 같아 예를 행하지 않은 사람은 서쪽 담에서 처음과 같이 절한다】.

조금 뒤에 약정은 읍하고 자리로 나아간다【약정의 자리는 당의 동쪽에 있고 남쪽을 향한다. 향약에서 나이가 가장 많은 존자의 자리는 당의 서쪽에 있고 남쪽을 향한다. 부약정과 직월은 약정의 동쪽 다음 자리이고, 남쪽을 향하며 서쪽을 상석으로 한다. 나머지 향약 회원은 나이 순서대로 동서로 마주보며 북쪽을 상석으로 한다. 만약 관직이 특별히 높은 사람이 있으면 존자의 서쪽에 앉되, 남쪽을 향하며 동쪽을 상석으로 한다】.

직월이 큰 소리로 향약을 1번 읽으면 부약정이 그 뜻을 자세히 설명하고, 회원 중 이해하지 못한 경우 질문을 허락한다. 이때 향약에서 선행을 한 사람이 있으면 여러 사람들이 추천하고, 잘못한 사람이 있으면 직월이 이들을 들추어낸다. 약정은 그 실상을 여러 사람들에게 물어본 다음 다른 의견이 없으면 그제야 직월에게 장부에 기록하도록 명한다. 직월이 이어서 선행을 기록한 장부를 1번 읽는다. 집

拜約正. 約正答之, 稍少者退立于稍長者之南. 直月以次引少者東北向, 西北上, 拜約正. 約正受禮如儀. 拜者復位. 又引幼者亦如之. 既畢, 揖, 各就次【同列未講禮者, 拜於西序如初】.

頃之, 約正揖就坐【約正坐堂東南向, 約中年最尊者坐堂西, 南向. 副正、直月次約正之東, 南向西上. 餘人以齒爲序, 東西相向, 以北爲上. 若有異爵者, 則坐於尊者之西, 南向東上】.

直月抗聲讀約一過, 副正推說其意, 未達者許其質問. 於是約中有善者, 衆推之;有過者, 直月糾之. 約正詢其實狀于衆, 無異辭, 乃命直月書之. 直月遂讀記善籍一過, 命執事以記過籍徧呈在坐, 各默觀一過.

사에게 명하여 잘못을 기록한 장부를 앉아 있는 사
람들에게 두루 보이면 각자 말없이 장부를 1번 살펴
본다.

　행사를 마치고 나면 그제야 음식을 먹고, 음식을
다 먹으면 잠시 쉬었다가 다시 당 위에서 모인다. 더
러는 책을 해설하거나, 활쏘기를 연습하면서 조용히
강론(講論)한다【강론은 반드시 유익한 일로 하며, 신
비하고 괴상하거나 삿되고 편벽되거나 거칠고 난잡
한 말을 뜬금없이 해서는 안 되고, 조정과 주(州)·현
(縣) 정치의 잘잘못을 사적으로 논의해서도 안 되고,
다른 사람의 잘못과 나쁜 일을 들추어내서도 안 된
다. 이를 위반할 경우 직월이 그들을 들추어내서 장
부에 기록한다】. 해질 무렵이 되어서야 물러난다.
《주자대전집(朱子大全集)[19]》[20]

既畢, 乃食, 食畢, 少休,
復會於堂上. 或說書, 或
習射, 講論從容【講論須有
益之事, 不得輒道神怪、邪
僻、悖亂之言, 及私議朝
廷、州縣政事得失, 及揚人
過惡. 違者直月糾而書之】.
至晡乃退.《朱子大全集》

19　주자대전집(朱子大全集) : 중국 남송의 학자 주희(朱熹, 1130~1200)의 문집. 본편 100권, 별집 11권, 속집
　　10권으로 되어 있다. 《회암선생주문공문집(晦庵先生朱文公文集)》·《주자문집대전(朱子文集大全)》 등으
　　로 불리다가, 남송 도종(度宗) 함순(咸淳) 원년(1265) 교정되어 《주자대전집》이라는 이름으로 간행되었다.
20　《晦庵先生朱文公文集》 卷74〈雜著〉 "增損呂氏鄕約"《朱子全書》24, 3594~3603쪽);《朱熹集》卷74〈雜
　　著〉 "增損呂氏鄕約"《朱熹集》7, 3903~3912쪽).

2) 사창계(社倉契)[21] 규약(사창계 약속)

일반적으로 사창계 내의 규약은 4가지이다. 첫째는 덕(德)과 업(業) 서로 권하기, 둘째는 잘못 서로 규제하기, 셋째는 예에 맞는 풍속으로 서로 사귀기, 넷째는 환난을 서로 구호하기이다.

社倉契約束

凡契中之約有四, 一曰德業相勸, 二曰過失相規, 三曰禮俗相交, 四曰患難相恤.

2-1) 덕(德)과 업(業) 서로 권하기(덕업상권)

덕과 업이란 다음과 같은 뜻이다. 부모에게 효도한다.

【효(孝)란 다음과 같은 종류를 말한다. 진실한 마음으로 부모를 아껴 맛있는 음식을 얻으면 모두 부모님께 바친다. 부모의 뜻을 받들고 잘 따라서 감히 어기거나 거스르지 않는다. 항상 공경하고 응대할 때는 반드시 순하게 해야 한다. 자기 재산을 아끼지 않고 부모가 쓸 돈을 드린다. 부모에게 병이 있으면 근심하고 걱정하기를 조금도 느슨하게 하지 않으며 반드시 그 약(藥)을 구하여 마음을 다해 치료한다. 부모의 상(喪)을 당해서는 슬픔을 다하여 예(禮)에 맞게 상례를 치르며, 제사를 지낼 때 정성을 다한다.

서인(庶人, 평민)이나 천민의 경우는 부모의 기일에 지방(紙榜)[22]을 써서 제사를 지낸다. 사명일(四名日)[23]

德業相勸

德業, 謂孝於父母,

【孝, 謂實心愛親, 所得甘旨, 皆以奉親, 承順其志, 不敢違逆, 常時恭敬, 應對必順, 不惜己財, 任親之用, 父母有病, 憂念不弛, 必求其藥, 盡心救療, 臨喪盡哀, 守制以禮, 祭祀以誠之類.

庶賤則父母忌日, 書紙榜以祭. 四名日祭于墓, 無墓則

---

21 사창계(社倉契):조선 시대 각 지방 군현의 촌락에 설치한 사창(社倉) 단위에서 꾸린 민간협동체. 상부상조와 친목 등의 목적으로 만들어진 제도로, 향촌 자체의 민간 빈민 구호기관의 성격을 지녔다. 이 내용은 《율곡전서(栗谷全書)》 권16 〈잡저(雜著)〉 "사창계약속(社倉契約束)"에 자세히 보인다.

22 지방(紙榜):종이에 글을 써서 만든 신주(神主).

23 사명일(四名日):설, 한식, 단오, 추석의 4명절.

설날 차례 지내는 모습(국립민속박물관)

제사상에 올린 지방(국립민속박물관)

에는 묘소에서 제사를 지낸다. 묘소가 없으면 또한 지방을 써서 제사를 지낸다. 부모에게 효도하는 나머지 일은 위와 같다】

나라에 마음을 다한다[忠].

【충(忠)이란 정성을 다하여 임금을 섬기고, 자신의 직분을 지켜 공무에 봉사하며, 자신의 몸을 잊고 나라에 바치는 종류를 말한다.

하인의 경우는 정성으로 상전(上典, 주인)을 섬기며 감히 조금이라도 속이거나 숨기는 일이 없도록 하고, 상전이 일을 시키면 분주히 그 일을 수행하여 힘든 일을 꺼리지 않으며, 얻은 물건은 모두 반드시 상전에게 올려야 한다는 등의 종류를 말한다】

형제 자매 사이에 우애한다.

【우(友)는 같은 부모에게서 태어난 형제 자매가 서로 아끼고, 있는 물건을 통하여 쓰며, 얻은 음식을 반드시 나누어 먹고, 모든 일에 서로 도와주어 한몸과 다름이 없게 하는 등의 종류를 말한다】

윗사람을 공경한다.

【연장자를 공경할 때, 상대가 20세 이상 나이가

亦書紙榜以祭. 餘孝親之事則同上】

忠於國家,

【忠, 謂盡誠事君, 守職奉公, 忘身許國之類.

下人則事上典以誠, 不敢少有欺隱, 有所使令, 奔走服役, 不憚勤苦, 凡有所得之物, 必欲獻于上典之類】

友于兄弟,

【友, 謂同生相愛, 有無相通, 所得飮食, 必與分食, 凡事相救助, 無異一身之類】

弟于長上,

【謂恭敬年長者, 二十歲以

많으면 뵐 때 반드시 절을 하고, 10세 이상 나이가 많으면 감히 '너'나 '자네'라고 하지 않는 등의 종류를 말한다.

하인의 경우는 장자를 앞의 경우와 같이 공경해야 한다. 또 사족(士族)[24]을 공경해야 하니, 사족을 보면 아는 사람이건 모르는 사람이건 간에 반드시 절을 하고, 말을 주고받을 때 공손하게 해야 한다. 만약 하인이 소나 말을 타고 있으면 반드시 내려서 길 옆에 꿇어앉는다. 모든 일에 거만하지 말아야 하며, 비록 같은 사창계 계원이 아닐지라도 그를 대할 때는 모두 이와 같이 해야만 한다】

남녀 사이에 예의를 지킨다.

【남편과 아내가 서로 공경하여 서로 싸우거나 비난하지 않고, 또 너무 무람 없이 가까이 지내지도 않으며, 그렇다고 아내를 함부로 대하지도 않는 등의 종류를 말한다.

하인의 경우는 감히 다른 사람의 아내나 딸을 간음(姦淫)하지 않으며, 마을 안에서 남녀가 오가는 길에서 만나면 서로 피해 가고, 서로 너무 가까이 지내지 않는 등의 종류를 말한다】

말은 반드시 마음을 다하고 믿음직스러워야 하고, 행동은 반드시 독실하고 공경히 해야 하며,[25] 분

長, 則見之必拜, 十歲以長, 則不敢爾汝之類.

下人則敬長者如右, 而又恭敬士族, 見士族則知與不知間, 必拜, 言語恭遜. 若騎牛馬, 則必下跪于路側. 凡事無慢, 雖非同契, 待之皆當如此】

男女有禮,

【謂夫妻相敬, 不相鬪詰, 且不昵狎, 亦不疏薄之類.

下人則不敢淫姦他人妻女, 里中男女路次相遇, 則相避而行, 不相親狎之類】

言必忠信, 行必篤敬, 懲忿窒慾, 見善必行, 聞過必

---

24 사족(士族) : 문벌이 좋은 집안. 또는 그 자손.
25 말은……하며 : 《논어》〈위령공〉편에 소개된 구절이다. 자장이 행동에 대하여 묻자 공자께서 말씀하셨다. "말이 마음을 다하고 믿음직스러우며, 행동을 독실하고 공경히 한다면, 비록 오랑캐의 나라에도 통할 것이지만, 말이 마음을 다하지 않고 믿음직스럽지 않으며, 행동을 독실하지도 공경히 하지도 않으면 비록 시골마을인들 어찌 통하겠는가?(子張問行, 子曰 : 言忠信, 行篤敬, 雖蠻貊之邦行矣 ; 言不忠信, 行不篤敬, 雖州里行乎哉?)"

노는 누그러뜨리고 욕망은 막아야 하며, 선행을 보면 실천하고, 자신의 잘못에 대해서 들었으면 반드시 고치며, 친척과 화목하게 지내며, 이웃과 사이좋게 지내야 한다.

【친척을 아끼고, 이웃 마을과 화합하며, 있는 재물을 서로 간에 빌려주며, 병이 들거나 환난이 있으면 서로 구호하는 등의 종류를 말한다】

자식을 가르칠 때는 제대로 된 방법으로 한다.

【자식을 가르칠 때는 반드시 선행으로 하여, 자식이 자신의 몸을 닦고, 하는 일에 부지런히 힘쓰게 하며, 감히 노닥거리거나 멀리 나가 놀게 하지 않아야 한다. 만약 다른 사람과 서로 비난하면 그 옳고 그름을 막론하고 반드시 자기 자식을 매질하여 꾸짖는 등의 종류를 말한다】

하인을 부릴 때는 법도가 있어야 하고, 가난해도 청렴과 절개를 지켜야 하며, 부유해도 예의와 겸양을 좋아해야 하고, 다른 사람의 물건을 탐내지 않는다.

【다른 사람의 물건을 보고도 터럭만큼의 욕심도 내지 않고, 길에 만약 떨어진 물건이 있으면 반드시 그 주인을 찾아 주는 일 등을 말한다】

일을 부지런히 한다.

【자기의 일과 다른 사람의 일 모두 마음을 다하고 힘을 써서 감히 게을리하거나 소홀히 하지 않는 등의 종류를 말한다】

규약을 잘 실천해야 한다.

【사창계 내의 규약과 명령을 하나하나 잘 따라

改, 睦族交鄰,

【謂愛族黨, 和鄰里, 有無相假貸, 疾病患難, 相救助之類】

敎子有方,

【謂敎子必以善行, 使之修身勤事, 不敢嬉遊. 若與人相詰, 則勿論曲直, 必撻詬其子之類】

御下有法, 貧守廉介, 富好禮讓, 不貪他物,

【謂見人之物, 不生毫髮欲心, 路中若有遺棄之物, 則必推其主而給之】

能勤事功,

【謂己事他事, 皆盡心用力, 毋敢怠忽之類】

能踐約信,

【謂契中約令, 一一遵行,

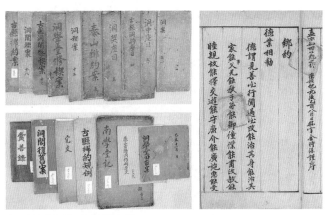

태인 고현동 향약 관련 자료(문화유산포털)

실천하여 감히 조금이라도 해이해지지 않는 등의 종류를 말한다】

다른 사람의 부탁을 받아주고, 환난에 처한 사람을 구제하며, 은혜를 널리 베풀고, 다른 사람이 선한 일을 하도록 인도하며, 다른 사람의 잘못을 잘 규제하고, 다른 사람을 위하여 일을 도모하며, 많은 사람이 모이는 일을 잘 하고, 분쟁을 잘 해결하며, 일의 옳고 그름을 잘 판단하고, 이로운 일은 일으키고 해로운 일은 제거하며, 관직에 있을 때는 자신의 직분에 충실하고, 법령을 어길까 두려워하며, 조세와 부역의 의무를 성실히 수행한다.

이상의 덕(德)과 업(業)으로 볼 만한 일들을 사창계 계원들이 각각 스스로 닦으며, 서로 권장한다. 그 일들을 잘 실행하는 사람이 있으면 같은 계원들이 들은 대로 유사(有司)에게 알리고, 유사는 사적으로 장부를 만든다. 그런 다음 강신(講信)26할 때 약장

無敢少緩之類】

能受寄託, 能救患難, 能廣施惠, 能導人爲善, 能規人過失, 能爲人謀事, 能爲衆集事, 能解鬪爭, 能決是非, 能興利除害, 能居官擧職, 能畏法令, 能謹租賦之類.

右件德業可觀者, 同契之人, 各自進修, 互相勸勉. 有能行者, 則同契隨所聞, 告于有司, 有司私作置簿. 講信時, 告于約長, 詢于

(約長, 향약의 우두머리)에게 이 사실을 알리고, 약장은
여러 사람에게 물어 그 실상을 확인한다. 그런 뒤에
뛰어나게 특별한 사람은 관청에 보고하여 포상하고
장려하기를 청한다. 그 나머지는 선행을 기록하는
장부에 기록하여 훗날 살펴볼 수 있도록 한다.

衆, 得其實. 然後表表特
異者, 報官請褒奬. 其餘則
書于善籍, 以憑後考.

2-2) 잘못 서로 규제하기(과실상규)

잘못은 몸가짐을 삼가지 않고, 윗사람을 섬김에
예의가 없고 아랫사람과 사귐에 은혜를 베풀지 않으
며, 규약과 명령을 따르지 않는 등의 종류를 말한다.

일반적으로 큰 잘못이나 죄악(罪惡)을 저지른 사
람과【부모에게 효도하지 않는 사람, 부모나 시부모
를 때리거나 밀쳐서 넘어뜨린 사람, 하인으로서 상
전을 배반한 사람, 형제가 화목하지 못한 사람, 같
은 부모에게서 태어난 형과 삼촌·오촌 숙부를 때
린 사람, 하인으로서 사족(士族)을 욕보이거나 때
린 사람 등의 종류를 말한다】여러 차례 잘못을 따
지고 벌을 주었는데도 끝내 스스로 고치지 않아 사
창계의 규약과 명령을 허물어뜨린 사람은 모두 관
청에 아뢰어 죄를 다스리게 한다. 그런 뒤 사창계
에서 내쫓아 계원들이 그와의 관계를 끊어 말을 섞
지 않는다【잘못을 뉘우치고 고쳐 스스로 새롭게
되겠다고 청하면 다시 사창계에 들어올 것을 허락
하니, 이때는 처음 계에 들어올 때의 예(例)와 같이

過失相規

過失, 則謂持身不謹, 事上
無禮, 接下無恩, 不遵約令
之類.

凡有大過惡者【謂不孝父
母者、毆打及擠跌父母、舅
姑者、下人背叛上典者、兄
弟不和者、毆打同生兄及
三寸·五寸叔父者、下人陵
辱毆打士族者之類】及累次
論罰, 終不自悛, 壞敗約令
者, 皆告官治罪, 後黜契,
契中人絕之, 不相接話【悔
過請改自新, 則許復入, 如
初入例】.

---

26 강신(講信) : 향약(鄕約)에서, 조직체의 구성원들이 한자리에 모여서 술을 마시며 신의(信義)를 새롭게 다지
던 일. 사창계도 향약의 일종이다.

한다】.

벌의 5가지 종류는 다음과 같다.

① 상벌(上罰)
上罰

【벌 받을 사람이 사류(士類, 사족)인 경우는 사류
를 뜰에 세워 놓은 채로 그 잘못을 의논하며 모임이
끝나야만 서 있는 벌을 그만두게 한다. 음식을 먹을
때에도 끝자리에 따로 앉게 하여 그가 벌을 받고 있
음을 보인다.
【士類則立庭議事, 罷後乃
止, 飲食時, 使別坐末端以
示罰.

장자(長者)인 경우는 모든 사람이 앉아 있는 데에
서 면전에서 꾸짖는다.
長者則滿坐面責.

하인은 볼기 40대를 때린다】
下人則笞四十】

② 차상벌(次上罰)
次上罰

【사류인 경우는 모든 사람이 앉아 있는 데에서
면전에서 꾸짖는다.
【士類則滿坐面責.

장자인 경우는 그 벌을 절반으로 줄인다.
長者半減.

하인인 경우는 볼기 30대를 때린다】
下人則笞三十】

③ 중벌(中罰)
中罰

【사류인 경우는 서쪽 벽 아래에 앉는 사람들 이
상의 면전에서 꾸짖는다.
【士類則西壁以上面責.

장자인 경우는 그 벌을 절반으로 줄인다.
長者半減.

하인은 볼기 20대를 때린다】
下人則笞二十】

④ 차중벌(次中罰)
次中罰

【사류인 경우는 존위(尊位, 향약 회원 중 나이가 가장 많
은 3~4명에게 주는 직위)에 앉는 사람들과 유사 이상의
면전에서 꾸짖는다.
【士類則尊位及有司以上面
責.

장자인 경우는 자신의 자리에서 나오게 하여 앉
長者出位, 坐罰一舠. 下人

굉(觥)의 모양

게 한 다음 굉(觥, 큰 술잔)[27]에 술을 따라 벌주 1잔을 마시게 한다. 하인인 경우는 볼기 10대를 때린다】

⑤ 하벌(下罰)

【사류인 경우는 자신의 자리 나오게 하여 앉게 한 다음 굉(觥)에 술을 따라 벌주 1잔을 마시게 한다.

장자(長者)인 경우는 그 자리를 피하여 밖으로 나와 앉게 하여 규제와 꾸지람을 받게 한다.

하인인 경우는 하인의 자리 면전에서 꾸짖는다.

일반적으로 존자(尊者)가 잘못이 있으면 그 자제가 그 벌을 대신 받게 한다. 자제가 없으면 그 노비의 볼기를 때린다. 존자에게 주는 벌은 이상의 예(例)와 같이 한다. 하인인 경우는 나이가 많거나 병이 있어서 볼기 맞는 벌을 감당할 수 없으면 벌주로 형벌을 면제해준다. 볼기 10대마다 면제 벌주 1동이로 대신한다. 이를 기준으로 삼아 면제 벌주의 등급

則笞一十】

下罰

【士類則出位, 坐罰一觥.

長者則避席出坐, 受規責.

下人則下人處面責.

凡尊者有過, 則使子弟代受其罰, 無子弟則笞奴. 其罰如右例. 下人年老及有病不堪受笞者, 則贖以罰酒, 每笞一十, 贖酒一盆. 以次加等】

---

27 굉(觥, 큰 술잔) : 중국 고대에 술을 담던 그릇. 상대(商代) 말기에서부터 서주(西周) 초기까지 유행했다. 하지만 여기서 말하는 굉은 소박한 큰 술잔일 것이다.

을 더한다】

　부모와 얼굴빛을 바꾸며 서로 비난한 경우, 삼촌 숙부(叔父)나 같은 부모에게서 태어난 형에게 소리치며 욕한 경우, 부모의 가르침과 명령을 따르지 않는 경우, 부모는 가난하고 자식은 부유한데도 부모를 봉양하지 않는 경우, 부모가 돌아가셨는데도 슬퍼하지 않으며 1개월 안에 술을 마신 경우【이상의 5가지 잘못이 있으면 약장(約長) 이하의 사람들이 아무 때라도 모임을 열고 그를 불러서 꾸짖는다. 그가 잘못을 고치기를 청하면 상벌(上罰)을 받게 한 뒤에 장부에 기록하고 기다린다. 만약 말다툼을 해가며 변명하고 승복하지 않으면서 잘못을 고치려는 의지가 없으면 관청에 아뢰어 죄를 다스리게 한다】.

　상(喪)을 치르면서 술에 취한 경우, 제사를 지내면서 공경스럽지 못한 경우, 하인으로서 기제(忌祭)[28]와 묘제(墓祭)[29]를 행하지 않는 경우, 오촌 숙부(당숙)나 외삼촌이나 종형(從兄, 사촌형)에게 소리치며 욕한 경우. 이상은 상벌(上罰)에 처한다.

　부모가 보는 곳에서 다리를 꼬고 앉는 경우, 소나 말을 탄 채로 부모가 보는 곳을 지나가는 경우.

與父母變色相詰者, 叱辱三寸叔父及同生兄者, 不從父母敎令者, 親貧子富而不養者, 親死不哀一月內飮酒者【右五過, 約長以下無時會集, 召而責之. 請改過則上罰後, 書于籍以俟. 若爭辨不服, 無改過之意, 則告官治罪】.

居喪醉酒者, 祭祀不敬者, 下人不行忌祭, 墓祭者, 叱辱五寸叔父及外三寸, 從兄者. 右上罰.

父母所見處踞坐者, 騎牛馬過父母所見處者. 右次上

---

28 기제(忌祭) : 사람이 죽은 날[忌日]에 지내는 제사.
29 묘제(墓祭) : 무덤 앞에서 지내는 제사.

이상은 차상벌(次上罰)에 처한다【일반적으로 시부모는 부모와 같고, 아내의 부모는 외삼촌과 같다】.

罰【凡舅姑同於父母, 妻父母同於外三寸】.

하인이 상전 앞에서 말씨가 공손하지 못한 경우, 하인이 다른 곳에서 상전을 욕한 경우. 이상은 상벌에 처한다.

下人於上典前言辭不恭者, 外處罵上典者. 右上罰.

하인이 상전의 가르침과 명령에 순종하지 않는 경우, 하인이 상전의 명령을 행하면서도 모든 일에 정직하지 못하여 그럴듯하게 속여 이익을 취한 경우. 이상은 차상벌에 처한다.

不順從上典之敎令者, 行上典之令而凡事不直, 欺罔取利者. 右次上罰.

하인이 상전이 보는 곳에서 소나 말을 탄 채로 지나가는 경우는 중벌(中罰)에 처한다.

上典所見處騎牛馬過者, 中罰.

사족 앞에서 하인의 말씨가 공손하지 못한 경우는 중벌에 처한다.

士族前下人言辭不恭者, 中罰.

하인이 사족을 보고도 절을 하지 않는 경우, 하인이 소나 말을 타고 가다가 내리지 않은 경우, 하인이 사족이 보는 곳에서 다리 꼬고 앉는 경우. 이상은 차중벌(次中罰)에 처한다.

下人見士族而不拜者, 騎牛馬不下者, 士族所見處踞者. 右次中罰.

삼촌 숙부나 같은 부모에게서 태어난 형과 얼굴빛을 바꾸며 서로 비난한 경우는 차상벌에 처한다.

與三寸叔父及同生兄變色相詰者, 次上罰.

오촌 숙부나 외삼촌이나 종형과 얼굴빛을 바꾸

與五寸叔父及外三寸、從

며 서로 비난한 경우는 중벌에 처한다.

兄, 變色相詰者, 中罰.

삼촌 숙부나 형이 보는 곳에서 다리 꼬고 앉는 경우, 삼촌 숙부나 형이 보는 곳에서 소나 말을 탄 채로 지나가는 경우, 삼촌 숙부나 형에게 말씨가 공손하지 못한 경우. 이상은 중벌에 처한다.

三寸叔父及兄所見處踞坐者, 騎牛馬過者, 言辭不恭者. 右中罰.

외삼촌이나 오촌 숙부나 종형이 보는 곳에서 다리 꼬고 앉는 경우, 외삼촌이나 오촌 숙부나 종형이 보는 곳에서 소나 말을 탄 채로 지나가는 경우, 외삼촌이나 오촌 숙부나 종형에게 말씨가 공손하지 못한 경우. 이상은 차중벌에 처한다.

外三寸及五寸叔父、從兄所見處踞坐者, 騎牛馬過者, 言辭不恭者. 右次中罰.

장자(長者)를 함부로 붙들어 잡은 경우와 장자에게 함부로 손을 댄 경우는 상벌에 처한다.

扶執長者, 下手者, 上罰.

장자에게 소리치며 욕을 한 경우는 중벌에 처한다.

叱辱長者者, 中罰.

장자가 보는 곳에서 다리 꼬고 앉는 경우, 장자가 보는 곳에서 소나 말을 탄 채로 지나가는 경우, 장자에게 말씨가 공손하지 못한 경우. 이상은 하벌(下罰)에 처한다.

長者所見處踞坐者, 騎牛馬過者, 言辭不恭者. 右下罰.

형으로서 사적인 감정으로 동생을 때렸는데, 그 뜻이 동생을 가르치려는 데에서 나오지 않은 경우는 중벌에 처한다.

兄以私嫌打弟, 非出於敎誨者, 中罰.

하인으로서 아내가 남편을 때린 경우는 상벌에 처한다. 때려서 다쳤으면 관청에 고발한다.

下人妻打夫者, 上罰. 傷打則告官.

아무런 잘못이 없는데 아내를 때린 경우는 중벌에 처한다. 때려서 다친 경우에는 상벌에 처한다.

無罪而打妻者, 中罰 ; 傷打者, 上罰.

아내가 여러 사람이 있는 곳에서 남편을 욕한 경우는 중벌에 처한다.

妻於衆中罵夫者, 中罰.

그 아내나 자식을 제대로 가르치지 않아서 나쁜 짓을 하게 한 경우에 그 정도가 무거우면 중벌에 처하고 가벼우면 하벌에 처한다.

不能敎其妻子, 使作惡者, 重則中罰, 輕則下罰.

정처(正妻, 본처)를 함부로 대하는 경우는 상벌에 처하고, 그 잘못을 고치지 않으면 관청에 고발한다.

疏薄正妻者, 上罰 ; 不悛者, 告官.

친척들과 화목하게 지내지 못하여 서로 다투고 비난하는 경우는 중벌에 처한다.

不能睦族, 相與鬪詰者, 中罰.

마을 안에서 남녀 사이에 예의가 없어서, 서로 너무 허물없이 가까이 지내면서 음탕하게 희롱하는 말을 한 경우는 차중벌에 처한다.

里中男女無禮, 發昵狎淫戲之言者, 次中罰.

다른 사람의 아내나 딸을 함부로 붙들어 잡고 서로 너무 가까이 지내는 경우는 중벌에 처한다.

與他人妻女扶執, 相狎者, 中罰.

일반적으로 하인이 서로 싸우고 때리면 그 나이

凡下人相鬪毆打者, 察其年

의 많고 적음, 사정과 이치의 옳고 그름, 피해의 경중을 살펴서 벌을 논한다【때린 하인이 연장자인 경우 연장자의 이치가 옳고 맞은 사람이 다치지 않았다면 하벌에 처한다. 이치가 옳지만 때려서 다쳤다면 중벌에 처한다. 이치가 그른데 때려서 다쳤다면 상벌에 처한다. 이치가 그른데 맞은 사람이 다치지 않았다면 차중벌에 처한다.

나이가 어린 사람의 경우, 때려서 다쳤다면 이치의 옳고 그름을 따지지 않고 관청에 고발한다. 이치가 옳고 맞은 사람이 다치지 않았다면 차상벌에 처한다. 이치가 그르고 맞은 사람이 다치지 않았다면 상벌에 처한다.

나이가 서로 비슷한 경우 이치가 그르고 때려서 다쳤다면 상벌에 처하고, 때렸지만 다치지 않은 경우 차상벌에 처한다. 이치가 옳지만 때려서 다쳤다면 차상벌에 처하고, 때렸지만 다치지 않은 경우 차중벌에 처한다. 대체로 상처가 심하면 모두 관청에 고발한다】.

나이가 서로 비슷한 사인(士人, 사족)끼리 서로 큰소리로 꾸짖고 욕하면 차중벌에 처한다.

나이가 서로 비슷한 사인끼리 서로 함부로 붙들어 잡고 때리면 차상벌에 처한다.

사인이 사적인 감정으로 하인을 때린 경우는 중벌에 처하고, 하인이 중상을 입었다면 관청에 고발

齒老少、情理曲直、被毆輕重, 論罰【年長者理直, 而所毆無傷, 則下罰. 理直而傷打則中罰. 理曲而傷打則上罰. 理曲而所毆無傷, 則次中罰.

年少者不論曲直, 傷打則告官. 理直而所毆無傷, 則次上罰. 理曲而所毆無傷則上罰.

年次相敵則理曲而傷打者, 上罰;不傷打者, 次上罰. 理直而傷打, 則次上罰;不傷打者, 次中罰. 大抵傷處重大, 則皆告官】.

士人敵者相詬罵, 則次中罰.

士人敵者相扶執毆打, 則次上罰.

士人私打下人者, 中罰, 重傷則許其告官.

하는 일을 허락한다.

사인인 장자(長者)가 유자나 소자를 때리면 중벌
에 처한다.

士人長者毆打幼、少者, 中
罰.

다른 사람의 아내나 딸을 몰래 간음한 경우는 관
청에 고발한다. 만약 잘못을 뉘우쳐 죄를 받고 스스
로 새로워지기를 원하는 경우는 상벌에 처한다.

潛姦他人妻及女者, 告官,
若悔過願受罪自新者, 上
罰.

다른 사람의 도망간 노비를 꾀어 집에 들이거나
말과 행실이 허황된 사람을 붙들어 머물게 한 경우
는 차상벌에 처한다.

誘納他人逃奴婢及止接荒
唐人者, 次上罰.

남의 물건을 몰래 훔치거나 약탈한 경우는 상벌
에 처하되, 훔친 물건이 가벼우면 차상벌에 처하며,
모두 그 훔친 물건을 압수하여 본래 주인에게 돌려
준다. 잘못을 고치지 않는 경우는 관청에 고발한다.

潛盜他人之物及草竊者,
上罰, 輕則次上罰, 皆徵
其物還本主. 不悛者, 告
官.

소나 말을 다른 사람의 밭이나 논에 풀어 놓는
경우 초범(初犯)은 중벌에 처하고, 재범(再犯)은 차상
벌에 처하고, 3범(三犯)은 상벌에 처한다【유사가 그
횟수를 기록한다】. 오장(伍長)30이면 한 등급을 강등
한다. 만약 논밭의 곡식이 이미 익은 뒤라면 피해를
입은 적당량을 헤아리고 그만큼의 곡식을 징수하여

放牛馬于田禾者, 初犯中
罰, 再犯次上罰, 三犯上
罰【有司錄其度數】. 伍長
則遞減一等. 若田穀已盛
後, 則量宜徵給其主.

---

30 오장(伍長) : 중국 송(宋)나라에서 시작한 제도로서, 다섯 집을 묶은 한 반(班)의 우두머리. 조선 시대에는
   오가작통법(五家作統法)이 시행되었다.

논밭의 주인에게 준다.

송사(訟事) 벌이기를 좋아하여 그만둘 수 있는데도 그만두지 않는 경우는 중벌에 처한다.

好訟而可已而不已者, 中罰.

정당한 사유가 아닌데도 송사 벌이기를 좋아하는 경우는 상벌에 처한다.

非理好訟者, 上罰.

다른 사람의 도랑물을 훔쳐서 자신의 논에 댄 경우와 다른 사람의 농지 경계를 침범하여 농사짓는 경우. 이상은 중벌에 처한다【농지는 원래의 경계로 돌려놓는다】.

盜人溝水者, 侵耕他人田界者. 右中罰【田則還陳】.

술에 취하여 술주정을 부리며 욕을 하는 경우는 차중벌에 처한다.

醉酒酗罵者, 次中罰.

말을 주고받을 때 진실하지 못한 경우는 중벌에 처한다.

言語不實者, 中罰.

다른 사람을 거짓으로 고발하고 헐뜯는 경우는 상벌에 처한다. 그 정도가 가벼우면 차상벌에 처한다.

誣毀他人者, 上罰. 輕則次上罰.

사람들을 모이게 했다가 서로 싸운 경우는 차상벌에 처하며, 그 정도가 가벼우면 중벌에 처한다.

構會人使相鬪者, 次上罰, 輕則中罰.

일반적으로 편의와 이익을 독점하고, 자신의 재

凡自占便利, 營私太甚, 不

산을 증식하는 데에만 너무 심하게 골몰하며, 다른 사람의 이익을 살피지 않고 어려움을 구호하지 않는 경우는 중벌에 처한다【빌려준 재물을 거두어들일 때 이자와 원금의 비율을 정한 법의 적정선을 넘어, 지나친 이자를 물리는 경우도 자신의 재산을 증식하는 데에만 너무 심하게 골몰하는 행위이다】.

恤他人之利害者, 中罰【斂散時, 不限子母相當之法, 徵督過分者, 亦營私太甚也】.

지나치게 까다롭고 인색하여 기구(器具)를 서로 빌려주지 않고, 모든 일을 너무 천박하게 하는 경우는 차중벌에 처한다.

太慳吝, 不以器具相假借, 凡事太鄙俗者, 次中罰.

게을러 일을 하지 않고, 빈둥거리고 놀면서 세월 보내기를 일삼는 경우는 하벌에 처한다.

懶惰不事, 事浪遊度日者, 下罰.

뇌물을 받고 청탁을 하는 경우는 중벌에 처한다.

受賂而干請者, 中罰.

이단(異端)을 숭배하여 믿고 음사[淫祀, 사신(邪神, 잡귀와 같은 귀신)에게 지내는 제사] 행하기를 좋아하는 경우는 차상벌에 처한다. 만약 부모가 살아계시는데도 이를 스스로 끊지 못할 경우는 무녀(巫女)이든 아니든 막론하고 상벌에 처한다.

崇信異端, 好行淫祀者, 次上罰. 若有父母, 不能自斷者, 勿論巫女則上罰.

다른 사람이나 산승(山僧, 승려)의 물건을 **빼앗은** 경우는 상벌에 처한다.

侵奪他人及山僧之物者, 上罰.

씀씀이를 절제하지 않아서 스스로 가난하고 궁핍하게 된 경우는 하벌에 처한다.

用度不節, 自取貧乏者, 下罰.

조세와 부역을 부지런히 납부하지 않고 뒤늦게 더디 내는 경우는 중벌에 처한다.

不謹納租賦, 後時怠緩者, 中罰.

여러 사람이 모인 곳에서 행동거지가 단정하지 못하고, 시끄럽게 떠들면서 볼썽사납게 웃으며 장난스러운 말로 다른 사람을 놀리거나 아름답지 못한 말을 한 경우는 그 정도가 무거우면 중벌에 처하고 가벼우면 하벌에 처한다.

衆會處, 坐起不端, 喧譁妄笑, 戲言譏人及發不美之言者, 重則中罰, 輕則下罰.

일반적으로 다른 사람을 향해 나쁜 말을 한 경우는 하벌에 처한다. 그 정도가 심하면 차중벌에 처한다.

凡向人發惡言者, 下罰. 重則次中罰.

사창(社倉)31에 곡식을 납부할 때 사실대로 하지 않은 사람은 중벌에 처하고, 용량을 줄여 낸 사람은 차중벌에 처한다【이때는 납부할 기준[準納]보다 더 많이 징수[加捧]한다】.

社倉穀納, 不以實者, 中罰 ; 斗升減縮者, 次中罰【加捧準納】.

【안 사창의 곡식을 빌려주고 거두어들이는 방법32은 《인제지(仁濟志)》〈구황(救荒)〉에 보인다33】

【案】社倉穀糶糴法, 見《仁濟志·救荒》】

유사가 맡은 임무를 잘 수행하지 못한 경우, 유사가 다른 사람을 단속하거나 추천하지 못하는 경우,

有司不能任事者, 不能檢擧他人者, 教訓不教下人

---

31 사창(社倉) : 여기에서의 사창은 조선 시대 각 지방 군현의 촌락에 설치된 곡물 대여 기관을 말한다.
32 빌려주고……방법 : 원문의 '조적법(糶糴法)'을 풀이한 것으로, 춘궁기에 백성들에게 곡식을 빌려주는 것을 조(糶)라고 하고, 추수기에 빌려줬던 곡식의 1/10의 이자를 덧붙여 거두어들이는 것을 적(糴)이라 한다.
33 사창의……보인다 :《인제지》 권28 〈부여(附餘)〉 "구황" '예비총론(豫備總論)'.

교훈(敎訓)[34]이 하인을 제대로 가르치지 않은 경우, 오장이 다섯 집안의 선·악·길·흉을 관청에 알리지 않는 경우. 이상은 차중벌에 처한다.

者, 伍長不告五家內善、惡、吉、凶者. 右次中罰.

일반적으로 의견이 한 쪽으로 치우쳐 공정하지 못한 경우는 중벌에 처한다.

凡論議不公平者, 中罰.

일반적으로 공무를 빙자하여 폐를 끼치는 경우는 상벌에 처한다.

凡憑公作弊者, 上罰.

일반적으로 다른 사람의 잘못을 보고 곧바로 바르게 경계해주지 않고 혼자서 비난하고 그를 싫어하면서 그와 틈을 만든 경우는 차상벌에 처한다.

凡見人過失, 不直規戒, 而私自非議, 構成嫌隙者, 次上罰.

남이 바르게 경계해주는 말을 듣기 싫어하는 경우는 차상벌에 처한다.

惡聞規戒者, 次上罰.

약장(約長)이나 유사(有司)도 아니면서 옳고 그름을 마음대로 논단하고, 비방하는 일이 있어서 여러 사람의 마음을 불편하게 한 경우는 상벌에 처한다.

非約長、有司, 而擅論是非, 有所譏議, 使衆心不安者, 上罰.

사령(使令)[35]·장무(掌務)[36]·고직(庫直)[37]과 같은 무리 중에서 유사를 경외하지 않고 가르침과 명령을

使令、掌務、庫直輩, 不稟畏有司, 不從敎令者, 中罰.

---

34 교훈(敎訓) : 가까운 곳에 사는 서인이나 천민 중 글과 법을 가르치는 계원.
35 사령(使令) : 향약에서 명령을 전달하고 시행하는 계원.
36 장무(掌務) : 향약에서 사무를 주관하는 계원.
37 고직(庫直) : 향약의 재물을 관리하는 계원. 고지기·고자(庫子)라고도 한다.

따르지 않는 경우는 중벌에 처한다.

사람을 매질할 때 바른 의도로 하지 않는 경우는 차중벌에 처한다.

撻人時不用意者, 次中罰.

하인 중에 불공평한 일이 있는데도 이를 유사에게 말하지 않고 사적으로 원망하는 말을 하는 경우는 중벌에 처한다.

下人有不平之事, 而不告有司, 私自怨言者, 中罰.

일반적으로 모임이 있을 때 늦게 도착한 경우는 하벌에 처한다.

凡會集時晩到者, 下罰.

일반적으로 해서는 안 되는 일체의 일을 하는 경우는 정도가 가장 심하면 차상벌에 처하고, 정도가 그 다음이면 중벌에 처하고, 가벼우면 차중벌에 처한다.

凡一切不應爲而爲之者, 最重者, 次上罰, 次則中罰, 輕則次中罰.

일반적으로 사창계 내의 규약이나 명령을 따르지 않는 경우【약장이나 유사가 논의하여 처리한 일이 모두 규약과 명령이다】초범은 차중벌에 처하고, 재범은 중벌에 처하며【벌을 받은 뒤에 마음으로 승복하지 않고 원망하는 말을 하는 경우는 재범으로 처리한다】, 3범은 상벌에 처하고, 4범은 관청에 고발하여 죄를 다스리고 사창계에서 내쫓는다. 유사(有司)가 규약을 어긴 횟수를 기록하였다가 강신(講信)할 때마다 참고로 삼는다. 3번 이하로, 이미 벌을 받고서 고치기를 청한 경우는 그 기록을 효주(爻

凡不從契中約令者【約長、有司論議處置之事, 皆爲約令】, 初犯次中罰, 再犯中罰【受罰後心不服而有怨言者, 論以再犯】, 三犯上罰, 四犯則告官治罪, 黜契. 有司記其犯約度數, 每於講信時憑考. 三度以下已論罰而請改者, 爻其記.

周)[38]한다.

이상의 잘못들이 있을 경우, 사창계를 함께 하는 사람들이 서로 바르게 경계해주었는데도 그 말을 듣지 않으면 유사에게 알리고, 유사는 사적으로 장부에 기록해두었다가 모임이 있는 날에 약장에게 알린다. 약장은 잘못한 이에게 의리(義理)로써 알아듣도록 타이르며, 그가 잘못을 사죄하고 고치기를 청하면 잘못의 경중에 따라 벌을 논한다. 논한 결과가 상벌에 해당되면 그 잘못을 기록하고 고치기를 기다린다. 만약 말다툼을 해가며 변명하고 승복하지 않으면서 자신의 잘못을 기록한 사람을 원망하며 끝내 뉘우치거나 깨닫지 못하는 경우는 사창계에서 내쫓는다.

右件過失, 同契之人, 互相規戒, 不聽則告于有司, 有司私作置簿, 會集之日, 告于約長. 約長以義理誨諭之, 謝過請改, 則隨輕重論罰. 上罰則記其過以俟. 若其爭辨不服, 怨咎記過之人, 終不悔悟者, 黜契.

2-3) 예에 맞는 풍속으로 서로 사귀기(예속상교)

일반적으로 자기보다 20살 이상 많으면 존자(尊者)이고, 자기보다 10살 이상 많으면 장자(長者)이다. 길에서 사창계 계원인 존자를 뵈면 말에서 내린다【존자가 말에 타고 있으라고 강하게 청하면 말 위에서 고개를 숙이고 엎드린다】. 일반적으로 존자를 뵈면 반드시 절을 하고, 장자를 뵈면 공손히 읍(揖)을 한다【동네에서 자기보다 15살 많은 사람에게도 절을 한다】.

禮俗相交

凡長於我二十歲以上, 則爲尊者, 十歲以上, 則爲長者. 路中遇同契尊者, 下馬【尊者强請乘馬, 則俯伏馬上】. 凡見尊者則必拜, 長者則恭揖【洞內年長十五歲者亦拜】.

---

38 효주(爻周) : 글자에 '효(爻)'자 모양의 표를 그어 지움.

계원 중에 나이가 비록 많지 않더라도 만약 덕(德)이나 지위가 존경할 만한 사람이 있으면 존자로서 대우하고, 존자도 그에게 대등한 예[抗禮]로 대한다.

새해 첫날에는 사창계 계원끼리 서로 오가며 세배[歲謁]를 하되, 존자나 장자가 유자나 소자의 집에 굳이 찾아갈 필요는 없다. 계원의 자녀가 장가들거나 시집갈 때【거느리고 사는 손자나 손녀가 장가들거나 시집가는 경우도 같다】쌀 3두(말)를 주고【하인의 경우는 반으로 줄인다】, 혼인할 때가 되어 회문(回文)[39]을 돌리면 계원은 각각 땔감 1바리씩을 내어서 혼인하는 집 계원에게 준다【하인의 경우는 계원이 혼인할 때 땔감을 내지도 않고, 그에게 주지도 않는다】. 계원의 아들이 장가들 경우에는 신부례(新婦禮)[40]를 할 때 준다.

계원의 아들이 초례(醮禮)[41]를 올릴 때는 각각 횃불꾼 1명씩을 내며 직접 횃불을 마련해서 들고 간다【사류는 사인(士人)이 혼인할 때 횃불꾼과 횃불을 내고, 하인은 하인이 혼인할 때 횃불꾼과 횃불을 낸다】. 만약 계원의 집이 10리 밖에 있으면 쌀만 주고 땔감과 횃불꾼은 주지 않고, 그 사람도 나에게 주지 않는다【함께 사는 사람이나 부모가 같은 형제자매가 장가들거나 시집가면 앞의 예(例)에서 절반으로

契中員, 年雖不高, 若有德位可尊者, 則待以尊者, 尊者亦抗禮.

歲時, 同契人相往還致歲謁, 尊、長則不必往幼、少者之家. 子女婚嫁時【率居孫子女同】, 給米三斗【下人則半減】, 臨時出回文, 各出柴木一駄給之【下人則不出柴, 亦不給柴】. 男則行新婦禮時給之.

男之醮也, 各出炬軍一名, 自備炬以往【士類出於士人婚時, 下人出於下人婚時】. 若契員家在十里外, 則只給米而不給柴木及炬軍, 渠亦不出【同居同生婚嫁時, 則依右例半減, 而下人則給一斗】.

---

39 회문(回文) : 여러 사람이 차례로 돌려 보도록 쓴 글. 회장(回章)이라고도 한다.
40 신부례(新婦禮) : 신부가 시집에 와서 처음으로 올리는 예식(禮式).
41 초례(醮禮) : 신랑 신부가 처음 만나 절하고, 서로 합환주를 마시는 혼례 의식.

줄이고, 계원의 하인이 장가들거나 시집가면 쌀 1두
를 준다】.

계원 중에 나이가 칠순이나 팔순 이상이 되거나
대과(大科, 문과나 무과 시험)에 급제하거나 사마시(司馬
試)에 합격했거나 관직을 얻은 사람이 있으면 각각
술병과 과일을 가지고 빈 곳에 모여서 하례(賀禮)한
다【하인의 경우는 사인이 직접 하례하지 않는다. 하
인이 나이가 칠순 이상이면 또한 하인을 시켜 술병
과 과일을 가지고 하례하도록 한다】.

契中人有年滿八十、七十以
上者及登科、司馬、得官者,
則各持壺果, 會于空處賀
之【下人則否, 下人年滿
七十以上者, 亦使下人持壺
果賀之】.

계원 중에 삼년상을 지낸 사람이 있으면 또한 하
례(賀禮) 때와 같이 의례를 행하여 위로한다【하인 중
에 간혹 삼년상을 행한 사람이 있으면 삼년상을 마
친 뒤에 하인들끼리 모여서 그를 위로한다. 게다가
그의 선행을 기록한다】.

契員有過三年喪者, 則亦如
賀禮慰之【下人或能行三年
喪, 則喪畢, 下人會慰, 且
記其善】.

사창계 계원에게 초상(初喪)이 나면 계원들이 모
두 가서 조문한다【계원 하인의 상(喪)에는 조문하지
않는다】. 만약 계원 본인이 죽거나 부모가 돌아가신
경우에는 성복(成服)·영장(永葬)[42]·소상(小祥)·대상(大
祥) 때마다 모두 가서 조문하고 위로한다【계원의 아
내나 자식의 상(喪)에는 성복·영장 때에만 가서 위로
하고, 죽은 자식이 아직 성인이 아니면 조문하러 가
지 않는다】. 이때는 각자 쌀을 어느 정도 들고【어느

契中有喪, 則契中人皆往弔
之【下人喪則否】. 若當身
及父母之喪則成服、永葬、
小祥、大祥, 皆往弔慰【妻
子喪則弔於成服、永葬往
慰, 子未成人則否】. 各持
米多少【多少隨力, 多不過
五升, 少不下二升】, 往助

---

42 영장(永葬) : 시체를 묻거나 화장하는 일. 안장(安葬)이라고도 한다.

정도란 자신의 능력에 따르는 것이지만, 많아도 5승
(되)을 넘지 않고 적어도 2승보다 적지는 않게 한다】
계원의 집에 가서 돕는다. 유사가 거두는 쌀의 양을
담당해서 상가(喪家)에 보낸다【비록 사정이 있어서
조문을 가지 않더라도 쌀을 보낸다. 계원 하인의 상
이면 쌀을 내지 않는다】.

계원 본인의 상(喪)에는 유사가 사창계의 계원들
에게 회문(回文)을 돌려, 각자 쌀 1승씩을 내도록 하
고, 전물(奠物)43을 마련하며【유사가 전물 마련하는
일을 맡는다】, 제문(祭文)을 짓고, 계원들이 함께 상
가에 가서 전물을 바친다【계원 하인의 상이면 그렇
게 하지 않는다】.

일반적으로 상사(喪事)와 관련하여 계원들이 모일
때에는 술을 마셔서는 안 된다. 상가에서도 술과 밥
으로 계원들을 대접해서는 안 된다. 길이 멀면 손님
은 직접 점심을 싸서 가야 한다. 이를 어기면 손님이
든 주인이든 모두 규약을 어긴 것으로 논죄한다【만
약 상가에서 미음·죽·떡·과일 따위로 간략하게 대
접하면 괜찮다】.

하인의 경우 장례 때에도 술에 취하는 것을 허용
하지 않는다. 이를 어기면 규약을 어긴 것으로 논죄

之. 有司掌收斗量, 納于喪
家【雖有故不往, 亦送米.
下人則不出米】.

契員當身喪則有司出回文
于同契, 各出米一升, 具奠
物【有司掌具】, 撰祭文, 齊
進致奠【下人則否】.

凡干喪事聚會時, 毋得飲
酒. 喪家亦不可以酒食饋
客. 路遠則客當自齎點心以
往. 違此者, 客主皆論以犯
約【若喪家略饋糜、粥、餠、
果之類則無妨】.

下人葬時, 亦不許醉酒. 違
者, 論以犯約. 下人則三虞

---

43 전물(奠物) : 제전(祭奠)에 쓰이는 제기나 음식물 일체.

한다. 하인은 삼우제(三虞祭)⁴⁴를 지낸 뒤에 음주를 허용한다. 상중에 있는 사람은 삼우제를 치르고 한 달이 지난 뒤에야 음주를 허용한다. 사인(士人)의 경우 상중에 병이 있는 경우가 아니면 술을 마셔서는 안 된다.

祭後許飮, 而喪人則過一月後乃許飮. 士人則喪中非有病不可飮.

2-4) 환난 서로 구호하기(환난상휼)

만약 큰 불이 나서 계원의 집과 자산(資産)을 모두 태워버렸으면 그에게 쌀 5두를 준다【하인의 경우는 절반으로 줄인다】. 계원들이 모두 장정(壯丁) 1명씩을 차출하고 스스로 1일 동안 먹을 양식을 싸서 가져가게 하며, 각각 지붕을 이을 이엉 3뭉음과 목재 1개[條]와 새끼줄 10뭉음을 가지고 가서 일을 해준다【하인의 경우는 일꾼을 반으로 줄여 보낸다】.

만약 그 집을 모두 태워버렸지만, 자산을 구해낼 수 있었다면 단지 집 지을 재료만 가지고 가서 일을 해주고 쌀은 주지 않는다. 만약 집 전체가 탄 정도가 아니라면 피해의 정도에 따라서 각각 둥구미[空石, 공섬] 2장이나 1장을 내어 주고, 단지 조금 불에 타고 집 전체는 화재를 면한 경우는 그렇게 하지 않는다.

일반적으로 실수로 불이 났을 때는 사창계 계원들은 지위의 상하를 따지지 않고 모두 급히 달려가

患難相恤

若大火盡燒其家及資産, 則給米五斗【下人半減】. 契中人皆出壯丁一名, 自齎一日糧, 各持蓋草三編、材木一條、槀索十把往役【下人則給半軍】.

若盡燒其家而得出資産, 則只持物往役, 不給米. 若不盡燒, 則隨其輕重, 各出空石二葉或一葉給之, 只燒少許而全家得免則否.

凡失火時, 同契之人勿問上下, 皆當③奔往救之.

---

44 삼우제(三虞祭) : 장례 후 3일째 되는 날 묘지를 찾아가 지내는 제사. 장례 당일에 지내는 제사를 초우(初虞), 그 다음날 지내는 제사를 재우(再虞), 그리고 셋째 날 지내는 제사를 삼우(三虞)라고 한다.

③ 當 : 저본에는 "常". 오사카본·규장각본·《栗谷全書·雜著·社倉契約束》에 근거하여 수정.

도와줘야 한다.

계원 중에 도둑질을 당한 경우이면 함께 가서 구해주고, 힘을 모아 도둑을 뒤쫓아 가서 잡는다. 만약 재물을 모두 도둑맞았다면 여럿이 의논해서 쌀을 준다【줄 쌀의 분량은 그때마다 의논하여 결정한다】.

契中人遇盜賊, 則同往救之, 同力追捕. 若財物盡被偸, 則僉議給米【多少臨時議定】.

계원 중에 병에 걸려 위중한 사람이 있으면 재력이 있는 사람은 그 병을 치료할 수 있는 약을 구하여 돕는다. 유사는 사령(使令)을 시켜 재력이 있는 이에게 구호하라는 명을 전하게 한다. 만약 온 집안이 병을 앓아 농사를 짓지 못하고 있는 경우에는 사창계 계원들이 자신들의 능력에 맞게 힘을 내어 밭을 갈고 김을 매어 주어 굶주림과 고달픔을 면하게 해준다.

契中人有疾病重者, 則有力人覓當藥以救之. 有司使使令傳命. 若闔家病患, 廢棄農事者, 同契之人, 量宜出力耕耘, 使免飢困.

계원 중에 무고하게 누명을 써서 죄를 얻었는데 스스로 누명을 풀 수 없는 사람이 있으면 사창계 계원들이 연명(連名)으로 관청에 보고하여 풀려나도록 돕는다.

契中之人, 有被誣枉得罪, 不能自伸者, 則同契連名, 報官救解.

계원 중에 나이가 많은 처녀가 집이 가난하여 시집을 가지 못했으면 관청에 보고하여 혼수(婚需)를 공급해주기를 요청하고, 사창계 내에서도 자신의 능력에 맞게 부조한다【하인은 내지 않는다】.

契中人有年壯處女, 而家貧未嫁者, 則報官請給資裝, 契中亦隨宜扶助【下人則不出】.

사창계 내에 가난하고 궁핍하여 끼니를 거르는 사람이 있으면 여럿이 의논하여 자신의 능력에 맞게

契中有貧乏絶食者, 則僉議隨宜賑救.

양식을 모아서 구호한다.

사창계 내에 계원 본인의 상(喪)이면 쌀 6두를 주고, 부모의 상이면 4두를 주며, 아내나 자식의 상이나 함께 사는 장인이나 장모의 상이면 2두를 준다【하인이 상을 당했을 경우는 모두 절반으로 줄인다】. 만약 계원 본인의 상이나 부모의 상, 아내나 자식의 상이면【함께 사는 장인이나 장모가 돌아가신 경우에는 아내의 상과 같다】 장례를 지낼 때 각각 장정(壯丁) 1명씩을 내어 횃불 1자루와 자촉(刺燭)⁴⁵ 1자루를 들게 하여【하인이 상을 당했을 경우는 자촉을 들지 않는다】 발인하기 전날 저녁에 상가(喪家)에 가서 호상(護喪, 상주를 도와 상사를 주선하는 사람)의 지시를 따라 장례 절차의 일손이 필요한 곳에 가서 돕고 발인 날 저녁이 되어서야 돌아온다. 사인(士人)의 상이면 일꾼을 모두 다 보내고, 하인의 상(喪)이면 일꾼을 반으로 줄여 보낸다【일할 하인이 품삯을 받기를 원하면 1명당 쌀 1승씩을 내어 준다】.

사창계 내에 아버지와 아들, 형과 동생이 모두 향약에 참여했으면 부의(賻儀)로 주는 쌀은 각각 자신의 이름으로 거듭 보낸다. 하지만 일을 할 사람은 가족 각각이 거듭 보내지는 않는다【일반적으로 필요한 일꾼은 유사가 상가(喪家)에 물어서 수를 정하여 보낸다】.

契中當身之喪, 則給米六斗, 父母喪則給四斗, 妻子喪及同居妻父母喪則給二斗【下人皆半減】. 若當身及父母妻子之喪【同居妻父母同妻喪】, 則葬時各出壯丁一名, 持炬一柄、刺燭一柄【下人則不持刺燭】, 發引前夕, 往喪家, 因護至喪所就役, 夕始還. 士人則給全軍, 下人喪則給半軍【下人願受役價, 則每一人出米一升給之】.

契中父子、兄弟皆參約, 則賻米各以其名疊給, 役使則不疊役【凡役軍, 有司問于喪家定送】.

45　자촉(刺燭): 갈대를 베로 묶고 표면에 밀랍을 발라 만든 촛불. 연기와 그을음이 심하다.

일반적으로 사창계 내에 급하고 어려운 일이 생겼을 때 같은 계원이 소식을 들어 알게 되면 오장(伍長)이 보고하기를 기다리지 않고 그 계원이 급히 가서 구제하고 한편으로는 다른 사람들에게도 알린다. 이와 같이 일을 잘 처리한 사람은 또한 선행 장부에 기록한다.

凡契中急難之事, 同契聞知, 則不待伍長之報, 急往救之, 且告諸人. 能如此者, 亦書于善籍.

2-5) 입약범례(立約凡例, 규약 정하기의 범례)

立約凡例

① 여러 계원이 한 사람을 추대하여 약장(約長)으로 삼고, 또 한 사람을 추대하여 부약장(副約長)으로 삼는다. 일을 맡아서 할 만한 사람을 돌아가며 뽑아서 2명을 유사(有司)로 삼는다【약장과 부약장은 특별한 사정이 없으면 교체하지 않고 유사는 1년마다 교체한다】.

一. 衆推一人爲約長, 又得一人副之. 輪擇可堪任事者, 爲有司二員【約長、副約長, 則無大故不遞, 有司則一年相遞】.

② 서인이나 천민 중에서 일을 맡아서 할 만한 사람을 뽑아서 장무(掌務) 1명, 고직(庫直) 2명, 사령(使令) 4명으로 삼는다. 장무와 사령은 유사의 명령을 행하고, 고직은 창고의 곡식을 지키는 일을 맡는다【장무와 사령은 1년마다 교체하고 고직은 3년마다 교체한다】. 일반적으로 일체의 물건을 내는 경우 모두 이전 사례보다 줄여서 내지는 않는다.

一. 庶賤中擇可任者, 爲掌務一人、庫直二人、使令四人. 掌務、使令行有司之令, 庫直掌守倉穀【掌務、使令, 則一年相遞, 庫直則三年相遞】. 凡一應出物, 皆例減不出.

③ 다섯 집을 오(伍)[46]로 삼고, 오장(伍長)을 두어【오장은 1년마다 교체한다】 다섯 집의 선행과 악행 및 질병과 환난을 살피는 일을 맡게 한다. 다섯 집

一. 五家爲伍, 有伍長【一年相遞】, 掌察五家內善惡之行及疾病、患難. 凡吉

---

46 오(伍) : 민가의 조직 단위. 5가구를 단위로 편성한다.

의 모든 길흉을 하나하나 유사에게 알린다.

凶, 一一告于有司.

④ 사인(士人)을 교훈(敎訓)으로 삼아【교훈은 정해진 수가 없고 교체 기한도 없다】교훈과 가까운 곳에 사는 서인이나 천민 중에 글을 모르는 사람과 법(法)을 알지 못하는 사람을 가르친다【가르칠 사람의 수는 그와 가까이 사는 이웃의 수에 따르고, 정해진 수는 없다】. 매달 초하루에 1번씩 모여 약법(約法)을 풀이해서 자세히 알도록 해준다.

一. 士人定爲敎訓【無定額, 無遞限】. 敎訓近鄰庶賤之不解文、不知法者【隨其比隣之多少, 無定數】, 每朔一會, 解釋約法, 使詳知之.

⑤ 선행 장부[善籍]와 악행 장부[惡籍]를 만들어 그 득실을 기록하는 일은 유사가 담당한다. 강신(講信)을 할 때마다 유사가 약장에게 장부의 내용을 알리고, 계원들 여럿이 의논하고 물어서 그 보고 내용이 실상과 같다면 다시 장부에 기록하여 훗날 살펴볼 수 있도록 한다.

一. 爲善惡籍以記得失, 有司掌之. 每講信時, 告于約長, 僉議詢同, 則更爲置簿以俟後考.

⑥ 일반적으로 선행과 악행에 대한 기록은 모두 규약을 정한 뒤부터 시작한다. 규약을 정하기 전에 비록 잘못이 있었더라도 모두 깨끗하게 씻은 것으로 인정하여 다시 그 일을 따져서 말하지 않는다. 반드시 예전의 잘못을 그대로 반복하고 고치지 않은 뒤라야 장부에 기록한다. 악행 장부는 그 잘못을 고쳤음을 분명하게 안 뒤에 모임을 열었을 때 여럿이 의논하여 그 기록을 효주(爻周)한다.

一. 凡善惡之記, 皆自立約後爲始. 約前雖有過失, 皆許令洗滌, 不復論說. 必仍舊不改, 然後乃書于籍. 惡籍則明知改過, 然後於會集時, 僉議爻周.

선행 장부는 비록 잘못이 있더라도 또한 선행 장부를 효주하지 않는다. 반드시 효도하지 않거나, 우

善籍則雖有過, 亦不爻, 必有不孝、不友、淫姦、贓汚

애하지 않거나, 간음하거나, 뇌물을 받거나, 재물을 빼앗는 짓 등의 대단히 이치에 어긋나는 행위를 저지른 뒤라야 선행 장부를 효주하고 향약에서 내쫓은 뒤, 사실을 갖추어 관청에 고발하여 죄를 다스리도록 한다【향약에서 내쫓긴 뒤에 잘못을 고치고 다시 들어오기를 바라면 처음 들어왔을 때의 예(例)와 같이 한다】.

⑦ 일반적으로 향약에 참여하기를 원하는 사람 중에서 반드시 20리 안에 사는 사람들만 허락하고 집이 20리 밖에 있는 사람들은 허락하지 않는다【사창(社倉, 사창계의 창고)이 있는 곳을 기준으로 정한다】.

⑧ 매년 봄가을로 향약 회원의 위아래 사람이 모두 모여서 규약을 공부하고 상벌(賞罰)을 논한다【이때 각각 가져갈 술병과 과일의 수는 준비해야 할 양에 따라 정한다】. 유사는 모임날 전에 기안(忌案, 기일을 기록한 장부)을 살펴서 약장과 부약장에게 여쭌 다음, 회문(回文)을 내고 사령을 시켜 전달하게 한다【상복(喪服)을 입어야 하는 사람의 경우 기년복(期年服)[47]과 대공복(大功服)[48]을 입는 상을 당한 사람은 장례를 지낸 뒤에, 소공복(小功服)[49]을 입는 상을 당한 사람은 초상이 나고 15일이 지난 뒤에, 시마복(緦麻服)[50]

等大段悖理之行, 然後乃爻善籍而黜約, 具告官治罪【黜約而悛改願入者, 則如初入例】.

一. 凡願參約者, 必有二十里內居人許之, 家在二十里外者則不許【以社倉所在爲限】.

一. 每年春秋, 約中上下之人俱會, 講約、論賞罰【各持壺果隨所備】. 有司前期考忌案, 稟于約長、副約長, 出回文使使令傳之【遭服之人, 則期、大功葬後, 小功過十五日, 緦麻過十日, 外祖父母及妻父母喪過一月後, 以白團領得參】.

---

47 기년복(期年服) : 상기(喪期)가 1년인 복제로, 조부모, 백숙부, 형제 등에 입는 상복.
48 대공복(大功服) : 상기가 9개월인 복제로, 종형제, 종자매, 중손(衆孫) 등 4촌간에 입는 상복.
49 소공복(小功服) : 상기가 5개월인 복제로, 종조부모(從祖父母), 재종(再從)형제, 종질(從姪) 등에 입는 상복.
50 시마복(緦麻服) : 상기가 3개월인 복제로, 종증조(從曾組), 삼종(三從)형제, 중증손(衆曾孫), 중현손(衆玄孫) 등에 입는 상복.

단령(국립중앙박물관)

단령(국립중앙박물관)

를 입는 상을 당한 사람은 초상이 나고 10일이 지
난 뒤에, 외할아버지와 외할머니 및 장인이나 장모
의 상을 당한 사람은 1개월이 지난 뒤에 백단령(白團
領)51을 입고 향약에 참여할 수 있다】.

⑨ 모든 공적(公的)인 일은 약장과 부약장과 유사
가 주관한다. 만약 약장이나 부약장이나 유사가 아
니면서 제멋대로 일의 시비를 단정하면 벌을 준다.

一. 凡公事, 約長、副約長、
有司主之. 若非約長、有司
而擅斷是非者, 有罰.

⑩ 향약회원 가운데 나이가 가장 많은 사람을 추
대하여 존위(尊位)로 삼는다【3~4명으로 하며 5명
은 넘지 않도록 한다】. 일반적으로 정기적인 모임
이 아닌데도 의논해야 할 중요한 일이 있으면 약장이
유사를 시켜 존위와 의논하여 임시 모임 날짜를 정
한다.

一. 推約中年齒最尊者爲
尊位【或三員、 或四員, 毋
過五員】. 凡非會集而有大
事當議者, 則約長使有司,
議于尊位而定之.

---

51 백단령(白團領) : 흰색 단령. 단령은 조선 시대 관원이 착용하던 공복(公服)으로, 깃을 둥글게 만들었다. 단
    령에는 색상에 따라 흑단령(黑團領)·홍단령(紅團領)·백단령(白團領)·자단령(紫團領) 등이 있다.

백저직령포(白紵直領袍)(국립중앙박물관)

⑪ 강신(講信)을 할 때가 아닌데도 만약 공적인 일로 의논할 만한 일이 있으면 부약장과 유사가 약장에게 가서 의논하여 처리한다【일반적으로 반드시 신속하게 시행해야 할 상벌(賞罰)은 모두 정해진 때가 없이 수시로 의논하여 처분한다】.

一. 非講信時, 若有可議公事, 則副約長、有司, 詣約長議處【凡賞罰必須速施者, 則皆無時會議處斷】.

⑫ 매년 4월 1일을 시작으로 오장(伍長)은 다섯 집 안의 사람들에게 소나 말을 풀어 놓는 일을 금지시킨다.

一. 每年四月初一日爲始, 伍長禁五家內放牛馬.

⑬ 일반적으로 모임이 있을 때 중요한 사정이 있어서 향약에 참석하지 못하는 이가 있으면 단자(單子, 명단)를 갖추어 약장의 처소에 보낸다【하인의 경우는 소지장(所志狀)52을 보낸다】. 만약 사정을 핑계로 참석하지 않거나 사유를 알리지 않는 사람은 규약을 어긴 것으로 논죄한다【강신을 할 때 연속으

一. 凡會集時, 有大故不參, 則具單子, 呈于約長處【下人則呈所志狀】. 若託故不參及不告緣故者, 論以犯約【講信時連三無故不參, 黜契. 雖有頉狀, 連三不

---

52 소지장(所志狀) : 본래는 관부에 올리는 소장, 청원서, 진정서 등의 민원서. 여기에서는 향약에 올리는 것을 말한다.

로 3번 별다른 사정없이 참석하지 않으면 사창계에서 내쫓고, 비록 탈장(頉狀)[53]을 보냈더라도 연속으로 3번 참석하지 않은 사람은 상벌(上罰)에 처한다】.

⑭ 강신(講信)을 할 때나 하례(賀禮)를 드리는 모임에는 단령을 입고, 모든 조문(弔問)과 위로의 모임에는 백직령(白直領)[54]을 입는다.

一. 講信及致賀, 著團領, 凡弔慰, 著白直領.

⑮ 강신을 할 때마다 계원이 계에 들어올 만한 다른 사람을 추천하면 여럿이 의논하여 들어올 수 있는지의 여부를 따져서 들어올 수 있다고 결정한 뒤에 가입을 허락한다.

一. 每於講信時, 契員薦可入者, 僉議可入否, 爲可然後許入.

2-6) 강신의(講信儀, 강신 의례)

講信儀

강신을 하는 날 아침 일찍 밥을 먹고 난 뒤에 약장·부약장·유사는 장무·사령 무리를 거느리고 먼저 모이는 장소에 가서 계원들이 모두 모이기를 기다린다【계원들은 따로 차례대로 모이니, 소자(少者)는 먼저 가야 한다. 하인들도 다른 곳에서 모이며, 이때도 소자가 먼저 가야 한다】.

講信之日, 무무食後, 約長, 副約長, 有司, 率掌務、使令輩, 先詣會所, 俟契員皆集【契員爲別次而會, 少者當先往. 下人亦會他處, 少者亦先往】.

유사 1명이 존위(尊位)를 안내하여 나아가면, 약장 이하의 사람들은 장막 밖으로 나가 마중한다. 그 나머지 존자와 장자는 따라 와서 나이 순서대로 선다. 가장 나이가 많은 장자와 약장이 서로 마주하여 읍을

有司一人引尊位而進, 約長以下出迎于帳幕之外. 其餘尊、長者隨至, 以齒序立. 最長者與約長相對揖

하고 사양한다. 약장이 먼저 당에 오른다【부약장과 유사는 약장의 뒤를 따라 당에 오른다】.

존위는 다음으로 당에 오른다. 약장 이하의 사람들은 서쪽을 향하여 서고, 존위는 동쪽을 향하여 서서 서로 마주 보고 2번 절한 뒤에, 존위는 북쪽 벽 앞에서 남쪽을 향하여 선다. 유사는 그 다음으로 나이가 많은 존자와 장자를 안내한다【이때 유사는 그들의 앞으로 나아가 읍을 한다】. 모두 당에 올라 동쪽을 향하여 선 다음 약장 이하의 임원들과 마주 보고 2번 절한 뒤, 존자와 장자 이하는 차례대로 몸을 돌리고 북쪽을 향하여 존위에게 2번 절한다.

존위가 답례로 절한 뒤에 존자와 장자 이하는 서쪽 벽 앞에서 동쪽을 향하여 서되, 북쪽을 상석으로 한다. 약장은 북쪽 벽의 동쪽에서 남쪽을 향하여 서고, 부약장과 유사는 동쪽 벽에서 서쪽을 향하여 서되, 북쪽을 상석으로 한다. 그 나머지 계원들은 모두 당에 올라 나이 순서대로 서서 북쪽을 향하되, 동쪽을 상석으로 한다. 여러 줄로 설 자리를 정한 뒤, 북쪽을 향하여 2번 절한다.

존위·약장·존자·장자·부약장 이하는 모두 동시에 답례로 절한다. 절을 다 마치고 나면 모두 앉는다.

【존위는 북쪽 벽의 서쪽에 앉되, 동쪽을 상석으로 한다. 약장은 북쪽 벽의 동쪽에 앉는다. 만약 벼슬이 특별히 높은 사람이 있으면 존위의 서쪽에 앉도록 한다. 약장에게 존자·장자·적자가 되는 사람은 서쪽 벽 앞에 앉되, 북쪽을 상석으로 한다. 부약장과 유사는 동쪽 벽에 앉되, 북쪽을 상석으로 한다. 그 나

讓. 約長先升【副約長、有司隨升】.

尊位次升. 約長以下西向, 尊位東向, 相對再拜後, 尊位於北壁, 南向而立. 有司引其次尊者、長者【有司進前揖之】. 皆升東向, 與約長以下相對再拜後, 尊者、長者以次回身, 北向尊位再拜.

尊位答拜後, 尊、長以下於西壁, 東向而立, 北上. 約長於北壁之東, 南向而立, 副約長、有司於東壁, 西向而立, 北上. 其餘契員皆升, 以齒序立, 北向東上. 爲重行立定, 北向再拜.

尊位、約長、尊·長者、副約長以下, 皆一時答拜. 訖, 皆坐. 【尊位則坐於北壁之西, 東上. 約長坐於北壁之東. 若有異爵者, 則坐于尊位之西. 尊者、長者、敵者坐于西壁, 北上. 副約長、有司坐于東壁, 北上. 其餘契

머지 계원은 모두 남쪽 줄에서 나이 순서대로 줄지어 앉되, 동쪽을 상석으로 하여 여러 줄을 만든다.

員, 皆於南行, 以齒列坐, 東上, 爲重行.

서얼(庶孽, 서자와 그 자손)과 서족(庶族, 서자 자손의 혈족) 중에 관직이 있는 사람[55]은 뒷줄에 동반(東班, 문신의 반열)과 서반(西班, 무신의 반열)을 나누어 앉게 한다. 서족은 동쪽 가에 앉되, 서쪽을 상석으로 하고, 서얼은 서쪽 가에 앉되, 동쪽을 상석으로 한다. 인원이 많으면 역시 여러 줄로 앉는다. 하인과 양인(良人)[56]은 동쪽 가에 앉고, 천인은 서쪽 가에 앉되, 모두 북쪽을 상석으로 한다. 나이가 적은 사람은 남쪽 줄에 앉되, 또한 앞의 예(例)와 같이 동서로 나눈다. 사람이 많으면 여러 줄을 만든다】

庶孽及庶族有職者, 爲後行分班, 庶族則東邊西上, 庶孽則西邊東上. 員多則亦爲重行, 下人、良人坐于東邊, 賤人坐于西邊, 皆北上. 年少者坐于南行, 亦分東西如右. 人多則重行】

자리가 정해지면 하인은 열(列)을 지어 서서 2번 절을 하고, 절을 마치면 자리로 나아가 모두 자신의 자리를 정하여 앉는다.

坐定, 下人列立, 再拜, 訖, 就坐皆定.

부약장이 약법(約法, 향약의 규약)을 다 읽으면【글을 모르는 사람에게는 뜻을 풀이하여 그 의미를 알게 한다. 또 글을 풀어주는[解文] 사람 1명을 정하여 하인들이 앉아 있는 근처에서 읽어주고 하인들에게 글의 의미를 논하게 하여 하인들이 모두 자세하게 알도록 한다】, 유사가 선행과 악행을 기록한 장부를 올린다.

副約長讀約法訖【未解文者, 開釋使知其意. 又定解文一人, 讀于下人所坐近處, 論于下人, 皆使詳知】, 有司呈善惡置簿, 僉議論賞罰, 記于籍, 畢, 飮

---

55 서얼(庶孽, 서자와 그 자손)과……사람:《율곡전서》에는 "사족이 아니면서 양반이라고 칭하는 향교의 학생, 충찬위(忠贊衛), 별시위(別侍衛) 등의 부류를 말한다(謂非士族而稱兩班, 如校生·忠贊·別侍之類)."라는 주(注)가 있다.
56 양인(良人):조선은 초기에 양천제(良賤制)를 채택하여 양인에 양반·중인·상민(常民)이 모두 포함되었으나 점차 신분이 분화되어 피지배계층인 상민을 가리키게 되었다. 여기에서의 양인은 상민을 가리킨다.

그러면 여럿이 의논하여 상벌(賞罰)을 논하고, 장부에 기록한다. 기록을 마치면 술을 마신다【모여 앉은 사람은 모두 손을 모으고 바르게 앉아 조금이라도 떠들거나 웃거나 몸가짐이 흐트러져서는 안 된다】.

술잔을 두루 돌리는 예(禮)를 행한다【일반적으로 쟁반을 내어올 때 과일이 든 쟁반을 먼저 존위에 올리고 난 뒤에야 약장에게 올린다. 술잔을 돌리는 예는 약장·부약장·유사가 먼저 하고 난 다음 존위가 순서대로 하는데, 술이 다 떨어질 때까지 한다. 하인들에게까지 술잔을 돌리려면 반드시 술잔과 쟁반을 5~6개씩 마련하여 동시에 내 간다】. 이때에 유사가 일어나 읍을 한 다음 선행을 한 사람을 나오게 하여 앞에 따로 자리를 만들어준다【선행한 사람이 하인의 경우는 장무가 읍을 하여 나오게 한다】. 약장이 선행을 한 계원들에게 따로 술잔을 돌려서 마시게 하고, 또 이 사람들을 특별히 추켜세우고 장려하여 다른 사람들에게 힘쓰게 한다. 술 마시기를 마치면 모여 앉은 사람들은 각각 자신이 앉아 있던 자리에서 일어나 동시에 2번 절 한다. 그 뒤에 존위가 먼저 나간다. 존자와 장자 이하의 계원이 모두 나가고 난 뒤에 약장 이하의 임원들은 하인들의 절과 감사 인사를 받고 난 뒤에야 나간다.《율곡전서(栗谷全書)》[57]

酒【座中皆拱手整容, 無或喧笑失儀】.

行巡杯禮【凡進盤, 果先進于尊位, 然後乃進于約長. 巡杯則約長、副約長、有司先行, 後尊位次行, 以酒盡爲限. 達于下人, 必多具盞、盤五六, 一時竝進】. 於是有司起揖, 爲善者出, 設別座于前【下人則掌務揖出】. 約長別行巡杯以飮之, 推獎而勸勉之. 飮酒畢, 座中各因其位起立, 一時再拜, 後尊位先出. 尊、長以下契員盡出後, 約長以下則受下人拜辭, 然後乃出.《栗谷全書》

향례지 권제3 끝

鄉禮志卷第三

57 《栗谷全書》卷16〈雜著〉3 "海州鄉約"(《栗谷全書》1, 345~363쪽).

저자 및 교정자 소개

저자

풍석(楓石) 서유구(徐有榘, 1764~1845)

본관은 대구(달성), 경기도 파주 장단이 고향이다. 조선 성리학의 대가로서 규장각 제학, 전라 관찰사, 수원 유수, 이조 판서, 호조 판서 등 고위 관직을 두루 역임했다. 그럼에도 서명응(조부)·서호수(부)·서형수(숙부)의 가학에 깊은 영향을 받아, 경학이나 경세학보다는 천문·수학·농학 등 실용학문에 심취했다. 그 결과 조선시대 최고의 실용백과사전이자 전통문화콘텐츠의 보고인 《임원경제지》113권을 거의 40년 동안 저술했다.

벼슬에서 물러나 있는 동안에는 경기도 양주(楊州)와 고향인 임진강변 장단에서 술 빚고 부엌을 드나들며, 손수 농사짓고 물고기를 잡으면서 임원(林園)에서 사는 선비로서 가족을 건사하고 덕을 함양하는 데 필요한 전반적인 실용지식을 집대성했다. 이를 위해 조선과 중국, 일본의 온갖 서적을 두루 섭렵하여 실생활에 필요한 각종 지식을 체계적으로 수집하는 한편, 몸소 체험하고 듣고 관찰한 내용을 16분야로 분류하여 엄밀하게 편찬 저술하기 시작했다.

서유구는 실현 가능한 개혁을 추구하는 조정의 최고위 관료였고, 농부이자 어부, 집 짓는 목수이자 원예가, 술의 장인이자 요리사, 악보를 채록하고 거문고를 타는 풍류 선비이자 전적과 골동품의 대가, 전국 시장과 물목을 꿰고 있는 가문 경영자이자 한의학과 농학의 대가였다.

전라 관찰사 재직 때에 호남 지방에 기근이 들자 굶주린 백성들을 위해 《종저보》를 지어 고구마 보급에 힘쓰기도 했던 서유구는, 당시 재야나 한직에 머물렀던 여느 학자들과는 달랐다. 그의 학문은 풍석학(楓石學), 임원경제학(林園經濟學)이라 규정할 만한 독창적인 세계를 제시했던 것이다.

늙어 벼슬에서 물러나 그동안 모으고 다듬고 덧붙인 엄청난 분량의 《임원경제지》를 완결한 그는 경기도 양평군 양서면에서 82세의 일기를 다했다. 시봉하던 시사(侍史)가 연주하는 거문고 소리를 들으며 운명했다고 한다.

교정자

추담(秋潭) 서우보(徐宇輔, 1795~1827)

서유구의 아들로, 모친은 여산 송씨(宋氏, 1769~1799)이다. 자는 노경(魯卿), 호는 추담(秋潭)·옥란관(玉蘭觀)이다. 서유구가 벼슬에서 물러난 1806년부터 1823년에 회양부사로 관직에 복귀하기 전까지, 약 18년 동안 부친과 임원에서 함께 생활하며 농사짓고 물고기를 잡는 한편, 《임원경제지》의 원고 정리 및 교정을 맡았다. 요절했기 때문에 《임원경제지》 전 권을 교정할 수 없었지만, 서유구는 《임원경제지》 113권의 권두마다 "남(男) 우보(宇輔) 교(校)"라고 적어두어 그의 기여를 공식화했다. 시문집으로 《추담소고(秋潭小藁)》가 있다.

🌿 임원경제연구소

임원경제연구소는 고전 연구와 번역, 출판을 주요 목적으로 하는 사단법인이
다. 문사철수(文史哲數)와 의농공상(醫農工商) 등 다양한 전공 분야의 소장학
자 40여 명이 회원 및 번역자로 참여하여, 풍석 서유구의《임원경제지》를 완
역하고 있다. 또한 번역 사업을 진행하면서 축적한 노하우와 번역 결과물을
대중과 공유하기 위해 관련 전문가 및 단체들과 교류하고 있다. 연구소에서는
번역 과정과 결과를 통하여 '임원경제학'을 정립하고 우리 문명의 수준을 제
고하여 우리 학문과 우리의 삶을 소통시키고자 노력한다. 임원경제학은 시골
살림의 규모와 운영에 관한 모든 것의 학문이며, 경국제세(經國濟世)의 실천적
방책이다.

번역, 교열, 교감, 표점, 감수자 소개

번역

신승훈(申承勳)

부산광역시 출신. 경성대학교 한문학과를 졸업했다. 경남 산청군 신등면 평지리
내당서사에서 수학했다. 한국학중앙연구원(구 한국정신문화연구원) 한국학대
학원에서 석사과정을 졸업했다. 태동고전연구소(지곡서당)에서 한학연수과정을
마쳤다. 고려대학교 대학원에서 박사과정을 졸업했다. 현재 경성대학교 인문문
화학부 교수로 재직하고 있다. 여러 종의 저서와 역서가 있고, 수십 편의 논문이
있다. 현재는 주로 고전이 어떻게 현재와 소통하고 재해석될지를 고민하면서 공
부하고 있다.

정명현(鄭明炫)

광주광역시 출신. 고려대 유전공학과를 졸업하고, 도올서원과 한림대 태동
고전연구소에서 한학을 공부했다. 서울대 대학원 '과학사 및 과학철학 협동

과정'에서 전통 과학기술사를 전공하여 석사와 박사를 마쳤다. 석사와 박사 논문은 각각 〈정약전의 《자산어보》에 담긴 해양박물학의 성격〉과 《서유구의 선진농법 제도화를 통한 국부창출론》이다. 《임원경제지》 중 《본리지》·《섬용지》·《유예지》·《상택지》·《예규지》·《이운지》·《정조지》·《보양지》를 공역했다. 또 다른 역주서로 《자산어보:우리나라 최초의 해양생물 백과사전》이 있고, 《임원경제지:조선 최대의 실용백과사전》을 민철기 등과 옮기고 썼다. 현재 임원경제연구소 소장으로, 《임원경제지》 번역 사업에 참여하고 있다.

최시남(崔時南)

강원도 횡성 출신. 성균관대학교 유학과(儒學科) 학사 및 석사를 마쳤으며 동대학원 박사과정을 수료했다. 성균관(成均館) 한림원(翰林院)과 도올서원(檮杌書院)에서 한학을 공부했고 호서대학교에서 강의를 했다. IT회사에서 조선시대 왕실 자료와 문집·지리지 등의 고문헌 디지털화 작업을 했다. 현재 임원경제연구소 팀장으로 근무하며 《섬용지》·《유예지》·《상택지》·《예규지》·《이운지》·《정조지》를 공역했고, 《보양지》를 교감·교열했다.

서문

도올 김용옥(金容沃)

우리시대를 대표하는 사상가이다. 고려대학교 생물과, 철학과, 한국신학대학 신학과에서 수학하고 원광대학교 한의과대학, 대만대학, 동경대학, 하바드대학에서 소정의 학위를 획득했다. 고려대학교, 중앙대학교, 한국예술종합학교, 연변대학, 사천사범대학 등 한국과 중국의 수많은 대학에서 제자를 길렀다. 《동양학 어떻게 할 것인가》 등 80여 권에 이르는 다양한 주제의 저술을 통해 끊임없이 민중과 소통하여 왔으며, EBS 56회 밀레니엄특강 《노자와 21세기》를 통해 고전의 세계가 민중의 의식 속으로 깊게 전파되는 혁명적 문화의 장을 열었다. 최근에는 우리나라 KBS1 TV프로그램 《도올아인 오방간다》 (2019, KBS1 TV)를 통하여 우리 현대사 100년의 의미를 국민에게 전했다. 그가 직접 연출한 《도올이 본 한국독립운동사 10부작》(2005, EBS)은 동학으로부터 해방에 이르는 다난한 민족사를 철학자의 시각에서 영상으로 표현한 20세기 한국역사의 대표적인 걸작으로 꼽히며, 향후의 모든 근대사 탐구의 기준을 제시했다. 역사에 대한 탐색은 여기에 그치지 않고, 국학(國學)의 정립을 위하여《삼국유사》·《일본서기》·《고려사》·《조선왕조실록》의 역사문헌과 유적의 연구에 정진하며, 고대와 근세 한국사에 대한 인식을 새롭게 하고 있다. 최근에는 광주MBC에서 마한문명을 고조선의 중심으로 파악하는 파격적인 학설을 주장하여 사계 학자들의 관심을 집중시켰다. 도올 김용옥 선생은 역사와 문학과 철학, 문화인류학, 고고학, 그리고 치열한 고등문헌학을 총체적으로 융합시킬 수 있는 당대의 거의 유일한 학자로서 후학들의 역사이해를 풍요롭게 만들어가고 있다. 최근 50년 학문 역정을 결집시킨《노자도덕경》주석서,《노자가 옳았다》는 인류문명 패러다임의 전환에 대한 새로운 시각을 제시하였으며,《동경대전》1·2권은《임원경제지》국역작업과 함께 국학의 역사를 새로 쓰고 있다.

교열, 교감, 표점

민철기(閔喆基)

서울 출신. 연세대 철학과를 졸업하고 도올서원에서 한학을 공부했다. 연세대 대학원 철학과에서 학위논문으로《세친(世親)의 훈습개념 연구》를 써서 석사과정을 마쳤다. 임원경제연구소 번역팀장과 공동소장을 역임했고, 현재는 선임연구원으로 재직하며《섬용지》를 교감 및 표점했고,《유예지》·《상택지》·《예규지》·《이운지》·《정조지》를 공역했으며,《보양지》를 교감·교열했다.

정정기(鄭炡基)

경상북도 장기 출신. 서울대 가정대학 소비자아동학과에서 공부했고, 도올서원과 한림대태동고전연구소에서 한학을 익혔다. 서울대 대학원에서 성리학적 부부관에 대한 연구로 석사를,《조선시대 가족의 식색교육 연구》로 박사를 마쳤다. 음식백과인《정조지》의 역자로서 강의와 원고 작업을 통해 그에 수록된 음식에 대한 소개에 힘쓰며, 부의주를 빚고 가르쳐 집집마다 항아리마다 술이 익어가는 꿈을 실천하고 있다. 임원경제연구소 교열팀장과 번역팀장을 역임했고, 현재는 연구원으로 재직하며,《섬용지》를 교열했고,《유예지》·《상택지》·《예규지》·《이운지》·《정조지》를 공역했으며,《보양지》를 교감·교열했다.

김현진(金賢珍)

경기도 평택 출신. 공주대 한문교육과를 졸업하고 한림대 태동고전연구소와 한국고전번역원에서 한학을 공부하고 성균관대학교 대학원 한문학과에서 석사과정을 수료했다. 현재 임원경제연구소 연구원으로 근무하며《섬용지》를 교열했고,《유예지》·《상택지》·《예규지》·《이운지》·《정조지》를 공역했으며,《보양지》를 교감·교열했다.

김수연(金秀娟)

서울 출신. 한국전통문화대학교 전통조경학과를 졸업하고 한림대 태동고전연구소에서 한학을 공부했다. 현재 임원경제연구소 연구원으로 근무하며《섬용지》를 교감 및 표점했고,《유예지》·《상택지》·《예규지》·《이운지》·《정조지》를 공역했으며,《보양지》를 교감·교열했다.

강민우(姜玟佑)

서울 출신. 한남대 사학과를 졸업하고 한림대 태동고전연구소에서 한학을 공부했다. 성균관대학교 대학원 사학과에서 박사 과정을 마쳤다.《섬용지》를 교열했고,《유예지》·《상택지》·《예규지》·《이운지》·《정조지》를 공역했으며,《보양지》를 교감·교열했다.

김광명(金光明)

전라북도 정읍 출신. 전주대학교 한문교육과를 졸업하고 한국고전번역원에서 한학을 공부했으며, 성균관대학교 대학원 고전번역 협동과정에서 석박사통합과정을 수료했다. 현재 임원경제연구소 연구원으로 근무하며,《유예지》·《상택지》·《예규지》·《이운지》·《정조지》를 공역했고,《보양지》를 교감·교열했다.

김용미(金容美)

전라북도 순창 출신. 동국대 철학과를 졸업하고, 고전번역원 국역연수원과 일반연구과정에서 한문 번역을 공부했다. 고전번역원에서 추진하는 고전전산화 사업에 교정교열위원으로 참여했고, 《정원고사(政院故事)》 공동번역에 참여했다. 전통문화연구회에서 추진하고 있는 《모시정의(毛詩正義)》 공동번역에 참여하고 있다. 현재 임원경제연구소 연구원으로 근무하며, 《예규지》·《이운지》·《정조지》를 공역했고, 《보양지》를 교감·교열했다.

자료정리

고윤주(高允珠)(푸르덴셜 라이프 플래너)

감수

이봉규(李俸珪)(인하대학교 교수)

교감·표점·교열·자료조사

임원경제연구소

📖 풍석문화재단

(재)풍석문화재단은 《임원경제지》 등 풍석 서유구 선생의 저술을 번역 출판하는 것을 토대로 전통문화 콘텐츠의 복원 및 창조적 현대화를 통해 한국의 학술 및 문화 발전에 기여함을 목적으로 설립되었다.

재단은 ①《임원경제지》의 완역 지원 및 간행, ②《풍석고협집》, 《금화지비집》, 《금화경독기》, 《번계시고》, 《완영일록》, 《화영일록》 등 선생의 기타 저술의 번역 및 간행, ③ 풍석학술대회 개최, ④《임원경제지》 기반 대중문화 콘텐츠 공모전, ⑤ 풍석디지털자료관 운영, ⑥《임원경제지》 등 고조리서 기반 전통음식문화의 복원 및 현대화 사업 등을 진행 중이다.

재단은 향후 풍석 서유구 선생의 생애와 사상을 널리 알리기 위한 출판·드라마·웹툰·영화 등 다양한 문화 콘텐츠 개발 사업, 《임원경제지》 기반 전통문화 콘텐츠의 전시 및 체험교육 등을 목적으로 하는 서유구 기념관 건립 등을 추진 중이다.

풍석문화재단 웹사이트 및 주요 연락처

웹사이트

풍석문화재단 홈페이지 : www.pungseok.net

출판브랜드 자연경실 블로그 : https://blog.naver.com/pungseok

풍석디지털자료관 : www.pungseok.com

풍석문화재단 음식연구소 홈페이지 : www.chosunchef.com

주요 연락처

풍석문화재단 사무국

주　소 : 서울 서초구 방배로19길 18, 남강빌딩 301호

연락처 : 전화 02)6959-9921 팩스 070-7500-2050 이메일 pungseok@naver.com

풍석문화재단 전북지부

연락처 : 전화 063)290-1807 팩스 063)290-1808 이메일 pungseokjb@naver.com

풍석문화재단우석대학교 음식연구소

주　소 : 전북 전주시 완산구 향교길 104

연락처 : 전화 063-291-2583 이메일 zunpung@naver.com

조선셰프 서유구(음식연구소 부설 쿠킹클래스)

주　소 : 전북 전주시 완산구 향교길 104

연락처 : 전화 063-291-2583 이메일 zunpung@naver.com

서유구의 서재 자이열재(풍석 서유구 홍보관)

주　소 : 전북 전주시 완산구 향교길 104

연락처 : 전화 063-291-2583 이메일 pungseok@naver.com

풍석학술진흥연구조성위원회

(재)풍석문화재단은《임원경제지》의 완역완간 사업 등의 추진을 총괄하고 예산 집행의 투명성을 기하기 위해 풍석학술진흥연구조성위원회를 두고 있습니다. 풍석학술진흥연구조성위원회는 사업 및 예산계획의 수립 및 연도별 관리, 지출 관리, 사업 수익 관리 등을 담당하며 위원은 아래와 같습니다.

위원장 : 신정수(풍석문화재단 이사장)

위　원 : 서정문(한국고전번역원 고전번역연구소장), 진병춘(풍석문화재단 사무총장)

안대회(성균관대학교 한문학과 교수), 유대기(공생사회적협동조합 이사장)

정명현(임원경제연구소장)

풍석문화재단 사람들

이사장	신정수 ((前) 주택에너지진단사협회 이사장)
이사진	김윤태 (우석대학교 평생교육원장) 김형호 (한라대학교 이사) 모철민 ((前) 주 프랑스대사) 박현출 ((前) 서울시농수산식품공사 사장) 백노현 (우일계전공업그룹 회장) 서창석 (대구서씨대종회 총무이사) 서창훈 (우석재단 이사장 겸 전북일보 회장) 안대회 (성균관대학교 한문학과 교수) 유대기 (공생사회적협동조합 이사장) 이영진 (AMSI Asia 대표) 정명훈 (임원경제연구소 소장) 진병춘 (상임이사, 풍석문화재단 사무총장) 채정석 (법무법인 웅빈 대표) 홍윤오 ((前) 국회사무처 홍보기획관)
감사	홍기택 (대일합동회계사무소 대표)
음식연구소장	곽미경 (《조선셰프 서유구》 저자)
재단 전북지부장	서창훈 (우석재단 이사장 겸 전북일보 회장)
사무국	박시현, 박소해
고문단	이억순 (상임고문) 고행일 (인제학원 이사) 김영일 (한국AB.C.협회 고문) 김유혁 (단국대 종신명예교수) 문병호 (사랑의 일기재단 이사장) 신경식 (헌정회 회장) 신중식 ((前) 국정홍보처 처장) 신현덕 ((前) 경인방송 사장) 오택섭 ((前) 언론학회 회장) 이영일 (한중 정치외교포럼 회장) 이석배 (공학박사, 퀀텀연구소 소장) 이수재 ((前) 중앙일보 관리국장) 이준석 (원광대학교 한국어문화학과 교수) 이형균 (한국기자협회 고문) 조창현 ((前) 중앙인사위원회 위원장) 한남규 ((前) 중앙일보 부사장)

《임원경제지·향례지》완역 출판을 후원해 주신 분들

최미화 최범채 최성희 최상욱 최승복 최연우 최영자 최용범 최윤경 최정숙 최정원
최정희 최진욱 최필수 최희령 탁준영 태경스님 태의경 하광호 하영휘 하재숙 한승문
함은화 허문경 허영일 허 탁 홍미숙 홍수표 함은화 황경미 황재운 황재호 황정주
황창연 현승용 그 외 이름을 밝히지 않은 후원자분